上杭县司法行政志

上杭县司法局　编

方志出版社
Publishing House of Local Records

图书在版编目（CIP）数据

上杭县司法行政志 / 上杭县司法局编 .—北京 : 方志出版社 , 2022.12

ISBN 978-7-5144-5278-5

Ⅰ . ①上… Ⅱ . ①上… Ⅲ . ①司法机关—行政管理—工作概况—上杭县 Ⅳ . ① D927.574.61

中国版本图书馆 CIP 数据核字（2022）第 251292 号

责任编辑：刘方圆

责任校对：刘玉霞

责任印制：梅中英

出 版 者：方志出版社

地　　址 : 北京市朝阳区潘家园东里 9 号（国家方志馆 4 层）

邮　　编 : 100021

网　　址 : http://www.zgfzcb.cn

发　　行：方志出版社图书营销中心（010-67110500）

印　　刷：龙岩东方彩印有限公司

开　　本：889 毫米 ×1194 毫米　1/16

印　　张：23.25

字　　数：435 千字

版　　次：2022 年 12 月第 1 版

印　　次：2022 年 12 月第 1 次印刷

定　　价：198.00 元

2010 年 11 月 3 日，司法部副部长张苏军（右三）到上杭调研

（上杭县司法局供图）

2010 年 12 月 28 日，司法部副部长赵大程（左六）到上杭调研

（上杭县司法局供图）

2012 年 6 月 18 日，司法部副部长郝赤勇（右二）到上杭县人民调解中心调研
（上杭县司法局供图）

2014 年 3 月 4 日，中共福建省委常委、组织部部长姜信治（右三）到上杭调研人民调解工作
（上杭县司法局供图）

1997 年 4 月 19 日，福建省司法厅厅长洪进宝（前排右六）到上杭调研司法行政工作

（上杭县司法局供图）

2005 年 3 月，福建省司法厅厅长陈保明（中排右五）到上杭调研

（上杭县司法局供图）

2008 年 11 月 13 日，福建省司法厅厅长陈义兴（右二）到上杭县才溪司法所调研

（上杭县司法局供图）

2019 年 11 月 6 日，福建省司法厅厅长郐勇雷（前排中）到上杭县古田司法所调研

（上杭县司法局供图）

2014 年 4 月 4 日，龙岩市人大常委会主任饶作勋（右四）到上杭县人民调解中心调研

（上杭县司法局供图）

2000 年 6 月，龙岩市副市长马承佳（右三）到上杭县公证处调研

（上杭县司法局供图）

2003 年 11 月，福建省司法厅副厅长黄忠岩（前排右四）到上杭调研

（上杭县司法局供图）

2005 年 10 月，福建省司法厅副厅长陈勇（中排右五）到上杭调研

（上杭县司法局供图）

2009 年 2 月 19 日，福建省司法厅副厅长薛育卿（右二）到上杭专题调研司法所建设情况

（上杭县司法局供图）

2012 年 3 月 28 日，司法部基层工作司副司长韩秀桃（左一）、省司法厅副厅长赵闽阳（左二）到上杭县人民解调中心调研

（上杭县司法局供图）

2011 年 11 月 8 日，福建省司法厅副厅长赵闽阳（左三）到上杭调研

（上杭县司法局供图）

2013年8月23日，福建省司法厅副厅长肖新建（左三）到上杭县法治文化公园调研
（上杭县司法局供图）

2014年1月8日，福建省司法厅副厅长俞建春（左三）到上杭县调研
（上杭县司法局供图）

2012年11月22日，中共龙岩市委常委、政法委书记、市公安局局长郭韶翔（左二）到上杭县人民解调中心调研
（上杭县司法局供图）

2013 年 11 月 23 日，中共龙岩市委副书记黄进发（右二）到上杭县人民调解中心调研

（上杭县司法局供图）

2014 年 3 月 18 日，中共龙岩市委政法委书记林兴禄（左一）到县人民调解中心调研

（上杭县司法局供图）

2019 年 7 月 5 日，中共龙岩市委常委、市委政法委书记毛高良（中）到上杭县司法局公共法律服务中心调研

（上杭县司法局供图）

2014年7月15日，龙岩市司法局局长王辉明（中）到上杭县司法局调研
（上杭县司法局供图）

2019年3月13日，福建省司法厅社区矫正局局长黄世庚（右二）到上杭调研
（上杭县司法局供图）

2019年10月22日，中共上杭县委书记傅藏荣（前右）率领县四套班子领导到县社区矫正中心进行项目拉练　　（上杭县司法局供图）

2019 年 11 月，福建省社区矫正工作现场会在上杭县召开

（上杭县司法局供图）

2009 年 9 月 1 日，龙岩市第三次司法所建设暨示范点经验交流会在上杭县举行

（上杭县司法局供图）

2017 年 7 月 13 日，龙岩市人民调解“双争双做”现场会在上杭县召开

（上杭县司法局供图）

2019 年 11 月，参加福建省社区矫正工作现场会的有关领导到上杭县司法局基层单位参观调研

（上杭县司法局供图）

2017 年 10 月 25 日，上杭县司法局局长刘勇在全省人民调解工作会议上作典型发言
（上杭县司法局供图）

2017 年 7 月 13 日，参加龙岩市人民调解“双争双做”现场会的人员到临江司法所参观
（上杭县司法局供图）

1982 年，上杭县司法局组织法制宣传车上街宣传　（上杭县司法局供图）

1995 年，上杭县司法局原局长汤维高（左）到茶地中心小学作法制宣讲报告　（上杭县司法局供图）

上杭县司法局领导到溪口中心小学作法制报告
（上杭县司法局供图）

上杭县“12·4”法制宣传日系列活动现场
（上杭县司法局供图）

2019 年 12 月 4 日，县政法部门开展“宪法宣传周”系列宣传活动
（上杭县司法局供图）

2019 年 12 月 4 日，上杭县司法局局长刘勇（右一）在法治宣传活动中为群众发放宣传品

（上杭县司法局供图）

2014 年，上杭县完成法治文化公园法治宣传设施建设。图为一部分宣传设施

（上杭县司法局供图）

上杭县司法行政工作会议召开(上杭县司法局供图)

上杭法院指导人民调解班举办(上杭县司法局供图)

上杭县司法部门与县直其他各部门联合调解重大纠纷(上杭县司法局供图)

2018 年 12 月 29 日，上杭县人民调解中心现场开展远程调解工作

（上杭县司法局供图）

上杭县司法局“法律六进”咨询活动现场

（上杭县司法局供图）

江滨西路（西环路以西）改造工程房屋拆迁项目选择房地产评估机构抽签大会

（上杭县司法局供图）

上杭县召开国有土地使用权公开拍卖大会
（上杭县司法局供图）

2019 年 4 月 7 日，上杭县法律援助中心深入官庄畲族乡开展法治宣传
（上杭县司法局供图）

2019 年 1 月 25 日，上杭县法律援助中心开展农民工返乡法律援助宣传活动　（上杭县司法局供图）

2016 年 12 月 16 日，上杭政华律师事务所律师参加蛟洋镇"一村一法律顾问"工作例会

（上杭县司法局供图）

2018 年 7 月 11 日，福建龙航律师事务所律师调解工作室揭牌（右为上杭县司法局局长刘勇）

（上杭县司法局供图）

上杭县开展社区矫正业务培训

（上杭县司法局供图）

上杭县司法局关于加强联系协作工作座谈会召开

（上杭县司法局供图）

上杭县司法局到步云乡马坊村召开"下基层 解民忧 办实事 促发展"联乡挂村帮户活动座谈会

（上杭县司法局供图）

上杭县司法局到步云乡云辉村召开"下基层解民忧 办实事 促发展"联乡挂村帮户座谈会

（上杭县司法局供图）

上杭县司法局开展“三下乡”活动　（上杭县司法局供图）

上杭县司法局到步云乡金屏村开展结对帮扶走访活动　（上杭县司法局供图）

1984 年 2 月，上杭县司法局第一次发放制服，图为留影

（上杭县司法局供图）

2003 年 1 月，全县乡镇司法所收编合影

（上杭县司法局供图）

上杭县司法局召开民主评议政风行风工作座谈会

（上杭县司法局供图）

上杭县司法局召开司法行政系统队伍建设暨党风廉政建设工作会议
（上杭县司法局供图）

上杭县诚信建设促进会到上杭县司法局调研法律服务诚信建设工作
（上杭县司法局供图）

2012年冬，上杭县司法局组织学习贯彻中国共产党第十八次全国代表大会和省、市、县常委（扩大）会议精神
（上杭县司法局供图）

上杭县司法局组织行政业务知识测试
（上杭县司法局供图）

上杭县司法局组织本单位干部职工参观预防职务犯罪警示教育基地
（上杭县司法局供图）

上杭县司法局律师联合支部庆“七一”座谈会召开
（上杭县司法局供图）

2018年冬，上杭县司法局召开新《刑事诉讼法》律师座谈会
（上杭县司法局供图）

上杭县司法局开展道德讲堂活动
（上杭县司法局供图）

上杭县司法局干部职工瞻仰古田会议会址，接受革命传统教育
（上杭县司法局供图）

上杭县司法局干部职工到毛泽东才溪乡调查纪念馆接受革命传统教育
（上杭县司法局供图）

上杭县司法局2013年度党员领导干部民主生活会召开
（上杭县司法局供图）

上杭县司法局民主评议政风行风工作座谈会召开
（上杭县司法局供图）

上杭县司法行政系统党的群众路线教育实践活动专题学习会召开
（上杭县司法局供图）

2015 年元旦，上杭县司法局工会组织元旦文体活动
（上杭县司法局供图）

2019 年 5 月 24 日，中共上杭县司法局第一支部党员到上杭县临城镇城西社区服务中心开展志愿者服务活动
（上杭县司法局供图）

2019年7月1日，上杭县司法行政系统党员举行“不忘初心、牢记使命”演讲比赛
（上杭县司法局供图）

2019年9月16日，上杭县司法局开展人民陪审员选任工作业务培训
（上杭县司法局供图）

2019年9月19日，上杭县司法局召开“不忘初心、牢记使命”主题教育工作会议
（上杭县司法局供图）

2019 年 11 月 25 日，上杭县司法行政系统“一所一品”创新创优比赛活动颁奖现场
（上杭县司法局供图）

上杭县司法局 2019 年度党风廉政建设分析会召开　（上杭县司法局供图）

2006 年 5 月，上杭县获 2001—2005 年全国法制宣传教育先进县（市、区）奖牌

（上杭县司法局供图）

2016 年 5 月，上杭县获 2011—2015 年全国法治宣传教育先进县（市、区）奖牌

（上杭县司法局供图）

2011 年 5 月，上杭县司法局获 2006—2010 年全国法制宣传教育先进单位奖牌
（上杭县司法局供图）

2011 年 5 月，上杭县司法局获 2006—2010 年全国法制宣传教育先进单位荣誉证书
（上杭县司法局供图）

2006 年 9 月，上杭县司法局获 2001—2005 年全市法制宣传教育先进单位奖牌
（上杭县司法局供图）

福建省莆田市荔城区
福建省上杭县
福建省邵武市
福建省古田县
江西省瑞昌市
江西省乐平市
江西省萍乡市安源区
江西省分宜县
江西省鹰潭市余江区
江西省铜鼓县
江西省玉山县
江西省新干县
江西省崇仁县
山东省济南市历下区
山东省济南市历城区

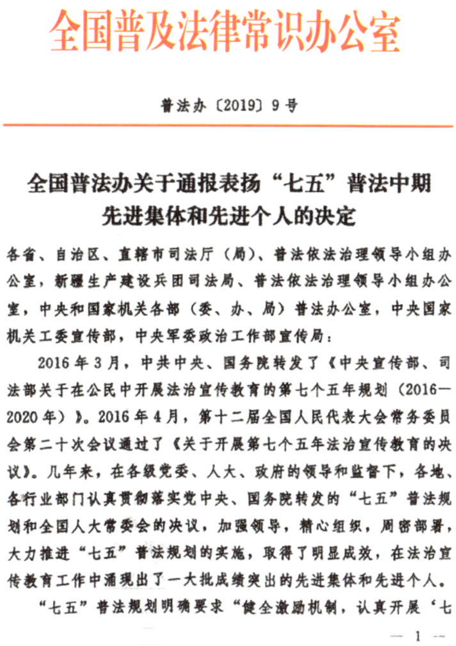
全国普及法律常识办公室

普法办〔2019〕9号

全国普法办关于通报表扬“七五”普法中期先进集体和先进个人的决定

各省、自治区、直辖市司法厅（局）、普法依法治理领导小组办公室，新疆生产建设兵团司法局、普法依法治理领导小组办公室，中央和国家机关各部（委、办、局）普法办公室，中央国家机关工委宣传部，中央军委政治工作部宣传局：

2016年3月，中共中央、国务院转发了《中央宣传部、司法部关于在公民中开展法治宣传教育的第七个五年规划（2016—2020年）》。2016年4月，第十二届全国人民代表大会常务委员会第二十次会议通过了《关于开展第七个五年法治宣传教育的决议》。几年来，在各级党委、人大、政府的领导和监督下，各地、各行业部门认真贯彻落实党中央、国务院转发的“七五”普法规划和全国人大常委会的决议，加强领导，精心组织，周密部署，大力推进“七五”普法规划的实施，取得了明显成效，在法治宣传教育工作中涌现出了一大批成绩突出的先进集体和先进个人。

“七五”普法规划明确要求“健全激励机制，认真开展‘七

— 1 —

2019年11月6日，全国普法办发出通报，表彰“七五”普法中期先进单位。图为通报文件的部分页面，上杭县在被表彰单位名单中

（上杭县司法局供图）

2019年12月，上杭县司法局古田司法所获全国法律援助工作先进集体奖牌

（上杭县司法局供图）

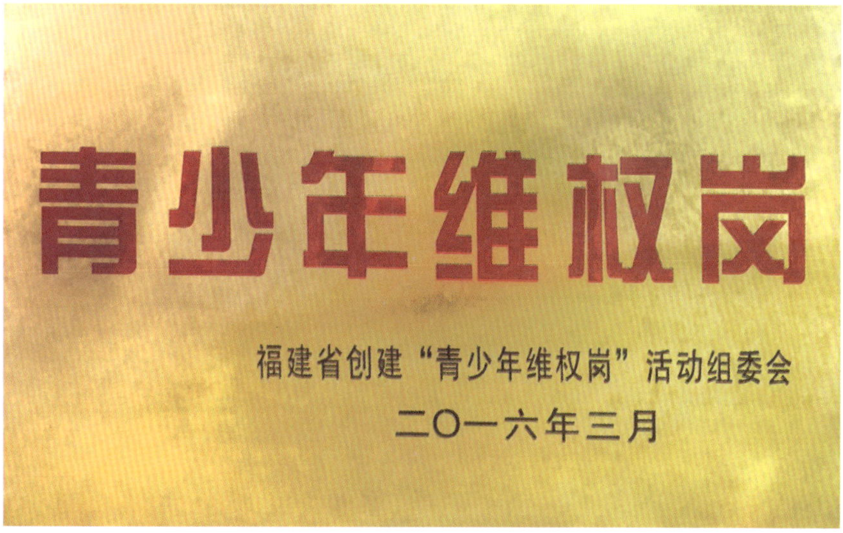

2016年3月，上杭县法律援助中心被福建省创建“青少年维权岗”活动组委会评为“青少年维权岗”

（上杭县司法局供图）

2011年7月，上杭县司法局获2006—2010年全市法制宣传教育先进单位奖牌
（上杭县司法局供图）

2004年7月，上杭县获1998—2003年依法治省工作先进单位奖牌
（上杭县司法局供图）

2009年5月，上杭县获福建省2004—2008年依法治省工作先进集体奖牌
（上杭县司法局供图）

2000 年 12 月，上杭县司法局获 1997—2000 年度福建省司法行政系统先进集体奖牌

（上杭县司法局供图）

2011 年 6 月，上杭县司法局获 2006—2010 年度全省司法行政系统先进集体奖牌

（上杭县司法局供图）

2017 年 6 月，上杭县司法局获全省司法行政系统先进集体奖牌

（上杭县司法局供图）

2019年10月，上杭县司法局被中华全国人民调解员协会评为人民调解宣传工作先进集体。图为2019年度奖状

（上杭县司法局供图）

2001年6月，上杭县司法局获福建省司法厅授予1997—2000年度全省基层司法行政、人民调解工作先进集体奖牌

（上杭县司法局供图）

2019年6月，上杭县司法局获福建省司法厅授予2016—2018年度人民调解先进集体奖牌

（上杭县司法局供图）

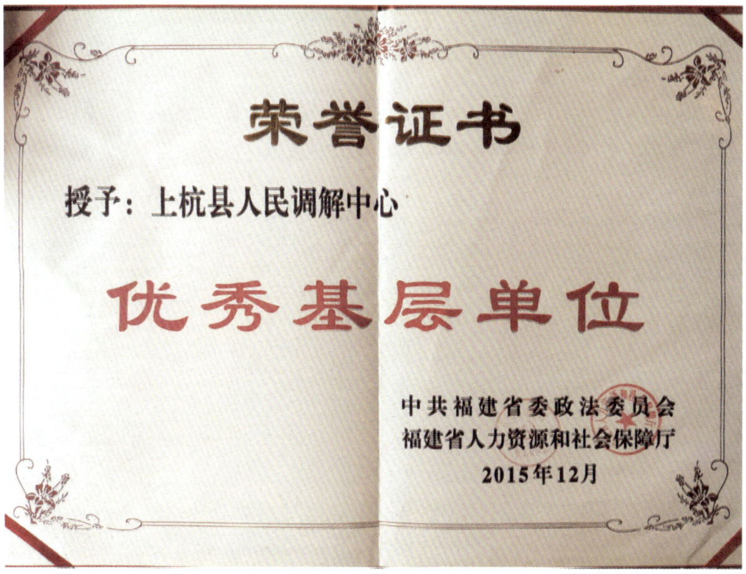

2015年12月，中共福建省委政法委员会、福建省人力资源和社会保障厅授予上杭县人民调解中心优秀基层单位称号

（上杭县司法局供图）

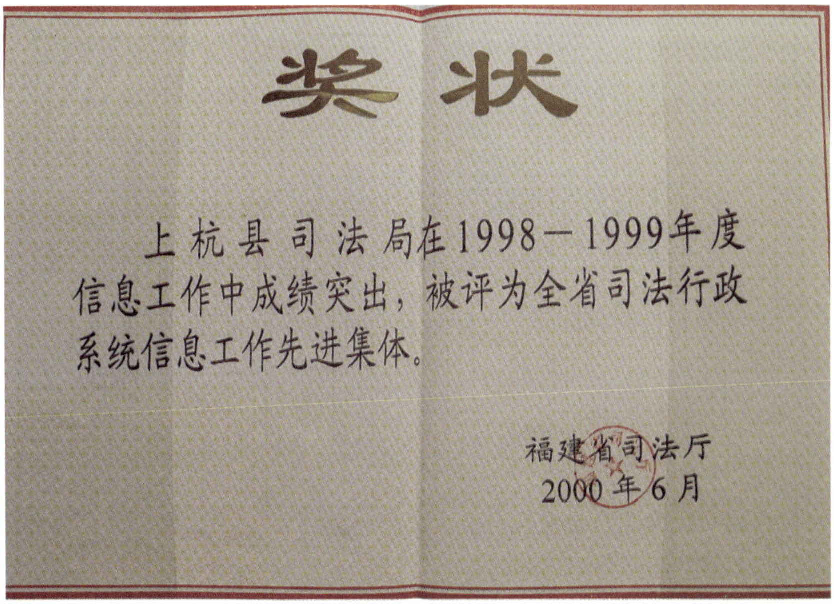

2000年6月，上杭县司法局获1998—1999年度全省司法行政系统信息工作先进集体奖状

（上杭县司法局供图）

2013年2月，上杭县司法局获2010—2012年度全省司法行政基层建设先进单位奖牌

（上杭县司法局供图）

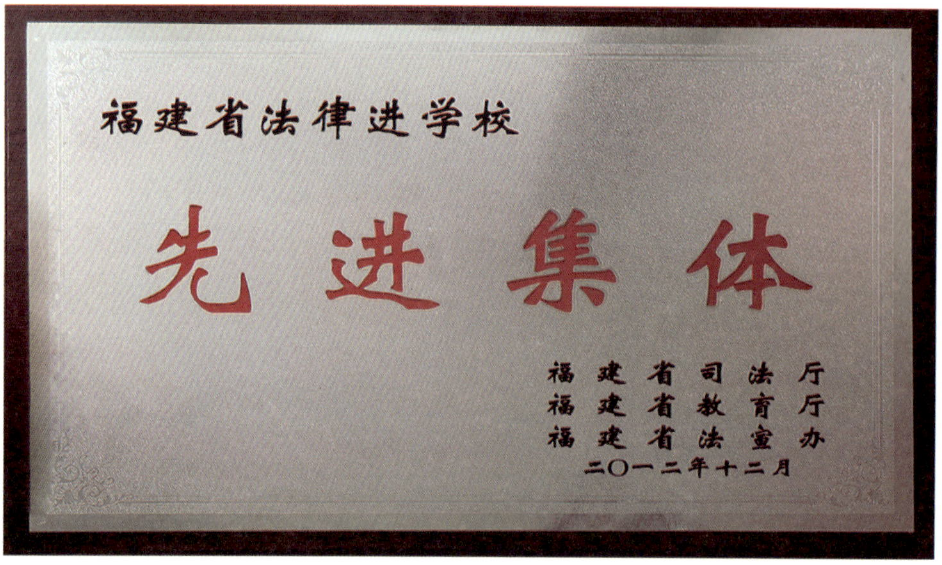

2012年12月，上杭县司法局获福建省法律进学校先进集体奖牌
（上杭县司法局供图）

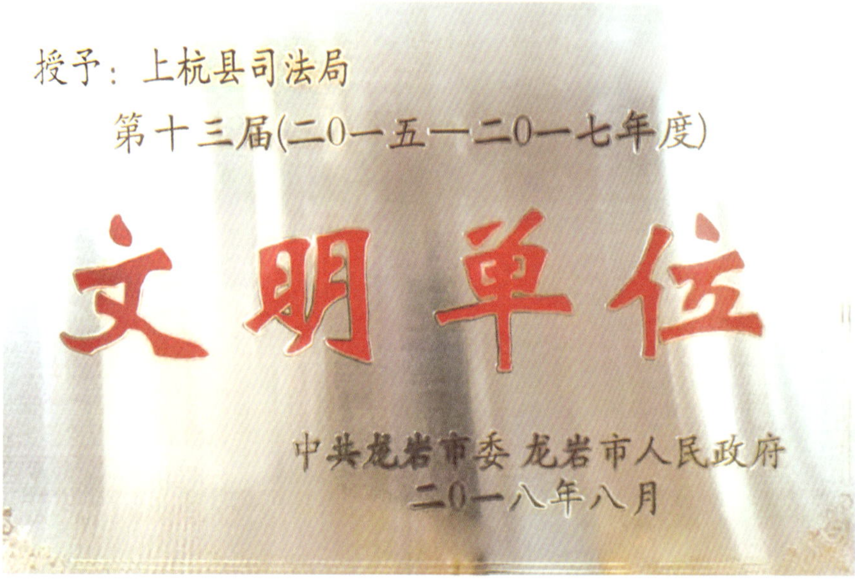

2018年8月，上杭县司法局获中共龙岩市委、龙岩市人民政府授予的第十三届文明单位奖牌
（上杭县司法局供图）

2020年2月，上杭县司法局被中共上杭县委、上杭县人民政府评为2019年度全县综合性工作先进集体奖牌
（上杭县司法局供图）

2016 年 9 月上杭县司法局办公楼（上杭县司法局供图）

2016 年 9 月迁入的上杭县司法局办公楼（上杭县司法局供图）

《上杭县司法行政志》编审人员

《上杭县司法行政志》编纂工作领导小组

组　长：刘　勇

副组长：周文隆　罗华堂　丁焱志

成　员：钟学茂　王嘉衍　郭发喜　蓝德贤（女）　刘健寿
陈加才　刘晓强　邓　军　廖养垣　林建军

《上杭县司法行政志》编纂人员

主　　编：刘　勇

副 主 编：周文隆

执行主编：江树高

编　　撰：傅永辉　巫占征　廖晓卿

《上杭县司法行政志》评稿人员

游友荣　　袁志先　　唐鉴荣　　钟巨藩

《上杭县司法行政志》审查验收单位

中共上杭县委办公室

中共上杭县委宣传部

上 杭 县 保 密 局

中共上杭县委党史和地方志研究室

序　一

司法行政工作是党和政府的一项重要工作，事关维护社会稳定，实现社会公平正义。为系统总结上杭司法行政工作的历史经验，上杭县司法局经数年努力，编纂《上杭县司法行政志》，经反复修改，现在行将出版了。这是上杭法治文化建设中的一件盛事，是上杭司法行政工作的一项重要成果。

旧时，由于历史局限，司法行政体制、机制极不健全，业务开展零零碎碎、时断时续。中华人民共和国成立后一段时间，司法行政也仍处于机构不稳定、不健全，工作不正常、不规范状态。改革开放后，党中央拨乱反正，司法行政工作被提上党和国家重要议事日程，司法行政部门也成为党和政府的一个重要部门。上杭县司法行政机构于 20 世纪 80 年代初建立，30 多年来，在县委和县人民政府领导下，一代代司法行政战线干部职工，奋勇开拓，锐意进取，使司法行政工作机构不断健全，机制不断完善，业务不断拓展，业绩不断刷新，取得多项全国、全省和全市级荣誉。其中，到 2019 年，上杭县被评为“四五”“六五”2 个五年普法和“七五”普法中期全国先进县；上杭县司法局获得“五五”普法全国先进单位和“一五”“二五”依法治省先进集体荣誉称号；县司法局还获得福建省司法厅、龙岩市委市政府授予的多个综合奖和单项奖。省、市司法行政管理部门分别组织在上杭召开司法行政基层、社区矫正和人民调解“双争双做”工作现场会；上杭的多项工作经验在省的会议上作典型发言及见诸报刊多媒体平台。

30 多年来，上杭司法行政工作写下一页页不平凡的历史，积累了丰富的经验。现在，上杭县司法局编纂出版《上杭县司法行政志》，将上杭司法行政工作业绩和历史经验加以总结，是十分必要，也是十分及时的。当前，上杭县司法行政工作正处在一个继往开来的新的历史起点上，任重道远。这就需要今人和来者认真借鉴前人经验教训，扬长避短、趋利避害，不断探索开拓。相信这部《上杭县司法行政志》的出版，定能从中发挥其应有的和独特的作用。

《上杭县司法行政志》内容丰富、资料翔实、特色鲜明、可读性强，是一部很值得全县司法行政工作者认真阅读的书籍。希望全县广大司法行政工作者不仅能写好志，更要能读好志、用好志，让《上杭县司法行政志》助力上杭司法行政工作不断取得新成就，书写新辉煌！

是为序。

上杭县人民政府副县长、公安局局长

2023 年 3 月

序　二

修志可以存史、留鉴，有益资政、育人。编纂《上杭县司法行政志》，是总结我县新时期司法行政工作实践的重要工程，也是我县法治文化建设的一件大事。

1980 年上杭县司法局成立，独立的司法行政机关应运而生。30 多年来，上杭司法行政系统始终坚持围绕中心、服务大局，充分发挥法律保障、法律服务、遂步得到法律宣传等职能作用。上杭司法行政工作光辉历程的 30 多年，正是我县司法行政事业与社会主义民主法治建设阔步同行的 30 多年，全社会法律信仰逐步树立，群众法律服务需求更得满足，社会公平正义支撑有力。

30 多年来，上杭司法体制、法治精神、思想观念春华秋实。为全面反映上杭司法行政发展的历史和现状，彰显实施依法治国方针的深远意义，总结民主法治建设的卓越成就，上杭县司法局组织编纂《上杭县司法行政志》，经各股、中心、处、所及时提供资料，并征求离退休老同志等意见建议后几易其稿，终得成书出版。这是上杭县法治文化建设的一大盛事，为当前和今后司法行政工作提供重要历史借鉴和宝贵基础资料，也必将为建设“平安上杭”“和谐上杭”发挥重要作用。

发展社会主义民主法治是我们党始终不渝的奋斗目标，深化司法体制改革是加快建设社会主义法治国家的内在要求，司法公正是广大人民群众的殷切期盼，也是维护社会公平正义的一条重要保证。我们相信，在维护法律尊严、维护公平正义、维护社会稳定的新实践中，我县广大司法行政工作者必定能够坚守法治理念，坚持改革精神，为推动科学发展、促进社会和谐作出新的、更大的贡献。

上杭县司法局党组书记、局长

2023 年 3 月

凡　例

一、本志以马克思列宁主义、毛泽东思想、邓小平理论、“三个代表”重要思想、科学发展观、习近平新时代中国特色社会主义思想为指导，坚持辩证唯物主义和历史唯物主义的立场、观点和方法，遵循实事求是原则，全面、系统记述上杭县司法行政工作体制、机制不断调整和完善，司法行政工作效率不断提升和推进，司法行政职能作用不断凸现和增强的过程。

二、本志全面、系统反映上杭县司法行政事业发展的历史与现状。上限力求追溯至事物发端，下限至2019年。按照志书详今略古原则，侧重记述1980年上杭县司法局成立后全县司法行政工作发展变化，尤其是2002—2019年上杭司法行政事业发展情况。

三、本志采用述、记、志、图、表、录等体裁，横排纵写，以时系事，以事系人。全志共设正文11篇及概述、大事记、附录等。

四、本志采用规范语体文记述，力求内容丰富、资料翔实、体例完备、言简意赅、图文并茂。民国以前的历史纪年，先书朝代、年号、纪年，再括注公元纪年。民国时期的纪年，用阿拉伯数字表示，括注公元纪年。文中所涉及计量单位均使用国家相关标准。

五、人物直书姓名，不冠褒贬词语，不在姓名后置身份词，必须说明身份的，首次出现时在姓名前冠以职务。

六、本志资料来源于各时期档案、图书报刊及口碑、采访记录等，不注出处。

七、本志图片均由上杭县司法局相关股室及基层司法所提供。其中部分图片拍摄时间背景因图片收集初时编者未及时记录，几年后总纂修改时已无法考证，故未在图题中标出。

目　　录

概　述

一

上杭县位于福建省西部，南邻粤东、北近赣南、东接龙岩、西连武平，于北宋淳化五年（994 年）置县，迄今已越千年历史。

明代时，上杭城内各坊共设巡警铺 12 所。明清时期，上杭实行司法与行政合一体制。知县（县令）是一县司法长官，执掌本县司法大权。民间发生民事纠纷，由当事人请村中长辈和社会贤达说和调解，通过评理，断令无理一方或赔礼道歉，或赔偿经济损失。若调解不成，则向知县申诉，由知县判令解决；如果发生刑事案件，由知县派公差捕快，捉拿犯人并将其关进牢狱，再由知县开堂审理，判决断案。

清代光绪以前，上杭无律师制度，起诉只有请人代为撰写诉状的讼师。由于民众多不懂法律，文化水平又低（文盲甚多），不能执笔为文，需请内行人代写诉状，故而讼师赖以生存。清光绪三十二年（1906 年），朝廷仿效西方，制定《大清刑事民事诉讼法（草案）》，规定律师制度。但未及颁行，清王朝即告覆灭。

清代前，上杭无公证制度。民众买卖土地、房屋、山林等有请中人作证的惯例。中人作证，是民间流行的私证。

二

民国期间，上杭一度出现国民政府和苏维埃政府并存局面。国民政府和苏维埃政府司法行政宗旨不同，内容各异。民国政府中，律师和公证先后出现。

民国初期，上杭县巡警署先后改称巡警所、警察所，设警备队。其法律和司法审判程序、方式，均沿袭清末及北洋政府规定。

民国 2 年（1913 年），上杭地方司法公署设登记处，配备登记员 1 人，专门负责公证业务。民国 32 年（1943 年）6 月，上杭县成立公证处，隶属上杭地方法院，指派推事专门从事公证业务。当时主要是房屋租赁、典卖、析产，土地、房屋买卖和赠与，以及民田承管等，并根据公证标额收取公证费。

上杭县内律师业务始于民国 8 年（1919 年）。其时，日本东京早稻田大学法政专科毕业的傅柏翠（蛟洋村人）回乡后，凭北洋政府颁发的律师证，邀集3位同专业好友在县城东门傅家祠对面创办一所律师事务机构——法学社。因敢于维护被告人合法权益，在群众中颇有声誉。民国13年（1924年），因傅柏翠改任他职，“法学社”自行解散。接着，邱添禹、华文辉、郭岳等人在下中街3号成立律师事务所。业务主要有刑事辩护、民事代理、非诉讼代理、代书、法律咨询。该律师事务所除办理代书和接受被告委托出庭辩护外，还先后担任《上杭新报》等单位的法律顾问。

民国16年（1927年），为推行“司法独立”，上杭县成立司法公署，规定废除刑讯。

民国16年（1927年）5月，国民党反动派反革命政变后，“司法独立”成为泡影，县长既是普通刑事案件首席检察官，又是“特种刑事案件”的审判官。

民国25年（1936年）7月，上杭县司法公署改为司法处。民国26年（1937年）1月，司法处改称上杭地方法院，内设检察处。所需司法行政人员由院长指定推事、书记官等人员兼任，未配备专门司法人员；县长是法定兼职检察官或首席检察官，以公诉人身份，对刑事案件进行搜查和出席法庭提起公诉、支持公诉，并监督判决执行。

民国时期，上杭县未设司法行政机关，少量司法行政业务由县长兼理。对《六法全书》（宪法、民法、商法、刑法、民事诉讼法、刑事诉讼法六种法律汇编）及《森林管理办法》《丁役管理规约》等宣传贯彻、度量衡新制推行、限制物价、防止走私等，均由县长发宣传训令和代电。宣传面不广，收效不大。

民国18年（1929年）10月，上杭县苏维埃政府根据《苏维埃组织法》，设有裁判部、肃反委员会，区、乡设裁肃委员会，为临时司法机关，负责公安司法工作。翌年，在肃反委员会内增设政治保卫队。

民国20年（1931年），撤销裁判部和肃反委员会，改设政治保卫处，区、乡设政治保卫科。接着，县政治保卫处改为政治保卫分局，内设侦察科、执行科、总务科、看守所、政治保卫队。嗣后，将科改为部。侦察部内设侦察科、检查科；执行部内设执行科、预审科、统计科；总务科改为总务处。后增设工农检察部，行使对刑事案件侦查和出席革命法庭提起公诉。其间，上杭县苏维埃政府曾用各种形式向人民群众解释红色政权各种法令和决议，其中有《苏维埃组织法》《中华苏维埃共和国婚姻条例》《土改法令》《婚姻法令》《惩治反革命条例》《裁判条例》等一系列法律、法令。《婚姻条例》（《婚姻法令》）提倡妇女解放，反对买卖婚姻，实行婚姻自由，并规定男女结婚必须按法律规定向当地苏维埃政府登记。上杭县第一次工农兵代表大会通过的《24项提案》，是一部地方性法规。

三

1949年9月17日，上杭县人民民主政府一成立，即即接管原国民政府警察、地方法院及监狱等司法机关，废除旧法制。10月，成立县人民公安局。是年，由县民政科设司法股，负责民事纠纷调解工作。嗣后，又分别成立县人民法院、县人民检察院。1950年11月，成立县司法科，由民政科科长兼任司法科科长，单独行使司法和审判权。1951年春，民政部门撤销司法科，不再承办司法业务，司法行政业务统归县人民法院办理。1957年，因反右派斗争被严重地扩大化，正确的法制原则和司法制度受到批判，司法行政工作曾一度停滞。“文化大革命”中，公、检、法机关受到极大冲击，濒于瘫痪。1972年、1975年、1978年、1980年，上杭县法院、公安局、检察院、司法局相继恢复与成立。

中华人民共和国成立初期，法制宣传由上杭县人民政府司法科负责，主要宣传《中华人民共和国婚姻法》《中华人民共和国土地改革法》《中华人民共和国惩治反革命条例》《中华人民共和国惩治贪污条例》等。在土地改革、镇压反革命运动中，为动员群众起来同反革命做斗争，深挖隐藏的反革命分子，司法科采取多种方式，宣传《中华人民共和国土地改革法》《中华人民共和国惩治反革命条例》，除张贴标语、出墙报、黑板报外，还组织全县各级召开群众性宣传大会，以扩大社会影响，打击反革命分子嚣张气焰。在处置、判决反革命分子时，还通过宣判大会进行法制深入宣传。1954年9月，《中华人民共和国宪法》颁布后，在全县范围内掀起大规模宣传热潮。

中华人民共和国成立后，党和政府把调解组织列入政权建设之中，把调解工作誉为“政法工作的第一道防线”。上杭县许多调解人员在努力做好本职工作的同时，积极参加党的中心工作。在土地改革时，他们积极协助填发土地证，成为土地改革积极分子。在农业互助合作中，不少村调解组织有计划地把调解人员分配到各生产组织中去，协助解决互助合作中的纠纷，增强农民之间的团结，促进农业合作化顺利发展。1953年冬，上杭县结合法制宣传对调解委员会进行整顿，把调解委员会列为乡（镇）必设7个委员会之一。调解主任是乡人民政府委员，由乡人民代表会议选举产生；调解委员则由乡人民政府聘请。1956年上杭县撤区并乡后，农业生产合作社设有调解小组。1958年实行人民公社化时，上杭县各公社和大队都设有人民调解委员会。1966年“文化大革命”开始后，在“左”倾错误影响下，许多民间纠纷被说成“阶级对抗”。人民调解委员会因被视为“阶级调和”产物而被取消，上杭县人民调解组织基本陷入瘫痪状态。1973年后，人民调解工作又逐步恢复和发展。随着县人民法院恢复与健全，人民调解组织得以重建，调解工作重新开展。

1950年12月，中央人民政府司法部发出《关于取缔黑律师及讼棍事件的通报》，福建省人民政府即着手废除民国时期的律师制度，包括上杭县在内，律师活动停止。1956年，创建中华人民共和国律师制度。但上杭县未列入其中，律师工作仍未恢复。1957—1979年，上杭县内律师业务一直未开展，而由龙岩法律顾问处律师到上杭县开展业务、办理案件。1979年12月19日，司法部发出通知，要求各地抓紧时间建立法律顾问处。

由此，上杭县成立法律顾问处准备工作得以立即开展。

中华人民共和国公证制度始于1951年。1956年2月，上杭县人委、人民法院发出《关于开展公证工作的联合通知》，并于3月底开始在上杭县人民法院附设公证室，配备专职公证员1人，上杭法院开始兼办公证工作，同时也兼办涉外公证。1959年随着全省公证机构的撤销，上杭没有专职公证干部。“文化大革命”期间，上杭公证工作中断，直到1980年司法局成立后才恢复。

四

1980年12月上杭县司法局成立后，上杭司法行政机构及其业务工作实现重大历史性转变。在机构上，形成多层次、广覆盖司法行政网络；在业务上，不断拓宽领域，取得显著成果，在探索中国特色社会主义司法行政工作道路上迈出坚实步伐。

1980年9月，上杭县重建司法科。同年12月，改为司法局，内设人秘股（1989年分割成办公室，政工股）、法律顾问处（后改为律师事务所）、公证处、宣传教育股、人民调解股等机构，分管司法行政各项业务。1982年，上杭县率先在临江、临城、蓝溪、才溪、古田、庐丰6个乡（镇）建立司法办公室（简称司法办），司法行政机构延伸到基层。至1984年，上杭县20个乡（镇）全部建立司法办公室。1997年9月18日，上杭县司法局在才溪镇召开全县司法所成立大会。随着改革开放的不断深化，律师、公证和基层法律服务所等法律服务机构遍布城乡，运用法制宣传、人民调解、法律服务三大网络，积极开拓司法行政工作新领域。

1985年，全国开始实施第一个五年全民普法规划。上杭县司法局通过各种形式传达贯彻国务院、省、市普法教育会议精神。是年3月，中共上杭县委、县人民政府决定，用5年左右时间，向全县公民基本普及法律常识。成立县普法领导小组，设立普法办公室（挂靠在县司法局宣教科），具体负责全县普法日常工作，开始向全县公民有规划、有步骤地普及法律常识。1985—2002年，上杭县共进行4个五年普法规划。在这4个五年普法中，工作重点各有不同，全民法制教育影响日益扩大，广大干部群众法律意识明显增强，全县社会法治化管理水平显著提高，为促进县域经济平稳较快发展、维护上杭社会和谐稳定发挥重要作用。广大法制宣传教育工作者面向基层、服务群众，爱岗敬业、无私奉献，为圆满完成各个普法规划任务做出重要贡献，有力促进了上杭县经济和社会各项事业健康协调发展。

在开展普法活动的同时，上杭县从1993年开始就组织实施依法治县工作，起步较早。1994年9月，为认真贯彻落实福建省委《关于依法治省的决定》和龙岩地委《关于贯彻〈福建省依法治省的决定〉的意见》，上杭县十二届人大二次会议审议通过并公布实施《上杭县依法治县实施方案》。该实施方案对2010年前依法治县工作奋斗目标，提出分近期、中期、远期逐步推进步骤；对各级行政机关及其工作人员尤其是领导干部的法制观念、行政管理活动、行政执法及其监督制度、行政管理效能等，都分别作出规定。在依法治理中，全县各级各部门都认真贯彻上级统一部署，坚持以普法教育为基础，以依法行政、公正司法为重点，把政治、经济和社会生活各方面，都纳入法制化轨道，并通过“创建平安上杭”活动载体，把维护稳定作为经济社会发展的重要组成部分，通力协作、齐抓共管，使依法治县稳步推进。

中共十一届三中全会后，贯彻“调防结合，以防为主”方针，上杭县对人民调解组织按整顿、巩固、提高要求，基本做到人员、任务、制度、报酬“四落实”。同时，采取以会代训、现场练兵等方式进行培训，建立目标管理承包责任制，使全县人民调解工作进入一个新的发展时期。1981—1982 年，各乡（镇）先后成立调解领导小组，全县 340 个生产大队（居委会），都建立调解组织。至 2001 年，全县有调解主任 343 人、调解委员 1570 人、“十户调解员”4500 人。城乡各个角落遍布调解力量，三分之二以上调解委员会能做到一般民间纠纷不出村，民间纠纷激化得到有效防止，社会治安综合治理和维护社会秩序“第一道防线”作用得到体现。

1980 年 9 月，县成立法律顾问处，由县司法科管理和指导。同年 12 月县司法局成立后，县法律顾问处归属司法局管理和领导。随后县法律顾问处改名为上杭县律师事务所。上杭县法律顾问处初建时，经费管理由国家实行统收统支。自 1981 年起，省内部分法律顾问处实行“全额管理，差额补助，超收提成”的办法。1984 年 12 月，经县政府和省司法厅批准，上杭县成立不占国家人员编制、经费实行自收自支的第二律师事务所。

1987 年以前，上杭县律师为国家干部。1988 年起，律师逐步从国家干部向执业律师转型。上杭县司法局认真贯彻上级指示精神，于 1995 年完成这一转型。1999 年以前，上杭县律师事务所体制处于“国资所”和“合伙所”并存局面。2000 年，根据国务院关于经济鉴证类社会中介机构与政府部门脱钩改制精神及福建省司法厅《关于做好国资律师事务所改革工作的意见》，上杭县司法局将原属国资的紫金、鄞川 2 个律师所实行脱钩改制，实现人员、财务、业务、名称 4 个方面与挂靠单位彻底脱钩，人事档案移送人才流动服务机构管理。至 2002 年，上杭县共有 3 家律师事务所，均为自主管理、自担风险、自我改革、自我发展、平等竞争的合伙制律师事务所。

1980 年 9 月，上杭县成立公证处。12 月县司法局成立后，公证处归司法局领导管理。

1982 年 4 月，国务院颁布《中华人民共和国公证暂行条例》后，上杭县司法局从组织到业务上加强对公证工作领导，使公证工作进入新的发展阶段。1988 年，上杭县公证管理体制实行改革，开始推行公证员目标管理责任制，把办证指标分解包干到人，以调动公证工作人员的积极性；公证业务范围也有所扩大，不但办理大量国内公证，而且首次办理 1 件涉外经济合同公证，在全地区刷新纪录。1990 年，上杭县公证处性质由行政改为全额拨款事业实体，隶属上杭县司法局管理。1994 年，上杭县公证处又改为差额事业单位，核定事业编制 4 名。2002 年，司法局与公证处签订财产分配协议书，公证处独立建立财务核算制度，成为独立法人单位。

1996 年，上杭县建立法律援助制度，开始法律援助工作。1999 年 3 月 4 日，成立“148”法律服务指挥协调小组，成员由政法各家及行政执法单位领导组成。同时，在全市率先成立“148”办公室，开通“148”法律服务专线电话。

“148”谐音为“要司法”，其寓意为：公民如有法律方面困难与问题，请找司法行政机关。“148”是上杭县司法局一个为民服务法律咨询热线电话，通过自动电话语音工作平台，向群众提供法律咨询服务。2000 年 6 月 15 日，上杭县机构编制委员会发文《关于同意成立上杭县法律援助中心的批复》，批准成立上杭县法律援助中心。同年，各乡镇成立“‘148’保障老年人合法权益法律援助工作站”。2001 年，县法律援助中心积极拓展法律援助业务，相继成立“维护妇女儿童合法权益法律援助站”“维护未成年人合法权益法律援助站”“维护残疾人合法权益法律援助站”。上杭县建立法律援助制度及开通“148”法律服务热线，并实施县乡联动，有利于发挥法律服务独特功能，强化法律服务职能，沟通党群、干群关系，防止纠纷激化，因而得到党政领导肯定，也受到群众欢迎，被群众称为密切党群关系的“连心桥”、为民排忧解难的“开心锁”、维护群众利益的“守护神”。

1997 年 6 月，上杭县成立刑满释放、解除劳教人员安置帮教工作领导小组及办公室。办公室挂靠县司法局，原由县公安局负责的“两劳”释解人员安置帮教工作任务转由县司法局承担。1998 年，上杭县各乡镇依托司法办成立安置帮教工作站，各村（居）委会也普遍建立帮教小组。从此，以基层调委会为主体、人民调解员为骨干的帮教网络和全方位做好安置帮教的工作局面开始形成。当年，全县建立帮教小组 383 个，有帮教工作人员 766 人。到 2000 年，全县有帮教小组 791 个、帮教工作人员 1607 人。

五

2002 年 7 月，中共上杭县委、上杭县人民政府制定出台《上杭县基层司法行政管理体制改革工作的实施方案》，对司法所收编建设工作目标、机构设置、人员调配、装备设施、经费保障、工作步骤、具体要求及司法所业务职责等作出明确规定。8 月，上杭县委组织部、人事局、司法局联合制定《关于贯彻落实杭编〔2002〕7 号〈关于乡镇司法机构和人员编制问题的批复〉文件的意见》，对司法助理员选配工作提出具体规定。8 月 21 日，中共上杭县委机构编制委员会发出《关于统一设立基层司法所的批复》，同意设立乡镇司法所，并把其作为县司法局派出机构，实行以司法局为主、司法局和所在乡镇双重领导的管理机制。10 月，上杭县委、县政府举行司法所成立大会。是年，上杭县司法局获“全省司法所收编建设和规范化建设先进集体”荣誉称号。

此后，县司法局应用法制宣传、人民调解、法律服务三大网络，积极拓展司法行政工作新领域。加大政务建设力度，做好信息简报刊物、公文处理工作，强化效能监督和绩效考评，加强队伍建设。

中共十八大后，上杭县司法局组织学习习近平新时代中国特色社会主义思想，先后开展人民好公仆、“两思”（致富思源、富而思进）、公务员廉洁高效依法行政、法律服务人员依法文明诚信服务、政法干警树立正确社会主义核心价值观和坚持党的群众路线教育等实践活动，以及律师集中整顿、促进司法公正和律师规范化建设年教育活动，加强干部和律师队伍自身建设；局党总支围绕创建“机关党建工作先进单位”目标，认真贯彻落实《中国共产党和国家机关基层组织工作条例》，努力改进机关组织活动方式和工作方法，结合单位实际制定《开展创建“学习型党组织”活动计划》，以加强机关党的思想、组织和作风建设。同时，还注重抓好民主评议政风行风工作，结合效能建设，强化各项制度落实，使机关各项工作水平得到整体提升。

2006 年 5 月，上杭县被评为全国“四五”普法先进县。

2011 年 5 月，上杭县司法局被评为“五五”普法先进单位。

2013 年 2 月，上杭县司法局被省司法厅评为 2010—2012 年度司法行政基层建设“先进县司法局”，并荣记集体三等功；3 月，蛟洋司法所、蓝溪司法所被省司法厅命名为全省首批规范化司法所。

2014 年，县司法局在全市司法行政系统目标管理和全县综治考评中均获一等奖；临城、湖洋 2 个司法所被评为市青年文明号。

2015 年，上杭县“六五”普法工作顺利通过国家、省、市检查验收；县司法局被中华全国人民调解委员协会评为 2015 年度人民调解宣传工作先进集体，被市委、市政府评为 2012—2014 年度文明单位。

2016 年，县司法局在全省率先启动“七五”普法工作。3 月，福建省创建青少年维权岗活动组委会命名上杭县法律援助中心为“2014—2015 年度省级青少年维权岗”。5 月，在全国第八次法治宣传教育工作会议上，上杭县被表彰为“2011—2015 年全国法治宣传教育先进县”。8 月，县司法局在全市政法系统“防控风险、补齐短板、创新机制、破解难题”工作案例评选活动中，荣获“十佳”优秀奖。9 月，县司法局被中华全国人民调解员协会评为“2016 年度人民调解先进单位”。

2017 年，全市人民调解“双争双做”活动现场会在上杭召开。10 月 25 日，省司法厅和省法院联合召开全省人民调解工作会议，上杭县司法局在会上作题为《主动融入，多元化解，打造人民调解工作品牌》的典型发言。10 月 31 日，上杭县“全国法治县”创建工作通过省依法治省办考核验收。11 月 9 日，县司法局在武夷山市召开的全省“一村（社区）一法律顾问”现场会上作典型发言。

2019年6月，县司法局被福建省司法厅表彰为人民调解先进集体。

2019年11月，上杭县被全国普法办表彰为“七五”普法中期先进单位。

县人民调解中心全国领先

上杭县人民调解中心前身为县联合人民调解委员会，建于2008年10月，下设驻法院调解室、驻交警调解室和医患纠纷调解室。2010年改为县调解中心后，中心工作场地700平方米，设接待受理区、工作区和调解区三个区域，分设行政联合调解室、医患纠纷调解室、综合调解室及其对应工作室、调解员工作室、巡回法庭、法律援助工作站、接待厅、档案室、警务值班室等15个功能室。

县人民调解中心成立后，坚持以社会矛盾化解为核心，以社会管理创新为重点，以构建和谐社会为目标，充分发挥人民调解职能作用，在创新社会矛盾化解工作机制、延伸拓展人民调解工作空间、主动靠前对接全县“大调解”工作平台上取得显著成效。至2012年12月，调解中心共受理各类纠纷1788件，调解成功1722件，成功率为96.3%；重大纠纷调解成功31件，医患纠纷调解成功45件，行调对接1287件，诉调对接415件，检调对接28件，当事人申请、行业和区域调解组织移送58件，司法确认998件（确认率58%），努力发挥出人民调解在维护社会稳定中“第一道防线”的作用。中心立足人民调解，主动作为，建立健全行调、诉调、检调三大对接工作机制，落实“宽严相济”刑罚制度，努力在“刑事和解”方面进行不懈探索，得到上级领导和有关部门充分肯定。2012年3月28日，全省司法行政基层工作现场会在上杭县召开，司法部基层工作司副司长韩秀桃等领导对上杭县人民调解中心创新三大对接机制、有效化解矛盾、维护社会稳定等方面工作给予充分肯定。县人民调解中心还在4月23日至24日司法部基层工作司座谈会上就基层基础工作经验作典型发言。同年6月18日，司法部副部长郝赤勇带领调研组在省司法厅党委书记、厅长陈义兴等领导的陪同下，到上杭县人民调解中心调研，对上杭创新社会管理机制、主动靠前有效化解社会矛盾做法给予高度评价。2013年8月，县人民调解中心被司法部授予“模范人民调解委员会”称号。2014年，县司法局被评为全国人民调解宣传工作先进单位；全县共有29人次获得县级以上先进人民调解员或优秀论文奖等荣誉。

2014年3月25日，中共中央政治局常委、全国人大常委会委员长张德江在省、市、县有关领导陪同下到上杭县人民调解中心调研党的群众路线教育实践活动开展情况，对县人民调解中心工作给予高度认可和评价。

2016年9月，县司法局被中华全国人民调解员协会评为2016年度人民调解先进单位。

基层司法所业务用房建设全省领先

2009年，根据省司法厅用2—3年时间建设基层司法所业务用房的要求，上杭县司法局成立基层司法所业务用房建设领导小组，分工负责各项具体工作。局领导分别带队到全县各乡镇，对司法所业务用房需要新建、改建、购买情况进行全面调查摸底，将调查情况及时上报省厅和市局。根据省、市有关加快建设司法所业务用房配备指示精神，县司法局及时向县委县政府主要领导汇报，2月11日报送《关于要求兴建司法所办公楼给予资金配套承诺的请示》，县长当即给予批复。

经过多方努力，庐丰司法所业务用房建设第一批被列入全省示范所计划，于2009年10月3日开工建设。该房占地104平方米，建筑面积为350平方米，2010年6月建成投入使用，总投资48万元。

2010年，其他15个司法所办公用房建设也启动实施，总投资约600万元。总建筑面积为6134.9平方米，占全县司法所办公用房总建设面积的63.5%。

2011年，全县24个司法所（含2个驻工业园区办事处）业务用房，19个所建成，投入使用，另有5个在建，总建筑面积9398平方米，累计投入资金1050余万元。其中，蛟洋司法所建筑面积947平方米，投资114万元。

因基层司法所办公用房建设问题解决得又快又好，成绩突出，县司法局被评为“全市司法行政系统司法所业务用房建设先进单位”，也得到省司法厅充分肯定。2012年3月，全省司法行政基层基础工作现场会在上杭县召开。才溪司法所、蓝溪司法所被司法部评为“全国优秀司法所”。至2012年年底，全县24个司法所业务用房建设任务（含2个工业园区办事处），21个竣工并投入使用。2013年，全部竣工。2013年3月，蛟洋司法所、蓝溪司法所被省司法厅命名为全省首批规范化司法所。2013年4月，全市司法所规范化建设推进会在上杭召开，上杭司法所规范化建设工作经验在会上推广。

法治文化公园建设全市首创

2011年9月5日，上杭县召开“五五”普法总结表彰暨“六五”普法启动工作会议。县政府在《关于“五五”普法规划实施情况和“六五”普法工作安排意见的报告》中提出：“深入开展社会主义法治文化建设，充分挖掘闽西文化、客家文化、红土地文化等具有闽西上杭特色文化中的法治元素，努力创造符合上杭县情、体现海西特色的法治文化，在‘六五’普法期间，建成一批法治文化广场、公园等。”2012年开始，县司法局、县普法办积极向上级有关部门请示沟通，开展将上杭紫金公园建设成法治专题文化公园的筹备工作。该公园在设计上遵循“法治、平安、和谐”理念，在不改变公园原有自然景观前提下，注入大量法治文化元素，利用石雕、石刻彩绘等多种艺术形式进行法治宣传，旨在使公园实现生态休闲和法治文化思想理念相互渗透、相互映衬、互相融合，以营造浓郁法治宣传氛围，使居民在公园内休闲、娱乐、游玩、健身的同时，处处可见法治知识亮点，时时感受法治文化熏陶，从而潜移默化地增强尊法、崇法的法治意识，增加知法、学法的自觉性，提升守法、用法的法治素养和能力。注入法治文化元素内容主要涉及《中华人民共和国宪法》《中华人民共和国森林保护法》《中华人民共和国环境保护法》《中华人民共和国劳动法》《中华人民共和国婚姻法》《中华人民共和国合同法》

等，以及《弟子规》等许多中国优秀古典文学作品中的经典内容。工程总投资 100 多万元，共建大小石雕、石刻 100 多座（个），2014 年年底完成。

2017 年 6 月，上杭县司法局获全省司法行政系统先进集体称号。

中华人民共和国成立后，特别是改革开放以来，上杭县司法行政工作取得很大成绩，收获丰富经验，打下坚实基础。虽然各方面还有一些欠缺和不尽完善之处，将来也还会遇到困难与挑战，但有理由相信，在中共上杭县委、县人民政府领导下，有了前面开创的局面和积累下的经验、基础，全体司法行政工作者定能与时俱进、不断创新，迎来更加辉煌灿烂的明天。

大事记

明

明初，上杭县城各坊共设巡警铺12所，后被废。成化九年（1473年），知县萧宏清旧址而复之，寻又废。万历六年（1578年），知县杨万春再清复之，后仍废。

清

光绪二十年（1894年）

11月3日，白砂村民袁叙卿一家5人（内有孕妇1人）被杀。知县贺沅破案后，将凶手袁林宗等4人判处死刑，将另一名从犯判处流放。贺沅刚直不阿，及时、准确破案被广为传颂。艺人以此为题材，编成汉剧《五尸六命》在全县演出，进行法制宣传。

光绪二十五年（1899年）

4月，县设团局，负责保安。

光绪三十四年（1908年）

县设巡警署，执掌缉捕、监狱及治安。

宣统二年（1910年）

巡警署改为巡警所，县城分区段管理，按段（街）设岗，由巡警轮流执勤。

中华民国

民国2年（1913年）

北洋政府发布《登记条例》，这是中国历史上第一个具有现代意义的公证制度。当时上杭地方司法公署设登记处，配备登记员1人。

民国8年（1919年）

日本东京早稻田大学法政专科毕业的傅柏翠（蛟洋村人），凭北洋政府颁发的律师证，邀集3位学法律的好友在县城东门傅家祠对面创办一所律师事务机构——法学社。

民国 18 年（1929 年）

10 月，上杭县苏维埃政府根据《苏维埃组织法》，设裁判部、肃反委员会，区、乡设裁肃委员会，负责公安司法工作。

民国 25 年（1936 年）

7 月，县司法公署改为司法处。

民国 27 年（1938 年）

1 月，司法处改称地方法院。

民国 30 年（1941 年）

11 月，县国民政府内设司法科。

民国 32 年（1943 年）

6 月，上杭县成立公证处，隶属上杭地方法院，指派推事专门从事公证业务。

是年，民国政府颁布《公证法》。

中华人民共和国

1949 年

9 月 17 日，上杭县人民民主政府成立，当即接管原国民政府警察、地方法院及监狱等司法机关，废除旧法制。

是年，由县民政科设司法股，民政科科长兼任司法股股长，单独行使司法和审判权，负责民事纠纷调解工作。

1950 年

5 月，县人民政府开始宣传、贯彻《中华人民共和国婚姻法》。

6 月，中央人民政府颁布《中华人民共和国土地改革法》。

11 月 1 日，成立县司法科。

12 月，中央人民政府司法部发出《关于取缔黑律师及讼棍事件的通报》，上杭县律师停止活动。

1951 年

1 月 10 日，全县开展镇压反革命运动，严厉打击土匪、恶霸、特务、反动党团骨干、反动会道门头子等反革命分子。县司法科配合开展第一次镇压反革命运动，通过县法院宣判大会进行法制宣传。

3 月，县撤销司法科，司法行政业务统归县人民法院办理。

4 月中旬始，县分批进行土地改革运动。对保持土地革命果实地区，按《中国人民政治协商会议共同纲领》第二十七条“必须保护农民已得土地的所有权”规定，进行必要土地调整，确定地权，发展生产。县人民法院积极开展《中华人民共和国土地改革法》宣传。

1952 年

2 月 5 日，工商界开展反行贿、反偷税漏税、反盗骗国家财产、反偷工减料、反盗窃国家经济情报的“五反”运动，历时 4 个月。县人民法院积极配合开展“五反”运动。

7 月，县爱国卫生运动委员会成立，全县家家户户订立爱国卫生公约，开展以搞好环境卫生为重点的大扫除运动，农村逐步形成日扫、月检制度。县人民法院积极配合开展爱国卫生运动。

12 月，在才溪区举办有 26 个乡、73 名调解主任参加的训练班。

是年，县人民法院对区乡调解组织进行整顿、改选。

1953 年

上杭县人民法院配合开展贯彻《中华人民共和国婚姻法》运动月活动。

1954 年

《中华人民共和国宪法》颁布后，在全县进行大规模宣传。

1955 年

8 月，县人民法院始兼办公证业务，但审批权仍属地区中级人民法院。

10 月，上杭县召开调解会议，学习中央人民政府政务院《人民调解委员会暂行组织通则》，总结交流经验。

是年，上杭县人民法院配合开展肃反运动。

1956 年

3 月，上杭县人民法院附设公证室，配备专职公证员 1 人。

是年，人民调解委员会改称人民调处委员会。

1957 年

5 月 24 日，县委部署县直机关党员干部学习毛泽东《关于正确处理人民内部矛盾的问题》著作，开展反对官僚主义、宗派主义、主观主义整风运动。县人民法院积极配合开展整风运动。

7 月，反右派斗争开始，至 1958 年 9 月结束。

是年，受“左”倾错误影响，反右派斗争扩大化，正确的法制原则和司法制度受到批判，县司法工作被解体。

1958 年

实现人民公社化，各公社和大队都设有人民调解委员会，其中公社调委会 42 个，有正副调解主任 127 人、委员 630 人。

1964 年

上杭县结合社会主义教育运动，在整顿基层调解组织基础上，修订“十二提倡十二反对”的社会主义爱国公约。

1966 年

“文化大革命”开始，上杭境内司法行政工作停止。

1972 年

恢复上杭县人民法院，由县法院管理和指导司法行政工作。

1980 年

9 月，县重建司法科，成立法律顾问处（后改为律师事务所），成立公证处。

12 月 18 日，县司法科改为司法局，汤维高任局长。下设法律顾问处、公证处。

1981 年

12 月，龙岩地区司法局在上杭召开法制宣传现场会。

是年，县创办、发行小报《法制宣传专刊》（后改为《上杭司法》），为全省司法行政系统首创，得到司法部宣传司赞誉。

1982 年

3 月，根据司法部《关于办理几项主要公证行为的试行办法的通知》，上杭县开展房产租赁、买卖、继承、赠与等公证服务，试办农村确认房屋产权公证。

是年，上杭县率先在临江、临城、蓝溪、才溪、古田、庐丰 6 个乡、镇建立司法办公室。

1983 年

8 月 16 日，全县开展严厉打击刑事犯罪活动，依法逮捕一批严重刑事犯罪分子。县司法局积极配合公、检、法部门行动，开展严厉打击刑事犯罪活动宣传。

11 月 8 日，县在城区召开“严厉打击刑事犯罪分子大会”，1 万余名群众参加。会上，政法机关依法宣判处以死刑并立即执行 6 人、死刑缓期执行 3 人、无期徒刑 2 人。县司法局通过这次宣判大会积极开展法制宣传。

1984 年

2 月 10 日至 3 月 10 日，全县开展维护妇女儿童合法权益法制宣传月活动。

2 月，全省“严打”工作总结会上，上杭县司法局被评为“法制宣传工作先进单位”。

4 月，邹尚恭任上杭县司法局局长。

12 月，经县政府和省司法厅批准，上杭县成立不占国家人员编制、不拿国家经费、经济上实行自收自支的第二律师事务所。1995 年，该所更名为龙岩鄞州律师事务所。

是年，上杭县 20 个乡（镇）全部建立司法办公室。

是年，全县首次成立村（居）治保、调解委员会组织，全县有 138 个村（居）成立该组织。

1985 年

3 月，上杭县普及法律常识领导小组成立，普法领导小组办公室设在县司法局宣传科，负责全县普法各项工作。

4 月，上杭县学习贯彻在深圳召开的全国律师经验交流会精神，改革律师管理工作。

1986 年

4 月，上杭县首次举办普及法律常识讲习会。全年举办 5 期，有 1068 人参加学习。

1987 年

1 月 12 日至 13 日，县召开普法先进单位、先进工作者代表大会，表彰先进集体 65 个、先进工作者 73 名。

10 月，上杭县官庄乡法律服务站成立，成为全县第一个法律服务站。

1989 年

5 月 5 日，县委、县政府表彰普法先进集体 10 个、先进工作者 7 名，防止民间纠纷激化先进集体 6 个、先进工作者 17 名。

8 月 22 日，县综合治理领导小组部署开展查禁取缔社会丑恶现象专项斗争。县司法局积极配合开展这次专项斗争。

是年，根据地区司法行政工作会议部署，公证处实行目标管理责任制。

1990 年

2 月 6 日，中共上杭县委号召开展向雷玉先学习活动。上杭县司法局随即组织全系统干部职工学习雷玉先先进事迹，发扬老区人民革命精神。

4 月，白砂乡茜黄村农民丘发元在全国第三次法制宣传工作会议上，受中宣部、司法部联合表彰。

是年，上杭县公证处由行政单位改为全额拨款事业单位，隶属上杭县司法局管理。

1991 年

3 月，林勇任上杭县司法局局长。

4 月 11 日，上杭县委、县政府在人民礼堂召开“二五”普法（法制教育第二个五年规划）动员大会。

4 月，上杭县成立社会治安综合治理委员会（简称综治委），有成员单位 28 个。

是年开始，上杭县确定每年 3 月为综治宣传月。

是年，上杭县建立协调会议制度、情况报送制度及领导接访、挂牌督办、总结评议等矛盾纠纷排查调处工作制度。

1992 年

5 月 19 日，上杭县司法局办公楼三层竣工验收。

10 月，上杭县法院经济纠纷调解中心成立。

10月，在宪法颁布十周年宣传活动中，上杭县组织代表队参加龙岩地区宪法知识竞赛，荣获第二名，中都乡荣获优秀组织奖。

1994年

8月7日至14日，县人大、政府召集县农委、县普法办等有关部门负责人，组成3个检查组，在全县开展《中华人民共和国农业法》执法检查。

9月，上杭县十二届人大二次会议审议通过并公布实施《上杭县依法治县实施方案》，成立依法治县领导小组，开始实施依法治县工作。

是年，上杭县公证处改为差额事业单位。

1995年

11月，上杭县顺利通过“二五”普法检查验收。“二五”普法成绩显著，走在龙岩地区各县前列。

12月28日，上杭县召开治保调解工作暨1995年见义勇为先进个人总结表彰大会。44个治保调解工作先进集体、100名先进个人及11名见义勇为先进个人受到县委、县政府表彰。

是年，上杭县建立矛盾排查调处机制，成立上杭县矛盾纠纷排查调处活动领导小组，下设办公室，挂靠在县委政法委督查科（1998—2003年，矛盾排查调处办公室改挂靠在司法局基层科）。

1996年

6月，肖正华等人结伴成立上杭县首家合伙制律师事务所——龙岩正华律师事务所。

9月，上杭县人民政府在县礼堂召开“二五”普法工作总结表彰大会暨“三五”普法工作动员会。

是年开始，县组织政法战线离退休老干部，成立政法系统关心下一代工作委员会法制报告团，坚持每年到全县各中小学校作巡回法制报告。

1997年

3月27日，全地区刑释解教人员安置帮教工作会议在上杭县召开，临江镇在会上作帮教经验介绍。

4月19日，省司法厅厅长洪进宝一行到上杭县进行工作调研。

5月，上杭县成立刑满释放、解除劳教人员安置帮教工作领导小组及办公室，加强对安置帮教工作领导。原由县公安局负责的“两劳”（劳动教养、劳动改造）释解人员安置帮教工作任务转由县司法局承担。

7月28日，才溪法律服务所挂牌成立。

8月11日，南阳法律服务所挂牌成立。

9月18日，县司法局在才溪镇召开全县司法所挂牌成立大会。

10月16日，龙岩市“村务公开、民主管理”工作现场汇报会在上杭县召开，县依法治县办在会上作“民主法治示范村”创建工作情况汇报。

10月26日，龙岩市召开依法治理经验交流会，县林业局依法行政典型经验在大会上交流推广。

1998年

3月，省律师协会向上杭县“希望工程”捐赠20万元。

5月，全市公证工作现场会在上杭县召开。

1999年

3月4日，成立“148”（由司法行政机关设立、开通的一个法律服务专线电话号码）法律服务指挥协调小组，成员由政法各家及行政执法单位领导组成，并在全市率先成立“148”办公室，开通“148”法律服务专线电话。

3月，华绪澄任上杭县司法局局长。

8月6日，中共上杭县委召开九届三次全会，通过《中共上杭县委关于依法治县的决定》。

9月，“上杭县法律服务中心妇女援助站”挂牌成立。

10月上旬，福建省司法厅派专人配合东南电视台《记者行动》摄制组到上杭县，拍摄“148”法律服务联动工作专题新闻片。

12月13日，省司法厅召开全省“148”工作经验交流会，上杭县作为先进典型，代表龙岩市在大会上作经验介绍。

12月，县司法局被司法部授予“人民调解宣传工作先进单位”荣誉称号。

是年，上杭县对育龄夫妇依法申请再生一个孩子有关条件实行公证制度，这一举措引起业务主管部门高度重视，并向全市各地举荐这一做法。

2000年

5月，省司法厅副厅长薛育卿一行到上杭县考察工作。

6月15日，上杭县法律援助中心成立。

8月8日，龙岩市政府在上杭县召开全市“148”热线建设现场会，副市长马承佳出席会议并讲话。

12月，省、市对上杭县“三五”普法验收顺利通过，上杭县司法局被龙岩市委、市政府评为“三五”普法先进单位。

2001年

3月12日，李凤光、李小强、李增元结伴成立福建杭川律师事务所。

9月，上杭县委、县政府在上杭大酒店召开全县“三五”普法总结表彰暨“四五”普法动员大会。

12月4日，全国第一个法制宣传日，县全体司法行政干警上街开展法律知识义务咨询，接待咨询群众5000余人次，挂贴各种法制宣传图片500份。

12月18日，上杭县第一所村民法制学校在临城镇土埔村揭牌成立。土埔村是全县“三五”普法先进集体。该村法制学校每月上2节法制教育课，由公安民警、法官、律师和司法局人员授课，上课时间由司法局统一协调组织安排。

是年，县司法局接受县有关部门委托，组织律师对紫金山槽车翻车案中有关责任人进行定性论证。

是年，县法律援助中心积极拓展法律援助业务，相继成立“维护妇女儿童合法权益法律援助站”“维护未成年人合法权益法律援助站”“维护残疾人合法权益法律援助站”。

2002年

6月16日，全国人大内务司法委员会副主任束怀德、委员崔乃夫，省人大常委会副主任黄松禄一行到上杭检查《中华人民共和国残疾人保障法》执行情况。

6月，吴绍安任上杭县司法局局长。

8月16日，上杭县第一家职工法制学校在荣达工贸有限公司揭牌成立。这是上杭县开展私营企业职工法制教育标志性的突破。

8月21日，县编委发布《关于统一设立基层司法所的批复》，同意设立乡镇司法所，作为县司法局派出机构，实行以司法局为主、司法局和所在乡镇双重领导的管理机制。

11月，县普法办在各部门及各乡镇的配合下，第一次组织全县所有干部职工集中到各学校考点参加年度学法考试（笔试）。

是年，全县基本完成乡镇司法所收编建所工作。

2003年

4月12日，福建省律师协会与厦门市律师协会向上杭县通贤乡“厦门律师希望小学”捐资5万元，用于改善该校教学设施和资助特困学生。前后3年，两个协会共向该校捐资30万元。

4月，“上杭县法律服务中心”更名为“上杭县中心法律服务所”。

11月21日，省司法厅副厅长黄忠岩一行到上杭县进行工作调研。

是年，全国部分地区“非典”疫情流行，县司法局、县依法治县办积极配合县委、县政府及卫生、公安、民政等部门做好“非典”预防控制工作，配合各部门采取有效措施，加强疾病监控，制订预防控制预案，防止疫情蔓延至上杭。

2004年

6月18日，县委、县政府召开创建“平安上杭”工作会议，启动创建“平安上杭”活动。

8月，伍启文任上杭县司法局局长。

10月16日，司法部副部长段正坤到上杭调研，并瞻仰古田会议会址等。

是年，中共上杭县委、县人民政府和县委副书记李小平分别被省依法治省领导小组评为1999—2003年度依法治省工作先进单位和先进个人。

2005年

3月1日，省司法厅厅长陈保明一行到上杭调研。

5月28日，司法部部长张福森一行到上杭瞻仰古田会议会址，并参观古田会议纪念馆。

9月20日，中央综治检查组到上杭检查政法综治工作。

9月27日，张著学、张纪光、郭来福、林新麒合伙成立福建龙航律师事务所。

10月20日，省司法厅副厅长陈勇一行到上杭调研。

10月，县总工会、法院、司法局、劳动和社会保障局等10个部门联合成立职工维权服务联动网络工作站，标志着该县职工维权服务实现联动网络化。

11月26日，中国法学会党组书记、常务副会长刘题到上杭调研工作，并瞻仰古田会议会址，参观古田会议纪念馆。

11月，县成立综合行政执法协调领导小组，下设办公室，核定专项编制3人，挂靠县司法局。

2006年

10月9日，县委、县政府在上杭大酒店召开全县“四五”普法总结表彰暨“五五”普法动员部署大会，全面启动“五五”普法工作。

是年，在与法院建立完善人民调解联系制度基础上，聘请11位法官为人民调解指导员。

是年，上杭县被评为全国“四五”普法工作先进县。

2007年

7月，全县启动“低保残疾人法律援助爱心行动”，开辟贫困残疾人和农民工法律援助绿色通道，提供高效、便捷的法律服务。

是年，县筹措资金20余万元投入司法所和调委会两个规范化建设。

是年开始，县司法局为全局妇女干部职工办理特病保险。

2008年

6月9日至11日，县、乡、村刑释解教工作人员带着法律书籍和学习用品到龙岩、闽西、永安、清流等监狱开展进监帮教活动。

6月，县法律援助中心为7027户农村独生女户、二女结扎户、农村计生工作贡献户发放法律援助证。此举为全省首创。

9月28日，上杭县法律服务大厅挂牌。

10月9日，县司法局驻上杭县南岗工业园区、蛟洋工业集中区办事处挂牌成立。

10月，“上杭县南岗工业园区法律援助站”和“上杭县蛟洋工业集中区法律援助工作站”成立。

11月，县司法局在全省率先组织全县农村（社区）支部书记、村主任、农村“六大员”（农民技术员、社会治安综合治理协管员、计生管理员、国土资源规划建设环保协管员、公共卫生员、文化协管员）2996人参加年度学法考试。

是年，才溪司法所被司法厅命名为人民调解示范司法所，临江天山社区等5个调解委员会被省司法厅命名为人民调解示范村（社区）调解委员会。

是年，上杭县司法所长高配副科级工作得到新突破，7个司法所配备副科级所长。

2009年

5月，上杭县荣获福建省2004—2008年度依法治省工作先进集体称号。

9月4日，“中国·上杭”网站群开通上线，同时“上杭·司法行政”网站随即开通上线。

9月16日，县行政服务中心成立剪彩，随即县司法局法律援助中心服务窗口进驻县行政服务中心。

2010年

3月，上杭县成立县矛盾纠纷调处服务中心（县人民调解中心）。

是月，李凤光个人成立福建儒佳律师事务所。

6月14日至25日，上杭县顺利通过省依法治省办公室“五五”普法工作考评验收和首批全国依法治县（市、区）创建先进单位评选。

10月，全县各律师所积极协助县政府、县信访局对紫金矿业股份有限公司渣液渗漏环保事故进行处理，出具法律意见书，提供法律帮助，使上访群众满意，党委政府满意。

11月3日，司法部副部长张苏军一行到上杭瞻仰古田会议会址，并参观古田会议纪念馆。

12月28日，司法部党组成员、副部长赵大程一行到上杭瞻仰古田会议会址，并参观古田会议纪念馆。

是年，县司法局被中共中央宣传部、中华人民共和国司法部评为全国“五五”普法先进单位；县司法局副局长田承映被评为全国“五五”普法先进个人。

2011年

1月1日，《中华人民共和国人民调解法》颁布施行，县司法局在全县范围内开展形式多样的宣传活动。

4月27日，最高人民法院行政装备管理局局长张印至率中央政法委督查组一行到古田督查政法基础设施建设和政法基层队伍建设工作，并瞻仰古田会议会址。

6月，县司法局被省司法厅、公务员局、人力资源开发办评为“2006—2010年度全省司法行政系统先进集体”。

9月5日上午，中共上杭县委、县政府在上杭大酒店召开“五五”普法总结表彰暨“六五”普法启动工作会议。

9月9日，县委办、县府办转发县委政法委、县人民法院、县人民检察院、县公安局、县司法局联合制定的《上杭县全面试行社区矫正工作的实施意见》，成立社区矫正工作领导小组。领导小组下设办公室（设在县司法局），负责处理社区矫正日常工作。

10月31日，上杭县召开社区矫正工作动员大会暨交接仪式现场会，决定先以临江镇为试点，然后在各乡镇开展社区矫正工作。

是年，全县完成7个司法所业务用房建设任务。

是年，配备副科级所长8名。至此，全县22个基层所合计配备副科级所长14名。

2012年

1月26日，上杭县蛟洋工业集中区紫金铜业有限公司发生工伤事故，遇难者家属情绪激动。县领导挂钩协调县、乡、村三级调解员及时分组入户，耐心细致地做好遇难者家属疏导和安抚工作，多次组织公司与家属协商补偿事宜。经过近10天努力，遇难者家属与相关公司逐一达成调解协议，使极易发生的群体事件得以避免。

3月28日，全省司法行政基层工作现场会在上杭县召开。

3月，县人民调解中心成功调解一起县重点工程蛟城高速建设中，山东公路建设（集团）有限公司蛟城高速A4标段项目经理部与福建省平潭籍林某于2011年1月26日签订的蛟城高速A4标段合同白玉隧道《工程分包合同》纠纷案。

5月，县人大代表深入县法院、住建局、广播电视台、工商局、烟草公司、临江镇、蛟洋镇、白砂中学等相关单位，开展“六五”普法和依法治县“三五”规划工作视察。

6月18日，司法部副部长郝赤勇带领考察调研组在省司法厅党委书记、厅长陈义兴等领导陪同下，到上杭县人民调解中心调研，对上杭创新社会管理机制、主动靠前有效化解社会矛盾做法给予高度评价。

9月，县人民调解中心设立“上杭县人民调解中心法律援助工作站”。

11月22日，龙岩市政协主席饶作勋到上杭开展司法行政工作调研。

是年，县司法局、县普法办积极联系上级有关部门，积极筹备在上杭县紫金公园内建设法治文化公园工作。

是年，全县24个司法所业务用房建设（含2个工业园区办事处），21个竣工投入使用，其余3个已完成主体工程。

2013年

2月，上杭县司法局被省司法厅评为2010—2012年度司法行政基层建设“先进县司法局”，并荣记“集体三等功”。

3月，县司法局蛟洋司法所、蓝溪司法所被省司法厅命名为全省首批规范化司法所。

3月，县法律援助中心在县看守所设立法律援助工作站。

4月19日，全市司法所规范化建设现场推进会在上杭县举行。市司法局党组书记、局长王辉明，市司法局党组成员、副局长邹建平及市司法局相关负责人、各县（市、区）司法局局长、分管基层副局长、基层股长参加会议。

4月24日，省综治办一室林光格主任带领省第三批“平安先行县”验收考评组，到上杭县人民调解中心考评人民调解工作开展情况。

5月17日上午，县司法局组织各司法所所长、社区矫正专职工作人员和机关股室相关人员前往才溪司法所参观，观摩司法所规范化建设。

6月28日下午，县委、县政府组织召开全县社区矫正工作会议，表彰2012年度社区矫正工作先进单位和先进个人。

7月18日至19日，市依法治市办常务副主任、市司法局党组书记、局长王辉明带领市依法治市检查验收组对上杭县贯彻落实依法治县“三五”规划实施情况和“六五”普法工作进行检查。

7月，上杭县投资100余万元，依托紫金公园建起法治文化公园，增加一个寓教于乐、普法与休闲相结合，使法治文化扎根于大众、扎根于基层的阵地。

8月1日，全市“三五”依法治省和“六五”普法迎检工作座谈会在上杭县召开。

8月26日，省司法厅党组成员、副厅长肖新建一行在市政府副市长游晔、市司法局局长王辉明等陪同下，到上杭检查督导贯彻实施依法治省“三五”规划暨“六五”普法工作情况。

8月30日，省司法厅监察室副主任陈英铭带领省厅政风行风检查组成员到古田司法所调研。

8月，县人民调解中心被司法部授予“模范人民调解委员会”荣誉称号。

9月3日至4日，龙岩市委政法委副书记陈粤闽一行在县、局有关领导陪同下，深入官庄、太拔和溪口等司法所，就司法所规范化建设、矛盾纠纷排查调处、社区矫正和安置帮教、平安和谐乡（村）创建活动等工作开展调研。

9月，省委、省政府授予县司法局党组书记、局长伍启文“2009—2012年度福建省社会管理综合治理先进工作者”荣誉称号。

10月14日，民生周刊第26期刊出《普法先行县之上杭样本》文章，对上杭普法工作进行全方位报道。

12月4日，由县依法治县办牵头、各成员单位参与，围绕“大力弘扬法治精神，共筑伟大中国梦”主题，在江滨广场举行“12·4”法制宣传系列活动。

12 月 8 日，省对市综治督导考评组组长何鸣一行在市、县有关领导和县司法局主要领导陪同下到县人民调解中心调研、指导工作，并参观“法治文化公园”。

2014 年

1 月 8 日，省司法厅党委委员、副厅长俞建春一行在市司法局、县委政法委及县司法局有关领导陪同下，到上杭县稔田、蓝溪、政华律师事务所及县人民调解中心、县法律援助中心调研司法所规范化建设、法律援助和律师所等工作。

1 月 20 日，县人民调解中心、南阳镇人民调解委员会和临城镇人民调解委员会被龙岩市司法局授予“龙岩市先进人民调解委员会”称号。

2 月 10 日，县司法局荣获全市司法行政系统目标管理先进单位一等奖。

3 月 4 日上午，省委常委、组织部部长姜信治一行在市、县有关领导陪同下，到上杭县人民调解中心调研党的群众路线教育实践活动开展情况。

3 月 11 日下午，县司法局党组召开党的群众路线教育实践活动动员大会。县委第二十一督导组全体成员到会指导。

3 月 14 日，中共福建省委副书记于伟国在县委书记邓菊芳陪同下，到县司法局调研。

3 月 18 日，市委常委、政法委书记林兴禄一行在县委政法委领导陪同下到上杭县人民调解中心进行工作调研。

3 月 21 日，省司法厅副厅长赵闽阳一行在市、县司法部门有关领导陪同下，到才溪司法所进行工作调研。

3 月 25 日，中共中央政治局常委、全国人大常委会委员长张德江在省、市、县有关领导陪同下莅临上杭县人民调解中心，开展群众路线教育实践活动情况调研，对县人民调解中心工作给予高度认可和评价。

3 月 27 日，县司法局组织局领导班子成员和机关党员、挂钩干部到步云乡金屏村开展“千名干部串门走亲”第二次走访活动。

4 月 2 日，县依法治县办组织相关工作人员到官庄乡七里村开展畲乡文化节“送法下乡”宣传活动。

4 月 4 日，市人大常委会主任饶作勋、副主任廖德槐一行在县有关领导陪同下，到人民调解中心调研指导工作。

4 月 23 日，全县司法行政工作会议召开，县委书记邓菊芳、政法委书记阙春林在会上讲话，局长伍启文作汇报发言。会上，对 2013 年度人民调解、社区矫正工作先进集体和先进个人进行表彰。

7 月 14 日，省委政法委常务副书记、省综治办常务副主任李晋闽率省综治调研督导组一行 4 人，在市、县有关领导陪同下，到县人民调解中心开展综治平安工作调研和督导。

7月，临城司法所和湖洋司法所被龙岩市创建青年文明号活动组委会授予“2014年市级青年文明号”称号。

8月，县司法局被中华全国人民调解员协会授予“2013年度人民调解宣传工作先进单位”称号。

9月9日上午，县司法局召开局机关全体干部会议，组织学习中共中央总书记习近平在听取兰考县委和河南省委、全国人大常委会委员长张德江在听取上杭县委和福建省委党的群众路线教育实践活动工作汇报时的讲话，局长伍启文传达县委常委扩大会议精神及县司法局贯彻意见。

9月11日，市人大常委会副主任郭舒凡率领调研组到上杭调研《中华人民共和国人民调解法》贯彻执行情况，考察县人民调解中心工作。

9月13日下午，省司法厅计财审计装备处处长张桐桐一行到上杭县开展司法局业务用房建设调研。

9月16日，省司法厅副厅长俞建春等到上杭县通贤司法所、才溪司法所调研，对上杭司法所规范化建设等工作给予充分肯定。

9月，县法律援助中心在县人民法院诉讼服务中心设立法律援助工作站。

9月，县司法局联合县财政局制定《福建省上杭县公证处财务管理办法（试行）》。

10月，《闽西日报》发表《人民调解的“上杭模式”》报道。

10月，县政府决定将上杭县农资物流配送中心第7和第9—12层共5层，面积共4065平方米划给县司法局作业务用房。

10月22日下午，县司法局召开党的群众路线教育实践活动总结大会。县委第二十一督导组全体成员、局机关全体干部职工、律师与公证负责人和离退休干部代表等50余人参加会议。

12月17日，省检察院党组成员、副检察长、省综治考评督导组组长顾卫兵，省综治办副主任、副组长陈勇一行到上杭督导社会管理综合治理责任书落实情况，并到县人民调解中心检查“联访联调”工作。

12月18日上午，全市司法行政系统基层业务巡回培训班在上杭县司法局举办，全县司法行政工作人员共同参加培训。

12月，县司法局制定《上杭县公证处2015年奖励性绩效工资考评分配办法》，进一步规范公证机构收入分配秩序，促进公证事业健康发展。这在全市各县（市、区）创造先例。

2015年

12月，全县22个司法所被确认为副科级机构规格。

是年，县司法局被市委、市政府评为龙岩市第十二届（2012—2014年度）文明单位。

2016 年

3 月，福建省创建青少年维权岗活动组委会命名上杭县法律援助中心为“2014—2015 年度省级青少年维权岗”。

5 月，在全国第八次法治宣传教育工作会议上，上杭县被表彰为“2011—2015 年度法治宣传教育全国先进集体”。

6 月，刘勇任上杭县司法局局长。

8 月，县司法局在全市政法系统“防控风险、补齐短板、创新机制、破解难题”工作案例评选活动中，荣获“十佳”优秀奖。

9 月，县司法局被中华全国人民调解员协会评为“2016 年度人民调解先进单位”。

9 月，上杭县司法局正式搬迁入新址办公。

是年，县司法局在全省率先启动“七五”普法工作。

2017 年

10 月 25 日，省司法厅和省法院联合召开全省人民调解工作会议，上杭县司法局在会上作题为《主动融入，多元化解，打造人民调解工作品牌》的典型发言。31 日，上杭县“全国法治县”创建工作通过省依法治省办考核验收。

11 月 9 日，县司法局在武夷山市召开的全省“一村（社区）一法律顾问”现场会上，作典型发言。

是年，全市人民调解“双争双做”活动现场会在上杭召开。

2018 年

年初，党中央部署全国开展扫黑除恶专项斗争，县司法局配合开展相关宣传。

6 月，上杭县被全国普法办命名为第四批全国法治县创建先进单位。

8 月 13 日，司法局组织系统内干部职工 96 人和全体律师、基层法律工作者及公证员集中签订积极参与扫黑除恶专项斗争承诺书。

8 月，上杭县司法局与闽西监狱狱警首次联合开展社区矫正集中教育活动。

9 月，上杭县顺利通过市依法治市领导小组“七五”普法中期督导。

12 月，上杭县社区矫正中心标准化建设及庐丰、临城、古田、才溪 4 个司法所标准化宣告室建设全面完成。

2019 年

3 月 31 日，中共上杭县委办公室、上杭县人民政府办公室印发《上杭县司法局职能配置、内设机构和人员编制规定》，县政府法制工作并入县司法局。文件规定县委全面依法治县委员会办公室设在司法局。重组后，县司法局增设依法治县秘书股、行政执法监督与文件审查股、行政复议与应诉股。至此，司法局共有依法治县秘书股、综合股、人事教育股、行政执法监督与文件审查股、行政复议与应诉股、社区矫正管理股、普法与依法治理股、人民参与和促进法治股、公共法律服务股和行政审批股共10个股室。

4月4日，司法局与县法院、自然资源局等部门联合制定《上杭县生态恢复示范基地暨绿色公益社区矫正基地实施方案》，建设社区矫正社区服务基地，打造绿色社区矫正特色教育。

5月，县司法局组织500名人民调解员参加业务培训，并对换届后2500名村“两委”干部进行调解业务培训。

上半年，县司法局被表彰为全省人民调解工作先进单位。

8月30日，县人民政府印发《上杭县全面推行行政执法公示制度执行全过程记录制度重大决定法制审核制度实施方案》，在全县推行行政执法“三项制度”。

10月，县司法局对全县行政执法主体、职权和人员进行梳理审查，共梳理审查全县县直行政执法部门22个，法律法规授权组织7个，受委托机关或组织12个，有福建省行政执法证件人员992人。同月，对全县2018年12月31日前现行有效的503件县级规范性文件进行清理。经清理，继续有效352件、废止131件、限期修改20件。

11月4日，全省社区矫正工作现场会暨业务培训班在上杭举行，会期4天。

11月6日，省司法厅厅长邬勇雷到上杭调研。

11月8日，县司法局领导参加在梅县区召开的粤闽平安边际联席会议，讨论研究打造平安、和谐、稳定的闽粤边界环境的措施办法。

12月11日，县司法局在县行政办公大楼三楼会议室举办2019年依法行政业务知识培训。参加培训的对象有各乡镇及县直各行政执法部门负责行政执法、规范性文件起草审核工作分管领导和具体负责人，共160余人，邀请市司法局立法与法治调研督察科兼行政执法协调监督科科长陈朋发、市司法局规范性文件备案审查科负责人赖惠燕分别就“行政执法实务”“规范性文件制定与监督管理实务”课题作专题培训。

是年，成立“扫黑除恶”“依法治县”等系列专题宣讲活动小分队，深入乡镇、村居、机关、企业、学校开展宣讲活动130场，受众6.5万人。

是年，命名第四批金牌调解员18名和品牌调解室5个。至此，全县累计命名品牌调解室34个，金牌调解员60名，人民调解“双争双做”“363工程”全面完成。同时，组织4名调解员、1名调解专家参与“市级十佳金牌调解员”“市级十大调解专家”评选活动。

第一篇　机构设置与人员编制

清代以前，实行司法与行政合一体制，知县执掌司法。清光绪二十五年（1899年）四月，上杭县设团防局，负责保安。光绪三十四年（1908年），上杭县始设巡警署，执掌缉捕、监狱及治安。宣统二年（1910年），改设巡警所，县城分区段管理，按段（街）设岗，由巡警轮流执勤。

民国初期，上杭县巡警署先后改称巡警所、警察所，设警备队。其法律和司法审判程序、方式，均沿袭清末及北洋政府规定。民国16年（1927年），推行“司法独立”，上杭县成立司法公署，实行审检合署，规定废除刑讯。公署内设检察处，有首席检察官，业务上受高等法院首席检察官指导监督，行政事务受命于司法公署。国民党反动派发动“四一二”反革命政变后，国民政府“司法独立”成为泡影，县长既是普通刑事案件首席检察官，又是“特种刑事案件”审判官。

民国18年（1929年）10月，上杭县苏维埃政府根据《苏维埃组织法》，设裁判部、肃反委员会，区、乡设裁肃委员会，负责公安司法工作。翌年，在肃反委员会内增设政治保卫队。民国20年（1931年），撤销裁判部和肃反委员会，改设政治保卫处，区、乡设政治保卫科。接着，又将政治保卫处改为政治保卫分局，内设侦察科、执行科、总务科、看守所、政治保卫队。嗣后，将科改为部。侦察部内设侦察科、检查科；执行部内设执行科、预审科、统计科；总务科改为总务处。后又增设工农检察部，行使对刑事案件侦查和出席革命法庭提起公诉。在乡苏维埃政府内设有调解委员会等群众性组织。1934年10月中央主力红军长征、上杭苏区沦陷后，县、区、乡各级苏维埃政府及其政法机构不再存在。

民国25年（1936年）7月，上杭县国民政府司法公署改为司法处。民国27年（1938年）1月，司法处改称地方法院，内设检察处。行政长官（县长）是法定兼职检察官或首席检察官，以公诉人身份，对刑事案件进行搜查和出席法庭提起公诉、支持公诉并监督判决执行。民国时期，县未设司法行政机关，有些司法行政业务由县长兼理，无专门配备司法行政人员。

1949年2月，随着中国人民解放战争胜利，中共中央发出《关于废除国民党的六法全书与确定解放区的司法原则的指示》。9月17日，上杭县人民民主政府成立，当即接管国民党政权的警察、地方法院及监狱等司法机关，废除旧法制。10月，成立县人民公安局。是年，县民政科内设司法股，民政科科长兼任司法股股长，单独行使司法和审判权，负责民事纠纷调解工作，受理民事、刑事案件申诉，对城乡民事纠纷调解工作进行指导，调解无效的予以裁决；对各种刑事犯罪案件，配合公安部门侦查结案，依法判决。嗣后，又分别成立县人民法院、县人民检察院。成立县人民法院后，民政部门不再承办司法工作。1950 年 11 月，县成立司法科，主管刑事和民事案件审判、看守管理、法制宣传、民间纠纷调解等工作。1951 年春，撤销司法科，司法行政业务统归县人民法院办理。1957 年，因受“左”倾错误影响，反右派斗争扩大化，正确的法制原则和司法制度受到批判，司法行政工作被解体。“文化大革命”中，公、检、法机关受到冲击，社会主义法制遭到践踏。在此期间，由于司法行政机关受到冲击与破坏，不能独立行使职权，因此，专职司法行政干部一直没有配备。

1972 年、1975 年、1978 年和 1980 年，上杭县法院、公安局、检察院、司法局分别恢复（成立），彼此分工，相互配合与制约，共同做好发扬社会主义民主、健全社会主义法制、平反和纠正冤假错案、打击刑事犯罪和经济犯罪、普及法律常识、实行社会治安综合治理等工作，保障全县改革开放顺利进行，促进经济和社会事业稳步发展。

第一章　司法行政机构与编制

第一节　县级司法行政机构与人员

1980 年 9 月，县重建司法科，12 月改为司法局，主要管理县人民法院办公机构设置和人员编制报批；审批法庭设置、变更和撤销；任免助理审判员；协助建立健全以公开审判为主的司法制度；管理法院的物资装备；领导律师组织和公证机关工作；组织开展法制宣传和法制教育活动；指导司法助理员及人民调解委员会工作等。1980 年开始，先后在局本部设办公室、法律顾问处（后改为律师事务所）、公证处、法制宣传股、人民调解股。1982 年秋，根据中央通知，将主管法院任务，移交人民法院办理。司法局负责劳改、劳教和向公民进行普及法律常识任务。县司法局干部、职工由 5 人增加到 24 人，另有兼职律师 2 人。

1985 年，县成立普及法律常识领导小组，办公室附设在县司法局宣传科，负责全县普法的各项工作。

1988 年 5 月 11 日，福建省编制委员会《关于各级司法行政系统分配的通知》，分配给上杭县司法局司法行政机关编制 16 人、司法助理员编制 17 名、省暂垫 5 名、公证处 4 人、律师事务所事业编制 4 人。

1991年，司法局办公室改为秘书股，法制宣传股改为法制宣传教育股，人民调解股改为基层工作股。增设政工股。

1994年10月20日，《福建省编制委员会关于同意司法行政系统一九九二年增编分配方案的批复》，给上杭县司法局行政机关增加编制3名。同年11月，龙岩地区编制委员会根据省编制委员会闽编〔1994〕124号文件精神，增加上杭县司法局行政编制3名。增编后，上杭县司法局行政机关编制数为19名。

1997年6月，上杭县成立刑满释放、解除劳教人员安置帮教工作领导小组及办公室，办公室挂靠在县司法局。

1998年3月，《上杭县司法局职能配备、内设机构、人员编制方案》经上杭县行政改革领导小组办公室、县机构编制委员会办公室（简称县编办）审核，并报县政府批准，确定上杭县司法局为县政府主管县司法行政工作职能部门，内设人秘股、政工股、宣传教育股、法律服务管理股、基层工作股5个职能科室。同时确定上杭县司法局机关单列行政编制19人。

1999年11月，县司法局增设上杭县依法治县领导小组办公室（挂靠在宣教科）。

2000年6月15日，上杭县机构编制委员会（简称县编委）下发《关于同意成立上杭县法律援助中心的批复》，批准成立上杭县法律援助中心，为正股级建制，不定编制，所需人员从司法局机关内部调剂解决，隶属上杭县司法局管理；是上杭县政府专门负责组织实施全县法律援助的事务机构，负责组织、管理、实施和监督全县法律援助工作，由各律师事务所、公证处、各乡镇司法办、法律服务所承担其援助职能。

2002年10月，《中共上杭县委办公室，上杭县人民政府办公室关于印发〈上杭县司法局职能配置，内设机构和人员编制规定〉的通知》规定，上杭县司法局内设秘书股、政工股、基层工作股、法制宣传教育股、法律援助中心和“148”指挥协调中心，共6个职能股室，政法专项编制17名（其中局长1名、副局长2名），乡镇司法助理员编制34名。

2003年，县司法局招考公务员6名。

2004年，县司法部门新录用3名司法助理员。

2005年4月，县编委批示增设“法律服务管理股”，同时把“148”指挥协调中心归并到法律援助中心。同年11月，成立上杭县综合行政执法协调领导小组，下设办公室，办公室核定专项编制3人，挂靠在县司法局。

2006年，全县34个司法助理员全部配齐。其中大专以上学历24人，占全县司法助理员的70.58%。

2008年，司法所长高配副科级工作得到新突破，7个司法所配备副科级所长。

2009年，新增政法专项编制10人，基层司法助理员编制增至44人。是年4月，县司法局与县消委会成立县消协委人民调解委员会。11月，县司法局成立县联合调解委员会，并成立驻县人民法院调解工作室。12 月，成立驻县公安局交管大队调解工作室、驻县卫生局调解工作室。

2010 年 3 月，县司法局设立县矛盾纠纷调处服务中心（也称人民调解中心），核定事业编制 8 名。是年，在春季公务员招考中，招收 5 名司法助理员。

2011 年，根据闽委编办〔2011〕134 号文件晋柯精神，增加司法局政法专项编制 2 名，合计 19 名。秋，公务员招考时，招收基层司法助理员 3 名，并从乡镇调入 1 名公务员和 6 名事业编制人员；配备副科级所长 8 名，全县 22 个基层所合计配备副科级所长 14 名。是年，县编办核定社区矫正中心财政核拨事业编制 27 名，其中县社区矫正中心 5 名、乡镇社区矫正专职工作人员 22 名，每个乡镇各 1 名，共计 27 名。

2012 年，新增考录公务员 5 名，其中基层 3 名、机关 2 名，遴选调入事业编制 19 人，安排转业士官 2 人。全年，新增工作人员 26 人。

2013 年，根据闽委编办〔2013〕181 号文件精神，增加基层司法所司法助理员编制 2 名，合计 48 名。

2019 年 3 月，根据杭委办发〔2019〕19 号文件精神，重新确定司法局职能、县政府法制工作并入司法局，内设 10 个工作股室，并设政工室主任、总心理咨询师各 1 名（副科级）。

2019 年，上杭县司法局机关内设 10 个职能股室（依法治县秘书股、综合股、人事教育股、行政执法监督与文件审查股、行政复议与应诉股、社区矫正管理股、普法与依法治理股、人民参与和促进法治股、公共法律服务管理股、行政审批股）。所属法律援助中心、矛盾纠纷调处服务中心、社区矫正中心、公证处 4 个事业单位；22 个乡镇司法所，为县司法局派出机构，规格为副科级；2 个驻工业园区、工业集中区办事处。全县司法行政系统核定人员总编制为 107 名，其中局机关政法专项行政编制 19 名，设局长 1 名、副局长 2 名、总心理咨询师 1 名（副科级）、政工室主任 1 名（副科级）；22 个乡镇司法所核定政法专项行政编制 48 名，各乡镇司法所设所长 1 名（副科级）。核定县法律援助中心参公事业编制 1 名，县矛盾纠纷调处服务中心事业编制 8 名，县社区矫正中心事业编制 27 名（其中县社区矫正中心 5 名、乡镇社区矫正中心工作站 22 名），县公证处事业编制 4 名。

上杭县司法局历任局长一览表

表 1-1

姓　名	职务	任　职　时　间
汤维高	局长	1980 年 12 月至 1984 年 4 月
邹尚恭	局长	1984 年 4 月至 1991 年 3 月
林　勇	局长	1991 年 3 月至 1999 年 3 月

续表1-1

姓　名	职务	任　职　时　间
华绪澄	局长	1999年3月至2002年6月
吴绍安	局长	2002年6月至2004年8月
伍启文	局长	2004年8月至2016年6月
刘　勇	局长	2016年6月起

第二节　乡、镇司法行政机构与人员

1982年，上杭县在全地区各县（市）中率先在6个乡（镇），即临江、临城、蓝溪、才溪、古田、庐丰建立司法办公室，每个司法办均配备1名司法助理员。

1984年，上杭县20个乡（镇）全部建立司法办，共配备工作人员65人。司法办业务工作范围是：普及法律常识，管理、指导基层调解委员会工作，调解疑难民间纠纷和简易生产经营性经济纠纷；开展公证联络；开展部分律师业务和扶助工作；应聘担任乡镇企业及村（居）委会常年法律顾问；参与社会治安综合治理，促进两个文明建设。司法办既加强对人民调解工作领导，又向群众提供法律服务。至此，全县广大城乡实现乡（镇）有司法办、村（居）委会有调委会、村（居）民小组有调解员的“三级调解网”。

1995—2002年，上杭县22个乡（镇）政府内设司法办公室，并建立法律服务所和公证联络站，使用上杭县司法局司法助理员专项编制。共有司法助理员19人，工作人员61人。2002年5月，《中共福建省委机构编制委员会办公室关于重新核定全省乡（镇、街道）司法助理员司法专项编制的通知》规定，重新核定上杭县一类乡（镇）司法助理员编制28名，二、三类乡（镇）司法助理员6名，共34名。同年7月，中共上杭县委、上杭县人民政府制定《上杭县基层司法行政管理体制改革工作的实施方案》，对司法所收编建设工作目标、机构设置、人员调配、装备设施、经费保障、工作步骤、具体要求及司法所业务职责等作出规定。同年8月，上杭县委组织部、人事局、司法局联合制定《关于贯彻落实杭编〔2002〕7号〈关于乡镇司法机构和人员编制问题的批复〉文件的意见》，规定司法助理员选配要求。

2002年8月21日，中共上杭县委机构编制委员会下发《关于统一设立基层司法所的批复》，同意设立乡（镇）司法所，作为县司法局派出机构，实行以司法局为主、司法局和所在乡镇双重领导管理机制。并就司法所职能设置、机构编制、经费渠道等事项作出具体规定，将司法所统一称为“上杭县司法局××［乡（镇）名］司法所”；重新核定司法助理员专项编制34名，具体分配临江、临城、旧县、才溪、南阳、古田、湖洋、稔田、庐丰、白砂、蛟洋、官庄各2名；中都、兰溪、太拔、溪口、下都、茶地、泮境、步云、通贤、珊瑚各1名。司法助理员纳入公务员队伍，由县司法局统一管理。下都、茶地、泮境、步云、通贤、珊瑚6个乡（镇）不设立司法所，由县司法局派驻司法助理员。司法所人员经费由县财政局全额列支，司法所工作人员福利待遇与乡（镇）干部相同。同时，根据杭编〔2002〕7号文件，撤销各乡（镇）法律服务所；原杭编〔1997〕7号文件核定给各乡（镇）法律服务所44名自收自支事业编制，由县编委收回；原乡（镇）法律服务所工作人员（旧县2人，临城、古田、通贤、官庄各1人，共6人）由所在乡（镇）负责转岗安排。

2008年10月，县编委下发《关于设立上杭县司法局驻上杭县蛟洋工业集中区办事处的通知》《关于设立上杭县司法局驻上杭县南岗工业园区办事处的通知》，随即设立上杭县司法局驻蛟洋工业集中区办事处、上杭县司法局驻南岗工业园区办事处，使用司法助理员专项编制各1名。

2013年，全县司法系统新增工作人员19名，机关调入公务员1名，基层公务员调入4名，遴选调入事业编制3名，录聘事业编制1名。全县在职副科级司法所所长19人，配备率86.4%。基层司法助理员编制48个，实际使用49人，司法助理员专项编制使用率100%。

2017年，县委任命15名干部为实职司法所所长，其中新提拔10人，由副科级所长转任5人。3名副科级所长转为副主任科员。全县22个司法所共配备实职副科级所长20名，副主任科员5人，副科配备率占113.6%。

2019年3月，机构改革保证22个乡（镇）司法所，为县司法局派出机构、规格为副科级，核定政法专项行政编制48名。

第二章　法律服务机构与人员编制

第一节　律师服务机构与人员

中华人民共和国成立初期，上杭县无专职律师。1957—1979年，上杭县辩护制度受各种因素影响，一度被废除。

1980年9月，上杭县成立法律顾问处（后改为县律师事务所），核定事业编制2名，由县司法科管理和指导，有律师和法律工作者各1人。同年12月上杭县司法局成立后，县法律顾问处归属司法局领导和管理。

1984年，县法律顾问处改名为上杭县律师事务所，有专职律师2人。同年12月经县政府和省司法厅批准，上杭县成立不占国家人员编制、不拿国家经费、资金实行自收自支的第二律师事务所，有 2 名兼职律师执业。

截至 1987 年 12 月，上杭县有专职律师 5 名、兼职律师 2 名。

1988 年，县第二律师事务所因人员少，不符合建所条件而自行撤销。同年冬，福建省编制部门下达上杭县律师事业编制名额为 4 名。

1993 年 1 月，经省司法厅批准，重建县第二律师事务所，人员 7 人。至 1994 年年底，上杭县有律师机构 2 个、持照律师 14 人，其中：专职律师 5 人（三级律师 1 人、四级律师 4 人），兼职律师 4 人，特邀律师 5 人。

1995 年 9 月，经省司法厅核定，上杭县律师事务所为国办所，并更名为龙岩紫金律师事务所（1997 年 7 月，又更名为福建天久律师事务所）；上杭县第二律师事务所更名为龙岩鄞川律师事务所。

1987 年以前，上杭县律师为国家干部。1988 年起，律师逐步从国家干部向执业律师转型。上杭县司法局认真贯彻上级指示精神，于 1995 年完成这一转型。

1996 年 6 月，经省司法厅批准，肖正华等合伙成立上杭县首家律师事务所——龙岩正华律师事务所（2001 年 4 月更名为福建政华律师事务所），有专职律师 3 名、兼职律师 1 名、实习律师 4 名、行政辅助人员 1 名。该所不占国家编制，不领国家经费，自主经营，自负盈亏，隶属上杭县司法局指导和监督。

1997 年是《中华人民共和国律师法》生效实施的第一年，上杭县根据律师法规定，停止发展特邀律师，国家公务员兼职律师停止执业。至此，全县执业律师 10 人，比 1996 年减少 4 人。

2000 年 10 月，国办天久律师事务所被撤销。

2001 年 3 月 12 日，省司法厅批准成立由李凤光、李小强、李增元结伴成立福建杭川律师事务所，该所不占国家编制，不领国家经费，自主经营，自负盈亏，接受上杭县司法局指导和监督。

2002 年，根据杭编〔2002〕7 号文件，县编委收回律师事务所 4 名事业编制。

2005 年 9 月 27 日，经省司法厅批准，张著学、张纪光、郭来福、林新麒联合成立福建龙航律师事务所。2010 年 3 月，经省司法厅批准，李凤光个人成立福建儒佳律师事务所。以上 2 个律师事务所均不占国家编制，不领国家经费，自主经营，自负盈亏，接受上杭县司法局指导和监督。

2019 年，7 个律师事务所共有执业律师 27 人。

第二节　公证服务机构与人员

1955 年 8 月，县人民法院开始兼办公证业务，但审批权仍属地区中级人民法院。

“文化大革命”期间，公证业务中断。

1980年9月，上杭县成立公证处，核定事业编制2名。12月成立县司法局后，公证业务移交司法局公证处办理。

1984年后，逐步改革公证处工作，先后在南阳、官庄、临城成立公证联络站，发展公证联络员17人、特约公证员5人；县公证人员深入基层办证。

1987年，上杭县全县共有公证工作人员4人。

1988年5月，省编委发出《关于各级司法行政系统编制分配的通知》，分配上杭县公证处行政专项编制4名。至1988年年底，上杭县公证员发展到4人（二级公证员1人、四级公证员3人）。同时配备公证处主任和副主任，以加强组织领导。

1990年，上杭县编委将公证处由行政单位改为全额拨款事业单位，隶属上杭县司法局管理。

1994年，上杭县公证处改为差额事业单位，核定专项编制4名。

2000年9月，公证处实行竞争上岗，聘任三级公证员1人。

2001年以后，上杭县司法局加强公证处独立事业单位法人地位。2002年，县司法局与公证处签订财产分配协议书，正式建立上杭县公证处财务独立核算制度，实行收支两条线管理。

2007年，上杭县公证处有注册公证员3名，其中涉外公证员3名。

2009年，县编委发出〔2009〕135号文件，将公证处4名专项编制改为财政拨补事业编制。

至2014年年底，上杭县有公证员3名、工勤人员1名。2015年实行自收自支，有公证员3人、内勤人员1人；2019年有公证员2人、内勤人员2人。

第三节　基层法律服务机构与人员

基层法律服务所是农村经济体制改革的产物。中共十一届三中全会后，福建省实行“特殊政策，灵活措施”，城乡商品经济十分活跃，各种专业户、承包经营户大量涌现，横向经济往来频繁，各种生产经营纠纷随之增多，迫切需要司法行政机关提供简便、有效的法律服务。由于传统司法行政机构只设置到县（区）一级，广大乡镇、街道只配备一名司法助理员，加上县（区）司法行政机关编制少，律师、公证人员不足，难以满足乡镇企业和广大农民群众法律需求，“三难”（请律师难、办公证难、打官司难）问题突出。为了缓解这一矛盾，1982年，上杭乡（镇）司法助理员解放思想、大胆革新，在党、政领导支持下，率先在临江、临城、才溪等6个乡（镇）建立司法办公室，招聘2—3名有一定法律知识的社会青年或政法系统离退休人员，开展法律咨询、代写法律文书等服务，走出一条不要增加编制、不需行政拨款又能把法律服务延伸到基层的途径。1988年，上杭县22个乡、镇全部建立司法办公室，并建立法律服务所和公证联络站，共配备工作人员65人。为便于管理，省司法厅规定从1991年起，全省基层法律服务机构统称为“××乡（镇、街道）司法办公室”“××乡（镇、街道）法律服务所”，简称“一室一所”。1993年，全省统一将公证联络站合并到法律服务所。

1993年以前，除临江镇法律服务所外，其他乡镇法律服务所均附设在司法办内，实行一套人马、两块牌子。是年，乡镇机构体制改革，清退半脱产人员，全县司法办人员由65人减少至54人。是年10月，上杭县人民政府批转上杭县司法局《关于乡镇法律服务所体制改革意见的报告》，认真总结和推广临江法律服务所经验，大力扶持“两不四自”（不占国家编制、不要国家经费，自愿组合、自收自支、自我发展、自我约束）法律服务所。全县法律服务所改革用人制度，推行“所所挂钩、处所挂钩”做法，和律师事务所、公证处联合办案办证。

1994年5月，县局成立法律服务中心。至年底，全县建立乡（镇）法律服务所20个，比1988年增加18个。

1997年4月，设立各乡（镇）法律服务所22个，为股级自收自支事业单位，定编制44名，由所在乡（镇）人民政府领导，业务上接受司法局指导。

2000年，撤销发展滞后的中都、下都、茶地、溪口、步云、珊瑚6个法律服务所，将撤所后有基层法律工作者资格人员挂靠在县法律服务中心管理注册，从事乡（镇）法律服务。至年底，全县共有16家基层法律服务所，其中“两不四自”法律服务所6家，共有法律服务工作者60人（其中办理执业证注册者60人，取得法律服务工作者执业证53人）。同年，县司法局对各基层法律服务所实施改制，临江、临城、才溪、蓝溪、古田、中都6家法律服务所先后完成脱钩改制工作。

2001年，对基层法律服务所进行系列整顿，对不符合条件的法律服务所及其从业人员坚决予以清理。是年，共撤销5家法律服务所，清退法律工作者9人。

2002年，根据杭编〔2002〕07号文件，撤销各乡（镇）法律服务所，核销44名自收自支事业编制。

2003年4月，根据龙岩市司法局《关于同意龙岩市民商法律事务所等13家法律服务所更名的批复》，原“上杭县法律服务中心”更名为“上杭县中心法律服务所”。至2003年年底，全县有执业许可证法律服务所8家，执业人员39人（其中7人取得律师资格）。

2005年4月，县编委批示县司法局增设“法律服务管理股”。至年底，注销一批不具备设立条件的基层法律服务所，综合成立县中心法律服务所，共有59名基层法律工作者办理执业证，并通过年检注册。

全县基层法律工作人员主要来自三个方面：一是在政法部门或其他部门从事过实际工作多年的离退休人员；二是正在业余大学、广播电视大学、函授大学学习的大中专法律人才；三是从社会上招聘的知识青年。

2015年，继续选派律师进村（社区）担任法律顾问工作，新增60个村居试点律师担任法律顾问。是年，全县共选派24位律师担任82个村（社区）的法律顾问。

2016年，全面推动“一村一法律顾问，一社区一法律诊所”工作。到10月底，全县22个乡镇和344个村（社区）全部设立公共法律服务工作站和服务点，并聘请律师担任法律顾问，在全市率先实现全县村居法律顾问百分之百全覆盖。

第四节　法律援助机构与人员

1996—1999年，虽然上杭县开展法律援助业务工作，但都为一些散在性活动，无专门机构、制度和工作人员。

2000年3月，上杭县各乡镇成立“‘148’保障老年人合法权益法律援助工作站”。同年6月15日，上杭县机构编制委员会发文《关于同意成立上杭县法律援助中心的批复》，批准成立上杭县法律援助中心。该中心为正股级建制，不定编制，所需人员从司法局机关内部调剂解决，隶属上杭县司法局管理，是县政府专门负责实施全县法律援助的事务机构，履行组织、管理、实施和监督全县法律援助工作职能，由各律师事务所、公证处、各乡镇司法办、法律服务所合力承担。

2001年，县法律援助中心积极拓展法律援助业务，相继成立“维护妇女儿童合法权益法律援助站”“维护未成年人合法权益法律援助站”“维护残疾人合法权益法律援助站”。

2003年，县法律援助中心拓宽法律援助工作网络，以县城为中心，在东、西、南、北线分别选定蛟洋、临城、蓝溪、才溪建立法律援助工作站，县工会、妇联、残联等部门密切配合，及时指派法律援助人员为受援人提供法律帮助。

2006年12月15日，县司法局下发《关于设立临江、庐丰、白砂等14个乡镇法律援助工作站的通知》，在全县各乡（镇）设立法律援助工作站，名称为“上杭县法律援助中心××乡（镇）工作站”。至此，全县22个乡（镇）及县妇联、工会、残联、人武部、未成年人保护办、老龄委6个部门都设立法律援助工作站。

2008年10月，成立“上杭县南岗工业园区法律援助站”和“上杭县蛟洋工业园区法律援助工作站”。

2009年9月，县法律援助中心服务窗口进驻县行政服务中心。该窗口集受理、审查、指派为一站式服务窗口，困难群众和持有法律援助证的人员所申请案件性质属于法律援助范围的，均可在法律援助窗口直接受理审批。

2014年9月，上杭县人民法院诉讼服务中心，设立“上杭县法律援助中心法院工作站”。

第五节　基层调解组织与人员

1952年，县人民法院对区（乡）调解组织进行整顿、改选。12月，在才溪区举办26个乡、73名调解主任参加的训练班，以点带面，整顿基层调委会组织。

1982年，全县338个大队建立调解组织，共有调解成员2116人。大队调解主任84%的人员有定补（每月由公社补助20—25元）。

1987年，对全县341个村调解组织进行整顿充实，调整配备1454名调解人员。其中248个调委会主任由村主任兼任，占总数的73%。文化素质也有所提高，初中以上文化的占69%。全县17个乡（镇）采取"以会代训"办法，共培训基层调解员248人，使村一级调解干部业务素质得到提高。

1991年后，推行"十户调解员"制度，建立健全三级调解网络。至1993年，全县有176个行政村聘请"十户调解员"，占行政村总数的51%。临城、南阳、步云、旧县、蓝溪、临江等乡（镇）实现行政村"十户调解员"全覆盖。

1995年，全县建立"十户调解员"行政村266个，占行政村总数的77.6%。调解员人数达4960人。太拔、下都、蓝溪、南阳、临江、临城、古田、官庄等乡镇各行政村均有"十户调解员"。

1998年，全县有调解主任343人、调解委员1570人、"十户调解员"4500人。

2003年，全县22个乡镇342个村（居）全面调整、充实调委会，成员116人，共有524个"十户调解员"。

2004年，建立人民调解委员会"首席调解员"制度，县、乡两级共选聘乡（镇）、村调委会首席调解员539人。

2006年，在与法院建立完善人民调解联系制度的基础上，聘请11名法官为人民调解指导员。是年，全县有首席调解员762人。

2007年，调整充实县、乡指导人民调解工作协调领导小组成员、联络员；聘任傅国庆等59人为2007—2009年度乡镇首席调解员，首席调解员制度得到进一步落实；调整充实乡（镇）、村（社区）新一届调解主任、首席调解员。全县建立乡（镇）、村、行业调委会367个，共有调解员6198人。

2010年，聘任2010—2012年度首席调解员465人，其中乡（镇）67人、村398人。

2012年，县司法局下发《关于做好村（居）人民调解委员会换届选举工作的通知》，要求各司法所加强对村（居）调委会换届工作指导，严格按照法定条件推选、聘任人民调解员、首席调解员，调整、充实、完善好人民调解员队伍。

2013年，重新聘请14位法官为县人民调解指导员。

2014年年末，全县共有人民调解组织391个。其中，乡（镇）调解委员会22个，村调解委员会 332 个，居调解委员会 12 个，企事业单位调解委员会 2 个，社会团体和其他组织调解委员会 23 个。

2015 年，全县人民调解组织增至 393 个，其中，乡（镇）调解委员会 22 个，村调解委员会 332 个，社区 12 个，区域 3 个，行业 7 个，企业 1 个，16 个行政执法单位建立专业调委会。

第六节　安置帮教机构与人员

1997 年 5 月，为加强对安置帮教工作领导，上杭县成立刑满释放、解除劳教人员安置帮教工作领导小组及办公室，原由县公安局负责的“两劳”释解人员安置帮教工作转由县司法局承担。县司法局及时制定《关于进一步加强上杭县刑满释放，解除劳教人员安置帮教工作的实施意见》，把安置帮教工作纳入大调解框架下，动员下村民警、村干部、学校教师、“两劳”释解人员亲属和亲朋好友组成“五位一体”帮教小组共 383 个，有帮教工作人员 766 人，努力发挥作用。

1998 年，全县各乡镇依托司法办成立安置帮教工作站，各村（居）普遍建立帮教小组，形成以基层调委会为主体，人民调解员为骨干的帮教网络。至 2000 年，全县共建立帮教小组 791 个，有帮教工作人员 1607 人。

2003 年，县司法局健全县安置帮教协调小组、乡镇安置帮教工作站和村（居）帮教小组“三级”帮教工作网络，为安置帮教工作提供组织保障。至 2012 年年底，全县共有帮教小组 343 个，帮教工作人员 1715 人；全县刑释解教人员信息实现网上管理，各乡（镇）都有专人负责管理刑释解教人员信息登录，全部实现对刑释解教人员数字化管理、自动化监控、科学化引导，使安置帮教工作加快向规范化、人性化、智能化、合理化方向发展。

2019 年年底，全县共有安置帮教小组 2133 个。

第七节　社区矫正机构与人员

2011 年 9 月 9 日，县委办、县府办批转县委政法委、县人民法院、县人民检察院、县公安局、县司法局联合制定的《上杭县全面试行社区矫正工作的实施意见》，成立社区矫正工作领导小组，由县委常委、县政法委书记任组长，县政府分管领导为常务副组长，法院、检察院、政法委、公安局、司法局主要领导为副组长，县直各有关单位负责人为成员。领导小组下设办公室，设在县司法局，负责处理社区矫正日常工作。10 月 19 日，县编办批复成立上杭县社区矫正中心，为司法局下属事业单位，核定事业编制 27 名，人员在全县中小学教师中选调。社区矫正中心和乡镇司法协理员工作经费均按司法局工作人员标准（每人每年 1.4 万元）列入年度预算。

第三章　政法专项办事机构

第一节　依法治县办公室

1994年9月，上杭县成立依法治县领导小组，由县委书记任组长；下设办公室，由县委分管政法副书记任主任，办公室挂靠在县司法局宣教股。

2001年，为进一步加强对依法治县工作领导，县委、县政府调整充实依法治县领导小组力量，把普法和依法治理两套领导机构合并，由县委书记亲自抓，其他分管领导具体抓；制定《上杭县依法治县领导小组议事规则》和《上杭县依法治县领导小组办公室职责》，建立健全领导小组议事制度、办公室工作制度、依法治县工作信息反馈和检查督促制度。规定每年召开2次以上领导小组成员会议，每季度召开1次依法治理办公室会议，研究依法治县工作。同时要求各乡（镇）、各部门根据人事变动，及时调整依法治理领导小组成员。

2002年，鉴于机构改革和人事变动，县委、县政府及时调整充实依法治县领导小组。2007年，再次进行调整充实。

第二节　上杭县综治委指导人民调解工作协调领导小组及办公室

1995年，上杭县建立矛盾排查调处机制，成立“上杭县矛盾纠纷排查调处活动领导小组”，由县委常委、政法委书记任组长；下设办公室，挂靠在县委政法委督查科（后挂靠在司法局基层科）。

2004年，全县成立“上杭县综治委指导人民调解工作协调领导小组”，由县政府副县长、县综治委主任为组长，县纪委、县委组织部、县委宣传部等31个部门单位相关领导为成员；领导小组下设办公室，依托在县司法局。同时成立各乡（镇）综治委指导人民调解工作协调领导小组，加强对新时期人民调解工作指导，维护社会稳定。

2007年，鉴于人事变动，县综治委指导人民调解工作协调领导小组及办公室组成人员进行调整充实，领导小组下设办公室继续依托在司法局，主任由司法局局长伍启文兼任。

第三节 上杭县综治委
刑释解教人员安置帮教工作协调领导小组及办公室

1997 年 6 月，上杭县成立刑满释放、解除劳教人员安置帮教工作领导小组及办公室，以加强对安置帮教工作领导。2001 年、2004 年、2007 年，县社会治安综合治理委员会多次调整刑满释放和解除劳教人员安置帮教工作协调领导小组及其办公室，调整后领导小组组长由县司法局局长担任，副组长由县委政法委副书记、综治办主任、县公安局副局长担任；公安、劳动、民政、工商等部门为成员单位。继续依托县司法局下设办公室，由司法局分管副局长兼任主任。

2004 年，全县各乡镇同步成立相应安置帮教工作小组及办公室，县、乡（镇）、村（居）三级形成由综治委牵头、司法管理、公安协助、有关部门配合的安置帮教工作网络，以推进安置帮教工作。

第四节 上杭县综合行政执法协调领导小组及办公室

2005 年 11 月，成立县综合行政执法协调领导小组，分管副县长任组长，县政府办主任、监察局局长、司法局局长任副组长，相关部门领导为成员。下设办公室，核定专项编制 3 人，挂靠在县司法局。此后，除公安、林业、计划生育、交通等部门外，其他政府部门行政执法机构随即进行归类设置，组建城乡规划建设管理、农业、资源环境、经济管理、社会事业管理 5 个综合行政执法大队，下辖 18 个行政执法中队，配备人员有专职，也有兼职。全县 22 个乡（镇）也相应组建综合行政执法协调领导机构。

第二篇　法治宣传与依法治县

民国时期，上杭县未设司法行政机关，有关司法行政业务由县长兼理。其间，宣传贯彻《六法全书》，推行度量衡新制、限制物价、防止走私以及古蛟地区制定《森林管理办法》《丁役管理规约》等，均由县长发宣传训令和代电。

苏区时期，县苏维埃政府用各种形式向人民群众解释红色政权各种法令和决议。当时，中央和地方苏维埃政府先后颁布《土改法令》《婚姻法令》《惩治反革命条例》《裁判条例》《苏维埃组织法》和《中华苏维埃共和国婚姻条例》等一系列法律、法令，上杭县第一次工农兵代表大会还通过《24 项提案》等地方性法规。上杭各级苏维埃政府对这些法律、法令高度重视，反复组织宣传。由于宣传工作抓得紧，各级苏维埃政府颁布的法律法令，上杭苏区群众都能自觉贯彻执行。民国 22 年（1933 年），上才溪村群众根据《苏维埃组织法》，对前任 53 名代表进行反复酝酿，其中继续当选者仅 21 名（占 39.6%），落选者达 32 名（占 60.4%）。有一名乡苏维埃政府主席因未张榜公布募捐款，被认为不清廉而落选。

中华人民共和国成立初期，法制宣传由上杭县人民民主政府司法科负责，内容围绕服务于党和国家中心工作进行，主要宣传《中华人民共和国婚姻法》《中华人民共和国土地改革法》《中华人民共和国惩治反革命条例》《中华人民共和国惩治贪污条例》等。1954 年《中华人民共和国宪法》颁布后，在全县范围内掀起大规模宣传热潮，力图做到家喻户晓，人人皆知。

“文化大革命”期间，因“左”倾错误影响，法律、法令权威和作用被弱化，法制宣传消失。

中共十一届三中全会以后，法制宣传迅速得到恢复，法制宣传教育重新摆上议事日程。1980 年 9 月，上杭县重建司法科（继为司法局），下设宣传教育股，负责法制宣传教育工作。1981 年起，运用各种宣传手段宣传社会主义法制，县城 3 处法制宣传专栏办得有声有色、图文并茂、观者云集。县委还抽调干部组成法制宣传教育工作队，深入南阳、城关、湖洋、太拔、官庄等公社开展法制宣传教育活动，摸索经验，推广全县。县还创办《法制宣传专刊》（后改为《上杭司法》），以小报形式发行，为全省司法行政系统首创，得到司法部宣传司赞许。1981 年 12 月，龙岩地区司法局在上杭召开法制宣传现场会。1982 年，上杭县司法局被省评为司法行政系统先进单位。1983 年 8 月，全县开展严厉打击刑事犯罪宣传。1984 年 3 月，开展维护妇女、儿童合法权益宣传。1986 年，全国开始实施第一个五年全民普法规划，上杭县司法局通过各种形式传达贯彻国务院、省、地区、县普法教育会议精神，县委、县政府成立普法领导小组，设立普法办公室，由司法局具体负责全县普法日常工作，开始向全县公民有规划、有步骤地普及法律常识，法制宣传局面不断创新。2006 年 5 月，上杭县被中宣部、司法部表彰为“2001—2005 年全国法制宣传教育先进县”；2011 年 5 月，县司法局被中宣部、司法部表彰为“2006—2010 年全国法制宣传先进单位”。2016 年 5 月，上杭县被中宣部、司法部表彰为“2011—2015 年全国法治宣传教育先进县”。

2018 年，县委、县人大分别邀请省委党校教授及其他专家到上杭县上宪法宣讲课。全县律师、各执法单位在各地开展宪法宣传；县统计局拍摄“我与宪法宣传”微视频；县司法局开展宪法知识有奖竞赛；组织法治文艺演出，将近年来所办理案例改编成 11 个节目到多个乡镇演出，受教育观众达 10 万多人次；在汀江绿道上，建设法治长廊。是年，配合扫黑除恶专项斗争，在各个层面，利用各种方法、措施集中开展扫黑除恶宣传。

第一章　基本法律

第一节　基本法律宣传

一、《中华人民共和国婚姻法》宣传

1950 年 4 月，中央人民政府颁布《中华人民共和国婚姻法》（以下简称《婚姻法》），随后，中共福建省委发出宣传贯彻《婚姻法》通知。全县司法机关与妇联、文教、民政等部门合作，在全县范围内广泛宣传。司法科与有关部门一起，通过培训宣传员，并运用会议宣讲，选择典型诉苦对比，民歌对唱等文艺演出形式以及专栏、土广播等宣传工具，在全县广泛开展宣传教育。星太区（溪口）通过《婚姻法》宣传学习，第一次参加集体婚礼者有 50 对，第二次有 133 对，全县自由恋爱结婚，反对抱童养媳、等郎妹等，以及青年男女学文化，学习农业耕作技术蔚然成风。

1963 年，福建省委、省高级人民法院将开展《婚姻法》宣传活动列为社会主义教育运动内容之一，上杭县人民法院举办展览会，把《婚姻法》宣传引向深入。

1980 年 9 月，新《婚姻法》颁布后，福建省司法厅迅速发出通知，要求全省各级司法行政机关把宣传贯彻新《婚姻法》作为一项重要任务。上杭县委由党委主要负责人亲自挂帅，宣传部部长牵头，建立新《婚姻法》宣传办公室，上杭县司法局在各乡镇政府配合下，深入机关、学校、农村、厂矿等，利用办宣传栏、黑板报，编印《上杭司法》

专刊，举办挂图展览，出动宣传车，印发宣传材料等形式宣传新《婚姻法》。

二、《中华人民共和国土地改革法》《中华人民共和国惩治反革命条例》宣传

1950年6月，中央人民政府颁布《中华人民共和国土地改革法》。11月，中共福建省委发布《关于〈土地改革法〉宣传教育工作的指示》，要求全省进行普遍而深入的《中华人民共和国土地改革法》宣传。1951年2月，中央人民政府颁布《中华人民共和国惩治反革命条例》，福建省委要求各级司法机关在城乡开展大规模的宣传活动，动员和发动群众起来同反革命作斗争，开展检举揭发活动，深挖隐藏的反革命分子。上杭县人民政府司法科采取多种多样形式，宣传土改法和惩治反革命条例，除张贴标语、出墙报、黑板报等形式外，还召开群众大会，组织全县性宣传大会，扩大社会影响，打击犯罪分子的嚣张气焰。1955年，上杭县人民法院配合当年开展的第二次镇压反革命运动，通过宣判大会进行法制宣传。

三、《中华人民共和国宪法》宣传

1954年9月，第一届全国人民代表大会第一次会议审议并通过《中华人民共和国宪法》（以下简称《宪法》）。上杭县立即掀起学习、宣传《宪法》热潮。县司法科编写、印发大量宣传、学习《宪法》的辅导材料，通过上大课、作报告等形式系统宣传《宪法》，着重宣传人民代表大会制度、向社会主义过渡步骤和方法、公民基本权利和义务以及两者之间的关系，国家机关及其工作人员必须为人民服务和对人民负责原则等。

1982年12月新《宪法》公布后，上杭县司法局立即配合县委宣传部组织宣讲团深入基层宣讲。1983年4月，根据司法部《关于在全国各大中小城市开展一次“法制宣传周”活动的通知》，上杭县司法局在全县范围内开展以宣传新《宪法》为中心的“法制宣传周活动”。

1984年12月，在新《宪法》颁布实施两年前后，全县广泛开展维护《宪法》和法律尊严，保障宪法和法律实施的宣传活动。至1987年年底，全县23处宣传栏出刊7182期，出版《上杭司法》28期，30块黑板报出刊453期，上法制课249场，受教育观众达25.9万人次，挂图展览宣传53场次，观众达30万人次，出动宣传车132次，印发各种宣传材料5.7万份。为开展法制宣传，县司法局特地添置一部宣传车和一批广播器材。

2014年11月中旬至12月中旬，县司法局开展“12·4”首个国家宪法日暨全国法制宣传日系列活动。

2015年12月4日，围绕“弘扬宪法精神，推动创新、协调、绿色、开放、共享发展”主题，在县人民广场开展“12·4”全国法制宣传日系列宣传活动，印刷发出《上杭司法》2万多份；在县广播电视台播出法制专题栏目288期次。

2016年12月4日，县司法局围绕“大力弘扬宪法精神，协调推进‘四个全面’战略布局”主题，在县人民广场开展“12·4”国家宪法日集中宣传。县委宣传部、政法委、司法局等单位和部门结合各自工作职能，通过发放法律宣传材料、现场解答法律咨询、法制文艺演出形式，开展法治宣传。

2017 年 12 月 4 日，县司法局围绕“学习贯彻党的十九大精神，维护宪法权威”主题，在瓦子街开展“12·4”国家宪法日集中宣传活动。

2018 年，县委邀请福建省委党校教授邢亮为县委理论学习中心组成员，各乡镇党委书记、乡镇长、县直单位主要负责人作“认真学习宪法、监察法，加快建设中国特色社会主义国家”专题辅导。县人大邀请专家为全县人大系统人员、县直部门和乡镇政府主要负责人、县人大代表专题讲授宪法知识，让宪法走进基层，走进生活，走进群众。全县律师依托开展村（居）法律顾问工作，在各乡村以专题讲座、集中宣传、现场咨询、发放宣传资料等多种形式宣传宪法。县各执法单位利用重大节日、各乡镇利用墟天，采取发放宣传资料、现场咨询解答、播放宣传片、举办文艺演出等形式开展宪法宣传。将宪法知识纳入“七一”党员应知应会测试内容及演讲比赛内容；将宪法知识纳入创建第六届全国文明城市和国家园林县城工作应知应会的重要内容。学校开展召开一个“我与宪法”主题班会等“七个一”活动。“12·4”国家宪法日期间，县法院、县检察院开展法官、检察官向宪法宣誓，县统计局拍摄“我与宪法宣传”微视频等系列活动，县司法局开展宪法知识有奖竞赛及法治文艺演出等活动，增强群众的宪法意识和法治观念。

2019 年 12 月 4 日前后，围绕“弘扬宪法精神，推进国家治理体系和治理能力现代化”主题，开展“五个一”、“12·4”国家宪法日暨宪法宣传周系列活动，全县共举办《宪法》专题讲座 65 场次、宪法巡回宣讲 400 场次，组织 124 名国家公职人员集体向宪法宣誓；在上杭县职业技术学校、第二实验小学分别举办“晨读宪法 向宪法宣誓”“宪法在我心中”及“学宪法 讲宪法”主题班会与知识竞赛等校园普法活动。全县共计发放宪法宣传册 3.5 万余册，悬挂横幅 400 余条，推发彩信 5000 多条。

四、严厉打击刑事犯罪专项斗争宣传活动

1983 年 8 月，福建省严厉打击刑事犯罪活动专项斗争（以下简称“严打”）开展后，上杭县司法局把宣传发动工作摆上重要议事日程，立即组织干部认真学习，广泛开展宣传活动，并配合公、检、法等部门开展“严打”斗争。通过出动宣传车、印发宣传材料、举行图片展览等形式进行法制宣传，并通过《上杭司法》、“司法简

“严打”刑车 （摄于 1983 年，上杭县司法局供图）

讯”等进行案例分析，宣传《中华人民共和国刑法》《中华人民共和国刑事诉讼法》等有关法律，并在城关、才溪、南阳、中都、蓝溪、溪口等乡镇进行巡回宣传。通过宣传教育，提高人民群众对这场“严打”斗争意义的认识和法制意识。

1997年和1998年，县司法局积极配合“严打”专项斗争和“百日治安整治”，加大法制宣传力度，通过《上杭司法》、法制宣传栏、宣传车、电视广播等及时宣传“严打”斗争成果，剖析典型案例和违法犯罪人员情况，使全县53名逃犯投案自首。

2018年，党中央部署用3年时间，在全国范围内开展扫黑除恶专项斗争。县委宣传部发出《关于做好扫黑除恶氛围营造工作的通知》和《上杭县扫黑除恶专项斗争“十个一”活动宣传教育方案》，以期最大限度发动群众参与扫黑除恶专项斗争，形成围剿黑恶势力浓厚氛围。全年，县扫黑办统一印制3700份扫黑除恶宣传海报和4000本《应知应会读本》，发放至各乡镇、村及成员单位；组织拍摄扫黑除恶警示专题片《利剑出鞘 护航发展——上杭县扫黑除恶典型案件警示录》。各乡镇印发入户宣传材料25万余份。县司法局在社区矫正人员中开展以“社区服刑人员应远离黑恶势力”为主题的法治教育专题课65次。县公安局制作并张贴《上杭县关于举报黑恶违法犯罪线索的通告》3000余份。学校通过举办“在国旗下的讲话”活动和举办“扫黑除恶进校园”主题班会等形式对全县师生进行扫黑除恶知识宣传，引导学生远离黑恶势力，拒绝黑恶势力进入校园。

第二节　普及法律常识

1984年11月，中共福建省委宣传部、省司法厅联合发出《关于加强法制宣传、普及法律常识的意见》，在全省范围内开展第一个五年普及法律常识（简称“普法”）活动（简称“一五”普法）。至2018年，上杭县已完成6个五年普法活动，第七个五年普法活动进入第三个年头。

一、“一五”普法

1985年3月，中共上杭县委、县人民政府决定，启动“一五”普法工作。上杭县司法局通过各种形式传达贯彻国务院、省、地区普法教育会议精神。县五套领导班子专门听取并研究普法工作，县长主持全县普法教育工作大会，县委书记亲自在会上作动员，批准全县“第一个五年普法规划”。规划分准备、实施、考核验收3个阶段进行。县成立普法领导小组，设立普法办公室（挂靠在县司法局宣教科），具体负责全县普法日常工作。1985年3—12月，县普法办举办骨干培训班4期，并在上杭县轻机厂、古田、才溪进行普法试点。1986年起，全面开展普及《中华人民共和国宪法》《中华人民共和国婚姻法》《中华人民共和国刑法》《中华人民共和国经济合同法》《中华人民共和国刑事诉讼法》《中华人民共和国民事诉讼法》《中华人民共和国民法通则》《中华人民共和国继承法》《中华人民共和国森林法》《中华人民共和国土地管理法》《中华人民共和国兵役法》和《中华人民共和国治安管理处罚条例》（简称“十一法一例”）教育工作。至1987年12月，先后举办骨干培训班91期，培训宣讲骨干9163人。宣讲员注意引导公民联系实际，把学法、用法紧密结合起来。临城乡城南村一户廖姓村民，因承包鱼塘纠纷未解决，先后3年拖欠征定购粮共2000公斤，在他学习《中华人民共和国宪法》，明确公民权利、义务关系后，立即将拖欠的征定购粮任务完成。全乡通过学习，一举完成拖欠征定购粮65万公斤。县总工会、共青团、妇联等部门还举办法律知识抢答或演讲、笔试等竞赛活动。“一五”普法中，全县参加普法学习18.2万人，占普法对象总数的56.3%；1210人自始至终参加“十一法一例”学习，65个单位被评为县、市普法工作先进单位，73人被评为县、市普法先进工作者。临城、才溪、官庄被省评为县、市“普法”先进单位，才溪乡党委书记钟振华荣获省颁发的“普法”奖章，县司法局荣立集体三等功。1990年4月，白砂乡茜黄村农民丘发元在全国第三次法制宣传工作会议上，受中宣部、司法部联合表彰。

二、“二五”普法

1990年12月，福建省人大常委会通过《关于在全民中继续开展法制宣传教育的决议》。1991年3月，上杭县贯彻省委决议，开始实施第二个五年普法规划。全县各地、各单位广泛开展“二五”普法宣传发动。1991年4月，召开“二五”普法动员大会。“二五”普法工作以《中华人民共和国宪法》为核心，以专业法为重点。全县征订“二五”普法书籍2.63万册，印发普法材料1.2万份，举办“两书”（《中华人民共和国宪法讲话》《社会主义法制建设若干问题的讲话》）骨干学习班共15期，培训副科级以上干部、村书记、主任及妇联主任共700多人。22个乡镇重新聘请120名普法宣传员，县乡两级抓“二五”普法试点单位96个。

1992年年初，上杭县把青少年法制教育列为“二五”普法重点。县普法办与教育局联合下发《中小学法制教育工作意见》，司法局、教育局、督导办等组织县、乡（镇）各单位和村“两委”负责人及中学、学区、完小负责人2400多人参加《中华人民共和国义务教育法》书面考试。县、乡（镇）两级党委、政府与县未成年人保护委员会、县关工委配合，采用讲座、看录像、听录音、模拟法庭等形式进行教育。各乡（镇）关心下一代工作协会、村委会、村老人协会等组织成立帮教小组，积极对未成年人进行法制教育。

1992年10月，在宪法颁布十周年宣传活动中，上杭县组织代表队参加龙岩地区宪法知识竞赛，荣获地区第二名，中都乡荣获地区优秀组织奖。1994年8月，上杭县组织代表参加龙岩地区“地区相关性法规”知识竞赛荣获第一名。1995年年底，龙岩地区普法领导小组对上杭县普法工作开展验收后认为：上杭县“二五”普法工作领导重视，工作扎实，成绩显著，走在龙岩地区各县前列。

三、“三五”普法

1996年8月，依据国家和省、地（区）“三五”普法规划，中共上杭县委下发《关于批转〈关于在全地区公民中开展法制宣传教育的第三个五年规划〉的通知》。同年9月，上杭县人民政府召开“三五”普法动员会。县直党委、县直各单位、各乡（镇）200多人参加会议。会上总结“二五”普法工作，表彰23个先进集体和45名先进个人，部署“三五”普法工作，成立普及法律常识领导小组，下设普法办公室，挂靠在县司法局。县、乡（镇）党委、政府每年的年度工作计划中，都强调要抓好法制宣传教育，要求切实做到普法工作与其他工作同部署、同落实。全县普法工作每年都是年度有计划，半年有检查，年终有考评、总结。县人大、县政协把加强对普法工作检查监督放在重要议事日程，经常开展各项法律法规执行情况视察检查活动，推动普法工作开展和落实。

“三五”普法规划确定领导干部、行政执法人员、青少年特别是在校学生、企业经营管理人员为重点普法对象。尤其强调抓好行政执法人员依法行政教育，制定关于依法行政实施规划；要求行政执法人员每年必须参加30个课时以上集中法律培训，学法要逐步实现规范化、制度化。企业经营管理人员要建立学法制度，每年要分片区举办企业经营管理人员市场经济法律法规或个体工商户普法培训班。对青少年特别是在校学生的普法教育高度重视，在传授文化科学知识的同时进行法律渗透教育，全县各中小学要普遍聘请综治副校长，每学期举办法制讲座。

在“三五”普法期间，全县征订普法书籍《中国公民手册》《“三五”普法文件汇编》《社会主义法制建设基本知识》近6000册，印发《行政法规》近5000册，出版《上杭司法》30期共4万份，出刊《法制园地》96期。

1997年，县普法办组织县直18个党委参加《中华人民共和国香港特别行政区基本法》书面知识竞赛和电视竞答。1997年和1998年，县司法局积极配合“严打专项斗争”和“百日治安整治”加大法制宣传，借助各种宣传工具及时宣传“严打”斗争重大成果和政法干警英勇打击刑事犯罪先进事迹，并对典型案例进行剖析，对违法犯罪人员进行曝光。在强大的宣传攻势下，全县有53名逃犯投案自首，白砂镇9名逃犯有7人投案自首。1999年，全县343个行政村全部建立永久性法制宣传栏，村级普遍设立普法教室。全县城乡每月15日前后，都组织力量上街开展义务性法律咨询，全县普法气氛浓厚。

2000年3月，对56名拟任副科级干部进行任前学法考试。同年4月，县普法办配合“政法五长”深入古田、才溪、蓝溪、旧县等乡镇开展送法下乡活动，与县关工委联合开展预防青少年违法犯罪系列图片巡回展等普法活动。8月，上杭县依法治县领导小组、县普法办组织4个工作小组，深入乡、村、学校、企业等进行“三五”普法检查，及时总结经验，查找存在问题和不足，督促有关部门单位整改。12月，上杭县顺利通过省、市“三五”普法验收，县司法局被龙岩市委、市政府评为“三五”普法先进单位。

四、“四五”普法

2001年8月，中共上杭县委、上杭县人民政府转发龙岩市委、市政府《关于在全市公民中开展法制宣传教育的第四个五年规划》通知。随后，县人大及县常委会作出《关于在全县公民中开展“四五”普法教育的决议》。同年9月，上杭县委、县政府召开全县“三五”普法总结表彰暨“四五”普法动员大会，传达上级法制宣传教育工作会议精神，对“三五”普法工作进行总结表彰，动员和部署“四五”普法工作，确定“四五”普法目标是“两个转变，两个提高”（努力实现由提高全民法律意识向提高全民法律素质转变，由注重依靠行政手段管理向注重运用法律手段管理转变；全面提高全体公民特别是各级领导干部的法律素质，全面提高社会法治化管理水平）。普法对象是一切有接受教育能力的公民，重点对象是各级领导干部、司法和行政执法人员、青少年、企业经营管理人员。同时，确定健全县委中心组学法制度，把法律知识的学习列入学习计划，坚持每年至少开展4次中心组集中学习法律知识活动。会后，各乡（镇）、县直各部门也召开会议，对本单位、本部门“四五”普法工作进行动员部署，并开展多种形式法制宣传活动。县司法局在县广播电台开辟“律师说法”专栏；茶地乡以精神文明建设促进会为阵地，临江镇镇东居委会以老年活动中心为依托，大力宣传法律法规；经贸系统企业开展以《中华人民共和国消防法》为主题的消防知识竞赛。12月4日，是全国第一个法制宣传日，县全体司法行政干警上街开展法律知识义务咨询，接待咨询群众达5000余人次；同时挂贴各种法制宣传图片500份，创新普法载体。同年，进行村民法制学校试点工作，在临江、临城、蓝溪的各村（居）建立法制学校。宣传部、妇联、团委、教委、关工委、司法局等有关单位通力合作，互相配合，以法制讲座、法律图片展览等各种形式，加强对青少年特别是在校学生法制教育。各学校还充分发挥法制教育主渠道作用，纷纷建立“法制教育实验基地”和“青少年维权教育基地”。各乡镇专门从政法系统选聘人员担任各中小学综治副校长，常年开设法制课。

2002年，上杭县把深化普法教育、提高公民法律素质作为推进民主法制建设战略措施来抓，坚持学用结合，注重普法教育与普法实践有机结合。县委、县直各部门、各乡镇普遍建立党政领导学法制度。县委党校要求对副科级干部进行法律理论知识培训；县人大推行干部任职前法律知识考试制度。是年，上杭县为适应加入WTO（世界贸易组织）新形势需要，组织全县200多名科级干部，分两期参加县委党校WTO知识培训班；还依照《干部学法考试考核登记制度》，规范全县干部学法考试制度。是年11月，组织全县所有干部职工集中到各考点参加年度学法考试（笔试）。此外，按照中宣部、人事部和司法部《关于在公务员中开展学法用法活动和进行依法行政培训的意见》，组织全县公务员集中轮训。是年，全县共有1.22万名干部职工学习法律知识。

2003年，县普法工作坚持学用结合，注重普法教育与普法实践有机结合。县普法依法治县办对副科级以上干部学法提出做到“四个一”，即有一本领导干部学法读本、听取一次法制讲座、参加一次法制培训、实行一次年度学法考试。县税务、工商、技监等有关职能部门利用企业执照年检、换证等机会，宣传《中华人民共和国合同法》《中华人民共和国公司法》《中华人民共和国专利法》等法律法规，以提高企业依法管理、守法经营自觉性。农村普法教育以“八进农家”（“三农”政策、法律法规、文化活动、卫生医疗、诚信道德教育、农业技术、婚育新风、致富信息进农家）活动为契机，进一步强化基层普法阵地建设；全县村（居）民法制学校在临城土埔村、蓝溪梅永村、才溪下才村、稔田化厚村示范点带动下，全面展开并规范运作。村民学法与农村中心工作、文化“三下乡”活动和农村节假日相结合，采取寓教于乐等多种方式进行宣传教育。同年9月15日至16日，全省法制宣传工作暨上杭县村（居）民法制学校现场会在上杭县召开，对上杭县建立村（居）民法制学校做法和所取得成效给予充分肯定。

2004年，全县以干部、农村居民、外来人口、青少年学生为重点普法对象，以《中华人民共和国行政许可法》《中华人民共和国道路交通安全法》等新颁布的法律法规，《中华人民共和国农村土地承包法》等涉及农村经济法律和打击“六合彩”等赌博活动的法律法规为重点普法内容，以重点工程、重点企业所在乡村为普法重点区域，有针对性地开展普法工作。村（居）民法制学校以“三贴近”（贴近生产、贴近生活、贴近实际）方式，扎实开展法制宣传教育活动。是年，县法制宣讲团、政法系统关工委法制宣讲队等组织深入乡村中小学巡回演讲，各中小学结合实际因地制宜地开展青少年“三法”（《中华人民共和国未成年人保护法》《中华人民共和国预防未成年人犯罪法》《中华人民共和国义务教育法》）教育，全县共有近3万名中小学生受到教育。

2005年4月上旬，县普法依法治县办公室与县教育局联合举办“学法、用法、守法、护法，预防未成年人违法犯罪”中小学生主题法制征文活动，共收到征文640篇。才溪中学、古田中学、实验小学等学校通过“警民共建”“小小交通员”“模拟法庭”等生动活泼的形式开展普法活动，使普法教育扎实有效。同年12月，县普法办在各部门及各乡镇配合下，组织全县1万多名公职人员参加年度学法考试，以提高干部法律素质和依法行政水平。

“四五”普法期间，全县分5个单元，以《中华人民共和国宪法》《中华人民共和国婚姻法》《中华人民共和国人口与计划生育法》《中华人民共和国税收征收管理法》《中华人民共和国药品管理法》《中华人民共和国农村土地承包法》《中华人民共和国安全生产法》《中华人民共和国政府采购法》《中华人民共和国行政许可法》《中华人民共和国道路交通安全法》《中华人民共和国农业法》《反分裂国家法》《中华人民共和国传染病防治法》《中华人民共和国产品质量法》《信访条例》等62部法律法规为主要内容，组织普法对象学习，全县公务员参与学法活动达100%，每年领导干部、公职人员学法时间都在40小时以上。“四五”普法期间，全县为进一步提高外来人员法制意识和法律素质，加强对流动人口法制教育，确定每年4月、10月为流动人口综合管理月，开展“五个一”宣传活动（印发《告用人单位和务工人员一封信》、提供一部宣传车下乡进厂宣传、举行一场商会企业代表参加的座谈会、召开一场出租房业主座谈会、举办一场法律咨询活动），向外来人口宣传相关法律法规，教育他们正确行使权利，履行义务，依法维护自身合法权益。

2006年，上杭县被评为全国“四五”普法工作先进县（市、区）。

五、“五五”普法

2006年10月9日，县委、县政府召开全县“四五”普法总结表彰暨“五五”普法动员部署大会，全面启动“五五”普法工作。同月，中共上杭县委、县政府下发《关于在全县公民中开展法制宣传教育的第五个五年规划》，县人大审议通过《关于开展法制宣传教育第五个五年规划的决议》。“五五”普法工作继续按完善党委领导、人大监督、政府实施领导体制和普法依法治县领导小组定期会议、年度工作汇报、工作督查等制度推进。各乡镇、县直各单位紧紧围绕党委和政府工作全局，紧密结合国家民主法制建设新进展、新成果，深入开展法制宣传教育和法治实践，重点加强对领导干部、公务员、青少年、企业经营管理人员、外来人员和农民法制宣传教育。增强宣传教育针对性，提高普法工作实效性力度有所加大。

2007年，全县围绕县委、县政府中心工作，组织学习《中华人民共和国宪法》及与经济社会发展、与维护社会稳定、与人民群众生产生活密切相关的基本法律法规，引导广大干部、群众学法律、讲权利、讲义务、讲责任，旨在全社会形成崇尚法治、维护法律尊严良好氛围。是年，县普法依法治县办编印《农村法律法规读本》《流动人口普法读本》等普法书籍，分发到机关干部、农村群众和外来务工人员手中；深入开展“法律六进”活动，送法进机关、进乡村、进社区、进学校、进企业、进单位，以确保全民法制宣传教育工作取得成效；继续抓青少年普法工作，举办《中华人民共和国义务教育法》《中华人民共和国未成年人保护法》《中华人民共和国预防未成年人犯罪法》等法律法规讲座。上杭一中、上杭二中、实验小学、庐丰中学、旧县中学等学校分别利用青少年网络文明活动、警校共建活动等载体，积极引导青少年增强法制观念。

2008年，上杭县普法依法治县办广泛开展“小手牵大手”“十万中小学生带法回家”“送法下乡”及“法在身边”暑期夏令营活动；编印《上杭司法》，在上杭电视台、上杭广播电台开辟法制题材栏目，加强对与经济社会发展、与社会和谐稳定、与建设新农村、与人民群众生产生活密切相关的法律法规学习宣传。县委党校开设多个法制专题研讨，举办领导干部法制培训班。4月中旬，组织县五套班子领导、县直各单位、各乡镇相关领导参加《中华人民共和国各级人民代表大会常务委员会监督法》专题辅导讲座，组织2场公务员法律知识培训。

是年5月，县普法依法治县办联合教育局、公安局交警大队在全县各中小学校举办“校园交通安全图片展”，促进全县中小学生学习《中华人民共和国道路交通安全法》，提高道路交通安全意识。同年，县普法依法治县办开展“法律进乡村，建设新农村”活动，在全省率先组织全县农村（社区）支部书记、村主任、农村“六大员”（农民技术员、社会治安综合治理协管员、计生管理员、国土资源规划建设环保协管员、公共卫生员、文化协管员）2996人参加年度学法考试。在“12·4”全国法制宣传日活动期间，开展一系列法律“六进”活动，在机关企事业单位、乡镇张贴“12·4”全国法制宣传日标语，向全县手机用户发送法制宣传短信，在县电视台滚动播出与人民群众生产生活关系密切的法律知识；在临江、临城、古田、蓝溪等乡镇分别举行多场法律咨询活动，组织“法制宣讲团”成员进农村、进社区、进企业、进学校、进单位开展《中华人民共和国物权法》《中华人民共和国城乡规划法》等宣讲。

2009年，上杭县司法行政干部和律师到县安监局、税务局、党校等县直机关企事业单位举办法律法规知识讲座60场次，受教育人员达7000余人。组织全县1万多名公职人员参加年度学法考试。是年，共向农村散发法制宣传资料15万余份，解答法律咨询1.29万余人次。拨出5万元经费用于农村“法律书屋”建设，赠送《农民实用法律》读本1.5万余本。组织全县3000余名农村（社区）书记、主任以及农村“六大员”参加年度学法考试。县法制宣讲团、政法系统关工委法制宣讲团队员到全县22个乡镇各中小学校巡回宣讲或举办法律讲座31场次。继续开展学生带法回家活动，向学生发出8万余份法制宣传资料。是年，县普法依法治县办组织人员到南岗工业园区、紫金矿业股份有限公司和烟草公司等企业，宣传《中华人民共和国劳动法》《中华人民共和国合同法》《中华人民共和国治安管理处罚法》等法律法规，举办“案与法”法制讲座或专题宣传12余场次。

2010年，县普法依法治县办以农村法制宣传教育为重点，坚持“三贴近”（贴近实际、贴近生活、贴近群众）原则，因地制宜、因材施教、见缝插针、形式多样地开展农村法制宣传教育活动；深化村（居）民法制学校建设，使农村学法经常化，把传统学教活动与发挥现代媒体吸引力有机结合起来；拓展学法时间和空间，采取以点带面、稳步推进、全面发展步伐，保障农民身边法制课堂健康有序发展；结合社会主义新农村建设，开展“法律进乡村，共建新农村”主题法律服务机构结对帮扶新农村普法示范村活动，把服务群众与法制宣传教育有机结合起来；同时开展建好一个阅览室（或图书角）、一个宣传栏等“六个一”系列活动，通过结对子、抓共建，做到依实情、出实招、办实事、求实效；依托村（社区）离退休干部活动中心、农技服务中心、农民书屋及文化大户等阵地，把法制宣传主动融入科技推广、精神文明建设等工作中；发挥现代传媒作用，利用“中国·上杭”网站群农村党员网络教育平台和法制网络教育资源，在“以案释法”视频专栏加入丰富多样的农村普法电教片，供村（居）民法制学校及干部群众点播和学习。

2010年4月中旬，上杭县人大常委会组织部分县人大代表对“五五”普法、依法治理工作进行视察。视察组深入县国土资源局、城市建设管理监察大队、公安局交管大队、庐丰畲族乡政府、临江镇东南社区、明强中学等单位（学校），查看资料，听取普法依法治县办、县法院、县检察院、公安局等单位开展“五五”普法情况汇报。6月14—25日，上杭县“五五”普法工作和首批全国依法治县（市、区）创建先进单位评选工作顺利通过福建省依法治省办公室实地考评验收。县司法局被中宣部、司法部表彰为全国“五五”普法先进单位，县司法局副局长田承映荣获全国“五五”普法先进个人称号。

六、“六五”普法

2011年9月5日，上杭县隆重召开“五五”普法总结表彰暨“六五”普法启动工作会议。会议传达全国、全省、全市法制宣传教育工作会议精神，对全县“五五”普法工作进行回顾总结，表彰“五五”普法工作58个先进集体和86名先进个人。会议对“六五”普法工作提出五点要求：围绕上杭发展战略，明确法制宣传教育重点内容，突出抓好宪法学习宣传，深入学习宣传宪法精神实质、基本原则和主要内容，教育引导广大人民群众充分认识社会主义制度优越性，进一步增强公民宪法意识和社会主义民主法治观念，形成崇尚宪法、遵守宪法、维护宪法权威的良好氛围；深入学习宣传中国特色社会主义法律体系基本法律及促进经济发展、保障和改善民生、加强社会管理与反腐倡廉相关法律法规，形成人人自觉学法守法用法和依法行政、公正司法社会环境，促进全县各项事业健康发展；加大对重点群体普法力度，进一步增强法制宣传教育针对性，继续抓好领导干部、公职人员、青少年、农民、企业经营管理人员等法制宣传教育工作，全面提高他们的法律素质和法律水平，增强依法执政、依法管理、依法办事、依法维护合法权益，推进社会经济法制化管理水平；创新法制宣传教育形式和载体，增强法制宣传教育实效性，在巩固原有广播、电视、报刊和各类媒体等工作方法的基础上，充分发挥互联网、移动通信等新兴传媒特点和优势，不断拓宽群众学习法律知识、获得法律教育的渠道，努力办好普法网站，充分发挥政府网及门户网站在法制宣传中的重要平台和示范作用，丰富“法律六进”内容和形式，多渠道、多途径鼓励基层群众参与法治实践；继续强化法制宣传教育组织领导和机制保障，推动普法依法治理工作深入开展，完善法制宣传教育领导体制和工作机制，按照“谁主管、谁负责，谁执法、谁普法”原则，加强组织领导和相关部门间协调配合，形成工作合力，进一步完善法制宣传教育考核评估机制，

上杭县司法局开展“送法下乡”活动　（上杭县司法局供图）

细化考核内容，加强年度考核、阶段性检查和专项检查。

2011年11月17日，上杭县第十五届人民代表大会常务委员会召开第36次会议，听取县政府《关于“五五”普法规划实施情况和“六五”普法工作安排意见的报告》、县人大法制委《关于进一步加强法制宣传教育的决议（草案）》说明，审议并通过《上杭县人大常务委员会关于进一步加强法制宣传教育的决议（草案）》。是年，向县、乡（镇）、村（居）干部、群众发放《上杭司法》12期5万多份；县广播电视台共播出法制专题栏目500余场次，免费向农民群众发放《农村实用法律1000问》1万余册。

2012年，县普法依法治县办围绕“平安（和谐）上杭”“法治上杭”建设，继续加强宪法、社会主义法治理念和新出台、新修订法律法规的宣传教育，引导公职人员特别是领导干部树立依法执政、依法行政理念，引导公民树立依法办事观念，依法表达利益诉求，依法维护自身合法权益，依法化解社会矛盾，形成自觉学法守法用法社会氛围。

2013年7月18日，市司法局局长王辉明（左二）到上杭紫金公园法治文化公园检查指导工作　（上杭县司法局供图）

是年，围绕人民群众关心的社会热点难点问题，组织开展“加强法制宣传教育，促进社会矛盾化解”主题宣传活动。针对领导干部、公职人员、青少年、企业经营管理人员和农民等重点学法对象不同需求，进一步强化措施，深化“法律六进”活动。普法工作重点突出上杭特色法治文化建设，加大法治文艺作品创作力度，深挖客家文化、红土地文化等具有上杭特色文化中的法治元素，努力创作符合上杭县情、体现海西特色法治文化作品，扶持和鼓励各类文化艺术团体、影视传媒机构开展法制题材影视剧、文学、摄影、书画、公益广告创作和传播，提升法治文化产业规模化、专业化水平。广泛组织群众喜闻乐见的法制文艺演出，开展全县性优秀法治文化作品征集评选活动；整合社会资源，逐步完善图书馆、博物馆、文化馆、农家书屋、村民法制学校、社区文化中心等基层法治文化公共设施，建设成一批覆盖城乡、便捷民众、设置合理、功能多样的法治文化阵地。是年，县司法局、县普法办启动争取上级有关部门支持，在县城紫金公园内建设法治文化公园工作。

2013年，利用县电视台播出法制专题栏目576场次，刊发12期《上杭司法》共3万份，编印18套农民通俗易懂的法制宣传资料2.5万余份。2013—2014年，实施在紫金公园内建设法治文化公园工程，建成法治内涵大型石碑雕刻、宪法模型石雕以及宣传学法、守法、用法，建设法治、平安、和谐社会的大小石刻100多座（个）。

2014年，继续实施“六五”普法规划，深化“法律六进”，推动重点对象学法、用法，并组织开展“加强法制宣传教育，服务全面深化改革”“培育和践行社会主义核心价值观法制宣传教育”等主题活动。4月，在庐丰、官庄畲族乡开展大型法制宣传活动。6月，与县电视台联合创办“普法栏目剧”，每日1集在县电视台新闻综合频道和江滨广场LED电视大屏幕中滚动播出。在县广播电视台《法制园地》，播出法制专题栏目288期次。10月，组织全县公职人员及村（居）主干和“六大员”（村农技员，社会治安综合治理协管员，村级计划生育协管员，村级国土资源和规划建设、环保协管员，公共卫生员，村级文化协管员）1.5万余人参加2014年度学法考试。是年，县级法治文化公园（紫金公园）完成二期建设工程；17个乡（镇）修建乡村法治文化公园继续推进；上杭县被评为全国“六五”普法中期先进集体。

2015年年底，县、乡、村（居）共建法治文化公园（长廊）80余个，总投资约455万元，其中县法治文化公园占地6.67公顷，景观文化长廊达1.3公里，总投资约200万元。

2015年，除组织全县公职人员和村主干及“六大员”约1.3万人参加学法考试外，还继续利用官庄、庐丰畲族乡“三月三”传统节日，举办法制文艺演出30多场次。县司法局还精心录制《法治上杭、普法先行》——上杭县“六五”普法工作纪实专题片，制作《法润杭川》精美画册，做好“六五”普法相关文字、图片、资料收集、整理和归档工作，迎接省、市“六五”普法检查验收。

2015年8月，龙岩市依法治市检查组对上杭县“六五”普法进行验收检查，先后到蓝溪、临江、一中、供电公司、税务局等单位实地查看法治文化公园建设情况，对上杭县普法工作给予充分肯定。10月，省“六五”普法检查组到上杭检查“六五”普法工作，先后到“共和国法制摇篮展览馆”、古田五龙村廖兴旺“农家书屋”、县法治文化公园和税务局等单位察看普法规划实施情况，听取全县普法工作汇报，充分肯定上杭县“六五”普法成绩。10月28日，国家“六五”普法工作检查组在省、市有关领导陪同下，对上杭“六五”普法工作进行检查，也对上杭“六五”普法工作给予充分肯定，通过上杭“六五”普法工作验收。

七、“七五”普法

2016年，上杭县召开“六五”总结表彰暨“七五”启动工作会议，继续大力推进“法律六进”。县直有关部门单位相互协同，有针对性地开展《中华人民共和国反家庭暴力法》视频会议讲座、环境保护日灯谜竞猜、安全生产知识竞赛等活动，以深化法治宣传，增强公民法治意识，营造良好社会法治环境。同时，为创新普法宣传形式，促进法律入耳入心，有关部门单位安排政法干警联乡挂村和发挥中小学校法治副校长（辅导员）

作用，积极参与法治宣传；按照“谁执法谁普法、谁主管谁普法”的工作原则，在司法、行政执法单位通过单位推荐与个人志愿相结合，择优聘请28人作为县法治宣讲团成员；加强新媒体运用，开通上杭司法微信公众号、新浪微博、学习微平台，以拓宽法治宣传途径。10月12日，组织12名拟提拔转任人员在县司法局参加任前法律知识考试，以推进领导干部带头学法用法，提高依法执政、依法行政的意识和能力。12月4日，围绕“大力弘扬宪法精神，协调推进‘四个全面’（全面建成小康社会、全面深化改革、全面依法治国和全面从严治学）战略布局”主题，在县人民广场开展“12·4”首个国家宪法日集中宣传活动。县委宣传部、政法委、司法局等单位和部门结合各自工作职能，通过发放法律宣传材料、现场解答法律咨询、法治文艺演出等形式开展法治宣传。是年冬，组织全县公职人员、村（居）主干和“六大员”约1.3万人参加年度学法考试。

2017年，县司法局前后组织10批次共90名拟提拔转任人员参加任前法律知识考试。11月20日，首次采用网络、微信方式，组织全县公职人员及村（社区）主干和“六大员”约1.3万人参加年度学法考试。12月4日，县司法局围绕“学习贯彻党的十九大精神，维护宪法权威”主题，在瓦子街开展“12·4”首个国家宪法日集中宣传活动。

2018年，县委邀请福建省委党校教授邢亮为县委理论学习中心组作“认真学习宪法、监察法，加快建设中国特色社会主义国家”专题辅导，县人大邀请专家为全县人大系统人员、县直部门和乡镇政府主要负责人、县人大代表专题讲授宪法知识外，全县律师依托村居法律顾问平台，在各乡村以专题讲座、集中宣传、现场咨询、发放宣传资料等多种形式宣传宪法，县各执法单位利用重大节日、各乡镇利用墟天，发放宣传资料、咨询解答、播放宣传片、文艺演出宣传宪法，并将宪法知识纳入“七一”党员应知应会测试和创建第六届全国文明城市、国家园林县城工作应知应会学习材料及演讲比赛内容，全方位灌输宪法知识；各学校利用主题班会，开展“我与宪法”活动。在“12·4”国家宪法日期间，县法院、县检察院组织法官、检察官向宪法宣誓；县统计局拍摄“我与宪法宣传”微视频等系列活动；县司法局围绕增强群众宪法意识和法治观念目标，开展宪法知识有奖竞赛、法治文艺演出活动。为配合扫黑除恶专项斗争，县委宣传部制定下发《关于做好扫黑除恶氛围营造工作的通知》和《上杭县扫黑除恶专项斗争“十个一”活动宣传教育方案》；县扫黑办统一印制3700份扫黑除恶宣传海报和4000本《应知应会读本》，发放至各乡镇、村及成员单位，组织拍摄扫黑除恶警示专题片《利剑出鞘　护航发展——上杭县扫黑除恶典型案件警示录》；各乡镇印发入户宣传材料25万余份；县司法局在社区矫正人员中开展以“社区服刑人员应远离黑恶势力”为主题的法治教育专题课65次；县公安局制作并张贴《上杭县关于举报黑恶违法犯罪线索的通告》3000余份；学校通过在国旗下的讲话、“扫黑除恶进校园”主题班会等形式对全县师生进行扫黑除恶知识宣传，引导学生远离黑恶势力，拒绝黑恶势力进入校园。是年，为创新法治宣传载体，县依法治县办举办“宪法在我心中·你我与法同行”法治文艺巡回演出；根据近年来各执法单位办理案例创作成11个节目，到蛟洋、湖洋等多个乡镇演出，受教育观众达10余万人次；在正在建设的汀江绿道上配套建设法治文化雕塑、雕像等设施，使绿道成为法治长廊。同时，推动领导干部带头学法、用法，县委党校于3月在科级干部培训班中安排法律课程；县依法治县办组织3批次共6人参加拟提拔（转任）科级干部任前法律知识考试。

2018年，上杭县组织“星火讲师团”，深入机关、乡镇、农村、学校、企业等基层一线宣讲习近平新时代中国特色社会主义思想，开展宣传120场，受众人数超过4.5万人。

2019年，成立“扫黑除恶”“依法治县”系列专题宣讲活动小分队，深入乡镇、村居、机关、企业、学校开展宣讲活动130场，受众人数超过6.5万人；围绕“弘扬宪法精神，推进国家治理体系和治理能力现代化”主题，举办“五个一”、“12·4”国家宪法日暨宪法宣传周系列活动。在宪法宣传周中，全县共举办《中华人民共和国宪法》专题讲座65场次，开展宪法巡回宣讲400场次，组织124名国家公职人员集体向宪法宣誓，并在上杭县职业技术学校、第二实验小学分别举办“晨读宪法·向宪法宣誓”活动及“宪法在我心中”“学宪法，讲宪法”主题班会和知识竞赛等校园普法活动，全县共计发放宪法宣传册3.5万余册，悬挂横幅400余条，推发彩信5000多条。是年，协助举办以“不忘初心跟党走，牢记使命保平安”为题，以《中华人民共和国宪法》《中国共产党政法工作条例》及国家安全、扫黑除恶、禁毒、反邪教、防范电信诈骗、预防青少年违法犯罪等综治平安建设为内容的综治平安建设知识竞赛活动；结合庆祝中华人民共和国成立70周年，联合县文联在全县开展“与法同行　普天同庆”法治美术书法摄影作品比赛，并选送14幅作品在市展览；结合新时代文明实践活动，利用文化科技卫生“三下乡”“新春劳务会”“全民国家安全教育日”、畲乡“三月三”“世界环境日”等时机开展法治宣传工作。是年，共向群众发放普法宣传资料和宣传物品2万余份，现场解答法律咨询1000余人次；组建上杭县“红土青年法治行”新时代文明实践宣讲团开展宣讲活动，深入学校为在校学生作增强法律意识及明辨是非能力宣讲，共组织开展“法治进校园”宣讲活动128次，覆盖全县中小学学生1万余人次。

是年，将7名未参加2018年度学法考试的公职人员名单抄送至组织部、人社局等相关部门，取消其当年度评先评优资格；组织5批次56人参加拟提拔科级干部人员任前法律知识考试，组织公职人员到法院旁听对全县影响较大案件的公开审理；对20个已命名的全国、全省民主法治示范村（社区）进行复核，在经县委政法委、民政局、公安局、信访局、生态环境局和各乡镇核查，并经公示确认后，建议保留全国、全省民主法治示范村（社区）19个，1个村因综治工作不达标而被“一票否决”，取消示范村命名。

第二章　依法治县

上杭县从1993年开始，实施依法治县工作。1994年9月，为贯彻落实福建省委《关于依法治省的决定》和龙岩地委《关于贯彻〈福建省依法治省的决定〉的意见》，上杭县十二届人大二次会议审议通过并公布实施《上杭县依法治县实施方案》，成立由县长任组长的依法治县领导小组。实施方案对到2010年依法治县奋斗目标，提出分近期、中期、远期逐步推进战略；对各级行政机关及其工作人员尤其是领导干部法制观念及行政管理各项活动、行政执法及其监督的各项制度、行政管理效能等方面作出规定；要求全县坚持以普法教育为基础，以依法行政、公正司法为重点，把全县政治、经济和社会生活各个方面纳入法制化轨道。首先要完成依法治县近期目标任务，使之取得初步成效，以促进精神文明建设发展，维护社会安定团结。

2004年7月，上杭县获评1998—2003年依法治省工作先进单位；2009年5月，上杭县获评福建省2004—2008年依法治省工作先进单位；2018年6月，上杭县被全国普法办命名为第四批全国法治县创建先进单位。

第一节　部　署

1993年，全国推行山东章丘依法治县经验。按照章丘经验，上杭县较早启动依法治县工作。是年，县司法局、普法办在茶地中学、官庄学区、城西小学开展依法治理试点。城西小学经验在省、地得到推广。

1994年9月，上杭县公布实施县十二届人大二次会议审议通过的《上杭县依法治县实施方案》。该方案提出，要建立责任制，加强组织领导，建设高素质干部队伍，广泛深入开展基层、行业和地方依法治理工作，把依法治县同精神文明建设紧密结合起来。10月，县委、县政府召开依法治县动员会，把上杭县依法治理工作分近期、中期、远期3个阶段进行，要求抓好6个方面工作：深化普法教育，增强全民法律意识；依法建章立制，确保有章可循；严格依法行政，提高行政执法水平；坚持公正司法，切实维护法律尊严；加快发展法律服务，完善法律服务体系；健全监督机制，加大监督力度。会后，上杭县人民法院和县人民检察院，各乡（镇）、县直各系统、各单位都制定贯彻意见和年度计划，全县较快形成党委有决定、人大有决议、“一府两院”有实施方案，由党委领导、“一府两院”实施、人大监督和社会各界积极参与、上下衔接、左右联动、齐抓共管的氛围。

第二节　实　施

1993 年，县司法局按山东章丘依法治理经验，列出计划，上报确定开展依法治理乡（镇）12 个、村（居）46 个、厂（矿）10 个、学校 30 个。

1994 年 9 月，县成立依法治县领导小组。10 月，县委、县政府召开依法治县动员会。

1994 年年底，全县有 32 个县直部门、单位相应成立依法治县领导小组，并制订实施方案，各级各部门继续抓好专业法贯彻学习。农村本着“需要什么学习什么”的原则，结合群众生产、生活密切相关问题，有针对性地学习《中华人民共和国森林法》《中华人民共和国矿产资源法》《中华人民共和国土地管理法》《中华人民共和国婚姻法》等法律法规。

1995 年，县委书记、县长与各乡镇、县直各部门党政负责人，签订《依法治县目标管理责任书》。为推动依法治县各项措施全面落实，县委理论学习中心组开展学法活动，县委党校把学习法律知识纳入领导干部培训重要内容。是年，结合社会治安综合治理、换届选举、反腐倡廉等阶段性中心任务和“严打”等各项专项斗争，开展普法依法治理宣传教育活动。县土管局组织文艺演出队到各乡镇巡回演出，宣传《中华人民共和国土地管理法》；县工商银行、农业银行等举行踩街活动，宣传是年 3 月出台的《中华人民共和国中国人民银行法》；县综治委与县人民银行联合举办“金融杯”知识竞赛。是年，上杭县在认真学习、宣传外省经验，特别是章丘经验的同时，还紧抓自身普法和依法治理典型培养和宣传。县普法办和依法治县办总结、推广城西小学、茶地中学依法治校，下都乡象栏村、中都镇兴坊村依法治村先进经验，推进普法和依法治理工作。

1996 年，为探索新一轮普法依法治理工作途径，推进各级各部门各行业普法依法治理工作深入开展，县依法治县领导小组以试点为先行，以典型引路为抓手，分别在乡镇、街道、县直机关、企事业单位、学校确定依法治县联系单位；由各联系单位按照全县统一部署，结合各自特色，从高起点、高标准要求出发，积极开展依法治县活动，促进全县依法治县工作向纵深发展。县南岗纸厂、县建南棉纺厂等 5 家依法治理联系单位都相应建立领导机构，制订工作规划，建章立制，依法治理工作有序开展。在巩固老先进基础上，积极培育新典型，在行政执法单位中，将地税、环保、计生等部门作为新培养对象；在青少年方面，将上杭一中、才溪中学等作为新培养对象，力争在各个方面发挥其辐射带动作用。

1997 年，县依法治县办加强法制宣传与法律实践相结合，对全县普法依法治理工作进行分类指导，强化监督管理。通过发挥林业局依法行政、蛟洋乡依法治乡、蓝溪镇梅永村依法治村、闽西天龙变压器有限公司依法治厂、古田中学依法治校典型作用，促进

上杭县依法治县领导小组（扩大）会议召开　（上杭县司法局供图）

开展全县依法治理工作。全县70%的行政村（居委会）开展依法治村活动，青少年犯罪率比上年度下降21.36%，行政执法部门依法行政意识得到提高，行业风气和企业依法经营、逐步建立现代企业制度情况好转。10月26日，龙岩市召开依法治理经验交流会，县林业局依法行政典型经验在大会上作交流推广。

1998年1月6日，上杭县第十二届人民代表大会第六次会议通过《关于加快推进依法治县的决议》。是年，县依法治县办组织2次大规模执法检查和部分中、小学依法治校检查；每个乡（镇）抽2—3个村进行普法、依法治村（居）检查。县依法治县办和各职能部门通力协作，密切配合，依法开展各项治理，严厉查处各种违法行为，规范经济秩序，维护社会安定团结，使农村普遍形成“依法建制、以制治村、民主管理”的氛围。才溪镇全面实行村务政务公开，加大民主监督力度，全年无一起较大违法行为案件发生。

1999年9月20日，上杭县十三届人民代表大会常务委员会第六次会议通过《关于依法治县的决议》。是年11月15日，上杭县第十三届人民代表大会常务委员会第七次会议通过《关于依法行政的实施规划》，根据人员变动等情况调整充实依法治县领导小组成员。各乡镇、县直各单位也相应成立依法治理领导机构，县委关于依法治县决定、人大依法治县决议、“一府两院”实施方案相继出台。是年，为提高依法治理人员整体素质，县举办学法用法骨干培训班，培训各乡镇党委、县直各部门、单位依法治理联络员，提高基层普法水平。全县各级各部门均建立干部、职工学法制度，近万人参加“一书五法一条例”（《公务员学法用法简明读本》《中华人民共和国宪法》《中华人民共和国婚姻法》《中华人民共和国刑法》《中华人民共和国刑诉法》《中华人民共和国民事诉讼法》《中华人民共和国治安管理处罚条例》）学习与考试。县依法治县办重点抓基层依法治理、行业依法治理、地方依法治理建设；在基层主要围绕民主选举、民主决策、民主管理、民主监督，重点抓政务公开、村务公开、企业常务公开“三公开”民主制度建设。

2000年年初，县委批转《上杭县2000年依法治县工作要点》，并列入县委、县政府年终综治工作检查内容，行使一票否决权。8月，县依法治县领导小组组织4个工作小组，深入乡、村、学校进行“三五”普法检查，及时总结经验，查找存在的问题和不足，督促有关部门单位整改。是年，各村（居）通过村民代表大会，制定《村（居）委会自治章程》和《村规民约》，各项依法治理工作进一步走上规范化、法制化轨道。

2001年8月17日，为加强对行政权力运行监督，密切党和政府同人民群众联系，推进依法治县，建立管理有序、运转协调、办事高效、廉洁勤政、行为规范的政府，县委、县政府通过《关于县级政务公开工作的实施意见》，提出在继续全面推进依法治县工作前提下，建立和完善行政执法制度，全县43个行政涉农部门涉农收费必须公示，使行政处罚听证、政务公开制度更为规范。同时，清理规范性文件和行政审批事项，以提高服务质量，全县共清理出1980年以来规范性文件203件，修改11件，取消行政审批事项72件。10月，为推行村务公开，县委组织部、依法治县办、民政局联合组织人员分赴全县66个行政村进行村务公开检查，及时发现和纠正问题。

2002年，各行政机关以推行政府“五项工程”（精简机构、设置法定，加快改革、行政审批制度，完善城市管理综合执法体系，全面推行政务公开，建立行政效能评估监督制度）为切入点，全面推进依法行政；县政府坚持每月县长接待日制度，接受群众投诉和监督；各行政执法单位努力完善以行政执法责任制为核心，包括执法公示制、评议考核指标、错案追究制度等在内的行政执法体系，把执法任务、要求、职责落实到具体岗位和工作人员上，对执法人员身份，岗位职责以及办事流程、办事依据、办事承诺等进行公开，接受群众监督。上杭县地税局采用ISO 9001质量管理体系进行税收征管和行政后勤管理，同时规范税收执法行为，纠正超越权限自定章法现象；上杭县城建局强调坚持重大行政处罚行为由集体研究决定和告知当事人听证制度，确保依法行政。是年，县人大开展工作监督和法律执行督查工作，组织调查组到公安、建设、水电、工商、技监和环保部门开展依法行政工作督查。

2003年，县依法治县办提出副科级以上干部学法要做到“四个一”（有一本领导干部学法读本、听取一次法制讲座、参加一次法制培训、实行一次年度学法考试）；依照《干部学法考试考核登记制度》，与组织、人事等部门联合制订实施方案，规范干部学法考试。12月，全县有1.1万多名干部职工参加年度干部学法考试；行政执法人员310余人参加全县依法行政法律知识考试。是年，上杭县第十三届人民代表大会第五次全体会议通过《关于加强城区治安工作的决议》，要求深入开展“严打”整治斗争。县公安局、检察院、法院、司法行政部门各司其职，协作配合，沟通信息，形成工作合力。是年，全国部分地区“非典”疫情流行，上杭县全县约有6万人在外务工，其中大多数人分布在广东省，这些人可能返乡，极易造成输入性病例。县司法局、县依法治县办配合县委、县政府及卫生、公安、民政等部门，开展“非典”预防控制工作，制订预防控制预案，防止疫情蔓延至上杭，为上杭人民群众修筑起健康屏障。

2004年，以基层治理为重点开展依法治理工作，以“民主法治示范村”创建活动为平台，努力把法律送进千家万户，编辑印发《上杭县法律知识读本农村手册》，分发到各位村民手中。全县各个村（居）委会积极制定、完善基层组织工作、学习和活动规章制度，做到制度上墙、人员落实；通过村民代表大会制定《村（居）委会自治章程》和《村规民约》，使各项工作做到规范化、制度化。是年，“民主法治示范村”创建和落实“四民主、两公开”（民主选举、民主决策、民主管理、民主监督和实行乡镇政务公开、村居务公开）工作深入开展。临城镇土埔村、蓝溪镇梅永村荣获全省首批“民主法治示范村”命名表彰；中共上杭县委、县人民政府和县委副书记李小平分别被依法治省领导小组评为1999—2003年依法治省工作先进单位和先进个人。

2005年，实行依法治理领导小组成员挂钩普法依法治理试点单位制度。全县培植5个市级试点单位、9个县级试点单位，整合行政执法资源，成立上杭县综合行政执法协调领导小组，下设办公室（办公室设在县司法局）；将公安、林业、计生等部门外的行政执法机构归类设置为5个综合行政执法大队，建立综合行政执法联动机制。是年，全县有302个行政村（居）开展“民主法治示范村”创建工作，占总数的89%。古田镇文元村等22个行政村被命名为“县级民主法治示范村”，才溪镇溪西村等4个村被命名为“省级民主法治示范村”，临城镇土埔村被命名为“全国民主法治示范村”。

2006年5月11日，县委、县政府通过《关于做好2006年农业和农村工作，推进社会主义新农村建设的意见》。县依法治县办公室紧紧围绕县委、县政府制定的全县农业和农村工作总体要求，围绕人民当家作主这一社会主义民主政治建设核心，坚持和发扬原有“党委领导、有关部门协调配合、基层群众广泛参与”的有效做法，以“四民主、两公开”为主要内容，创新基层自治组织和民主管理制度，努力加大基层依法治理力度，保证人民群众依法行使民主权利管理基层公共事务和公益事业，推进基层民主法制建设。

2007年，县创建“民主法治示范村”国家级1个、省级5个、县级35个，依法治理面进一步扩大。

2008年，县完善依法治理领导小组成员挂钩联系制度，制定正科级以上领导成员挂钩联系普法依法治理试点单位制度。同时，开展“五五”普法和依法治理中期督导，对全县22个乡镇和58个依法治县领导小组成员单位进行督查；继续深化10万名学生带法回家活动，落实、完善中小学法制副校长工作机制，做好青少年维权热线工作。县组织法制宣讲团和政法系统关工委法制宣讲团成员到各中小学巡回宣讲或举办法制讲座50场次；举办青少年法制文艺会演，寓教于乐，受到全县中小学生广泛欢迎。是年，继续加强县、乡、村三级综合行政执法工作网络建设，不断完善综合行政执法运行机制，县综合行政执法协调领导小组及其办公室牵头开展50多次综合行政执法活动。至年底，全县共创建国家级“民主法治示范村”3个、省级5个、县级44个。

2009年，上杭县制定《2009—2013年依法治县第三个五年规划》和《上杭县创建“法治上杭”实施方案》，开展行业依法治理、民主法制示范村、示范单位和示范学校创建工作，确定9名县领导挂钩紫金矿业股份有限公司和古田镇、临江镇等9个创建“法制上杭”示范单位（乡镇）。是年，县普法依法治县办公室在中国·上杭网站群设立上杭司法行政网窗口，设置“依法治县”“法制宣传”“平安上杭”“人民调解”“安置帮教”“法律服务”等栏目和“以案释法”视频专栏；与国土、交警等重点行政执法部门联办《上杭司法》报，共刊发12期2.43万份；在县广播电视台设立《法制园地》专题栏目，共播出法制专题576期次。是年，综合行政执法协调办共组织行政执法人员举办3期培训班，有500余人次接受教育；针对违章建筑、阻碍重点工程建设等问题，共组织开展60多次综合行政执法活动，确保县重点工程、项目建设顺利进行。

2010年，上杭县政协委员视察普法依法治理工作座谈会召开

（上杭县司法局供图）

2010年，为建设“生产发展、生活宽裕、乡风文明、村容整洁、管理民主”社会主义新农村提供有力法治保障，县普法依法治县办围绕农村改革发展实际，深入开展法制宣传教育，组织法制宣传队伍，深入乡、村开展“送法下乡”活动，宣传近年来党的一系列有关农业、农村、农民“三农”方针政策和安全生产、农产品质量安全等维护农村和谐稳定法律法规；根据农村特点和农民群众现实需要，开展形式多样的法制宣传教育，利用广播、电视、现代网络媒体、乡（镇）、村（社区）宣传板报、宣传栏等宣传教育阵地和依托“村（居）民法制学校”“人口婚育学校”、村（社区）离退休干部活动中心以及文化大户等普法阵地开展宣传教育。通过举办法制讲座、培训班、法制课堂、以案释法等形式讲解法律法规知识、分析典型案例、讨论法律问题，使广大农民群众主动参与到法制宣传教育中来，形成知法、守法、用法的社会氛围。是年，县普法依法治县办开展送法下乡活动30余场次，散发法制宣传资料25万余份，解答法律咨询22860余人次。全县有关部门在村（居）法制学校上法制课1326场次，刊发《上杭司法》报12期共24300份，在县广播、电视台共播出法制专题栏目576场次。是年6月14—25日，上杭县顺利通过福建省依法治省办公室“五五”普法工作和首批全国依法治县（市、区）创建先进单位评选表彰工作进行实地考评验收。至2010年年底，全县有国家级“民主法治示范村”3个、省级5个、县级66个。

2011年是全面实施“六五”普法规划启动之年，也是实施依法治理“三五”规划和创建“法治上杭”的重要一年。是年，县依法治县办和政法各部门以依法行政、公正司法为重点，全面推进司法制度改革，认真做好刑事、民事和行政等各项审判和检察工作，大力推行警务、检务、审判公开，以公开促公正，以公正促廉政，不断提高执法水平。

县公安机关按照公安部“三个必训”要求，结合队伍正规化建设和大练兵活动，加强公安民警警务技能和法律知识教育培训，提高民警法律素养和执法水平。建立执法质量综合考评体系，将执法质量与案件法律审核、专项调查、个案评判和执法过错责任追究等监督措施有机结合起来，重点对容易出现问题的关键环节加强审核把关，进一步规范民警执法行为。同时，加大信息化工程建设力度，深化社会治安防控体系建设规划，力促人防、物防、技防、协防建设同步协调发展。

县法院紧紧围绕“公正与效率”主题，坚持“党的事业至上、人民利益至上、宪法法律至上”指导思想，全面加强审判和执行工作。在开展审判业务过程中，严惩各类严重刑事犯罪，正确处理各类民商事案件，深入开展行政审判工作；在执行措施上，加大执行工作力度，努力化解执行难问题；在内部审判监督工作中，不断健全责任机制，构建普法依法治理工作管理、监督体系。

县检察院紧紧秉持“强化法律监督，维护公平正义”职能核心，围绕党和国家大局，结合检察工作实际，以服务大局、维护人民利益为根本出发点，充分发挥检察职能，全面落实宽严相济刑事政策，积极开展专项法律工作；深化优秀“青少年维权岗”活动，积极预防职务犯罪，加大法律监督力度，稳妥推进以开展检务督察制度和人民监督员制度两项改革为重点的检察改革，从内部、外部两个方面加强自身执法办案监督。同时，进一步完善案件流程管理监督，确保检察权正确行使，提高办案质量，促进检察工作深入开展。

县司法局充分发挥律师、公证、基层法律服务、人民调解、法制宣传等各个方面整体作用，面向广大人民群众和社会组织，提供便捷、高效法律咨询及其他法律服务，维护人民群众合法权益。是年，针对违章建筑、阻碍重点工程建设等问

上杭县司法局召开维护社会稳定工作会议　（上杭县司法局供图）

题，县综合行政执法协调办共组织开展60多次综合行政执法活动，确保县重点工程、项目建设顺利进行。

2012年，县普法依法治县办按照“六五”普法和依法治县“三五”规划要求，围绕“平安（和谐）上杭”“法治上杭”建设，加大法制宣传教育力度，推进依法治县工作。特别是在加强宪法、社会主义法治理念和新出台、新修订法律法规宣传教育上，注意引导公职人员特别是领导干部树立依法执政、依法行政理念，引导公民树立依法办事观念，依法表达利益诉求，依法维护自身合法权益，依法化解社会矛盾，形成自觉学法、守法、用法社会氛围。围绕人民群众关心的社会热点难点问题，组织开展“加强法制宣传教育，促进社会矛盾化解”主题宣传活动，优化经济发展环境，促进社会矛盾化解。在推进“法治上杭”创建活动中，组织开展多层次多领域基层法治实践活动，以增强广大人民群众在广泛参与立法、司法、执法等法治实践中的法治体验，使法治建设过程成为向人民群众普及法律知识的过程。同时，为立足加强和创新社会管理，继续深化“民主法治村（社区）”创建活动，引导和教育基层人民群众依法有序参与社会管理，提高各类基层群众性自治组织自我管理、自我服务、自我教育、自我监督的能力和水平，推动政府行政管理与基层群众自治有效衔接和良性互动。是年，县依法治县办在组织开展“民主法治示范村（居）”回访考察活动中，对已经获“民主法治示范村（居）”称号的村（居），工作松懈、标准降低的，提出限期进行整改和补缺补漏；对发生问题，不符合“民主法治示范村（居）”标准的，提请上级给予撤销。是年，普法依法治理工作被纳入全县经济社会发展规划和各乡（镇）、各单位目标、绩效管理考评；继续深入开展“诚信守法企业”创建活动，引导企业加强法治建设，规范内部管理，防范市场风险，推动企业依法经营、依法管理、提高企业竞争力。是年，县综合行政执法协调办共组织综合行政执法活动50多场次。

2013年5月，县人大代表深入法院、住建局、广播电视局、工商局、烟草公司、蛟洋镇、临江镇镇中社区和白砂中学等单位，开展“六五”普法和依法治县第三个五年规划工作视察。6月，县依法治县办组织5个检查组对全县各乡（镇）、县直各单位进行依法治县“三五”规划总结验收和“六五”普法中期督导工作。是年，省、市对上杭进行依法治县“三五”规划总结验收和“六五”普法中期督导顺利通过，省司法厅推荐上杭为全国“六五”普法中期先进县。2014年，县普法依法治县办起草《上杭县“法治上杭”建设规划（2014-2020）》（征求意见稿）。为启动依法治县第四个五年规划打基础。规划把“法治上杭”建设纳入上杭县经济社会发展规划中，以使“法治上杭”考核评估体系更健全更完善。

2015年，根据上杭实际，制定“法治上杭”创建活动工作标准，实行依法治县领导小组成员挂钩联系示范单位制度，通过抓示范单位，培育和树立“法治上杭”创建活动各类典型，推动全县普法依法治理工作全面开展。县建立“法治上杭”建设考核评估体系，把“法治上杭”建设纳入全县经济社会发展规划和党委、政府目标管理，分解细化到精神文明、党建工作、综合治理、绩效评估等目标管理责任体系中，确定出相应分值。县继续组织全县公职人员及村（社区）主干和“六大员”约1.3万人参加2015年度学法考试，在官庄、庐丰畲族乡“三月三”举办法制文艺演出30多场次，印发《上杭县司法局道路交通安全综合整治“三年行动”宣传教育实施方案》，开展“化解矛盾、普法先行”系列活动，编印下发《欠款还钱天经地义，讨债手段切记依法》等宣传材料，开展《走好人生每一步，无悔青春踏征程》《法律相伴，快乐成长》等专题法治讲座。12月4日，县依法治县办组织各成员单位在江滨广场开展第十五个全国法制宣传日暨第二个“国家宪法日”大型宣传活动。

是年，在巩固原有村（居）民法制学校、文化大户等宣传阵地基础上，继续发挥宣传板报、墙报、宣传专栏、教育基地等传统宣传阵地作用。司法局全年刊发《上杭司法》10期共2万多份，并充分发挥互联网、农村党员干部远程教育网等新兴媒体作用，利用上杭普法网宣传法律法规；继续与县电视台联合创办“普法栏目剧”，每日一集在县电视台新闻综合频道和江滨广场LED（发光二极管）电视大屏幕滚动播出。12月，与县电视台联合推出《身边的感动之出彩司法行政人》大型系列报道。县广播电视台全年共播出法制专题材料288场次，稿件大多为县司法局提供。是年，县司法局还开展县、乡、村“法治文化公园（广场、长廊）”等基层法治文化载体建设，在县、乡、村（居）共建法治文化公园（长廊）90余个；在共和国法制摇篮、青少年警示教育基地、思想廉政文化教育基地、预防职务犯罪警示教育基地，共有6万余人次接受教育。同时，继续推进基层民主法治建设，开展“民主法治示范村（社区）”创建活动。是年，临江镇镇西社区、太拔镇院田村、泮境乡乌石村、中都镇都康村、南阳镇官余村被省司法厅、民政厅表彰为省级“民主法治示范村（社区）”。

2016年，县司法部门会同县直有关单位开展《中华人民共和国反家庭暴力法》视频讲座、环境保护日灯谜竞猜、安全生产知识竞赛等活动，发挥政法干警联乡挂村和中小学校法治副校长（辅导员）作用，参与法治宣传。按照“谁执法谁普法、谁主管谁普法”工作原则，在司法、行政执法单位通过单位推荐与个人志愿相结合，择优聘请28人作为县法治宣讲团成员。同时，加强新媒体运用，拓宽法治宣传途径，开通上杭司法微信公众号、新浪微博、学习微平台。

2018年春，中央、省、市、县部署开展扫黑除恶专项斗争，提出3年分3个阶段进行：第一阶段，即2018年，治标，打掉一批涉黑涉恶组织，惩处一批黑恶势力“保护伞”，黑恶势力违法犯罪活动问题得到有效遏制；2019年，治根，对已侦破案件循线深挖，逐一见底，使人民群众安全感、满意率明显提升；2020年，治本，建立健全长效机制，取得扫黑除恶专项斗争压倒性胜利。上杭县司法局根据上级部署，召开专题会议详细研究工作方案，成立司法局扫黑除恶专项斗争工作领导小组，决定从法治宣传、线索摸排、律师行业监管、重点人员管理等方面发挥职能作用，积极参与这场斗争。至 2019 年年底，县司法局共开展扫黑除恶专项斗争集中宣传 383 次，悬挂宣传横幅 235 条，张贴宣传海报 207 幅，制作电子 LED 扫黑除恶宣传标语 128 条，发放宣传材料 60809 份。

同时，县委宣传部制定下发《关于做好扫黑除恶氛围营造工作的通知》和《上杭县扫黑除恶专项斗争“十个一”活动宣传教育方案》，县扫黑办统一印制 3700 份扫黑除恶宣传海报和 4000 本《应知应会读本》发放至各乡镇、村及成员单位，并拍摄扫黑除恶警示专题片《利剑出鞘 护航发展——上杭县扫黑除恶典型案件警示录》；各乡镇印发入户宣传材料 25 万余份。县司法局还在社区矫正人员中开展“社区服刑人员应远离黑恶势力”主题法治教育课 65 次；公安局制作并张贴《上杭县关于举报黑恶违法犯罪线索的通告》3000 余份；学校通过“扫黑除恶进校园”主题班会，对师生进行扫黑除恶知识宣传，引导学生远离黑恶势力。

2018 年，在“法治上杭”建设中，县依法治县办筹办“宪法在我心中 · 你我与法同行”法治文艺节目，将法律知识搬上舞台，让群众在潜移默化中接受法律知识，其中 11 个节目系根据各执法单位近年来所办理案例改编而成，各乡（镇）受教育观众达 10 万多人次。同时在汀江绿道沿线设计中插入法治文化创意，配套建设法治文化雕塑等设施，让市民在休闲健身中感受法治氛围。

2019 年，成立以县委书记为主任的依法治县委员会，并于 9 月 11 日召开县委全面依法治县委员会第一次会议，听取 2018 年全面依法治县工作情况汇报，审议通过 2019 年全面依法治县重点工作、县委全面依法治县委员会工作规则等。上杭县人民政府办公室发出《关于进一步加强县本级行政规范性文件合法性审核的通知》，要求各乡（镇）人民政府、各单位做好县本级行政规范性文件合法性审核工作，杜绝违法、违规、不合理的政策措施文件出台。是年，县司法局共向市政府及县人大报备以县政府或县政府办名义发文的规范性文件 39 件；对涉及提升营商环境文件加强合法性审查，以杜绝妨碍统一市场公平竞争的政策措施文件出台，并与县市场监督局对接，共同督促对妨碍统一市场和公平竞争政策措施文件的废除。9 月，开展对涉及生态环境保护文件清理，共清理县级涉及生态文明建设和环境保护文件 68 件，其中废止 18 件、要求修改 1 件、继续有效 49 件。10 月，对全县 2018 年 12 月 31 日前出台，当时仍有效的 503 件文件进行清理。清理后继续有效的 352 件、给予废止 131 件、限期修改 20 件。

是年，制定《上杭县全面推行行政执法公示制度执法全过程记录制度重大执法决定法制审核制度实施方案》，明确推进行政执法“三项制度”工作总体要求、任务分工、进度安排和组织保障，并审查行政执法主体和执法人员。10 月，对全县行政执法主体、行政执法职权和行政执法人员进行梳理审查，共梳理审查县直行政执法部门 22 个、法律法规授权组织 7 个、受委托机关或组织 12 个。经统计，全县持有福建省行政执法证件 992 人，需新发福建省行政执法证 20 人，需参加行政执法综合法律知识考试 428 人。是年，在全县开展2019年度行政执法案卷评查工作。经统计，2018年11月1日至2019年10月30日，全县办结行政处罚案件3131件，行政许可办件4137件，行政强制案件6件，行政征收案件0件、行政确认案件119件。12月11日，县司法局组织各乡镇及县直各行政执法部门负责行政执法、规范性文件起草审核工作分管领导和具体负责人共160余人依法行政业务知识培训，邀请市司法局立法与法治调研督察科兼行政执法协调监督科科长陈朋发就“行政执法实务”和市司法局规范性文件备案审查科负责人赖惠燕就“规范性文件制定与监督管理实务”作专题辅导。

是年，县政府收到行政复议申请共计17件，给予受理15件，审结14件，同时审结上期结转案件3件。县司法局按照行政诉讼法规定，梳理答辩内容，制作答辩状，督促各行政机关履行出庭应诉职责。是年，全县共发生行政诉讼案件46件，其中一审32件、二审14件。32件一审行政诉讼案件中有6件为县政府作被告。经审理，其中1件驳回诉讼请求，1件履行法定职责或给付义务，1件驳回赔偿请求，1件调解后主动撤诉，2件未审结；对上期结转1件，判决维持。

是年，司法局参与吉利、杉杉和紫金矿业集团共同投资的常青新能源项目、宁德时代和思康共同投资的新能源建设项目、兰家渡葡萄园建设项目等谈判及协议审查修改，取得双赢效果。

第三篇 人民调解

古时，民间发生纠纷，往往邀请亲友、长辈和氏族邻里中一些办事公道、深孚众望的人出面调解，消除纷争。通过评理，断令无理方或赔礼道歉，或赔偿经济损失。若说和不成，则向知县（后称县长）申诉解决。

民国18年（1929年）10月，县苏维埃政府设裁判部、肃反委员会，区、乡设裁肃委员会，负责公安司法工作。在乡苏维埃政府内还设调解委员会等群众性组织。旧县河东等村，每30户选任1名调解员，2个姓以上杂居村，可选任2名调解员。其条件是出身好，立场坚定，工作积极，办事公道。民主选举，任期一年，可连选连任。乡调解委员会，由各村调解员民主选举5—7人组成。对民间纠纷调解不成，则上报裁判部判决。民国23年（1934年）10月中央主力红军北上后，随着苏区沦陷，各级苏维埃政府司法机构停止办公。

民国36年（1947年），国民政府内设关科室，调解过一些民事纠纷。

1949年，上杭县人民民主政府成立（1950年春改为上杭县人民政府），接管国民党政府警察、地方法院及监狱等司法机关，废除旧法制。县人民政府民政科设司法股，民政科科长兼任司法股股长，单独行使司法和审判权，负责民事纠纷调解工作。

1950年11月，县成立司法科，主管民间纠纷调解工作。1953年，城市以居民委员会为单位，农村以乡为单位设置调解委员会。1956年调解委员会改称人民调处委员会。1958年实行人民公社化后，公社、大队都设有人民调解委员会。“文化大革命”开始后，人民调解委员会因被视为“阶级调和”的产物而被取消，人民调解组织基本陷入瘫痪状态。1973年，人民调解工作恢复。

1980年9月，重建司法科（司法局）后，内设人民调解股，主管人民调解工作。1981年年底，全县公社（镇）分别成立“人民调解领导小组”，各大队（居委会）分别建立调解组织。1982年12月，人民调解工作被载入《中华人民共和国宪法》，用国家大法的形式确定人民调解工作的法律地位。1992年10月，县成立法院经济纠纷调解中心。

中华人民共和国成立后，特别是改革开放以来，上杭县、乡（镇）、村（居）各级调解组织努力工作，积极创新，不断推动全县人民调解工作上新台阶、新水平，取得优异成绩，为化解人民内部矛盾，维护社会稳定做出突出贡献，多次得到上级表彰奖励。2013年8月，县人民调解中心被司法部授予“模范人民调解委员会”称号。2014—2015

年，县司法局被评为全国人民调解宣传工作先进单位；2016 年，县司法局被中华全国人民调解员协会评为 2016 年度人民调解先进单位。2017 年 7 月 13 日，龙岩市人民调解“双争双做”现场会在上杭召开；10 月 25 日，上杭县司法局领导在全省人民调解工作会议上作人民调解工作经验介绍。

第一章　体　制

第一节　1950—1978 年的体制

1950 年，中央人民政府政务院《关于加强人民司法工作的指示》指出，人民司法工作解决民间纠纷应尽量采用群众调解的办法以减少人民讼争。11 月，县成立司法科，主管民间纠纷调解工作。1951 年，《中华人民共和国人民法院暂行组织条例》颁布施行，规定县级人民法院指导辖区内调解工作。同年县撤销司法科，调解工作归县人民法院办理。1953 年第二次全国司法会议指出，为使法院减少一些不需要直接处理的案件，特别是为了节省群众因诉讼而耗费人力、物力和时间，必须开展和加强群众调解工作。凡土地改革已经完成，镇压反革命比较彻底的地区，城市应以派出所或者街道为单位，农村应以乡为单位，有领导、有计划地逐步建立调解组织，在人民法院和基层政府领导下调解民间纠纷。1954 年 2 月 25 日，中央人民政府政务院通过《人民调解委员会暂行组织通则》。司法部先后发出《关于人民调解委员会暂行组织通则的说明》《关于加强民间调解工作的通知》《人民调解工作须知》3 个文件，对调解会的组织、领导、工作方法与工作制度作出系统全面阐述。1955 年 10 月，县召开调解会议，学习《人民调解委员会暂行组织通则》，总结交流经验。

1956 年，人民调解委员会改称人民调处委员会。1957 年，人民调解工作机构停止工作。

第二节　改革开放后的体制

1980 年年初，全国人大常委会重新颁布《人民调解委员会暂行组织通则》，推动了人民调解工作迅速恢复和发展。9 月，县重建司法科，12 月改名司法局，设人民调解股，主管人民调解工作。

1989 年 5 月，国务院通过《人民调解委员会组织条例》。

1990 年 4 月 19 日，司法部以“第 8 号令”发布《民间纠纷处理办法》（以下简称

《办法》)。《办法》规定:“司法助理员是基层人民政府的司法行政工作人员,具体负责处理民间纠纷工作。”1990年下半年,县贯彻实施这一《办法》,要求从是年起,对基层调解委员久调不决疑难纠纷,上交乡(镇),由司法助理员依照《办法》进行处理。

1996年,县政府根据司法部《关于进一步加强人民调解工作,促进农村改革与发展,维护农村稳定的通知》、省司法厅《关于开展规范化调委会建设的意见》及地区司法局《关于创建规范化调委会的实施方案》文件精神,批转《关于创建规范化调委会实施方案》,全县开展“三乡七村”创建试点工作。9月,县首次落实村调解主任每人每月20元报酬。

1998年4月开始,县、乡两级建立每月社情民情报告制度,为党委政府决策提供依据,以及时化解矛盾和问题,维护社会稳定。

2002年,建立县乡社情报告制度。要求乡(镇)做到社情民情每月一报和重大纠纷及时报告,加强纠纷预防和调解疏导。乡镇司法所每月开展一次以上矛盾纠纷排查。

2003年,省委、省政府和龙岩市委、市政府把“进一步加强新时期规范化调委会建设”列入2003年为民办实事项目之一。

2004年,乡(镇)、村(居)坚持每月定期排查一次和在节假日、重大活动期间集中开展一次矛盾纠纷排查;健全社情民意报告制度,各乡(镇)每月上报排查情况和报告社情民意,对重大纠纷事件和隐患在4小时内上报,及时掌握纠纷动态。全县人民调解工作坚持“调防结合,以防为主”方针,不断提高调解率和调解成功率。

2006年,建立健全矛盾纠纷排查调处领导工作机制、分析研究工作机制、预防工作机制、突发重大矛盾纠纷应急处置工作机制。完善分析报告、信息报送等制度,落实人民调解指导员制度。

2007年,省司法厅下发《关于在全省开展“十百千万”人民调解示范活动的实施方案》,提出在全省开展建立十个人民调解示范县(市、区)、一百个人民调解示范乡镇(街道)、一千个人民调解示范村(社区)和一万名示范人民调解员的“十百千万”人民调解示范活动。上杭县结合实际,制定《关于开展“十百千万”人民调解示范活动的实施方案》和调委会工作人员管理、考评实施方案,每季度对各乡镇开展“十百千万”人民调解示范活动情况进行通报,并加以督促落实。确定培育3个人民调解示范乡镇、23个人民调解示范村(社区)、100名示范人民调解员工作目标,推动全县人民调解工作上新台阶、新水平。

2008年,县司法局完善与法院联合培训人民调解员制度和机关干部挂钩乡镇培训制度,开展调委会调解文书质量季度检查评比和“岗位练兵”活动,以开展“十百千万”人民调解示范活动为平台,组织开展人民调解示范活动。同时进一步完善矛盾纠纷排查调处工作考核机制,规范调解员队伍建设、工作培训、格式文书制作等工作。

2011年1月1日,《中华人民共和国人民调解法》颁布施行。县司法局在全县范围内开展形式多样的宣传活动。

2012 年，县委、县政府制定下发《2012 年上杭县矛盾纠纷排查调处工作的意见》，将矛盾纠纷调处工作列入年度党政领导综治责任制考核和“平安乡（镇）”“平安村（居）”考评验收内容。全县贯彻《关于全面构建“大调解”工作体系有效预防化解社会矛盾纠纷的意见》和《中共上杭县委关于加强和创新社会管理的实施意见》，参与构建“大调解”工作体系。司法局制定下发《上杭县司法局贯彻落实全面构建“大调解”工作体系预防化解社会矛盾纠纷的意见》，在完善大调解工作机制方面进行创新、细化。3 月，县司法局下发《上杭县人民调解以奖代补实施意见》，以更好解决人民调解员误工费及报酬低问题，进一步调动广大人民调解员的工作积极性和主动性，提高矛盾纠纷受理率和调处成功率。

2013 年，对人民调解组织和人员队伍以及人民调解案件进行登录记录，实现信息化、流程化管理。

2014 年，县委出台《中共上杭县委关于建立健全人民调解工作机制的意见》，县司法局制定《关于构建“1345”调解工作体系提升拓展人民调解工作的方案（试行）》（构建一张人民调解立体组织网络，健全“三联三训三提”调解培训制度，完善“四级四轮四选”调解运行机制，落实五项调解工作机制），以进一步发挥人民调解在化解社会矛盾纠纷、维护社会稳定中的作用。

2015 年，全县共有人民调解组织 393 个，其中乡镇 22 个、村居 332 个、社区 12 个、区域 3 个、行业 7 个、企业 1 个，16 个行政执法单位建立专业调委会。县人民调解中心、行业、专业、区域、基层调解组织共同构建起立体调解网络，实现调解组织全覆盖。各级调委会均按照省厅“六化”要求规范化建设，实现工作场所、办公条件、工作经费、工作制度“四落实”。是年，县司法局对 465 名首席、专职人民调解员进行年度考核和重新推选，续聘 14 名法官为人民调解指导员；加强对基层人民调解工作指导，局机关干部、律师、法官指导、协助基层举办培训班 44 期 3312 人次，指导、协助基层调处纠纷 512 件，组织调解员旁听庭审 42 场，指导调委会制作调解文书 406 份。

2016 年，结合乡镇换届选举，调整充实调解工作人员，使调整后全县人民调解组织达 387 个；续聘 14 位法官为人民调解指导员，配合福建电视台综合频道《调解有一套》栏目组采编工作，当年共播出 11 期；各级调解组织开展“服务大局解民忧，春风化雨促和谐”专项排查活动，突出重点地区和重点对象，聚焦影响社会稳定的各种隐患和敏感问题，将重大矛盾纠纷或易引发群体性事件化解在萌芽状态；各级调解组织落实相关工作，使矛盾纠纷预防预警、排查调处、定期分析、信息报送、应急处置、挂牌督办、联动联调、督导保障等“十项机制”得到完善。

2017 年，县司法调解部门主动融入矛盾纠纷多元化解机制建设，认真贯彻落实中央、省、市关于加强多元化解社会矛盾纠纷工作精神，积极探索新时期社会矛盾化解新机制，人民调解主动加强与行政调解、司法调解之间衔接配合，实现多元化调解工作良性互动和有效融合。同时，积极推进人民调解与综治、公安、法院、检察、信访衔接联动，建立每月例会、联合接访与调解、情况通报与联合会商等制度，完善协作机制，明确工作流程。

2018 年，动员组织全县广大人民调解组织和人民调解员围绕重点领域，建立重大纠纷调解攻坚组、疑难纠纷专家指导组、突发矛盾调处应急组 3 个专业组，集中化解疑难复杂纠纷。在村居组织换届中，县司法局积极争取乡镇党委政府支持，将村居调委会换届列入总体工作布局，提前安排部署对 344 个村居人民调解委员会全面进行整顿、充实、完善；并分别与县工商联、妇联、交警大队等协调，建立健全商会、妇联人民调解委员会，补齐人民调解行业（专业）组织建设短板。同时，发挥综治考评机制作用，将乡镇专职调解员配备列入县对乡镇综治考评内容，将行业部门参与纠纷化解列入县对县直单位综治考评内容，进一步推进各类人民调解委员会建设。此外，还联合广东省梅县区、蕉岭县司法局组建边界联合调委会，落实共建共治共享机制，推进省际人民调解工作协作。

2019 年 4 月 19 日，上杭县人大常委会开展全县人民调解工作调研汇报座谈会召开　（上杭县司法局供图）

2019 年，加强多元调节机制完善，进一步推进行业性（专业性）人民调解委员会建设和协调行业主管部门推进婚姻家庭调解室、信访调解室、重点项目调解室、旅游纠纷调解室建设，构建多元对接平台；同时整合行政、司法、人民调解资源力量，进一步打造县人民调解中心多元化矛盾纠纷一体化平台，规范 22 个派驻公安派出所、3 个法院（法庭）、1 个检察院、1 个信访调解室，落实相应工作保障。此外，加强边界跨区域调解工作，与广东省梅州市梅县区、蕉岭县司法局落实共建共治共享机制，推进省际人民调解工作。是年，两边界司法所共调解各类边界纠纷 20 余起。11 月 8 日，参加在梅县区召开的粤闽平安边际联席会议，共商打造平安、和谐、稳定的闽粤边界环境措施办法。

第二章　调解组织与队伍培训

第一节　调解组织

1953年，省法院制定《人民调解委员会暂行办法》，规定城市以居民委员会为单位，农村以乡为单位设置调解委员会，由委员5—11人组成，设主任1人、副主任1—2人。调解委员会既调解民事纠纷和轻微刑事案件，也协助司法机关宣传政策、法令和调查案情等。是年冬，各乡、镇结合法制宣传对调解委员会进行整顿，把调解委员会列为乡、镇必设7个委员会之一，调解主任是乡人民政府委员，由乡人民代表会议选举产生，调解委员则由乡人民政府聘请。

1954年3月，政务院颁布《人民调解委员会暂行组织通则》，规定人民调解委员宗旨、性质和任务。调解委员会建立，城市一般以派出所辖区或街道为单位，在基层人民政府主持下，由居民代表推选；农村以乡为单位，由乡人民代表大会推选。调解委员会由委员3—11人组成，设主任委员1人、副主任委员1—2人，在调解委员会委员中选出。调解委员会每年选举一次，可连选连任。

1955年10月，上杭县召开调解会议，学习中央人民政府政务院颁布的《人民调解委员会暂行组织通则》，总结交流经验。

1956年撤区并乡后，农业生产合作社设调解小组。

1958年实现人民公社化，公社和大队都设有人民调解委员会。其中公社调委会42个，有正副调解主任127人、委员630人。

1960年起，人民调解组织通过发动群众制定社会主义爱国公约，防止和妥善处理民间纠纷。

1966年“文化大革命”开始后，在极左思潮影响下，许多民间纠纷被说成是“阶级对抗”。人民调解委员会因被视为“阶级调和”的产物而被取消，人民调解组织工作基本陷入瘫痪状态。

1973年，人民调解工作重新恢复和逐步发展。

1981年8月，全国第一次人民调解工作会议召开，强调“人民调解委员会是党和政府处理人民内部矛盾的有力助手，必须大力加强”。这次会议，进一步推动人民调解组织发展进程。至年底，上杭全县340个大队（包括6个居委会），建立340个调解组织。其中，一类型有117个，占调解组织总数的34.4%；二类型有162个，占调解组织总数的47.6%；三类型有61个，占调解组织总数的18%。为加强对人民调解组织领导，全县20

个公社成立“人民调解领导小组”，由党委分管领导担任主任，司法助理员担任副主任。

1982年12月，人民调解工作被载入《中华人民共和国宪法》，在国家大法中确定人民调解工作法律地位。是年，全县338个大队建立调解组织，共有调解成员2116人，其中84%的调解主任落实固定补贴。

1988年，全县有基层调委会342个。其中一类调委会134个，二类调委会178个，三类调委会30个。

1991年后，推行“十户调解员”制度，建立健全三级调解网络。临城镇以镇政府名义给“十户调解员”发聘任书。至1993年，全县176个行政村已聘请“十户调解员”，占行政村总数的51%。临城、南阳、步云、旧县、蓝溪、临江等乡镇的各行政村全部建立“十户调解员”。

1992年10月，县成立法院经济纠纷调解中心。

1994年，结合村级换届选举，调整、整顿、充实基层调委会。县委、县政府要求村调委会主任由村主任兼任。调整后，达到组织、制度、工作、报酬四落实的调委会有252个，占调委会总数的73.7%；全县有一类调委会252个，二类调委会88个，三类调委会2个；实现“四无”村289个，占调委会总数的84.5%。

1995年，县司法局加强各基层调解组织工作效能建设，把调解民间纠纷和防止矛盾激化列入社会治安综合治理内容，层层签订责任状，提高民间纠纷调解率和成功率。是年，实现“四无”村293个。12月，县委、县政府召开全县调解治保表彰会，表彰22个先进调委会和22名先进调解主任。

1996年，人民调解工作贯彻“稳定压倒一切”精神，健全三级调解网络，积极创建规范化调委会，发挥人民调解法律保障职能。人民调解工作重点抓好创建规范化调委会。7月，县政府批转《关于创建规范化调委会实施方案》，每年拨出1万元作为调解主任培训经费列入财政预算。县司法局根据实施方案要求，在临城镇城北村和蓝溪镇开展创建规范化调委会试点。通过试点，城北村调委会组织健全、制度完善、工作落实、条件具备，达到规范化要求。9月11日，组织全县司法助理员参加学习城北村试点经验，促进全县各乡镇创建工作全面开展。是年，蓝溪镇统一牌子、印子和“五上墙”，并结合实施统一制作“五簿二册”，全镇规范化调委会达到100%。太拔、才溪两个乡镇各拨出1000余元用于创建规范化调委会工作，统一购置了办公用具，实现“六有”（有班子、有队伍、有办公场所、有设施、有牌子、有印子）、“五簿二册”（设立学习会议记录簿、法制宣传登记簿、调解登记簿、矛盾排查登记簿、回访登记簿，调委会委员花名册、十户调解员花名册）、“五上墙”（工作职责、工作纪律、办事流程、服务承诺、监督台上墙）。至年底，全县有205个村调委会达到规范化要求，占调委会总数的60%。

1997年，全县343个村级调委会，实现一类调委会254个，占调委会总数的74%；二类调委会89个，占调委会总数的26%。229个村级调委会达到规范化要求，占调委会总数的66.8%。

1998年，县着重抓基层调解组织的组织、制度、工作、报酬“四落实”工作，强化司法调解职能。全县343个调委会中，调解组织健全、制度完备、档案管理齐全、达到规范化要求的调委会有229个，占调委会总数的66.8%，涌现太拔乡太拔村朱良寨村民组长吕升和、才溪镇溪西村调解主任王庆林，庐丰乡上坊村调解主任丘跃进等先进典型。

1999年，县司法局重视抓好基层调委会组织建设，加强业务指导和健全组织，重点抓好防激化人民调解工作，全县上下形成以“十户调解员”为前哨、村（居）调委会为基础、司法所为龙头、县“148”办公室为指挥中心的“大调解”网络。

2000年，南阳、通贤、湖洋、古田等乡镇成立边界村联合调委会或协调小组。解决乡镇毗邻地区矛盾纠纷。通过调整充实，全县基层一类调委会达80%以上。

2001年，全县有116个基层调委会成员得到充实和补充，“十户调解员”组织人员扩大到524人。在乡际行政区域接壤地区成立边界联合调委会或协调小组。全县一类调委会达292个，占调委会总数的84.2%，不再设三类调委会。同时，全面推动乡镇司法所庭室调解格局建设，是年6月，率先在临城镇建立调解庭，达到以案释法、宣传教育群众作用。至年底，南阳、才溪、旧县、蓝溪、稔田、古田等乡镇都建立调解庭室。

2002年，全县22个乡镇，342个村（居）委会，建立人民调解委员会348个。其中，村调委会335个，居委会调委会7个，乡镇集贸市场周边地区联合调委会6个，有调委成员2058个。各调委会根据自然村、村民小组居民居住分布情况，建立调解小组3673个，有纠纷信息员和十户调解员4619人。全县各乡镇普遍建立司法调解中心，基层调解组织网络齐全。全县二类调委会得到提升，一类规范化调委会达295个，占84.8%。

2003年，全县在村级换届选举时，配备乡镇调委会委员183人，统一由乡镇调委会聘任。调委会办公场所按统一规格，由各乡镇制作牌匾和印章190套，统一定制“五簿二册”300套，分发各调委会，业务建设达标率100%。是年，全县335个村7个居委会通过换届选举，调整、充实村（居）主任或村“两委”成员1671人，调委会主任全部由村（居）主任或村“两委”成员担任。3月，县司法局下发《关于建立乡（镇）人民调解委员会有关事项的通知》；6月，县委政法委下发《关于进一步加强村（居）人民调解组织建设的意见》，明确调委会规范化建设标准。县人民政府拨出1万元专款用于调委会规范化建设。至年底，全县22个乡镇全部建立人民调解委员会，223个村调委会达到规范化建设基本标准。县500人以上企业——紫金矿业股份有限公司和南岗工业开发有限公司均成立人民调解委员会，紫金矿业股份有限公司设立调解室。

2004年，建立人民调解委员会首席调解员制度，县、乡两级共选聘乡（镇）、村调委会首席调解员539人。

2004—2007年，全县所有行政村（社区）调委会基本达到规范化要求，66个村级调委会成为高标准村。临江镇镇西调委会被评为“全省优秀调委会”。2006年，全县22个乡镇均设立调解室，全部村（社区）调委会做到制度上墙，“五簿二册”登记规范，通过年终检查验收。是年，全县新增3个高标准村级调委会，使高标准村占行政村总数的39%。2007年，县筹措资金20万元，重点抓好南阳、官庄、中都、稔田、蛟洋、白砂6个司法所、乡镇调委会规范化建设。342个村（社区）调委会均建立健全各项制度，工作运行规范有序。是年，全县建立各类调解委员会367个，其中乡镇22个、村（社区）342个、企事业单位2个，县国土资源局设立调解委员会1个。

2007年，调整充实县、乡指导人民调解工作协调领导小组成员、联络员；首席调解员制度得到充分落实，调整聘任傅国庆等59人为2007—2009年乡镇首席调解员；调整充实乡（镇）、村（社区）新一届调解主任、首席调解员。全县建立乡（镇）、村、行业调委会367个，共有调解员6198人。

2008年，全县有各类人民调解委员会368个。22个司法所、22个乡镇调解委员会、342个村（社区）调解委员会全部达到规范化要求。人民调解示范活动成效显著，才溪司法所被司法厅命名为人民调解示范司法所，临江天山社区等5个调解委员会被省司法厅命名为人民调解示范村（社区）调解委员会。3个村级调解委员会被评为龙岩市先进人民调解委员会，8名司法助理员、人民调解员受到市级以上表彰，30名调解员被省司法厅命名为示范人民调解员。

2009年，全县开展“十百千万”人民调解示范活动，22个乡（镇）和380个村（社区）建成规范化调委会。4月，县司法局与县消委会成立县消协委人民调解委员会。11月，县司法局成立县联合调解委员会，并成立驻县人民法院调解工作室。12月，成立驻县公安局交管大队调解工作室和驻县卫生局调解工作室。

2010年3月，县设立矛盾纠纷调处服务中心，核定事业编制8名。是年，聘任2010—2012年度首席调解员465人，其中乡（镇）67人、村398人。

2013年，县行业性、专业性调委会强化组织领导和工作保障，纳入大调解工作格局。每个行业性调委会均由县分管领导挂钩，部门一把手任主任，副职任副主任，相关科室股室负责人为成员。全县有交通、医疗、城建、国土、劳动、工商、农业、林业、环保、水利、库区移民、安全生产等行业调委会12个，有法院（民事）、检察（刑事和解）、交通事故、医患、消协等专业调委会5个，有县工业园区、蛟洋工业园区等区域调委会2个。行业、专业调委会通过县人民调解中心工作平台，集约整合资源、无缝衔接工作，实现工作联动、纠纷联调、和谐联创。是年，对全县374个调委会共6277名调解员及纠纷信息员，进行统一编号，要求其持证上岗。其中有调委会主任383名、调解委员1906名、调解员3997名，具有高中以上学历的5336人，占85.01%，妇女690人，占10.99%。是年，全县共聘请396名具有丰富基层工作经验和专业知识的首席调解员；乡镇调委会聘请38名离退休法官、检察官、律师、基层法律工作者、教师、退伍军人担任专职调解员，使全县形成专、兼、聘多元化调解员队伍，实现一类乡镇专职调解员不少于3人，二类乡镇不少于1—2人，三类乡镇不少于1人的指标。

2014年年末，全县共有人民调解组织391个。其中，乡（镇）调解委员会22个，村调解委员会332个，居调解委员会12个，企事业单位调解委员会2个，社会团体和其他组织调解委员会23个。

2015年，全县人民调解组织增至393个，其中，乡（镇）调解委员会22个、村调解委员会332个、社区12个、区域3个、行业7个、企业1个、行政执法单位建立的专业调委会16个。是年，县人民调解中心被市依法治县领导小组评为2009—2014年全市依法治市工作先进单位。

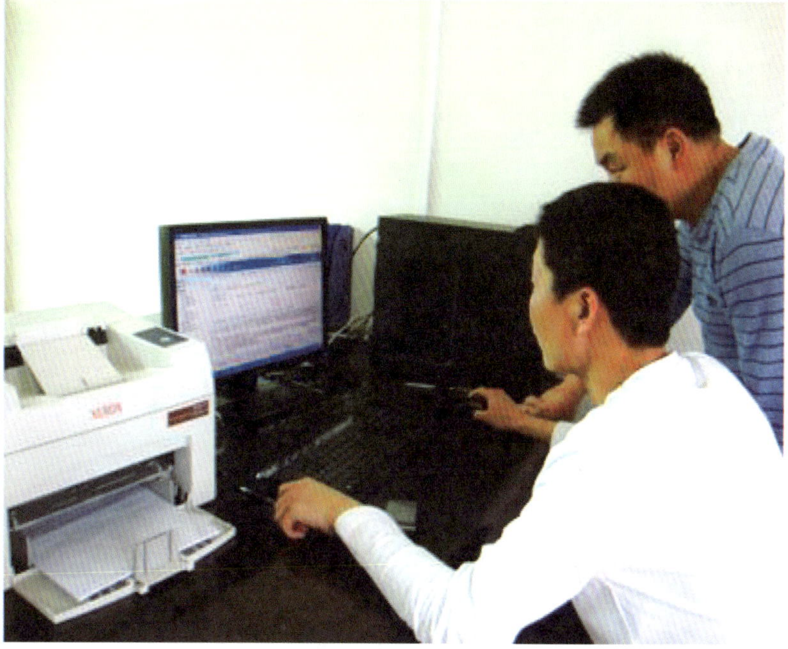

县司法局工作人员进行人民调解信息网上录入
（上杭县司法局供图）

2016—2018年，全县有各级各类人民调解组织共387个。2016年，续聘14位法官为人民调解指导员，以加强指导基层人民调解工作。2017年，司法局实施“363”工程（用3年时间培育60名金牌调解员和30个品牌调解室），并聚力推进。是年，14个品牌调解室、23名金牌调解员得到本县命名表彰，其中9个品牌调解室、9名金牌调解员获市司法局命名表彰。2018年，县人民调解中心刘胜超个人调解室、官庄畲族乡蓝启芳个人调解室获市级金牌调解室命名。县司法局联合县综治办命名县级金牌调解室5个、个人调解室4个。命名人民调解“双争双做”县级金牌调解员18名、品牌调解室15个。县司法局单独评定星级人民调解委员会18个，星级人民调解员31名。

2019年，县司法局命名第四批金牌调解员18名和品牌调解室5个，使全县累计命名品牌调解室达34个，金牌调解员达60名，完成人民调解“双争双做”“363工程”。组织4名调解员、1名调解专家参与“市级十佳金牌调解员”“市级十大调解专家”评选活动。

第二节　队伍培训

1952年，县人民法院对区乡调解队伍进行整顿、改选。12月，在才溪区举办有26个乡73名调解主任参加的训练班，以点带面，建立健全调委会组织队伍。

1987 年，全县有 17 个乡镇采取“以会代训”办法，培训基层调解员 248 人，提高村一级调解干部业务素质，在调解工作中发挥重要作用。

1995 年，各乡镇采取各种形式举办 2—3 期调解主任培训班，加强调委会队伍建设。蓝溪镇规定农历逢三、八圩日为调解主任联系日，每月的农历二十八日召开调解主任例会，每季度第一个月农历初三为调解主任汇报日。其经验做法被省、地介绍推广。

1997 年，各乡镇在村级换届后，对新任调解委员普遍进行 2—4 期业务培训，整顿、充实人民调解组织。全面开展“学习侯殿禄、百县千乡创‘四无’”活动，继续推广“十户调解员”“义务调解员”“纠纷信息员”做法和经验，吸收广大人民群众参加调解工作，努力造就一支适应新形势要求的人民调解员队伍。

县司法局专职调解员参加集中学习例会

（上杭县司法局供图）

2000 年，培训调解主任和调解骨干 62 场次。

2003 年，全县 22 个乡镇调委会副主任参加市司法局举办的人民调解骨干培训班。村调委会成员调整后，各乡镇先后举办调解主任培训班。9 月，县局结合新任村主任培训，集中培训全县村调委会主任。

2006 年，与法院建立完善人民调解联系制度，聘请 11 位法官为人民调解指导员。对调解骨干进行集中培训 4 次，培训人员 684 人次，各乡镇也分别举办 2 期以上的村（居）调解人员培训班，以提高人民调解队伍的业务素质。

2009 年，各级调解组织共举办调解人员培训班 169 期，培训人员 7020 人次。其中，局机关干部、律师、法官指导、协助基层办培训班、上法制课 90 场次。

2010 年，各级调解组织共举办调解人员培训班 313 期，培训人员 7160 余人次。其中，局机关干部、律师、法官指导、协助基层办培训班、上法制课 90 场次。

2011 年，各乡（镇）采取以会代训等形式对调解主任、调解成员进行培训 348 场次，培训人员 8925 人次，聘任 2010—2012 年度首席调解员 465 人（乡镇 67 人、村 398 人），并实行首席调解员纠纷调处首问负责制。

2012 年，县司法局下发《关于加强人民调解员培训工作的通知》，与人民法院共同组织基层调解员培训，在培训时间、培训内容、培训方式上均统一安排，并明确司法所所长为责任人，要求司法行政干部、人民调解指导员（法官）、律师共同挂钩乡镇司法所参与业务培训。在培训内容上，对不同类型培训人员也各有侧重。

2013 年，重新聘请 14 位法官为县人民调解指导员，协助基层办培训班 44 期 1320 人次。

2015 年，县司法局机关干部、律师指导并协助基层举办培训班 44 期 3312 人次，并指导、协助基层调处纠纷 512 件，组织调解员旁听庭审 42 场，指导调委会制作调解文书 406 份。

2018 年，22 个乡镇普遍开展新任调解员业务培训。县司法局组织金牌调解员、村居法律顾问、司法行政干部、人民调解指导员开展巡回培训和集中授课。联合妇联共同举办婚姻家庭纠纷调解工作专题培训班 3 期。组织新任司法所所长、新录用公务员参加人民调解技能培训。

2019 年 5 月，组织 500 名人民调解员参加业务培训，还组织换届后的 2500 名村“两委”干部进行调解业务培训。

第三章　业务开展

第一节　2011 年前的业务开展情况

中华人民共和国成立初期，上杭县人民调解工作贯彻福建省“依靠群众、调查研究、调解为主、就地解决”16 字方针，努力探索人民调解工作方法路子，人民调解工作逐步走上正轨，为创造安定社会环境作出重要贡献。但在 1966 年“文化大革命”开始后，由于受“左”倾错误影响，全县人民调解组织陷入瘫痪状态，调解工作无法正常开展。1973 年重建人民调解组织后，调解工作重新开展。

1978 年 12 月中共十一届三中全会后，提出社会治安综合治理方针，全县民间调解业务迅速恢复。在改革开放新形势下，民间纠纷发生变化，调解工作范围，除调解家族、邻里纠纷和生产经营性纠纷外，还调解打架斗殴，房屋、财产继承，山林纠纷以及简单经济纠纷和合同纠纷等。同时，把工作重点放在预防民间纠纷激化上，不仅努力调解已经发生的各类民间纠纷，而且采取各种预防措施，把工作做在前头，做好纠纷调查摸底，加强对“常闹户”“重点人”进行思想疏导，预防和减少纠纷发生，发挥政法工作“第一道防线”作用。

1980 年 12 月司法局组建后，坚持“调防结合，以防为主”的人民调解工作方针，整顿与健全调解组织，促使全县人民调解工作逐步发展。

1980—1987 年，全县村（居）级 341 个调委会、1454 名调解委员，调处各类民间纠纷1.97万件。其中婚姻纠纷2232件，家庭纠纷2366件，房屋、宅基地纠纷5924件，生产经营管理纠纷1660件，邻里纠纷1519件，赔偿纠纷1232件，继承纠纷535件，赡养、抚养、扶养纠纷510件，坟地及其他纠纷3722件。预防和制止即将激化的民间纠纷169件，避免可能造成非正常死亡事件发生245件。同时，还配合有关部门帮教失足青少年766人，建立文明户1884户。1985年乡镇成立司法办后，至1987年12月，调处各村（居）民委员会移送民间疑难纠纷4467件。

1984年，县贯彻全国司法行政工作会议提出的“调防结合，以防为主”人民调解工作方针，改变过去以调为主的“十六字”方针，把预防民间纠纷激化作为人民调解的工作重点。

1988年，各基层调委会认真抓好防激化工作。基层调委会受理各种民间纠纷7298件，调解7254件，调解率99.3%，比1987年提高9.2%；调解成功率92.3%，比1987年提高4.6%；防止可能引起非正常死亡事件发生73件、137人。

1990年，县司法局组织全县基层司法调解人员开展“清理民间纠纷积案，防止矛盾激化”专项治理工作，配合有关部门到湖洋、通贤、南阳、旧县、稔田等地妥善处理较大型的群众性纠纷，共清理民间纠纷积案394件，有效预防、制止矛盾激化10件，挽救可能非正常死亡17人。

县人民调解中心组织工作人员讨论疑难纠纷调解方案
（上杭县司法局供图）

1994年，各基层调解组织积极参与社会治安综合治理，加强民间纠纷专项治理工作。全县共受理各类民间纠纷4319件，给予调解4271件，调解率98.9%；调解成功4076件，调解成功率95.4%；防止民间纠纷转化为刑事案件22件29人，预防和制止可能发生的非正常死亡事件38件64人。

1996年，全县基层调委会共调处各类民间纠纷3877件，调解成功3694件，调解率98%，调解成功率95.3%。防止民间纠纷转化为刑事案件34件64人，防止民间纠纷引起非正常死亡事件23件38人。

1997年，各级调解人员在预防纠纷激化方面发挥出色作用。3月，中都镇陈和村的张坊和流光2个村民小组因扩路占用粮田问题发生矛盾冲突，双方各纠集100多名群众持械准备斗殴。2个村调委会及时报告镇政府，并采取措施控制双方群众情绪，耐心做双方劝导和法制宣传工作，最后达成调解协议，使一场可能激化的纠纷得以解决。

2000年春分、清明期间，由于农村群众联宗祭祖扫墓活动频繁，加之农忙时节，争水争地现象时有发生，县司法局组织干警深入各乡（镇），配合基层司法所和调委会有计划、有步骤、分阶段地开展民间纠纷排查和调处，把各种社会矛盾和民间纠纷解决在基层，消除在萌芽状态，充分发挥村（居）调委会第一道防线作用。4月，白砂镇岭背村因祭祖活动引起宗族之间矛盾愈演愈烈，可能发生大规模持械斗殴。县司法调解部门联合有关单位进行耐心疏导劝说，最终使矛盾和平调解。同时，坚持每月调解主任例会活动，加强信息沟通，健全社情民情报告制度，各司法所每月填报辖区内社情民情报告。

2001—2003年，全县基层调解组织调解各类民间纠纷6936件，调解成功6625件，调解成功率95.5%。防止民事纠纷转化为刑事案件30件63人，防止发生民间纠纷引起自杀事件3件3人，防止发生群众性械斗28件，防止群体性上访22件603人。

2006年，共排查调处各类矛盾纠纷2576件。其中人民调解1603件，调解成功1551件，成功率96.76%。行政调解97件，调解成功90件，成功率92.78%。司法审结876件。其中调解结案率42件、调解撤诉301件，审结率50.57%。防止民事纠纷转为刑事案件9件12人，防止发生群体事件械斗16件743人，防止发生群体上访7件296人，防止发生非正常死亡2件2人。

2007—2009年，县各级调解组织共排查调处各类纠纷10252件。其中人民调解9747件，成功9483件，成功率97.29%；行政调处505件，调处成功463件，成功率91.68%。司法审结3002件，其中司法调解结案793件，调解撤诉955件，占审结案件的58.23%。防止发生群众性械斗25起1598人，防止群体上访15件1333人，防止发生民间纠纷转化为刑事案件5件11人，防止发生非正常上访事件4件91人，防止发生非正常死亡事件1件1人，避免和挽回经济损失2134.12万元。

2010年，县司法局开展“两节”、“两会”、“五一”、上海“世博会”、国庆、广州亚运会和残运会期间社会治安重点整治、校园及周边治安整治活动，对重点区域矛盾纠纷进行大排查、大调处，制定下发《关于做好广州亚运会和亚残运会环粤“防护圈”工作的实施意见》《关于组织开展城区学校及周边治安集中整治活动的通知》《上杭县2010年学

县调解中心工作人员开展调解文书制作竞赛活动
（上杭县司法局供图）

校及周边治安综合治理工作意见》，转发《关于印发〈福建省中小学幼儿园安全管理和治安防范专项整治百日行动实施方案〉的通知》。按照司法部统一部署，县成立领导小组，制定《上杭县司法局关于开展人民调解化解矛盾纠纷专项攻坚活动实施方案》，扎实开展为期9个月的化解矛盾纠纷专项攻坚活动，1—11月共攻坚化解28起疑难复杂纠纷。

是年，县联合调解委员会驻交警、法院工作室共受理交通事故赔偿纠纷256件，调解成功209件。法院人民调解受理156件，调解成功66件。医患纠纷4起，经调解双方均达成协议。全年全县各级调解组织共排查调处各类矛盾纠纷3907件。其中人民调解3318件，调解成功3224件，成功率97.17%；行政调处589件，调处成功541件，成功率91.85%。通过调解，防止发生群众性械斗事件15件551人，防止发生群体上访事件21件530人，防止民间纠纷转化为刑事案件6件7人，避免和挽回经济损失505.3万元。

2011年，全县各级调解组织刊出宣传栏493期，法制宣讲297场次，解答法律咨询6.45万人次，向各级党政机关报告社情民意等信息424条，采纳294条。全县各级调解组织共排查调处各类矛盾纠纷4087件。其中人民调解3411件，成功3335件，成功率99.78%；行政调处676件，行政调处成功629件，成功率93.05%。司法调解结案668件，调解撤诉473件，占审结1818件的62.76%。防止发生群众性械斗事件22件593余人，防止发生群体上访事件21件736人，防止发生民间纠纷转化为刑事案件9件18人，防止发生非正常死亡事件3件4人，避免和挽回经济损失1381万元。

第二节 2012—2019年业务开展情况

2012年，县司法局贯彻落实司法部关于开展矛盾纠纷“大排查、大调解”专项活动和省厅、市局关于开展“千人万件大调解、千乡万村创‘四无’”专项活动部署，组织广大人民调解员，深入开展矛盾纠纷排查化解工作。1月，县蛟洋工业集中区紫金铜业有限公司发生灰罐堵塞，在抢修过程中又发生安全生产伤亡事故，遇难者家属情绪激动，群体性事件一触即发。事故发生后，县领导挂钩协调，县乡村三级调解员及时分组入户，做好遇难者家属疏导和安抚工作，组织家属与公司协商补偿事宜。经过10天调解，遇难者家属与相关公司逐一达成调解协议。全年全县各级调解组织共排查调处各类矛盾纠纷2389件。其中人民调解1846件，成功1768件，成功率95.77%；行政调处543件，成功507件，成功率93.37%；司法调解结案998件，调解撤诉430件，占审结2240件的63.75%。防止发生群众性械斗事件18件932人，防止发生群体上访事件26件870人，防止民间纠纷转化为刑事案件9件12人，避免和挽回经济损失2593元。

2013年，全县各级调解组织排查矛盾纠纷2121件，调处2121件，调处成功2079件。其中人民调解1702件，成功1683件，成功率98.88%；行政调解419件，成功396件，成功率94.51%；防止发生群体性上访事件10件206人，防止发生群体性械斗事件5

件 116 人，防止民间纠纷转化为刑事案件 4 件 21 人，避免和挽回经济损失 1125.60 万元。

2014 年，全县基层人民调解组织排查矛盾纠纷 1606 件，调解成功 1595 件，成功率 99.32%；防止发生群体性上访事件 20 件 310 人；防止发生群体性械斗事件 15 件 163 人；防止民间纠纷转化为刑事案件 8 件 15 人；避免和挽回经济损失 986.24 万元；按照《上杭县人民调解以奖代补实施意见》，兑现以奖代补金额 15.16 万元。是年，县司法局被评为全国人民调解宣传工作先进单位；在全市司法行政系统目标管理和全县综治考评中均获一等奖；县人民调解中心被评为市级先进人民调解委员会，被县直机关党工委授予“红土先锋岗”荣誉称号；临城、南阳 2 个镇调解委员会被评为市级先进人民调解委员会；临城、湖洋 2 个司法所被评为市“青年文明号”，共有 29 人次获得先进人民调解员称号、优秀论文奖等各类县级以上荣誉。

2015 年，全县举办《中华人民共和国人民调解法》及相关法律法规宣讲 841 场，发放宣传资料 6.7 万余件，受教育面达 50 万人次以上；各级调解组织排查调处矛盾纠纷 1354 件，调解成功 1352 件，调解成功率达 99.85%；履行 1351 件，履行率 99.93%；司法确认 144 件，确认率 10.65%；防止发生群体性上访事件 9 件 901 人；防止发生群体性械斗事件 3 件 426 人；防止民间纠纷转化为刑事案件 5 件 31 人；避免和挽回经济损失 3084.14 万元。

2016 年，县司法局加大调解宣传力度，配合福建电视台综合频道《调解有一套》栏目组开展采编工作，全年播出 11 期，使上杭县人民调解工作影响面得到扩大。是年，全县各级调解组织排查、调处矛盾纠纷 1376 件，调解成功并履行 1372 件；防止发生群体性上访事件 11 件 952 人，防止发生群体性械斗事件 9 件 536 人，防止民间纠纷转化为刑事案件 8 件 41 人；避免和挽回经济损失 3571.16 万元。

2017 年，创新“互联网+政府服务”模式，投资近 100 万元，建设集协调指挥、参与调解、提供咨询、远程回访、业务培训、指导管理等功能于一体的人民调解远程服务平台，打通服务群众“最后一公里”，让基层群众解决纠纷得到便捷高效服务。发挥人民调解第一道防线作用，从 3 月起，司法局组织人民调解组织和人民调解员，深入基层一线矛盾纠纷多发、易发区域、部位和场所，采取定时、定人、定点、定责办法，开展全方位、拉网式大排查，做到乡（镇）不漏村、村（居）不漏组，组不漏户，户不漏人，使排查“零死角”；加强对出租车运营、非法集资、劳资关系、征地拆迁、房产物业、环境保护、社会保障等矛盾纠纷热点难点行业领域进行排查，使矛盾纠纷“早发现、早预防、早稳控”，以确保疑难复杂及突发的矛盾纠纷得到及时有效的稳控和化解。全年全县各级调解组织排查和调处各类矛盾纠纷 1370 件，涉及当事人 3890 人，金额 2849 万元，成功率及履行率均达 100%。各司法所向《调解有一套》《调解现场》报送 26 条采编线索，共拍摄 10 期。下都司法所报送的调解案例被中华全国人民调解协会评选为金牌调解案例。

2018 年，动员组织全县广大人民调解组织和人民调解员围绕全县“三大攻坚战”

"三大战役"，针对涉及紫金山矿区移民、永杭高速、汀江绿道征地拆迁等重点区域和交通事故、婚姻家庭、民间借贷等重点领域突出矛盾纠纷以及多年积累、长期未得到有效解决的疑难复杂矛盾纠纷，开展排查调处。同时，在各级"两会""两节"及首届数字中国建设（福州）峰会、"6·18"海交会等重大活动期间，建立重大纠纷调解攻坚组、疑难纠纷专家指导组、突发矛盾调处应急组专业组，组成精干力量，集中化解疑难复杂纠纷。是年，县人民调解中心共调解各类矛盾纠纷330件，调解成功328件，其中，重大矛盾纠纷调解成功23件，诉调对接中心调解成功94件。

2019年，县司法局从县委、县政府坚持高质量发展落实赶超战略出发，为大力发挥人民调解在预防和化解矛盾纠纷中"第一道防线"作用，推进纠纷多元化解机制建设，最大限度将矛盾纠纷化解在当地、解决在基层，制定和发出《关于坚持发展"枫桥经验"实现矛盾不上交三年行动实施方案》和《关于开展"大排查、早调解、促和谐、迎国庆"人民调解专项活动方案》等文件，通过创新人民调解形式和搭建远程调解平台，满足人民群众对于便捷、高效化解矛盾纠纷要求，使各级各类调解组织调解矛盾纠纷效率得到提高。县人民调解中心共调解成功395件，其中诉调对接138件、交调对接257件；全县各级人民调解组织共调处各类矛盾纠纷1812起，矛盾纠纷调解率达100%，纠纷稳控率100%、调解成功1810件，成功率99.89%。全县所辖22个乡（镇）、344个村居（社区）100%实现"四无"（无民间纠纷转化为刑事案件、无非正常死亡、无群众性械斗、无群体性上访）。同时，加强边界跨区域调解工作，与广东省梅县区、蕉岭县司法局落实共建共治共享机制，推进省际人民调解工作，两边界司法所共调解各类边界纠纷20余起。11月8日，上杭县司法局领导参加在梅县区召开的粤闽平安边际联席会议，共商打造平安、和谐、稳定的闽粤边界环境措施办法。

2019年上半年，县司法局被表彰为全省人民调解工作先进单位。

2004—2019年上杭县人民调解工作情况表

表3-1　　单位：件

项目 年份	婚姻家庭	邻里	合同	赔偿	劳动	村务管理	土地承包	征地拆迁	施工扰民	房屋宅基地	其他	合计
2004	488	310	43	258	0	0	20	75	0	187	387	1768
2005	751	364	18	147	8	0	7	49	0	143	466	1953
2006	688	332	23	145	2	0	9	19	0	85	284	1587
2007	989	878	80	58	100	1	75	341	23	402	464	3411

续表3-1

年份＼项目	婚姻家庭	邻里	合同	赔偿	劳动	村务管理	土地承包	征地拆迁	施工扰民	房屋宅基地	其他	合计
2008	593	383	49	84	39	0	20	349	22	394	1046	2979
2009	632	848	87	120	31	1	76	224	22	669	388	3098
2010	1033	942	302	298	54	0	106	202	20	148	97	3202
2011	577	836	275	365	57	4	163	259	28	332	439	3335
2012	195	412	70	221	21	3	180	12	12	189	453	1768
2013	160	530	33	102	10	3	58	20	9	146	612	1683
2014	130	460	45	131	86	0	109	15	5	137	488	1606
2015	106	392	67	200	26	—	—	30	—	86	431	1338
2016	88	382	66	195	23	—	—	35	—	113	464	1366
2017	93	327	70	169	29	—	—	39	—	87	551	1365
2018	66	266	109	172	52	—	—	13	—	57	495	1230
2019	88	428	203	235	36	—	—	49	—	82	691	1812

第四章　上杭县人民调解中心

第一节　机构设置

上杭县人民调解中心原为县联合人民调解委员会，初建于2008年10月，下设驻法院调解室、驻交警调解室、医患纠纷调解室。2010年3月设为县人民调解中心，立户为“上杭县矛盾纠纷调处服务中心”。县人民调解中心（以下简称“中心”）为事业机构，列编8名全额事业编制，办公经费每年每人1.4万元。人员主要从乡镇有基层工作经验和法律学历干部中遴选，担任专职调解员，并聘请人大代表、政协委员、公职律师、政法系统退休干部和社区干部担任首席调解员，聘请法官、律师为人民调解指导员，形成专、兼、聘和社会志愿者为一体的多元化调解员队伍。中心工作场地700平方米，设接待受理区、工作区和调解区三个区域，分设行政联合调解室、医患纠纷调解室、综合调解室及相应的对接工作室、调解员工作室、巡回法庭、法律援助工作站、接待厅、档案室、警务值班室等，共15个功能室。

第二节　业务开展

2012年11月22日，司法部副部长郝赤勇（右三）到上杭县人民调解中心调研　（上杭县司法局供图）

中心按照“统一受理、分类处理、集中办理、规范管理”的总体工作要求，接受当事人直接申请、上级指派、行政机关、司法机关和基层调解组织移送、委托、联合调解的案件。“统一受理”，即中心值班人员统一受理案件，在接访当事人时实行首问责任制，对初审受理案件一次性告知当事人应当提供的申请材料并析明法律关系，对初审不受理的应当说明理由，告知来访人其他解决途径；“分类处理”，即中心负责人复审受理后，指派调解员并告知当事人，或由当事人协商指定调解员，法律法规规定行政、司法机关处理的案件移交有关机关，涉及多部门、跨区域的案件报共同上级牵头组织调解，纠纷争议不大、简易案件移交案件发生地调解；“集中办理”，即中心集中资源优势，组建专、兼、聘及志愿者多元化调解队伍，建立法律、医学及其他鉴定评估专家库，汇集各方人缘、地缘调解资源，统一调度人员，集中力量办理疑难复杂纠纷；“规范管理”，即中心严格规范调解工作程序和调解工作制度，制定并规范了一套当事人来访咨询登记、工作人员受理审查、中心负责人交办、调解员组织调解、调解回访履行、网报录入建档、负责人审核归档等工作流程，实现调解流程规范化，中心建立健全调解员行为规范、重点疑难案件集体讨论等15项制度，以制度管人、管事，以管理促工作规范。

中心在工作实践中坚持以人为本、服务民生的理念，从法、理、情入手，坚持“以法喻人、以理服人、以情动人”，实现调解结果合法、合理、合情，使调解结果获得当事人和社会认同。“坚持以法喻人”，即调解人员在调解活动中严格遵循实体法和程序法的具体规定，严格依法调解，做到程序规范、内容合法，并做到“三结合三服务”（调解前结合普法教育，服务纠纷当事人，开展“化解矛盾、普法先行”，让当事人成为法律的明白人；调解中结合法律援助，服务弱势群体，使合法权益得到最大保护；调解后，结合司法确认，服务履行困难的当事人，使双方意愿得到最大落实，让当事人信任和自觉地履行中心的调解）。“坚持以理服人”，即针对现实生活中，许多纠纷是因为当事人不知法、不懂法而引起的情况，调解人员认真听取当事人双方陈述和意见，因势利导帮助认识其错误所在。通过“摆事实、讲道理”的方法，注重“德行教化”的作用，遵循公序良俗原则，说服教育当事人，使其心服口服地接受调解。“坚持以情动人”，即在日常工作中倡导“五心”服务，始终坚持对待来访当事人热心接待、倾心听取、耐心解答、真心帮助、爱心奉献。用真诚和热情感染当事人，淡化矛盾，缓解对立，让当事人心平气和坐下来，接受调解，最终相互谅解而解决纠纷。中心积极主动介入社会热点、难点问题及重点工程中的群体性事件，通过非诉讼、非对抗性方式妥善化解矛盾纠纷，维护社会和谐稳定。

中心以“资源集约整合、工作无缝衔接，权利尊重保障、社会和谐共建”为工作目标，创新人民调解工作新模式，建立健全点名调解、联合调解、司法确认、履约保证、社会参与五项工作机制。“点名调解机制”，即当事人可根据调解中心提供的调解员名单自主选择调解员来调解他们的纠纷，增强信任度和公正性。“联合调解机制”，即由法院、检察、公安、司法与相关部门联合办理，实现人民调解与司法调解、行政调解的无缝对接。“司法确认机制”，即对调解成功案件，引导当事人向人民法院申请司法确认，通过对协议裁定，赋予法律强制执行力。“履约保证金机制”，即当事人预交赔偿款，存入中心账户，由中心负责管理，调解协议达成后，按协议支付相应赔偿款，保证受害方权益及确保协议正常履行。“社会广泛参与机制”，即中心有 8 名专职调解员，还有一批兼职调解员和调解志愿者，形成专、兼、聘和志愿者为一体的多元化调解队伍。

中心自成立至 2012 年 12 月，共受理各类纠纷 1788 件，调解成功 1722 件，调解成功率 96. 31%。重大纠纷调解成功 31 件，医患纠纷调解成功 45 件，诉讼调解对接 415 件，行政调解对接 1287 件，检察调解对接 28 件，当事人申请、行业和区域调解组织移送 58 件，司法确认 998 件，确认率 58%。

2011—2012 年，省委综治委、省检察院、市政协、市委政法委、市中级人民法院等相关领导亲临人民调解中心调研、指导。

2012 年 3 月，中心受理县重点工程——蛟城高速工程一起由山东公路建设（集团）有限公司蛟城高速 A4 合同标段项目经理部与福建省平潭籍林某于 2011 年 1 月 26 日签订的蛟城高速 A4 标段合同白玉隧道《工程分包合同》引发的纠纷。纠纷发生在工程施工后的 2011 年 10 月，施工方林某认为不能按合同结算，要按实际施工量结算。在得不到满足后，双方发生矛盾。至 2012 年 3 月，双方矛盾越来越大，并引发几次规模较大冲突。为确保县重点工程正常施工、如期实现通车，中心在有关部门参与下主持这一重大纠纷调解。调解员依据有关法律法规对双方合同进行认真审核和了解，认为双方签订合同真实、合法、有效，决定依据合同中有关条款进行调解。经过三轮调解，双方终于达成协议并签订调解协议书。此次调解保证了工程正常施工，又避免了恶性后果发生。

2012 年 3 月 28 日，全省司法行政基层工作现场会在上杭县召开。司法部基层工作司副司长韩秀桃对上杭县人民调解中心创新三大对接机制，有效化解矛盾维护社会稳定等方面给予充分肯定。县人民调解中心在 4 月 23 日至 24 日司法部基层工作司召开的座谈会上就基层基础工作情况作典型发言。6 月 18 日，司法部考察调研组在省司法厅有关领导的陪同下到中心调研，对创新社会管理机制、主动靠前有效化解社会矛盾的做法和成效给予高度评价。

2013 年，中心建设被列入县“一县一品”工程。4 月 24 日，省综治办一室主任林光格带领省第三批“平安先行县”验收考评组莅临中心，实地考评人民调解工作开展情况。12 月 8 日，省对市综治督导考评组在市、县有关领导和县司法局主要领导陪同下到县中心调研指导工作。全年中心共受理各类纠纷 262 件，调解成功 256 件，调解成功率 97.71%。其中，诉讼调解对接 36 件，行政调解对接 209 件，检察调解对接 2 件，当事人申请、行业和区域调解组织移送 9 件。司法确认 245 件，确认率 95.70%。

2012 年 5 月，山东公路建设集团公司与福建平潭施工队在上杭县人民调解中心达成 800 万元补偿协议 （上杭县司法局供图）

2014 年 3 月 4 日，省委有关领导在市、县有关领导陪同下，到中心调研党的群众路线教育实践活动开展情况。18 日，市委有关领导在县委有关领导陪同下到中心调研检查工作。4 月 4 日，市人大常委会有关领导在县有关领导陪同下，到中心调研指导工作。7 月 14 日，以省委政法委常务副书记、省综治办常务副主任李晋闽为组长的省综治调研督导组一行，在市委常委、政法委书记林兴禄的陪同下，到中心调研督导综治平安工作。12 月 17 日，省检察院、省综治办有关领导到中心检查“联访联调”工作。是年，中心共受理各类纠纷 201 件，调解成功 193 件，调解成功率 96.02%。其中，诉讼调解对接 24 件，行政调解对接 160 件，检察调解对接 3 件，当事人申请、行业和区域调解组织移送 16 件。司法确认 186 件，确认率 96.37%。

2015 年，中心与行业、专业、区域及基层调解组织共同构建立体调解网络，实现调解组织全覆盖。是年，全县发生较多影响较大的社会纠纷。中心与各方协作，制订应急处置预案，及时化解问题，确保当事各方依法解决诉求。县司法局被中华全国人民调解员协会评为2015年人民调解宣传工作先进集体。

调解员热情接待来访当事人　（上杭县司法局供图）

2019年，中心加强调解多元化矛盾纠纷一体化平台建设，进一步规范22个派驻公安派出所、3个法院（法庭）、1个检察院、1个信访调解室，落实相应工作保障。全年，中心共调解成功395件，其中诉调对接138件、交调对接257件。

第四篇 律师 公证

第一章 律 师

第一节 体 制

上杭中国古代无律师制度，代人撰写诉状的只有讼师。其时因民众多不懂法律，文化水平又低（文盲甚多），不能执笔为文，须请内行人代写诉状，故而讼师赖以生存。清末，朝廷仿效西方，于光绪三十二年（1906 年）起草制定《大清刑事民事诉讼法（草案）》，规定律师制度，但未及颁行，清王朝即告覆灭。

辛亥革命，福建光复。在都督府之下设司法司，分设福建高等审判厅和高等检察厅，县一级逐渐设立审、检机构，从而律师也随着司法机构建立而产生，并开始业务活动。但在民国初期，由于军阀政府实行军事审判，律师制度有名无实，律师事业发展缓慢。

上杭县内律师业务始于民国 8 年（1919 年）。当年蛟洋村人傅柏翠在日本东京早稻田大学法政专科毕业后，凭北洋政府所发律师证，邀集 3 位学法律的好友在县城东门傅家祠对面创办一所律师事务机构——法学社。因敢于维护被告人合法权益，在群众中颇有声誉。1924 年，因傅柏翠改任他职，法学社自行解散。接着，华文辉、郭岳等人在下中街 3 号成立律师事务所。至 1934 年，该律师事务所除办理代书和接受被告委托出庭辩护外，还先后担任《上杭新报》等单位法律顾问。

傅柏翠（1896—1993）

（江树高供图）

中华人民共和国成立后，福建省人民政府废除民国时期律师制度，取缔黑律师活动。1956 年 7 月 20 日，福建省人民委员会批转省司法厅《关于开展人民律师工作的报告》。随后，陆续在龙岩等 14 个市（区）、县成立法律顾问处。同年 10 月 9 日，福建省律师协会筹备会正式成立。中华人民共和国成立初期，上杭县无专职律师，人民法院建立辩护制度后，对需要辩护的被告，则指定其亲属或单位工作人员代理。1957—1979 年，上杭县辩护制度受各种因素影响，一度被废除。1979 年 7 月 1 日，全国第五届人民代表大会第二次会议通过《中华人民共和国刑法》和《中华人民共和国刑事诉讼法》等 7 部法律。其中《中华人民共和国刑事诉讼法》中明确规定“被告人可以委托律师辩护”，在立法上恢复律师制度。同年 12 月 19 日，司法部发出通知，要求各地抓紧时间把法律顾问处建立起来。

1980 年 9 月，县成立法律顾问处，由县司法科管理和指导，有律师和法律工作者各 1 人。同年 12 月县司法局成立后，县法律顾问处归属司法局管理和领导。随后县法律顾问处改名为上杭县律师事务所（该所 1995 年更名为“龙岩紫金律师事务所”）。1980 年 8 月 26 日，第五届全国人大常委会第十五次会议通过《中华人民共和国律师暂行条例》，规定律师性质是国家法律工作者，任务是对国家机关、企事业单位、社会团体和公民提供法律帮助，以维护法律正确实施，维护国家、集体利益和公民合法权益；法律顾问处是律师工作机构，属于事业单位，受国家司法行政机关领导和业务监督。

上杭县法律顾问处初建时，经费管理由国家实行统收统支。1981 年起，省内部分法律顾问处实行“全额管理，差额补助，超收提成”办法。1984 年 10 月，按照有利于促进律师工作发展、有利于调动律师工作积极性的精神，省推广建瓯县第二律师事务所不占国家编制、不花国家经费、独立核算、自负盈亏经验，试行从体制上改变国家创办律师事务所状况。1984 年 12 月，经县政府和省司法厅批准，上杭县成立首个不占国家人员编制、不拿国家经费、资金实行自收自支的第二律师事务所（该所 1995 年更名为“龙岩鄞川律师事务所”），由特邀律师李伟、兼职律师雷先洪执业。

1987 年以前，上杭律师为国家干部。1988 年起，律师逐步从国家干部向执业律师转型。1988 年 6 月 3 日，司法部下发《合作制律师事务所方案》，提出合作制律师事务所自主经营、自筹资金、自负盈亏、自担风险；在分配上实行按劳取酬原则，调动律师积极性，律师业务发展较快。1991 年，福建省《律师工作要点》提出，要注意总结试点经验。1992 年，贯彻邓小平南方谈话精神后，省司法厅召开会议，决定加快律师事业发展步伐，更好地为经济建设和改革开放服务。1992 年 5 月 18—19 日，省司法厅在厦门召开全省律师管理工作会议，探讨全省律师体制改革基本思路。

1993 年 1 月，经省司法厅批准，恢复重建 1988 年因不符合建所条件而自行撤销的第二律师事务所，人员 7 人，实行“自收自支”管理方式。县律师事务所在县政府驻深圳办事处设立“律师法律服务站”，为上万名杭籍人士在珠江三角洲创业架起法律服务桥梁。12 月 26 日，国务院原则上同意司法部《关于深化律师工作改革的方案》下达后，福建省提出：律师体制改革，关键是要进一步解放思想，转变观念，有计划、有步骤地实现“四个转变”（从用生产所有制模式划分律师事务所性质，转变为自愿结合、自收自支、自我发展、自我约束和不占国家编制、不要国家经费的自律性律师事务所；从用行政官员、行政级别概念来界定律师属性，逐步转变为面向社会、为社会服务的法律工作者；律师执业结构从单一模式，转变为多种执业组织形式；律师管理从以国家行政机关管理为主，转变为向司法行政机关管理和律师协会行业相结合模式），并且不断强化律师协会职能，努力创造条件，向司法行政机关指导下的律师协会行业管理过渡。

1994年4月，省司法厅提出允许国有、自收自支、一所两制、合作制等各种形式律师事务所同时并存、共同发展；在全省范围内建立适应社会主义市场经济体制和国际交往需要的、具有中国特色的“两不四自”律师体制。

1995年，上杭县贯彻上级指示精神，完成律师从国家干部逐步向执业律师转型。1996年6月，经省司法厅批准，肖正华等合伙成立上杭县首家合伙制律师事务所——龙岩正华律师事务所（2001年4月更名为福建政华律师事务所）。

1997年，实施《中华人民共和国律师法》，上杭县停止发展特邀律师和国家公务员兼职律师执业，全县执业律师14人，新考取律师资格2人。

1998年，全县有国办律师所2家、合伙律师所1家，从业律师14名。

2000年，上杭县司法局为正确处理国家、集体和个人利益，推进国资律师所改制工作，将原属国资的天久、鄞川2个律师所实行脱钩改制，实现人员、财务、业务、名称四方面与挂靠单位彻底脱钩，人事档案移送人才流动服务机构管理。

2001年3月，经省司法厅批准，李凤光、李小强、李增元合伙成立福建杭川律师事务所。

2005年，经省司法厅批准，张著学、张纪光、郭来福合伙成立福建龙航律师事务所。

2010年，经省司法厅批准，李凤光个人成立福建儒佳律师事务所。

2015年11月，经省司法厅批准，郭来福个人成立超达律师事务所。

2017年8月，经省司法厅批准，蓝国旺、陈裕文、廖赞梅等合伙成立汀杭律师事务所。

2019年11月，经省司法厅批准，赖煜斌个人成立乃康律师事务所。

2019年上杭县律师事务所情况表

表4-1

名　称	成立时间	负责人	体制性质	人数（人）
正华律师所	1996年 6月	王锦红	合伙所	7
杭川律师所	2001年 3月	李小强	合伙所	4
龙航律师所	2005年 9月	张著学	合伙所	5
儒佳律师所	2010年 8月	李凤光	个人所	3
超达律师所	2015年11月	郭来福	个人所	1
汀杭律师所	2017年 8月	蓝国旺	合伙所	6
乃康律师所	2019年11月	赖煜斌	个人所	1

第二节　业务与管理

一、业务开展

民国时期，福建省律师主要业务是为原告、被告办理诉讼事件，包括为委托人缮具词状、收集证据及当庭辩论或辩护，并参与非诉讼法律行为，如证明契约、遗嘱及代订契约等法律事件。上杭县律师业务始于民国8年（1919年），主要业务范围有刑事辩护、民事代理、非诉讼代理、代书、法律咨询和法律顾问等。

中华人民共和国成立初期，由于受政治形势制约，中央人民政府司法部于1950年12月发出《关于取缔黑律师及讼棍事件的通报》，上杭县律师停止活动。1956年，创建新中国律师制度。根据司法部规定，律师业务是为公民解答法律问题和提供法律意见；为公民代写申请书、诉状、合同、字据、遗嘱等和其他法律文件；参加诉讼，作为刑事被告辩护人和民事原告、被告及其他利害关系人的代理人。同年，福建省人民政府批转省司法厅《关于开展人民律师工作的报告》，要求在福州市等17个重点市县建立法律顾问处，由于上杭县未列入其中，因此律师工作仍未恢复。但龙岩法律顾问处律师曾到上杭县开展业务、办理案件。这一史实，在县人民法院相关案卷中可找到律师参与刑事辩护的原始记载。此后至1978年，上杭未开展律师业务。

中共十一届三中全会后，国家实行改革开放政策。1979年，《中华人民共和国刑法》和《中华人民共和国刑事诉讼法》颁布并开始实施。20世纪80年代律师制度重建时，上杭县律师主要任务为：接受国家机关、企事业单位、社会团体聘请，担任法律顾问；接受民事案件当事人委托，担任代理人参加诉讼；接受刑事案件被告人委托或者受人民法院指定担任辩护人、接受自诉案件自诉人，公诉案件被害人及其近亲属委托，担任代理人，参加诉讼；接受非诉讼事件当事人委托，提供法律帮助，或者担任代理人，参加调解、仲裁活动；解答相关法律询问，代写诉讼文书和其他有关法律事务文件等。律师还通过全部业务活动宣传社会主义法制精神。

1980年冬，律师业务开始进入宣传、实践和不断拓宽服务领域时期。1981年8月，律师对被告陈某（南阳公社人）一案辩护，二审法院采纳辩护律师意见，由原判死刑改判为15年有期徒刑。律师维护被告人合法权益的作用逐步被人们认识，请律师提供法律帮助者逐渐增多。1982年，县土产公司通过律师帮助打“经济官司”，追回贷款2.8万多元。此后，该公司和县化肥厂等单位纷纷聘请律师担任常年法律顾问。1983年“严打”时，刑事案件曾一度只让被告自行辩护，律师转向为委托单位参与经济合同谈判，参与经济诉讼与非诉讼代理，挽回经济损失。1985年春，上杭县贯彻全国律师经验交流深圳会议精神，改革律师管理工作，律师业务出现新面貌。1986年，律师受理县胶合板厂一笔货款案，6次到广州谈判，历时2年，终于把5.5万元贷款收回。1987年3月，第二律师事务所受理才溪林业站法人委托，担任索赔一案诉讼代理，律师根据事实和法律，诉请法院判令被告方（县保险公司）赔偿车辆事故费5090元。但一审法院未采纳律师意见，结果上诉二审法院后，改判被告方如数赔偿损失。

1980年12月至1987年12月，上杭县有专职律师5名、兼职律师2名，能全面开展律师各项业务。其中参加刑事辩护案件373件、民事代理107件、代写法律文书928件，接收来访群众解答法律咨询4398人（次），受聘为其担任常年法律顾问单位14家。

部分律师受聘为县政府和一些乡（镇）担任常年法律顾问后，为委托单位挽回经济损失100.3万元。在参与处理非诉讼调解纠纷54件案件中，通过平等协商，较快解决纠纷，当事双方的合法权益都得以维护。

1988年，县律师事务所根据上杭经济发展特点，积极开展对“三资”企业与涉外经济法律服务工作，为上杭县经济建设和改革开放提供法律服务。律师担任企业常年法律顾问17家，办理各类案件149起，代写法律文书115件。律师担任县府法律顾问后，运用法律专业知识，为政府决策提供法律依据，帮助政府依法行政。在轻机厂、建南棉纺厂和南阳建筑公司，都成立法律顾问室，给予帮助培训法律人才，协助顾问单位清理《中华人民共和国民法通则》实施前民事、经济积案。1988年，律师首次办理涉外及涉港澳台法律事务案件，其中涉外经济合同谈判起草审查3件、涉台法律事务1件。

1989年，县司法局把担任常年法律顾问、办案数量及经济收入三项指标具体落实到人，以增强律师的责任感、紧迫感。1990年10月后，县司法局加强自然人参与诉讼案件管理工作，实行登记制度，以促进律师服务在维护社会稳定、建立正常经济秩序、发展商品经济及维护国家、集体和公民合法权益和促进社会主义民主与法制建设等方面发挥作用。1989—1992年，担任常年法律顾问、承办刑事辩护、诉讼代理和非诉讼法律事务等主要律师业务逐年有较大幅度增长。

1994年，全县律师担任法律顾问68家，比1988年增长300%；承办各类案件427件，比1988年增长186.6%；代写法律文书165件。

1995年，紫金、鄞川2个律师所担任常年法律顾问66家，办理刑事辩护168件，经济诉讼代理41件，民事诉讼代理300件，行政诉讼代理20件，非诉讼代理18件，代写法律文书123件，业务收费达22.5万元。

1996年，紫金、鄞川2个律师所担任常年法律顾问68家、办理各类案件552起、代书135件，全县律师为当事人提供法律援助30余次，少收代理费3万多元，为维护公民合法权益，保障法律公平起到积极作用。

1997年，律师业务收费31.037万元，比上年增收2.83万元，增长10.03%。律师行业努力实施法律援助，建立法律援助组织形式、援助内容、援助方式、援助条件、申请程序和经费来源等制度。县司法局与县残联联合发文，加强对残疾人的法律援助。县正华律师所为困难企业和职工排忧解困，全年共免收诉讼代理费3.55万元，减收3.26万元，缓交0.2万元。鄞川律师所免费担任临江镇镇东老年协会法律顾问，经常到老年协会讲解法律知识，为他们解答法律问题，使老年人能更好地维护自身合法权益。

1998年，各律师事务所执行《中华人民共和国律师法》，加强律师队伍建设，使律师工作更好地适应新庭审制度，依法维护当事人合法权益，惩治违法犯罪，维护法律尊严。天久、鄞川、正华律师所共担任常年法律顾问68家，承办各类案件509件，其中刑事辩护103件、民事诉讼代理351件、经济诉讼代理37件、行政诉讼代理10件、非诉讼代理8件，代写法律事务文书126件，为当事人挽回经济损失460万元。业务收费34.37万元，比上年增收3.33万元，增长10.73%。

1999年，律师为当事人进行二审或再审代理，纠正原审错误判决3件，挽回经济损失20万元。

2001年，在“严打”和整顿规范市场经济秩序工作中，政华、杭川律师事务所共参与刑事辩护84件。其中政华律师事务所为金融部门业务纠纷提供诉讼代理案件8件，提出金融法律意见书14份。同时还接受县有关部门委托，对紫金山槽车翻车案中有关责任人进行定性论证。

2002年，各律师事务所实行“一案一卡”制度。县杭川、政华律师事务所共向当事人发放“一案一卡”219份；担任法律顾问48家，其中，政府3家、企业9家、其他36家；承办各类案件262件，其中刑事辩护82件、民事代理152件、经济诉讼代理11件、行政诉讼代理12件、非诉讼代理事务5件，代写法律事务文书42件，解答法律咨询1300人次，避免和挽回经济损失近500万元。

2003年，各律师所担任法律顾问64家，其中，政府行政单位21家、其他43家；承办各类案件287件，其中刑事辩护77件、民事代理168件、经济诉讼代理15件、行政诉讼代理16件、非诉讼代理事务11件，代写法律事务文书66件，解答法律咨询500人次，避免和挽回经济损失近600万元。

2004年，共担任法律顾问50家；承办各类案件341件，其中刑事辩护87件、民事代理208件、经济诉讼代理5件、行政诉讼代理14件、非诉讼代理事务27件，代写法律事务文书61件、解答法律咨询1420人次，避免和挽回经济损失近800万元。

2005年，全县律师参与法律服务“三进”（进社区、进乡村、进校园）活动，为社区、镇（村）、学校提供优质高效和形式多样法律服务。杭川、政华律师所配合县中心法律服务所与社区、学校、乡镇、村联系，抓好挂钩试点，与各试点单位签订法律服务协议书，建立法律服务“三进”联系卡，将各联系人执业证号和手机号公布上墙，便于广大人民群众和老师学生联系、监管。全县律师还为农村土地征用、城乡房屋拆迁及社会热点、难点问题提供法律帮助，主动参与社会其他矛盾纠纷排查调处和涉法涉诉信访工作。

2006年，龙航律师所挂钩上杭一中，县中心法律服务所与临江镇镇西居委会订立法律服务进社区协议；杭川、龙航所分别与临城镇同康村、临江镇天山居委会，政华所与东南社区、英明社区、城西社区订立法律服务进社区协议。是年3月，部分律师、基层法律服务工作者到县安监局、紫金矿业集团股份有限公司等单位上安全生产法律法规知识课。此外，还深入庐丰、旧县、才溪等乡镇，宣传与广大人民群众生产生活密切相关的法律法规。

2007年，开展第二阶段法律服务“进社区进乡村进校园”活动，4家律师事务所均100%进社区，其中挂点联系社区5个、乡村5个、校园8个，解答社区居民所面临的法律问题200多人次，组织法律专题讲座5次；开展“律师工作为构建社会主义和谐社会服务”主题实践活动；参与涉法涉诉信访工作，主动服务重点、热点和难点问题，发挥政府信访工作顾问律师作用，参与涉法涉诉信访工作的律师有11人，参与处理涉法信访25件；在司法局法律援助服务大厅设立律师法律咨询窗口，一改过去律师随领导接访日值班为每天一位执业律师值班，对群众反映涉法涉诉问题及时提供法律咨询和法律服务，接受群众来访咨询150多人次。

2008年，全县律师为62家政府机关、企事业单位担任法律顾问，共办理诉讼案件592件，其中刑事案件132件、民事（经济）案件代理451件、行政诉讼代理9件，同时，办理非诉讼法律服务事务42件。

2009年，全县律师共办理案件561件，其中民事案件394件、刑事案件132件、行政诉讼案件10件、非诉讼法律事务25件、代写法律文书193份、解答法律咨询603人次、担任法律顾问60家。

2010年，全县律师全年共参与涉法信访接待38次，接待上访群众325人次，解答群众相关法律问题26个，出具法律意见书18件；全县4家律师事务所累计担任法律顾问单位77家；办理各类案件739件，其中民事案件493件、刑事案件188件、行政案件5件、非诉讼法律服务53件、代写法律文书135份、解答法律咨询1501人次，避免和挽回经济损失733万元。

2011年，全县各律师事务所共办理各类案件583件，其中民事案件406件、刑事案件142件、行政诉讼案件5件、非诉讼法律事务30件，代写法律文书423份，解答法律咨询1164人次，担任法律顾问65家。

2012年，各律师事务所依法执业，积极拓展法律服务领域，探索法律服务过程中一些新情况新问题的解决方法，处理各类案件583件，其中民事案件406件、刑事案件142件、行政诉讼案件5件、非诉讼法律服务30件、解答法律咨询1164人次、担任法律顾问65家、代写各类法律文书423份。

2013年，全县4家律师事务所累计担任常年法律顾问单位77家，办理各类案件739件（其中民事案件493件、刑事案件188件、行政诉讼案件5件、非诉讼法律事务53件），代写法律文书135件，解答法律咨询1501人次，避免和挽回经济损失733万元。

2014—2016年，全县律师事务所共办理各类案件2873件，担任法律顾问276家，解答法律咨询8871人次。县中心法律服务所代理各类案件419件、担任法律顾问7家。

2017—2018年，全县律师办理各类案件1506件，其中刑事诉讼辩护及代理406件、民事诉讼代理912件、非诉讼代理82件、行政诉讼代理379件、仲裁业务代理27件、担任村（居）法律顾问30家。咨询和代写法律文书3820件。县中心法律服务所代理民事诉讼200件。坚持每月15日参与县领导信访接待活动。

2019年，全县律师事务所代理各类案件909件，受理法律援助案件357件，其中民事案件314件、刑事案件42件、行政诉讼案件1件。

二、管理

1989年，县加快律师管理体制建设步伐，制定目标管理责任制，把担任常年法律顾问、办案数量及经济收入等三项指标具体落实到人，增强律师责任感、紧迫感。1990年10月后，县司法局加强自然人参与诉讼案件管理工作，实行登记制度，以促进律师服务在维护社会稳定、建立正常经济秩序、发展商品经济、维护国家、集体和公民合法权益以及促进社会主义民主与法制建设等方面发挥重要作用。1989—1992年，担任常年法律顾问、承办刑事辩护、诉讼代理和非诉讼法律事务等主要律师业务，每年均有较大幅度增长。

1994年，根据财政改革要求，县律师事务所实行“自收自支”管理方式，县第二律师事务所实行“效益工资”制。随着不断进行自身改革，管理机制不断完善，更加有效地发挥律师在社会主义市场经济中的服务、沟通、监督等中介作用。1995年，上杭县进一步深化律师工作改革，完善各项管理制度，推行主任负责制、实行效益浮动工资制。9月，根据司法部第36号令《律师事务所名称管理办法》规定，省司法厅核定上杭县律师事务所更名为龙岩紫金律师事务所（1997年7月，又更名为福建天久律师事务所），上杭县第二律师事务所更名为龙岩鄞川律师事务所。同月，紫金、鄞川律师事务所开展律师职业道德和执业纪律评查活动，进行“五评五查”：评敬业勤业精神，查有无敷衍塞责不负责任情况；评依法执业状况，查有无歪曲事实，曲解法律，误导当事人行为；评遵规守纪，查有无私自收费、泄露当事人秘密等行为；评品行作风，查是否自尊自爱，有无贪污贿赂、腐化堕落等行为；评行业竞争状况，查有无同行相欺、同行相讥等行为。通过评查活动，进一步提高律师队伍职业道德、执业纪律。

1996年6月，全县围绕中国第一部《中华人民共和国律师法》（以下简称《律师法》）和司法部《关于严格执行律师法，进一步加强律师队伍建设的决定》，加快律师工作改革步伐，紫金、鄞川2个律师所担任常年法律顾问68家、办理各类案件552起、代书135件，全县律师为当事人提供法律援助30余次，少收代理费3万多元，为维护公民合法权益，保障法律公平起到积极作用。

1997年，是实施《律师法》第一年。根据《律师法》规定，上杭县停止发展特邀律师，停止国家公务员兼职律师执业。是年，全县执业律师14人，新考取律师资格2人。律师行业努力实施法律援助，建立法律援助组织形式、援助内容、援助方式、援助条件、申请程序和经费来源等制度。县司法局与县残联联合发文，加强对残疾人法律援助。县正华律师所为困难企业和职工排忧解困，全年共免收诉讼代理费3.55万元，减收3.26万元，缓交0.2万元。鄞川律师所免费担任临江镇镇东老年协会法律顾问，经常到老年协会讲解法律知识，为他们解答法律问题，使老年人更好维护自身合法权益。

1998年，各律师事务所严格执行《律师法》，加强律师队伍建设，使律师工作更好适应新庭审制度，依法维护当事人合法权益，惩治违法犯罪，维护法律尊严。

1999年，各律师事务所积极配合司法行政部门各项活动，坚持以事实为依据，以法律为准绳办案原则，尽力维护当事人合法权益，维护法律公正实施。是年，律师为当事人进行二审或再审代理纠正原审错误判决3件，挽回经济损失20万元。

2000年，根据国务院关于经济鉴证类社会中介机构与政府部门脱钩改制和福建省司法厅《关于做好国资律师所改革工作的意见》精神，上杭县司法局为正确处理国家、集体和个人利益，推进国资律师所改制工作，将原属国资的天久、鄞川2个律师所实行脱钩改制，实现人员、财务、业务、名称四个方面与挂靠单位彻底脱钩，人事档案移送人才流动服务机构管理。

2001年，县司法局加强监督职能，根据律师所改制后实际情况，积极探索加强管理新办法。帮助各律师事务所建立收费、分配、管理3项重要业务制度，激发律师办案热情。在“严打”和整顿规范市场经济秩序工作中，配合公、检、法机关依法从重从快打击刑事犯罪。

2002年，县司法局加强律师事务所诚信制度建设，整顿和规范律师法律服务市场，加大对律师教育和培训力度，强化职业道德和职业纪律观念。各律师事务所实行“一案一卡”制度，规范法律服务执业。是年，杭川、正华律师事务所共向当事人发放“一案一卡”219份；担任法律顾问48家。

2004年，县司法局进一步完善法律服务管理体制，建立健全错（假）案责任追究和赔偿制度，对律师执业活动进行专项清理整顿。其中结合年检注册，对收费情况及服务质量进行检查，组织监督员对律师执业活动明察暗访，进一步健全律师执业监管机制，促进律师提高办案质量。全县律师积极拓宽服务领域，主动参与整顿和规范市场经济秩序，为社会提供优质高效法律服务。

2005年，县司法局开展“合伙律师所规范建设年”活动，进一步完善律师管理、监督、自律各项内容，抓好合伙律师所合伙主体、收案行为、分配行为、内部监管、管理责任和党建工作规范，建立健全全县律师管理制度框架体系。

2006年，继续深化律师改革，实行每季度法律服务工作者代理案件通报制度，健全和完善与人民法院、法律工作者有关从事诉讼代理应出示出庭函等相关法律文书制度，加大对法律服务工作者监督力度。同时建立律师参与每月 20 日县领导信访接待日制度，开展律师参与化解群众矛盾纠纷，开展律师行风评议活动和先进律师事务所、优秀律师评选活动；继续推进法律服务挂钩试点工作，龙航律师所挂钩上杭一中，县中心法律服务所与临江镇镇西居委会订立法律服务进社区协议；杭川、龙航所分别与临城镇同康村、临江镇天山居委会，政华所与东南社区、英明社区、城西社区订立法律服务进社区协议。同年 3 月，组织律师、基层法律服务工作者到县安监局、紫金矿业集团股份有限公司等单位上安全生产法律法规知识课。此外，组织律师、司法行政干部、基层法律工作者深入庐丰、旧县、才溪等乡镇，宣传与广大人民群众生产生活密切相关法律法规。

2007 年，县司法局把创建内部公平竞争律师执业环境、促进律师行业内部健康有序发展作为一项重要工作，不断探索律师管理工作新机制，侧重开展第二阶段法律服务“进社区进乡村进校园”活动。4 家律师事务所均百分之百进社区，其中挂点联系社区 5 个、乡村 5 个、校园 8 个，解答社区居民所面临的法律问题 200 多人次，组织法律专题讲座 5 次；开展“律师工作为构建社会主义和谐社会服务”主题实践活动；参与涉法涉诉信访工作，积极主动服务重点、热点和难点的涉法涉诉信访工作，发挥政府信访工作顾问律师的作用，参与涉法涉诉信访工作的律师有 11 人，参与处理涉法信访件 25 件；在司法局法律援助服务大厅设立律师法律咨询窗口，将过去律师随领导接访日值班改为每天一位执业律师值班，对群众反映涉法涉诉问题及时提供法律咨询和法律服务，接受群众来访咨询 150 多人次。

律师事务所律师到集镇参与法制宣传活动

（上杭县司法局供图）

2012 年，县司法局加强律师管理工作和律师队伍建设，以学习实施新律师法为契机，狠抓行风整顿和队伍建设，严格规范各项管理制度，强化服务意识和大局意识。根据新《律师法》要求，督促各律师事务所建立和完善执业管理制度、利益冲突审查制度、收费和财务管理制度、投诉查处制度、年度考核制度和档案管理制度，根据本单位实际制定详细管理细则，确保律师事务规范运行、依法执业；全体律师严格执行“六条禁令”，注重树立律师应有形象。县司法局和律师事务所分别公布公开投诉方式和投诉电话，及时处理群众投诉和责任人员，既制止和处罚违规行为，又避免矛盾激化，维护团结稳定大局。年初，上杭县律师事务所一名律师受到群众投诉，县司法局根据上级安排，认真调查核实，结果没有发现被投诉人有任何违法行为，系投诉人错误认知所致，事实查清后，及时形成调查报告报送龙岩市司法局。是年，县司法局加强对各律师事务所律师教育培训，先后进行社会主义法治理念、坚持党的领导和增强大局意识等主题教育，使全体律师更好地坚持正确的政治方向，增强社会责任感和服务意识。县司法局配合上级司法行政机关和律师协会计划要求，先后组织律师开展“法律六进”及参加律师法律服务团、维护农民工权益律师服务团和法律援助民生工程服务团活动，为弱势群体尤其是农民工提供免费法律援助活动；同时利用节假日、农村风俗纪念日等机会，走上街头，面向群众提供法律咨询服务，扩大律师社会影响，增强群众法律意识。

2014 年 3 月，在全县法律服务机构深入开展执业纪律、职业道德“评查活动月”、行风评议和“律师职业道德学习月”活动。4 月 26 日，在步云蛟潭村、金屏村开展法制宣传、法律咨询等帮扶活动。10 月，开展选派律师进村（社区）担任法律顾问工作，22 个村（社区）作为法律顾问试点。

2017 年，上杭县继续坚持“一村一法律顾问”做法，全县法律顾问、律师为村（社区）、群众解答法律咨询 3842 人次、提供法律意见 621 条、制定审查修改合同 42 件、协助息访 30 件、处置突发事件和群体性事件 10 件。全年组织律师坚持每月 15 日参与县领导信访接待活动。全县律师为重点项目建设提供法律服务依据或意见 6 条，为一般项目建设提供法律意见 72 条。

2018—2019 年，在推进扫黑除恶专项斗争中，加强对律师行业监管，要求律师依法规范开展辩护代理工作，不得触碰执业底线，违法违规办案。2018 年 8 月 13 日，组织系统内 96 名干部职工及全体律师、基层法律工作者及公证员集中签订积极参与扫黑除恶专项斗争承诺书。全县律师共代理疑似涉黑恶案件报备 64 人次。县司法局派员旁听 4 个案件审理，对律师代理辩护涉黑涉恶案件进行监督、指导。结合律师事务所年度考核，专门对各律师事务所执行“接案管理、请示报告、集体研究、档案管理”四项制度情况进行评查，严格执行各律师事务所办理涉黑涉恶案件报备制度。

2019 年 8 月 15 日，汀杭律师事务所律师（左二）在才溪镇溪北村参与调解邻里纠纷工作现场

（上杭县司法局供图）

三、执业服务

县司法局把做好律师执业服务作

为重点，坚持管理与服务并重，寓服务于管理之中，指导全县律师拓展业务领域，帮助其解决执业中遇到的各种困难和问题，为律师执业创造良好环境。同时，加强律师执业权益保障，积极与法院、检察、公安、安全等部门协调沟通，依法维护律师执业权利和人身权利。加强法律服务市场监管，协调处理好律师与基层法律服务工作者关系，严格查处法律服务行业不正当竞争，依法查处非法法律服务人员，取缔非法法律服务机构，维护法律服务市场正常秩序，积极主动为律师服务“平安（和谐）上杭”建设、“法治上杭”建设和社会主义新农村建设搭建工作平台。还有计划推荐优秀律师担任县、乡（镇）党委政府及其部门法律顾问，为党委和政府科学决策、依法行政提供专业法律服务；组织引导律师密切关注县域人民群众生活中热点、难点问题，主动把握人民群众法律服务需求新动向，将法律服务深入推进到群众生活方方面面，扩大县域律师法律服务范围和社会影响力。特别是组织引导律师紧紧围绕社会主义新农村建设拓展律师业务，通过诉讼或非诉讼代理等方式，认真办理涉及农民利益纠纷案件，为农村土地使用权流转、土地征用补偿安置、农机购销等提供法律服务，以维护农民合法权益；组织引导律师深入农村私营和乡镇企业，提供全面细致法律服务，促进企业依法经营，推动农村经济发展；组织引导律师认真做好村（居）民委员会法律顾问工作，促进基层组织依法开展民主自治管理；组织引导律师向农村外出务工人员提供法律援助，开展劳务法律法规宣传和咨询，维护农民工合法权益，增强农民工依法维权意识；组织引导律师参与信访接待工作，促进依法化解矛盾纠纷，维护社会稳定。

四、自身建设

县司法局在对律师队伍教育管理中，注重加强全县律师思想政治建设，用社会主义核心价值体系教育律师；深入开展律师队伍社会主义法治理念教育，健全长效工作机制，实现制度化、常态化，促使律师依法履行职责使命，努力在执业活动中实现法律效果与政治效果、社会效果有机统一；开展社会主义律师文化建设，培育和形成中国特色社会主义律师执业精神，加强以“严格依法、恪守诚信、勤勉尽责、维护正义”为核心内容的律师职业道德建设，建立健全律师诚信执业制度，完善律师诚信执业的评价、监督机制和失信惩戒机制，使律师恪守职业

上杭县律师工作会议召开　（上杭县司法局供图）

道德，努力成为社会诚信建设的倡导者、推动者和示范者；加强全县律师行业作风建设，建立健全律师行业反腐倡廉长效机制，解决律师行业作风方面存在的突出问题；加强律师业务素质建设和教育培训工作，不断提高律师业务素质。

2008年，贯彻福建省司法厅、福建省律师协会《关于进一步加强青年律师培养和扶持工作的意见》，加强青年律师培养和扶持工作，吸引青年律师扎根基层、减少外流，发展壮大县域律师队伍，满足人民群众律师服务需求。同时，关心律师政治进步，积极推荐优秀律师参选县党代表、人大代表和政协委员，为律师参政议政创造条件。全县法律工作者积极参与信访和矛盾纠纷调处，在维护上杭社会稳定，促进社会和谐工作中发挥出积极作用。

2010年，县司法局贯彻落实中央、省、市政法工作会议、司法行政工作会议和中办发〔2010〕30号文件《司法部关于进一步加强和改进律师工作的意见》精神，通过加强律师队伍建设、完善律师工作机制、提升律师工作水平、规范律师执业行为、提高律师服务能力，努力推动律师队伍为“法治上杭”建设，为创造和谐稳定、公平正义的法治环境作贡献。全县律师从律师工作重点是积极服务经济社会发展，为重点企业、重点工程提供优质法律服务这个基点出发，深入紫金矿业股份有限公司、南岗工业区、蛟洋工业集中区、城区建设路改造、龙翔大道建设等10余家重点工矿企业和重点工程，开展法律服务，累计解答法律咨询80余次，有针对性地提出法律建议和意见，宣传法律法规，努力化解社会矛盾。同时，做好政府法律顾问工作。全县有10名律师担任县城乡建设规划局、县国土资源局等20家行政机关法律顾问、2家乡镇党委政府法律顾问，通过法律顾问工作，促进依法行政。在担任县国土资源局法律顾问期间，为规范土地交易市场、解决土地交易纠纷解答法律咨询30余次，提出法律建议和意见18条，帮助解决有关土地纠纷信访案件2件。4月，组织4家律师事务所律师、法律援助中心律师、基层法律工作者，参与开展“送法下乡”活动，深入临城、庐丰、才溪等乡镇，发放法制宣传资料3500份，义务提供法律咨询，悬挂法制宣传横幅，现场解答法律咨询90余起。10月，全县各律师所律师积极协助县政府、县信访局参与紫金矿业股份有限公司渣液渗漏环保事故处理，出具《法律意见书》，提供法律帮助，做到上访群众满意，党委政府满意。是年，全县律师以事实为依据，以法律为准绳，稳妥做好息访、劝访、罢访工作，配合当地党委政府，维护当事人合法权益。对涉法涉诉疑难案件和非正常信访案件，参与接访律师采取集体讨论研究办法，出具《法律意见书》，提出解决方案。全县律师全年共参与涉法信访接待38次，接待上访群众325人次，解答群众相关法律问题26个，出具《法律意见书》18份。

2011年，县司法局认真贯彻落实《司法部关于进一步加强和改进律师工作的意见》和全国律师工作会议、律师党建工作会议精神，以庆祝中国共产党成立90周年活动为契机、以创先争优活动为着力点，在党员和律师中开展思想政治工作和党支部创先进、党员争优秀活动，创新社会管理新模式、新方法，强化律师管理。在继续开展法律服务“六进”活动中，组织党员律师普法讲师团成员深入古田中学、明强中学、上杭三中、庐丰中心小学等学校，为师生开展法制宣传教育活动30余场，受教育师生达到1.2万余人；开展法律咨询“面对面”活动80余次，组织律师义工团到县残疾人康复中心、县特殊学校进行慰问活动。

2019年，开展法律服务职业道德执业纪律评查活动，召开律师、基层法律服务工作者职业道德执业纪律评查活动会议，签订法律服务人员执业责任状。结合执业纪律评查活动，对各律师事务所和公证处进行年度考核，考核结果均为合格。同时，开展法律服务机构“双随机”抽查检查工作，对上杭县中心法律服务所、汀杭律师事务所执业情况进行检查，及时受理、立案、查处群众投诉案件3件，其中投诉律师1件、投诉基层法律服务工作者2件。经立案调查，行政处罚2人，行政责令整改1件。

第三节　服务收费

1956年5月，福建省根据国务院第29次会议批准的《律师收费暂行办法》，对律师收费标准作出具体规定。同时规定，当事人确属经济困难、无力负担的，律师应当免费给予法律帮助。事实上，当时各地法律顾问处业务收费标准很低，有些地方律师代书只收两三角钱，法律咨询不收费。

20世纪80年代，上杭县律师业务开展后，收费均按司法部、财政部、国家物价局统一规定标准执行。但由于沿海城市和山区内地经济发展不平衡，在具体执行中差异较大，沿海经济特区、开放城市收费幅度比经济不发达内陆地区高很多。同时由于物价上涨因素，原规定收费标准在实践中已被突破。90年代，随着律师体制改革深化和实施“两不四自”，有些事务所对一些不涉及财产业务开始实行“协议收费”。随着全省律师业务迅速发展，律师业务收费也逐年增多。1992年起，福州等地一些律师事务所实行律师工作过错赔偿制度。各律师事务所要按规定向税务部门、司法行政机关及律师协会缴纳各种税费。2013年4月7日，龙岩市物价局、龙岩市司法局转发《福建省物价局、福建省司法厅关于制定福建省律师服务收费标准的通知》。2018年5月28日，龙岩市律师协会发出《龙岩市律师服务收费指导标准试行的通知》。2019年9月10日，龙岩市律师协会发出《龙岩市律师服务收费指导标准（试行）意见的通告》。这些文件下发后，上杭县各律师事务所均认真参照其中有关规定，执行服务收费标准。

2011—2019 年上杭县律师服务收费情况表

表 4-2　　单位：万元

年份	收费总额	年份	收费总额
2011	256.8240	2016	559.7300
2012	295.2000	2017	642.6400
2013	413.7600	2018	681.4849
2014	517.9350	2019	820.0130
2015	549.4400		

第二章　公　证

民国 32 年（1943 年）6 月，上杭县成立公证处，隶属上杭地方法院，主要业务是房屋租赁、典卖、析产和土地、房屋买卖、赠与，以及民田承管等。

1956 年，国务院全体会议批准《司法部关于开展公证工作的请示报告》，上杭县人民委员会、人民法院发出《关于开展公证工作的联合通知》，并于 3 月底开始在县人民法院附设公证室，配备专职公证员 1 人。

1980 年 9 月，上杭县成立公证处。12 月，上杭县司法局成立后，县公证业务移交司法局公证处办理，核定事业编制 2 名。1990 年，县公证处由行政单位改为全额拨款事业单位，隶属县司法局管理。1994 年，县公证处改为差额拨款事业单位，核定事业编制 4 名。2009 年，根据省编委要求，将公证处 4 名专项编制改为财政拨补事业编制。

20 世纪 80 年代县公证处成立后，公证工作人员队伍不断壮大，体制、机制不断完善，业务运行日益科学规范，业务领域不断扩大，证源不断拓展，为促进上杭政治、经济发展，维护正常民事经济秩序发挥了重要作用。

第一节　体　制

公证是公证机构根据自然人、法人或者其他组织申请，依据法定程序对民事法律行为、有法律意义的事实和文书其真实性、合法性予以证明的活动。

古代，上杭民众在买卖土地、房屋时有请中人作证习惯，这种作证是民间性质的私证，不算现代意义上的公证。直到民国 2 年（1913 年），北洋政府发布《登记条例》，这是中国历史上第一个具有现代意义的公证制度。当时上杭地方司法公署设登记处，配备

公证人员到实地开展调查　（上杭县司法局供图）

登记员1人。民国24年（1935年），国民政府经司法院拟定，由司法行政部公布《公证暂行规则》，规定地方法院设立公证处，指定推事专办或兼办公证事务，并规定有必要时，得于管辖区内适宜处所设公证处。上杭地方法院受命试行，办证机关仍设登记处，其业务范围不详。民国31年（1942年），国民政府把公证工作列入司法行政部中心工作，通令各省尚未设立公证处的地方法院须在两年内设立。同时司法行政部编印《宣传公证说明及公证须知》，要求各省市政府转发各乡镇公所及各种民众教育馆，张贴宣传，促进公证工作开展。民国32年（1943年），民国政府颁布《公证法》。同年6月，上杭县成立公证处，隶属上杭地方法院，指派推事专门从事公证业务。当时业务主要是房屋租赁、典卖、析产和土地、房屋买卖、赠与，以及民田承管等，并根据公证的标额收取公证费。

1951年9月，《中华人民共和国人民法院暂行组织法》有关条款规定：中央及大行政区，省、直辖市，县人民法院管辖“公证及其他法令所定非讼事件”，把法院办理公证事项以法令形式固定下来。1954年9月，《中华人民共和国人民法院组织法》正式颁布后，公证工作划归司法行政机关领导和管理。1956年，国务院全体会议批准《司法部关于开展公证工作的请求报告》。同年，《福建省公证暂行办法（草稿）》公布。上杭县人民委员会、人民法院发出《关于开展公证工作的联合通知》，并于3月底开始在县人民法院附设公证室，配备专职公证员1人。

1957年，因反右派斗争扩大化，正确的法制原则和司法制度受到批判，司法行政工作被解体。

1980年9月，上杭县公证处成立。同月，县重建司法科，12月改为司法局。县公证处随即移交县司法局管理，公证业务移交司法局公证处办理，核定事业编制2名。

1988年，首次进行公证系列职称评定，1人被评为二级公证员，3人被评为四级公证员。1993年10月，2名四级公证员晋升为三级公证员。到1994年年底，上杭有三级公证员2人、四级公证员1人。

1990年，县公证处由行政单位改为全额拨款事业单位，隶属县司法局管理。1994年，县公证处改为差额拨款事业单位，核定事业编制4名。

2001年以后，县司法局不断加强公证处独立事业单位法人地位。2002年，县司法局与公证处签订财产分配协议书，正式建立县公证处财务独立核算制度，实行收支两条线管理。

2009年，根据省编委要求，将公证处4名专项编制改为财政拨补事业编制。

第二节 业 务

20世纪50年代初，公证业务仍沿用民国时期做法，把公证业务分为公证书和认证书两大类。但为时不久，在国内公证业务方面，一律称为公证书，取消“认证书”。公证业务主要是围绕国家对资本主义工商业社会主义改造和实现第一个五年计划，开办证明公私之间、国营与公私合营企业之间、国家与合作社之间、公私合营企业之间所签订的加工、订货、经销、代销等经济合同公证。

1955年8月，县人民法院兼办涉外公证，但审批权仍属地区中级人民法院。“文化大革命”期间，涉外公证业务中断。从1972年恢复人民法院至1980年，全县办理涉外公证11件。

随着改革开放政策贯彻落实，公证工作在政治经济领域中的作用日益显现出来。办证业务范围也日趋扩大。1980年2月，司法部下发《关于逐步恢复国内公证业务的通知》。4月，福建省司法局发出《关于恢复国内公证业务的通知》，要求各公证处办理收养、遗嘱、继承、委托、赠与、房屋买卖、转让共7个方面民事公证业务。1982年3月，根据司法部《关于办理几项主要公证行为的试行办法的通知》，县开展房产租赁、买卖、继承、赠与等公证业务，试办农村确认房屋产权公证，以改变长期以来农村房产无人管理局面，解决农村因房屋产权不清、四至界限不明而造成的纠纷。一段时间县公证员曾为中都公社前锋大队店头生产队试办5件农副业生产承包合同公证（瓦窑2件、鱼塘2件、果树1件），得到干部群众好评。但随后却被认为是“担风险”公证而被停办。

随着公民法制观念增强，申请办理民事法律关系证明逐渐增多。1984年，临江镇81岁老大娘林某，托人到公证处申请办理遗嘱公证。不久老人病故，其养子回来料理丧事，看到公证处出具遗嘱公证，甚为感激。

1984年后，逐步改革公证处工作，县公证处人员在办证工作中坚持便民原则，除公证人员经常深入基层宣传公证制度、接待来访群众外，先后在南阳、官庄、临城乡成立公证联络站，发展公证联络员17人、特约公证员5人。申请办证公民和法人遍及全县各乡镇，办证项目由原来7项增加到97项。古田镇溪背村村民廖永福向村委会承包荒山造林1605亩，申办公证后，解除后顾之忧，自投资金1万多元，出色完成造林任务。至1987年，全县共办理此项公证713件。

1980年冬至1987年，全县共办公证4891件，其中国内民事法律关系公证4836件，占所有公证数的98.88%；涉外公证55件，占所有公证数的1.12%。不但办证数量增加，而且质量有所提高。

1987 年，县公证处积极开拓公证新领域，深化改革，广开证源。10 月，公证处认真探索，并借鉴外地经验，首次办理“邮电大楼”建筑工程招标和建筑工程承包合同公证，取得很好效果。这是上杭县建筑行业上的一项改革，也是运用法律手段保证工程质量和进度，减少经济损失的一项重要措施。同时，为深化企业改革，首次办理国营企业经营责任制承包合同公证 11 件。此外，还深入古田镇水泥厂办理劳务合同公证 100 件。从此乡镇企业办理劳务合同公证打开了新局面。

公证处公证员共同探讨业务　（上杭县司法局供图）

1988 年，公证管理体制进行改革，开始推行公证员目标管理责任制，把办证指标分解包干到人，调动积极性，全年办证 1085 件。其中经济合同公证 1056 件、国内民事法律关系公证 22 件、涉外民事法律关系公证 7 件。办理公证实施过程中，由单纯证明型向综合服务型转变。开拓新领域，扩大服务面，积极为政府、经济部门提供多层次、全方位法律服务。全年公证人员参加 37 次标的较大的经济合同谈判、草拟、审查、修改等证前服务。6 月，在审查县百货公司驻厦门办事处与龙岩水电工程队签订进口工具车的买卖合同时，公证人员坚持原则，及时制止一起非法交易。是年，首次办理涉外经济合同公证 1 件，填补全区空白。

1989 年，因造林、劳务、借款等公证项目减少，证源较缺。县公证处与有关单位磋商公证服务事宜，司法局与农业银行联合下发通知，提出贷款公证具体要求。公证人员分片包干、服务上门，全年共办理 570 件公证。其中 60%的公证都深入乡村办理，办理中还发挥特约公证员、公证联络员作用，协同任务完成。

1990 年，公证工作围绕“治、整、改”和经济建设这个中心，充分发挥公证职能作用，把重点放在贷款、企业承包与租赁、农村各类承包合同公证。在公证中，还制止 6 起不法活动，涉及金额 20 余万元。

1992 年，办理贷款公证 250 件，占当年办证总数的 34%；办理承包荒山造林、管护林、迹地更新造林以及承包种果等山地综合开发合同公证 172 件，占当年办证总数的 24%，承包面积达 5731 亩。1992—1993 年，公证处参与引进资金合同谈判、修改，并办理公证 41 件，从厦门、漳州、广东等地引进资金近 3000 万元。

1993 年，探索试办提存、国有土地拍卖、粮食定购合同等新项目公证。

1994年，县公证处实行自身改革，推行主任负责制，健全目标管理，扩大公证处自主权，增强责任感，充分发挥法律保障法律调节作用，为维护正常民事经济秩序提供法律服务。公证业务已涉及和发展到金融、物资、贸易、房地产、企业承包租赁、技术转让、拍卖和农林牧副渔业承包等经济生活许多领域。

1995年，县公证业务已涉及和发展到金融、矿山、拍卖、城建等经济生活许多领域。5月，县人民政府下发《关于加强我县公证工作的通知》，为拓展公证业务打基础。10月，县司法局分别与县人民法院、县房地产管理局、县建筑工程局、中国人民银行县支行联合下发《关于进一步加强公证与审判工作相互配合的通知》《关于房地产管理工作中加强公证的通知》《关于建设工程管理工作中加强公证的通知》《关于进一步加强金融公证工作的通知》，促进各项公证业务开展。是年，办理抵押贷款公证333件、国有土地使用权出让公证25件、集资建房协议公证16件、房屋租赁公证23件。

1995年，公证工作加强“证前、证中、证后”服务，全年所办理公证60%是深入基层或上门办理。公证工作突出为农村深化改革、繁荣和发展农村经济服务，办理租赁山场造林公证111件、果园承包公证38件、农田生产承包公证12件、山地综合开发公证9件、未治理水土流失地使用权协议公证24件。

1996年，县公证处宣传和贯彻落实加强公证工作相关规定，把金融信贷作为突破口，积极拓宽公证服务领域。4月，县信用联社和县公证处把才溪、南阳、官庄、旧县、中都、庐丰、蓝溪、稔田、湖洋9个乡镇农村信用社作为协办借贷公证试点，由信用社主任或副主任作为公证联络员，按要求从事信贷公证协办工作，达到省时便民，使借贷公证业务量不断增加，全年共办理贷款合同公证1017件，占全年办证总数的88.5%。

1997年，县公证处加强公证宣传，拓宽公证服务领域，加强与金融、建设、房地产等部门联系，把公证为企业改革服务作为工作重点，努力进行探索尝试。全年，为企业承包或租赁办理公证3件，联合开采矿山合同2件，其他合同12件。同时，加强金融市场调查研究，积极为金融工作服务，取得金融部门领导共识，与人民银行上杭支行联合发文，收到较好效果。全年共办理金融借贷公证1459件，占办证总数的82.43%，其做法受到上级司法行政部门肯定，并在全省交流推广。

1998年，县公证处贯彻《福建省公证工作若干规定》，积极拓展证源，坚持合法、真实办证原则，积极为金融机构，特别为农村信用合作社提供优质、高效公证服务，全年共办理银行贷款担保合同业务1000余件，为金融机构资金安全和快速流转提供保障。5月，龙岩市在上杭县召开全市公证工作现场会。

1999年，县公证处拓宽公证渠道，注重介入金融、房地产、农村土地二轮承包等领域；同时，对本县育龄夫妇依法申请再生一个孩子有关条件实行公证制度，引起业务主管部门高度重视，并向全市各地举荐这一做法。全年办理各类公证1171件，为当事人草拟或修改公证有关法律文书385份，解答法律咨询515人次，处理人民来信10件，协助当事人解决纠纷21件，业务收费14.5万元。

2000年，县公证处拓宽金融公证领域，涉外公证书使用地涉及美国、新西兰、新加坡、加拿大、巴巴多斯、尼加拉瓜、斯威士兰等国家。全年共办各类公证1002件，为当事人修改有关法律文书247份，解答法律咨询1160人次，处理人民来信17件，协助当事人解决纠纷13件，业务收费20万元。

2001年，县公证处开办退伍军人自谋职业协议公证，继续积极介入建设工程的招投标、政府采购等工作，为规范市场经济提供保障。全年共办理各类公证1094件，为当事人修改有关法律文书28份，解答法律咨询1900人次，处理人民来信2件，协助当事人解决纠纷28件。涉外公证书使用地涉及15个国家和地区。

2002—2005年，县公证处共办理各类公证3419件，制止不法经济活动136件，解答法律咨询1728人次，避免和挽回经济损失1482万元。

2006年，县司法局进一步整合公证资源，拓展公证服务领域。积极开展“公证岗位训练活动”，提高公证人员的业务能力和服务水平，严把办证质量关；强化服务意识，积极参与政府的中心工作，组织公证人员为拆迁工作办理证据保全等公证。

2007年，县公证处开展“公证工作为构建社会主义和谐社会服务”主题实践活动。紧紧围绕县委、县政府建设“三个基地一个次中心”战略决策，在服务产业结构优化升级、国有企业改革、民营经济发展、增强企业自主创新能力等方面寻求新突破。继续开展法律服务“六进”工作和公证法律援助工作，定期指派公证人员深入社区、乡镇，开展公证知识咨询、讲座等活动，向居民发放公证法律服务联系卡、服务指南、办理公证须知等材料。积极介入新农村建设领域，为农民工等特殊群体提供公证服务，推广运用公证方式解决纠纷和诉讼，为农村落实土地承包政策、土地征用补偿安置、农村剩余劳动力转移等提供公证法律服务。

2012—2014年，县公证处以“法律服务到一线，司法行政促发展”主题实践活动为手段，进一步提高公证队伍素质，规范公证处内部管理制度，健全责任追究制和重大案情报告制度，完善监督机制，公证队伍政治素质、业务素质和职业道德素质有明显提高。这3年中，共办理各类公证1069件，其中内地公证579件、涉外公证353件、涉港澳台公证137件。

2015—2019年，县公证处共办理各类公证959件，其中内地公证613件、涉外公证256件、涉台公证74件、涉港澳公证16件。

第三节 服务收费

中华人民共和国成立初期，公证机关办理公证业务，按规定征收公证费，并列为地方财政收入。1980—2014年，县公证业务收费均按上级有关公证收费文件精神贯彻执行。

1981年2月，司法部和财政部联合颁发《公证费收费暂行规定》及《公证费收费标准表》。

1983年7月4日，司法部、财政部联合下发《关于修改〈公证费收费暂行规定〉的通知》。

1988年2月，司法部、财政部、国家物价局联合下发新的《公证费收费规定》和《公证费收费标准表》，规范公证收费标准。

1998年9月28日，根据国家发展计划委员会、司法部《公证服务收费管理办法》《关于调整公证服务收费标准的通知》精神，省物价委员会和省司法厅联合下发《关于调整公证服务收费标准的通知》，对全省公证服务收费标准进行结构性调整，从1998年10月1日起按新标准执行。

随着社会经济的发展，县公证办证量和公证业务收费持续上升。

1980—2019年部分年份上杭县公证处业务及收费情况表

表4-3

年度	国内民事公证（件）	国内经济公证（件）	涉外公证及涉人（件）	收费金额（万元）
1980	23	—	26	0.075
1981	46	—	7	0.067
1982	46	—	0	0.095
1983	41	—	4	0.322
1984	30	724	6	0.865
1985	34	1670	4	1.312
1986	41	1026	1	1.54
1987	28	1161	11	2.13
1988	27	896	7	2.65
1989	36	523	11	2.63
1990	28	514	22	2.94
1991	66	552	42	3.15
1992	57	577	85	3.81
1993	51	801	92	4.25

续表4-3

年度	国内民事公证（件）	国内经济公证（件）	涉外公证及涉人（件）	收费金额（万元）
1994	24	956	104	5.13
1995	95	673	192	6.14
1999	157	920	94	14.5
2000	86	851	68	20
2001	68	926	100	19.97
2002	124	930	146	21
2004	163	511	148	21.2
2005	162	380	105	21.3
2006	276	220	223	21.6
2007	537	30	248	22.1
2008	325	62	301	22.8
2011	305	30	258	24.2
2012	209	20	198	24.8
2013	311	39	281	24.8
2014	379	24	213	27.46
2015	390	3	253	30.226
2016	486	8	250	33.28
2017	362	12	212	34.95
2018	360	4	185	26.4528
2019	484	0	237	32.6522

第四节　管　理

上杭县自1955年开始办理公证业务，直至20世纪70年代初期，公证业务量不多。其间受“文化大革命”影响，公、检、法被“砸烂”，公证业务随之停顿。1972年，县人民法院虽恢复公证业务，但对公证的重视与管理相对疏松。中共十一届三中全会后，随着改革开放深入发展，公证工作在政治经济领域中的作用日益显现，办证业务范围日趋扩大。

公证人员在福利彩票现场开展相关工作 （上杭县司法局供图）

1981年9月17日，省司法厅公证律师处下发执行《转发龙岩地区司法局〈公证人员守则〉》，使县公证处公证人员素质和公证服务质量得到提高。

1982年4月国务院颁布《中华人民共和国公证暂行条例》后，公证工作进入一个发展新阶段，县对公证工作组织和业务领导得到加强。

1989年，根据地区司法行政工作会议部署，公证处实行目标管理责任制，调动公证职能部门积极性，公证工作出现新局面。

1994年3月，根据省司法厅《公证处主任负责制试行办法》文件精神，县司法局下发《关于公证处实行主任负责制的方案（试行）》规定，确立公证处独立法人地位。3月1日起，公证处实行财务独立，自行建账和管理收支，享有责、权、利自主权。县司法局从宏观上加强领导、检查和监督公证处工作，协助理顺上下级关系，开拓公证证源，做好公证人员思想教育工作。

1995年10月，县人民法院和县司法局联合下发《关于进一步加强公证与审判工作相互配合的通知》，要求充分发挥公证机关和人民法院机关的职能作用，进一步加强公证与审判工作相互配合，确保公证质量，使公证活动在预防纠纷、减少诉讼和便利审判等方面发挥更大作用。1996年6月，县司法局在各乡镇司法办设立公证办事处，为司法办内设机构，隶属县司法局领导，业务受公证处指导。

2002年，县公证处开展“公证员职业道德、执业纪律专题教育活动”。2003年2月，县司法局下发《关于加强公证工作管理的有关规定》，在政治业务学习、硬件建设、财务管理、办案制度等作出明确规定，加强公证工作制度化、规范化管理。

2006年，为加强公证内部管理，改善服务质量，提高服务效率，县司法局下发《关于批转〈上杭县公证处内部管理有关规定（试行）〉的通知》，同意县公证处制定内部管理规定。2007年，县公证处组织开展公证执法（执业）自查工作，抓好“一法三规章”学习，按照文件要求严格对照《福建省公证质量检查评定办法》和《福建省公证质量检查评定标准》，组织全体公证员认真做好公证质量进行全面自查。

2011—2012 年，县司法局积极开展法律服务行业执业评查活动月和行风评议活动，加强公证员职业道德、执业纪律和诚信建设的教育。同时健全《出具错、假证责任追究制度》《财务管理制度》《处务会制度》等，加大公证处案件查处力度，并以“零容忍”态度查办案件。

2014 年 9 月，县司法局联合县财政局制定《福建省上杭县公证处财务管理办法（试行）》。12 月，县公证处加快公证绩效考核和激励约束机制建设，在全市率先制定《上杭县公证处 2015 年奖励性绩效工资考评分配办法》，进一步规范公证机构收入分配秩序，促进公证事业健康发展。

2019 年，司法局对公证处与其他法律服务单位开展职业道德执业纪律评查活动，签订执业责任状，进行年度考核，考核结果均为合格。同时，督促公证处加强内部建设，进一步规范依法办证，并严格按《福建省公证服务收费项目阳光价费》标准收费，公开收费事项和收费标准；执行公证一次性告知制度，承诺办理公证“最多跑一次”服务。全年，办理“最多跑一次”公证 195 件。

第五篇　安置帮教与社区矫正

第一章　安置帮教

改革开放后，上杭县安置帮教工作贯彻落实中央、省、市有关文件精神，按“帮教社会化、就业市场化、管理信息化、工作职责规范化”的工作思路，通过不断探索和完善分工协作、齐抓共管等有效措施，加强衔接管控，强化工作责任，努力推动过渡性安置和人性化帮教，促进安置帮教工作规范发展，使刑释解教人员重新违法犯罪率得到有效降低，安置帮教水平得到较大提高，为维护上杭平安和谐稳定起到积极作用。

第一节　安置帮教措施

1988—1996年，上杭县各级各部门按照中央六部委《关于加强刑释解教人员安置帮教工作意见》要求，群策群力，多管齐下，扎实做好刑释解教人员安置帮教工作。1994—1996年，全县412名刑释解教人员，重新犯罪仅13人，占总数的3.2%。临江镇刑释解教人员安置帮教工作成功经验被地区推荐到省安置帮教工作“福安会议”上作书面交流。

1997年，县司法局把开展刑释解教人员安置帮教工作作为改善治安状况，维护社会稳定重要举措。根据省委办公厅、省政府办公厅转发的《省综治委关于进一步加强刑满释放、解除劳教人员安置帮教工作意见的通知》及县委、县政府办转发的《县综治委关于进一步加强刑满释放、解除劳教人员安置帮教工作的实施意见》，县司法局从维护稳定大局出发，与有关部门密切配合，动员全社会力量实施“2345”工程（通过安置帮教实现“2个保证”：保证刑满释放人员重新犯罪率控制在5%以内，保证释解人员家庭人均生活达到当年全县人均生活水平；“3个落实”：落实安置帮教组织机构，落实帮教人员、帮教对象，落实安置工作；“4个结合”：把帮教工作与脱贫奔小康工作相结合，与精神文明建设相结合，与创建安全文明片区工作相结合，与社会治安综合治理相结合；“5个制度”：建立健全“三帮一”小组联系制度，定期组织帮教对象学习制度和家庭责任制度，帮教对象分级分类台账管理制度，帮教人员奖罚制度）。临江镇“三落实”（组织、工作、报酬落实）、“三心换一心”（真心走访，爱心帮扶，贴心搭桥，换取刑释解教人员回归社会的信心)，蓝溪镇“三帮一”（政府、社会、家庭帮助刑释解教人员）、才溪镇“三勤”（勤入户调查掌握情况，勤宣传党在新时期的方针、政策和法律法规，勤深入帮教小组指导帮教工作）、古田镇“四定”（定帮教对象、定汇报、定帮教内容、定帮教人员）等措施方法，取得显著成效。1997 年 12 月 11 日，县司法局局长林勇作为全市唯一的县级司法局代表，参加全省刑释解教人员安置帮教经验交流会，介绍本县经验和做法。

1998 年，县司法局将“两劳”释解人员安置帮教工作列为司法行政部门的重要职能范围。是年，经县编办批准，县司法局增设“两劳”释解人员安置帮教办公室，配备专职人员，强化安置帮教功能；建立健全安置帮教“六项制度”（协调小组成员单位例会制度、被帮教对象定期汇报制度、定期组织帮教对象学习培训制度、家庭责任制度、帮教对象分级分类台账管理制度、帮教人员奖罚制度）。同时，积极发挥由下村民警、村干部、学校教师、“两劳”人员亲属和亲朋好友组成的“五位一体”帮教小组作用，做好“两劳”回归人员摸底、建档、造册工作，由专职人员管理。同时，动员社会各方力量，培植、创办过渡性安置经济实体。才溪镇通过投入 8 万元创办过渡性安置实体才烨果林场和兴才机砖厂，安置和帮教“两劳”释解人员。

1999—2002 年，县司法局把开展刑释解教人员安置帮教工作作为改善治安状况、维护社会稳定的重要举措。一方面，与检察、公安等部门搞好衔接，加强对刑释解教人员的排查管理工作，积极开展结对帮扶活动；另一方面，主动与有关部门协调，制订工作计划，积极落实安置帮教措施，帮助刑释解教人员解决就业实际困难。对有重新违法犯罪苗头人员，进行重点监控，加强教育转化工作，使他们真正回归社会，成为守法公民。同时，把帮教工作列入基层治理和调解组织重要工作内容。各级各部门密切配合，营造良好的帮教社会环境；在民政扶助、耕地承包、建房审批、使用贷款和项目审批方面一视同仁，不歧视、不另看。“两劳”释解人员安置帮教工作逐步制度化、规范化。庐丰乡“两劳”安置帮教办帮助 10 名“两劳”释解人员申请工商营业执照，联络乡村企业安置就业 11 人。蓝溪镇对“两劳”释解人员实行多方倾斜政策，帮助贷款、落实责任田、优先照顾承包等。才溪兴才机砖厂安置 6 名“两劳”释解人员上班，使他们走上守法致富的康庄大道。临城镇一名“两劳”释解人员在镇村资助下，办起捞沙场，拥有几十万元固定资产，不仅自己致富，还帮助数名“两劳”释解人员解决生活出路。

2003 年，县司法局把抓好刑释解教人员安置帮教工作作为促进社会稳定一项重要工作，继续健全县安置帮教协调小组、乡镇安置帮教工作站、村（居）帮教小组“三级”帮教工作网络，在帮教工作中抓“三个环节”（建立重点帮教对象个人档案，把握重点管控时间，突出重点管控内容），严格实行“三定四包”（对帮教人员“定人、定任务、定责任”，要求责任人“包帮教、包管理、包安置、包转化”），做好“两劳”释解人员回访工作。

2004—2008年，县司法局把刑释解教人员安置帮教工作列为司法行政的一项重要职能，纳入社会治安综合治理，调整充实县综治委刑释解教人员安置帮教工作协调领导小组及办公室成员，健全完善乡镇（街道）安置帮教工作站、村（居）帮教联络小组、刑释解教人员帮教工作网络。根据省、市刑释解教人员安置帮教工作协调领导小组办公室统一部署，下发《关于做好刑释解教人员排查清理工作的通知》，深入开展排查清理活动。结合综治宣传月，协调各部门共同做好刑释解教人员衔接、安置工作。紫金矿业集团股份有限公司、才溪建筑有限公司尽力安排刑释解教人员就业。才溪建筑有限公司被确认为过渡性安置基地，发挥出安置帮教的积极作用。2006年，县安置帮教办公室被市综治委评为2001—2005年度安置帮教工作先进单位。2008年6月9—11日，县、乡、村刑释解教工作人员带着法律书籍和学习用品到龙岩、闽西、永安、清流等监狱，开展进监帮教活动。

2009—2012年，县司法局按照“安其身、暖其心、促其变”的工作思路，依法有序开展刑释解教人员排查回访专项活动。各乡镇根据刑释解教人员是否已经完全融入社会、思想情绪有无波动、生活是否稳定、有无重新违法犯罪倾向和现实危害等情况，有针对性地开展回访帮教。自2009年开始，按抓好衔接、健全长效管控机制思路，全县启用刑释解教人员安置帮教工作管理软件，做到一人一电子档案，建立跟踪、回访制度和应急机制。到2011年，全县司法行政系统全部接入信息管理平台，安置帮教等信息实现网上管理。同时，努力为刑释解教人员拓宽生活渠道，帮其解决就业、社会保障等方面困难和问题。一方面，加快实体（安置帮教基地）建设，全县落实安置帮教过渡实体（基地）11个，并开展技能培训，下都、蓝溪、临江等乡镇分别举办“种养殖技能”“烤烟生产管理”“电瓶车技术”等培训班，使全县刑释解教安置帮教对象共560多人（次）得以参与技能培训；另一方面，对于符合低保条件的刑释解教人员，按规定给予落实低保和医保政策。

2012年，县司法局积极协调县总工会、团县委、县老龄委、县关工委、县妇联等社会群团组织，以“一助一”“多助一”等形式参与刑释解教人员帮教。将特困刑释解教人员和服刑在教人员子女，全部纳入“春蕾”计划，使之得以就学，得到救济。

2013年，全县共接茬刑释解教人员605名，其中刑满释放人员209名、解除劳教3人，解除社区矫正93人。在安置帮教工作中，对农村籍刑释解教人员522人全部帮助落实责任田，安置率、帮教率均达100%。同时，还帮刑释解教人员解决就业、社会保障等方面困难和问题，为19名符合低保条件刑释解教人员协调落实低保待遇。

2014年，继续推进刑满释放人员无缝衔接工作，实施分类帮教制度，把刑满释放人员分重点帮教对象、一般帮教对象和困难帮教对象进行管理，在税收、生活救助、劳动就业和社会保障等方面，给予落实相关政策。县、乡（镇）两级共建立16个安置基地，共安排就业30人次，有10人通过帮助取得低保。是年，共接茬刑满释放人员673人，安置率、帮教率均达100%，当年回归人员无重新犯罪。

2015年，开展排查走访，加强对服刑人员基本信息核查，以更好落实帮教措施。对刑满释放人员就业、就医和生活困难等问题，通过加大技能培训，落实生活救助、劳动就业和社会保障等措施给予缓解，其中有35人被纳入低保。全年共接茬刑满释放人员582人，安置率、帮教率均达100%。

2016年，全县建立刑释解教人员教育基地2个，社区服务基地95个，指导就业基地5个；解除社区矫正1639人，解除劳教11人，安置率、帮教率均达100%。

2017年12月，共接收刑满释放人员555人，安置率、帮教率均达100%。

2019年，采取分类帮教和多帮一措施，落实衔接、帮教、稳控和安置工作。工作中，开展排查走访，做到底数清、情况明。是年，共衔接刑满释放人员382人，在册帮教安置对象2061人，均得到妥善安置。

第二节　安置帮教管理

1997年6月，上杭县成立刑满释放、解除劳教人员安置帮教工作领导小组及办公室，办公室挂靠在县司法局，原由县公安局负责的“两劳”释解人员安置帮教工作任务转由县司法局承担。1998年，上杭县各乡镇依托司法办成立安置帮教工作站，各村（居）委会普遍建立帮教小组，形成以基层调委会为主体，人民调解员为骨干的帮教网络，以期全方位做好安置帮教工作。1998年，全县建立帮教小组383个，帮教工作人员766人，到2000年全县有帮教小组791个，帮教工作人员1607人。

2000年，县司法局继续落实中央四部委《关于进一步做好服刑、在教人员刑满释放、解除劳教时衔接工作的意见》，认真做好刑释解教人员花名册和安置帮教工作登记卡的登记工作，进一步规范和完善安置帮教工作各项制度。全县基层帮教组织积极配合综治、公安等部门落实帮教措施，提高帮教率、减少脱管率、降低重新犯罪率，并将此项工作纳入基层创安考核内容。

2001年，上杭县社会治安综合治理委员会调整刑满释放和解除劳教人员安置帮教工作协调领导小组及其办公室成员。调整后协调领导小组由县司法局局长任组长，县委政法委副书记、综治办主任、县公安局副政委、县司法局副局长任副组长，公安、劳动、民政、工商等部门为成员单位。县安置帮教工作协调领导小组下设办公室，地点设在县司法局。同时，各乡镇也相应成立安置帮教工作小组及办公室。从此，县、乡（镇）、村三级形成由综治委牵头，司法管理、公安协助、有关部门配合的安置帮教工作网络。

2005年，上杭县综治委刑释解教人员安置帮教工作协调领导小组下发《关于参与建设“平安上杭”活动的实施意见》，以进一步发挥各有关部门职能，做好刑释解教人员安置帮教工作，预防和减少重新犯罪。同时，健全机制，落实措施，抓重点管控促防范全面化；做好政策宣传工作，大力宣传省社会治安综合治理委员会办公室等九部门《关于贯彻落实〈进一步做好刑满释放解除劳教人员促进就业和社会保障工作的意见〉的实施意见》；深入开展排查清理活动，并结合综治宣传月，开展刑释解教人员回访考察月活动。

2008年，全县实现刑释解教人员网络化登记和管理，同时努力探索刑释解教人员安置帮教工作新途径，组织县、乡、村（社区）帮教人员前往闽西、永安、清流等监狱开展“故乡在呼唤”谈心帮教活动，促其顺利回归社会，避免重新犯罪。2010年，为贯彻落实中央社会治安综合治理委员会《关于进一步加强刑满释放解除劳教人员安置帮教工作的意见》精神，提高全县各级安置帮教机构信息化应用水平，加快刑释解教人员信息管理系统使用，上杭县安置帮教办公室组织全县各基层司法所和综治办工作人员对刑释解教人员信息管理系统应用进行培训，进一步做好刑释解教人员信息管理系统应用，加速安置帮教工作信息化管理，为推动全县安置帮教工作逐步走上科学化、规范化、制度化、信息化奠定良好基础。2011年，全县司法行政系统全部接入省司法厅信息管理平台，安置帮教等信息全面实现网上管理。至2012年年底，全县司法行政两级电子信息平台都有专人负责管理日常工作的信息登录，全部实现对社区服刑人员和刑释解教人员数字化管理、自动化监控、科学化引导，促进社区矫正和安置帮教工作向规范化、人性化、智能化、合理化方向发展。

2015年，开展刑满释放人员排查走访专项活动，了解安置帮教对象衔接落实、就业安置、思想动态等情况，摸清底数，掌握去向。将安置帮教对象分为重点帮教对象、一般帮教对象、困难帮教对象，进行分类管理。对有重新违法犯罪倾向的重点帮教对象，进行严密控制，发现苗头及时处理；对于表现一般，思想不够稳定的一般帮教对象，由基层司法所、乡镇干部、村居主任、帮教对象亲属等定期进行帮教，做到多谈心、多提醒、多督促；对于表现较好，思想稳定，家庭和睦的困难帮教对象，由帮教小组工作人员进行不定期谈话和走访。是年，县司法部门还根据《2015年全县社区矫正和安置帮教工作要点》和《关于做好2015年度安置帮教工作考核的通知》，对各安置帮教工作加强考核，将考核情况纳入年终绩效考评。同时要求开展刑释人员重新违法犯罪倒查工作，分析重新违法犯罪原因，查找存在的问题，改善管控方法，进一步提高帮教工作水平。

2018—2019年，继续全面推行安置帮教对象分类帮教制度，积极主动和民政部门衔接，或将安置帮教对象纳入社会最低保障对象，或引导、扶助其自谋职业、自食其力，或纳入扶贫帮扶对象。

第二章　社区矫正

2013 年 6 月 28 日，在全县社区矫正工作会上，县有关领导为社区矫正工作先进集体和先进个人颁奖　（上杭县司法局供图）

开展社区矫正工作是中央司法体制和工作机制改革的重要内容，是贯彻落实宽严相济刑事政策的基本要求，是推进社会管理创新的重要内容，是促进社会和谐稳定的重大举措。上杭县社区矫正工作严格按照《中华人民共和国刑法》《中华人民共和国刑事诉讼法》《中华人民共和国社区矫正法实施办法》等法律法规，认真做好监督管理、教育矫正、帮困扶助等工作。至 2019 年年底，全县所有社区矫正人员无一脱管漏管，无一重新犯罪。2019 年 11 月，福建省社区矫正工作现场会在上杭县召开。

第一节　机构成立

2010 年 11 月 25 日，龙岩市社区矫正工作动员大会召开后，上杭县认真传达落实会议精神，分别召开县委常委会和县政府常务会议研究贯彻意见，对全县社区矫正工作组织机构、人员编制、经费保障等方面事项作出有关决定。

2011 年 9 月 9 日，县委办、县政府办转发由县委政法委、县人民法院、县人民检察院、县公安局、县司法局联合制定的《上杭县全面试行社区矫正工作的实施意见》，成立由县委常委、县委政法委书记任组长，县政府分管领导为常务副组长，县委政法委副职领导和县法院、县检察院、县公安局、县司法局主要领导为副组长，县直各有关单位负责人为成员的社区矫正工作领导小组。领导小组下设办公室，设在县司法局，负责处理社区矫正日常工作。是年 10 月 19 日，县委编办批复同意成立上杭县社区矫正中心，为司法局下属事业单位，核定 27 个事业编制名额作为社区矫正专职工作人员名额（其中县社区矫正中心 5 个、乡镇 22 个）。社区矫正专职工作人员在全县中、小学教师队伍中选调。

社区矫正中心工作经费参照县司法局工作人员公用经费标准（每年每人 1.4 万元）列入年度预算。县委、县政府对当年度实现“三无”（无脱管、无漏管、无重新犯罪）目标的乡镇，按每个社区矫正对象给予 600 元奖励。10 月 31 日，以临江镇为试点，召开全县社区矫正工作动员大会暨交接仪式现场会。此后，各乡镇社区矫正启动和交接工作迅速开展。至 2011 年 11 月 18 日，全县 22 个乡镇完成 575 名社区矫正对象交接，启动社区矫正工作。

2019 年，成立闽西监狱社矫上杭大队。9 月后，对全县社区服刑人员全覆盖开展行为矫治、警示教育、训诫及其他执法工作，提升社区服刑人员在刑意识和规矩意识。是年还通过政府购买方式组建心理咨询团队，以加强对社区服刑人员心理矫治工作。团队共有成员 6 人，其中二级心理咨询师 3 名、三级心理咨询师 3 名。

第二节　主要工作

一、健全工作制度

2011 年，社区矫正有关文件下发、有关领导机构成立后，县司法局与各乡镇司法所签订《社区矫正工作责任制》，明确司法所负责人是社区矫正工作第一责任人，对辖区内社区矫正工作负总责。在履行日常矫正工作中，做到“一人一矫正小组、一人一矫正方案、一人一矫正档案”；先后制定《社区矫正对象暂行规定》《社区矫正对象奖惩考核计分管理暂行规定》《社区矫正日常监督管理规定》《重要节假日稳定情况日报告制度》《社区矫正人员工作档案移送规定》《社区矫正人员工作档案（样本）》《社区矫正执法检查项目》等工作制度，使社区矫正工作有章可循，规范运作；还建立政法委、公、检、法、司、电信等部门组成的联席会议制度和工作通报制度，各司法所与公安派出所、村（居）建立了情况通报和报告制度。县人民检察院和县司法局成立社区矫正工作检查组，每年 2 次定期和数次不定期检查，督查和指导司法所开展社区矫正工作，查找存在问题，剖析问题原因，解决工作困难，促进工作开展。县司法局和县人民法院针对社区矫正人员法律文书和社区矫正人员交接等问题多次进行协商，统一规范法律文书移交及社区矫正人员报到交接。

二、抓好队伍建设

围绕创建平安和谐乡村建设，县司法局对全县司法行政队伍进行多方面、多层次业务知识和管理能力培训，以提高监管能力；编印社区矫正工作业务知识材料，如编印《社区矫正业务指导》等；制定相关业务工作表格，下发到基层司法所和每位干部职工手中；举办社区矫正业务知识培训班，组织全县司法行政机关干部、职工，学习《中华人民共和国刑法》《中华人民共和国刑事诉讼法》《中华人民共和国社区矫正法实施办法》和《福建省社区矫正实施细则（试行）》等法律法规，学习中央、省、市有关社区矫正工作规定、政策及相关会议文件；就如何开展社区矫正人员接收报到，日常管理，分类管理，教育矫正，外出、居住地变更审批，审前调查，考核奖惩，帮困扶助，解除矫正和档案管理等相关工作进行培训；邀请龙岩监狱警官对监狱管理中与社区矫正工作相关、相似业务知识进行讲解和辅导，并就如何开展对犯罪行为和恶习的心理矫正作经验介绍；邀请市司法局矫正科领导作《社区矫正的监督管理与教育矫正》《社区矫正工作的基础理论与实践》等辅导。县司法局还用以会代训办法，结合季度司法行政工作会议部署全县政法工作，组织全体干部、职工学习《中华人民共和国社区矫正法实施办法》等法律法规和相关文件，以增强社区矫正工作宏观指导。

三、抓好宣传教育

充分利用小报——《上杭司法》和县司法局普法网站，司法所和各村（居）现有法制宣传专栏等宣传平台，大力宣传《中华人民共和国社区矫正法实施办法》及相关法律、法规和政策；结合每年3月的综治宣传月活动，开展社区矫正宣传教育专题活动，由司法所指导各村（居），结合黑板报、宣传栏、法律咨询、法制讲座等形式向群众宣传社区矫正工作；每个村（居）每年制作一期专题宣传社区矫正工作的法制宣传栏，刷新一条宣传标语；县司法局充分利用上杭广播《法制园地》宣传社区矫正工作相关法律、法规、政策，编印社区矫正工作简报和信息，宣传建立、完善社区矫正人员监督教育经验和做法；收集整理一批社区矫正宣传标语，下发各相关宣传单位，在电子显示屏、街头、围墙等展示、张贴、悬挂；结合社区矫正人员入矫教育开展针对性宣传；县司法局还联合县文工团、学校、文艺团体等采编社区矫正普法宣传节目，通过采取通俗易懂、群众喜闻乐见的文娱形式将社区矫正相关法律法规内容和精神宣传到群众中。

上杭县社区矫正人员重点对象集中教育学习活动　（上杭县司法局供图）

四、抓好依规执法

县司法局在收到人民法院、监狱等机关委托后，及时登记，并指派司法所进行调查；司法所实地走访调查后形成客观评估意见上报，由县司法局进行研究审核，以把好矫正入口关。2012年和2017年，各办理48件和113件适用社区矫正前社会调查评估工作。

社区矫正对象到县司法局报到后，司法局立即为其办理接收登记手续，填写社区矫正对象相关信息，办理定位手机，告知社区矫正对象三日内到其居住地所在司法所报到，并发《中华人民共和国社区矫正法实施办法》给社区矫正对象，收到法院、监狱等机关寄（送）来的法律文书后，立即填写登记，以《法律文书移交函》方式，将法律文书复印件用快件寄交司法所。

抓好日常管理。按照《中华人民共和国社区矫正法实施办法》《福建省社区矫正实施细则（试行）》，认真落实“日定位、周听声、月报告、季评议、年考评”措施，建立健全定期例会、业务培训、信息报送、统计、档案管理以及执法考评、执法公开等制度，保障社区矫正工作规范运行。

2012 年，全县共组织集中教育 4001 人次、社区服务 3964 人次，进行个别谈话 479 人次、心理辅导 35 人次。抓好奖惩帮扶，按照“事实清楚、证据确凿、依据正确、定性准确、处罚（奖励）适当、程序合法”原则，及时依法公正实施警告、表扬、提请治安处罚和司法奖惩等，经局奖惩委员会集体研究，报请市司法局提出减刑 1 人，建议县法院撤销缓刑、收监执行刑罚 1 人，提请给予治安处罚 8 人次，给予警告 32 人次；抓好突发事件预警，进一步健全和完善社区矫正和安置帮教突发事件应急处置机制，不断提高应对和处置突发事件的能力和水平。

2013 年，组织社区矫正对象集中学习教育 3922 人次、个别谈话教育 564 人次，给予社区矫正警告 65 人次，进行心理辅导 240 人次，参加技能培训 211 人次，指导就业或就学 217 人次。社区矫正工作逐步规范，无社区服刑人员脱管、漏管现象，无重新犯罪发生。

2014 年，共接收社区矫正人员 325 人，解除社区矫正人员 442 人。到年末，在册社区矫正人员 491 人（其中缓刑 453 人、假释 32 人、暂予监外执行 6 人）；办理手机定位 471 人，定位手机配备率 95. 9%，全部设立“电子围栏”。是年，建议法院撤销缓刑、给予收监执行刑罚对象 3 人，提请给予治安处罚 3 人次，给予警告 90 人次；无社区服刑人员脱管、漏管现象，无重新犯罪发生。

2015 年，共接收社区服刑人员 367 人，解除社区矫正 382 人（其中特赦 14 人）；年末在册社区服刑人员 454 人（其中缓刑 429 人、假释 20 人、暂予监外执行 5 人）；给予社区服刑人员警告 54 人次，提请公安机关给予治安拘留 7 人，提请人民法院撤销缓刑 8 人。受法院、检察院、监狱等机关委托，办理审前社会调查评估 116 件。在册社区服刑人员办理手机定位 442 人，办理率 98. 4%。全部设立“电子围栏”。是年，无社区服刑人员脱管、漏管现象，无重新犯罪发生。

2016 年，全县共接收社区服刑人员 396 人，解除社区矫正 412 人，年末在册人员 399 人（其中缓刑 374 人、假释 19 人、暂予监外执行 6 人）。给予社区服刑人员警告 49 人次，提请公安机关给予治安拘留 5 人，提请人民法院撤销缓刑 1 人，受法院、检察院、监狱等机关委托，办理案件评估 120 件。在册社区服刑人员全部设立“电子围栏”，定位手机配备率98.7%。是年，司法局在横向上建立“政法电信部门联席会议”制度、情况通报和报告制度、不定期检查制度、法律文书移交及矫正人员报到交接制度；在纵向上，与司法所签订《社区矫正工作责任状》，明确司法所所长是社区矫正工作第一责任人，对辖区内社区矫正工作负总责。在日常工作上，制定《社区矫正日常监督管理规定》等一系列制度，确保社区矫正工作有章可循、规范运作。基层所按照“底数清、动态清、管得住、服务好”的目标要求，主要从特殊人群监管、教育、帮扶、救助等环节入手，充分利用新科技执法终端，精准识别、精准定位，层层设防。县局建立社矫指挥中心，实现公安、司法、监所、村（社区）联动联通，确保特殊人群稳定可控。

2017年，接收社区服刑人员365人，解除社区矫正人员404人，年末在册人员349人。给予社区服刑人员警告52人次，治安处罚5人，收监2人。受法院、检察院、监狱等机关委托，办理适用社区矫正前社会影响调查评估案件113件，居住地核实认定240件。社区服刑人员办理手机定位339人，手机定位办理率达97.1%。对22名重点人员佩戴电子手环。

2018年，全县共接收社区服刑人员328人，解除矫正351人，在册社区服刑人员301人。给予社区服刑人员警告95人次，治安拘留1人，撤销监外执行1人，对34人次采用佩戴“电子手环”方式加强监管。8月，与闽西监狱狱警首次联合开展社区矫正集中教育活动，12月全面完成县社区矫正中心标准化建设及庐丰、临城、古田、才溪4个司法所标准化宣告室建设。

2019年8月5日，上杭社区矫正工作人员对矫正对象进行警示教育
（上杭县司法局供图）

2019年，社区矫正工作贯彻总体国家安全观，落实“监管执法、矫正教育和社会适应性帮扶”三项工作，强保障、促规范、抓特色，重视抓社区矫正中心标准化建设，实施刑罚执行一体化，加强现代科技应用，推进“智慧社矫”，努力形成以“红色教育、祖训教育、绿色社矫、心理矫治”贯穿社区矫正全过程的特色矫正教育工作法，使社区矫正工作实现从“管得牢”“控得住”向“管得好”“改造好”转变。3月起，把远程点验与现场点验相结合，推动点验工作常态化开展，以提升监管实效；加强日常监管，对社

区服刑人员进行实时定位、电话抽查和轨迹研判，并组织开展专项大排查，以涉黑涉恶、涉枪涉爆、涉恐怖、涉邪教、有再犯罪倾向、患有精神疾病和涉黑涉恶等社区服刑人员为重点，对辖区内社区服刑人员全覆盖排查。4月4日，与县法院、自然资源局等部门联合制定《上杭县生态恢复示范基地暨绿色公益社区矫正基地实施方案》，打造绿色社矫特色教育。5月11—12日，组织全县60名社区服刑人员参加上杭县司法局与龙岩市金桥职业培训学校联合举办的社区矫正电工技能培训。9月后，对全县社区服刑人员全覆盖开展行为矫治、警示教育、训诫及其他执法工作，以提升社区服刑人员的在刑意识和规矩意识。是年，通过政府购买方式组建心理咨询团队，加强对社区服刑人员心理矫治工作。团队成员6人，其中二级心理咨询师3名、三级心理咨询师3名。是年，成立闽西监狱社矫上杭大队。

2019年，全县社区矫正新接收302人，解矫305人，在册社区服刑人员300人，全县未发生社区矫正安全隐患问题。此外，共衔接刑满释放人员382人，在册帮教安置对象2061人，均得到妥善安置。

11月4—7日，全省社区矫正工作现场会暨业务培训班在上杭县召开。

2012—2019年上杭县社区矫正工作指标情况表

表5-1

年份 项目	2012	2013	2014	2015	2016	2017	2018	2019
接收社区服刑人员（人）	438	422	325	367	396	365	328	302
解除社区矫正（人）	405	389	442	382	412	404	351	305
年末在册人员（人）	636	631	491	454	399	349	301	300
给予警告（人次）	32	65	90	54	49	52	95	54
提请公安机关给予治安处罚（人）	8	3	3	7	5	5	1	1
提请法院给予撤销缓刑、收监执行（人）	1	1	3	8	1	2	0	3
提请法院给予收监执行（人）	0	0	0	0	0	1	1	0
办理审前社会调查评估（件）	45	57	152	116	120	113	145	84

第六篇　法律援助与法律服务

第一章　法律援助

2000年6月15日，上杭县机构编制委员会批准成立县法律援助中心。随后，相继成立县“148保障老年人合法权益法律援助工作站”“维护妇女儿童合法权益法律援助站”“维护未成年人合法权益法律援助站”“维护残疾人合法权益法律援助站”。

2003年，蛟洋、临城、蓝溪、才溪建立法律援助工作站。2005年8月，官庄、南阳、中都、古田等乡镇分别增设法律援助站。至2006年12月，全县22个乡镇及县妇联、工会、残联、人武部、未成年人保护办、老龄委6个部门都设立法律援助工作站。2008年10月，成立“上杭县南岗工业园区法律援助站”和“上杭县蛟洋工业园区法律援助工作站”。

各法律援助机构成立后，忠实履行“贫者必援、弱者必帮、残者必助”服务承诺，不断加强机构建设，完善法律援助工作机制，拓展法律援助覆盖面，为弱势群体提供了有力的法律援助。

第一节　援助机构

上杭县法律援助制度建立于1996年。1999年3月，上杭县法律援助中心开展业务。2000年6月15日，上杭县机构编制委员会发出《关于同意成立上杭县法律援助中心的批复》，批准成立县法律援助中心。该中心为正股级建制，不定编制，所需人员从司法局机关内部调剂解决，隶属县司法局管理，是县政府专门负责组织实施全县法律援助事务的机构，负责组织、管理、实施和监督全县法律援助工作，由各律师事务所、公证处、各乡镇司法办、法律服务所承担其援助职能。

2000—2001年，县成立“148保障老年人合法权益法律援助工作站”。县法律援助中心积极拓展法律援助业务，相继成立“维护妇女儿童合法权益法律援助站”“维护未成年人合法权益法律援助站”“维护残疾人合法权益法律援助站”。

2003年，县法律援助中心拓宽法律援助工作网络，以县城为中心，在东、西、南、北线分别选定蛟洋、临城、蓝溪、才溪建立法律援助工作站，县工会、妇联、残联等部门密切配合，及时指派法律援助人员为受援人提供法律帮助。

2005 年 8 月，县法律援助中心在官庄、南阳、中都、古田等乡镇分别增设法律援助站。履行“贫者必援、弱者必帮、残者必助”的服务承诺，不断加强机构建设，完善法律援助工作机制，不断拓展法律援助的覆盖面。至年底，全县共建立 8 个乡（镇）法律援助站和县妇联、工会、残联、人武部、老年协会 5 个部门法律援助站。横向、纵向援助网络不断健全，以县法律援助中心为主体向各乡镇、社团辐射工作网络渐趋完善，推动法律援助工作向纵深发展。

2006 年 12 月 15 日，县司法局下发《关于设立临江、庐丰、白砂等 14 个乡镇法律援助工作站的通知》，至此，全县 22 个乡镇及县妇联、工会、残联、人武部、未成年人保护办、老龄委 6 个部门设立法律援助工作站。

2008 年 10 月，成立“上杭县南岗工业园区法律援助站”和“上杭县蛟洋工业园区法律援助工作站”。

2015 年 8 月，上杭县法律援助中心消防大队工作站成立授牌暨法律援助的座谈会 （上杭县司法局供图）

2009 年 9 月，县法律援助中心服务窗口进驻县行政服务中心。该窗口为受理、审查、指派一站式服务窗口，困难群众和持有法律援助证的人员所申请的案件性质属于法律援助的案件范围的，可在法律援助窗口直接受理审批。

2010 年 11 月，县法律援助中心在县人口与计划生育局和县公安局交管大队，分别设立“上杭县法律援助中心维护计划生育家庭合法权益法律援助工作站”和“上杭县法律援助中心维护交通肇事受害人合法权益法律援助工作站”。

2012 年 9 月，县人民调解中心设立“上杭县人民调解中心法律援助工作站”。

2013 年 3 月，县看守所设立法律援助工作站，工作站负责人和工作人员由县看守所确定，工作站日常业务工作接受县法律援助中心指导。

2019 年，法律援助机制更完善。民事法律援助事项范围扩大，经济审查门槛降低，特殊群众权益更受到保障。加强法律援助与劳动仲裁衔接，与人力资源和社会保障部门沟通，建立劳动争议仲裁与法律援助衔接工作机制，对农民工法律援助案件优先受理、优先指派，简化受理审查程序，使农民工合法权益切实得到保障。

第二节 援助管理

1996年9月，县司法局下发《上杭县律师公证法律援助办法》（以下简称《办法》），规范全县法律援助活动，《办法》从1996年10月1日起实施。2001年1月，县司法局下发关于印发《上杭县司法局关于实施〈福建省司法厅关于法律援助的暂行规定〉的细则》通知。2002年10月，县司法局制定《上杭县法律援助中心案件质量管理制度》《上杭县法律援助中心案件办理程序规定》，进一步规范县法律援助工作，切实保障受援助对象合法权益得到实现，把《法律援助申请程序》《法律援助业务范围》《法律援助的形式》上墙公布，接受群众监督。

2005年6月，县法律援助中心落实县司法局开展法律服务进社区、进乡村、进校园（简称"法律服务三进"）活动。组织律师、公证员、法律服务工作者等认真履行法律援助义务，鼓励支持有关社会团体和志愿人员参与法律援助工作，进一步发挥各援助工作站的职能作用。规范办理法律援助案件的程序，建立重大疑难案件集体讨论制度、案件服务质量跟踪反馈制度等，提高法律援助的办案质量。同时还将"148"法律服务专线纳入法律援助的总体范畴，通过采取多种管理措施，依法开展法律援助，维护弱势群体的合法权益。

2006年6月，根据《福建省司法厅关于法律援助案件受理、审批、指派制度》，县司法局下发《关于进一步明确办理法律援助案件有关问题的通知》，对全县法律援助案件申请、指定辩护、案件归档、办案补贴等事项，作明确规定。

2008年，县司法局将办公楼一层店面用于建设多功能法律服务大厅。法律服务大厅设有法律援助、"148"指挥中心、法律服务管理股、县中心法律服务所、政法"五长"接待室和局长接访室多个服务窗口，集法律援助案件办理、法律咨询、法律服务、来人接访、法律服务工作管理于一体。统一服务标准，对法律援助中心工作人员、值班律师和法律服务工作人员在接待来人来访、提供法律咨询、受理法律援助申请、办理法律援助事务等各个环节服务标准作出明确要求。对前来咨询和申请法律援助人员，坚持文明接待、首问负责。对群众所提涉法问题，当场能够解答的立刻予以解答，或及时约请律师给予法律咨询，为来访者排忧解难。实现更好地服务人民，方便群众办事，接受社会监督，落实便民利民措施。法律援助中心整合全局公务员、律师、公证员、法律援助人员和基层法律服务工作者等，利用法律援助已有网络体系和服务优势，形成对内各负其责、相互促进，对外沟通联动、协同作战协作机制，充分发挥整体优势，全面开展法律援助工作。

2010年3月12日，司法部法律援助司有关领导在省司法厅、省法律援助中心、市司法局和县政府、县司法局有关领导的陪同下，视察古田法律援助工作站和县法律援助中心，并参加法律援助工作座谈会。会上，司法部法律援助司有关领导在听取县司法局有关领导工作汇报后，充分肯定县司法局开展“法律援助便民服务”主题活动成效及法律援助中心服务大厅设在一层临街和发放农村计生光荣户“法律援助证”的做法，并根据全国法律援助工作新形势，提出要建立便民服务长效机制，进一步拓展主题活动广度和深度，扩大活动规模，丰富活动内容，进一步扩大法律援助覆盖面，做到“应援尽援”，简化程序，方便群众，推行电话申请、网络申请、邮寄申请、上门受理等服务方式。还指出，要加强法律援助专项经费管理，做到专款专用、不挪不占，逐步提高办案补贴标准。希望县法律援助工作要以人为本，服务民生，建设好法律援助这一党和政府的民心工程、德政工程。

2011—2013 年，县法律援助中心认真抓好政风行风建设，以开展“法律援助创先争优年”活动为契机，积极践行贫者必援、弱者必帮、残者必助“三必”服务承诺，创新便民利民举措，通过拓宽法律援助受理范围、构建“一小时法援服务圈”、开辟法律援助绿色通道、实行“马上就办”等措施，不断提升法律援助服务质量，切实援助困难群众维权，服务困难群体。

2014 年，县法律援助中心贯彻《司法部关于开展法律援助窗口单位专项整治活动的通知》，加强窗口建设，通畅便民渠道。推行“阳光服务、礼貌服务、高效服务、廉洁服务”理念，做到态度热情，语言文明，举止得体，服务规范。

2018 年，以当面回访、电话回访、上门了解情况和向当事人发放调查问卷等形式，提高法律援助质量，回访案件 151 件，满意率达 98%。对在法律援助办案中存在问题的律师进行约谈、责令整改。是年，发现一法律援助律师在办理援助案件时未会见受援人，县司法局将该律师懈怠履行法律援助义务行为，报请市局和市律师协会，建议给予处罚和行业处分。

2019 年，上杭县法律援助中心扩大民事法律援助事项范围，将涉及劳动保障、婚姻家庭、食品药品、就医、就学、就业、土地承包、林权纠纷、城镇化进程中农民权益保障等与民生紧密相关的事项纳入法律援助补充事项范围，帮助困难群众运用法律手段解决基本生产生活方面问题；对人民法院给予司法救助的人员，城乡低保、特困供养人员等正在接受社会救助对象，无固定生活来源的残疾人、老年人，请求支付劳动报酬、工伤赔偿的农民工，建档立卡的贫困户等特定对象法律援助申请，免于经济困难审查。同时，加强法律援助与劳动仲裁衔接，与人力资源和社会保障部门沟通，建立劳动人事争议仲裁与法律援助衔接工作机制，对农民工法律援助案件优先受理、优先指派，简化受理审查程序，以保障农民工合法权益。全年共受理农民工案件 75 件，挽回经济损失 315 万元。此外，还加强社会法律援助机构建设，为困难职工、农民工、未成年人、老年人、残疾人、工伤职工、交通事故受害者等弱势群体及时提供法律咨询和法律援助；加强基层法律援助组织建设，依托 22 个乡镇司法所设立 22 个法律援助站，建立“一镇一站

(法律援助工作站22个)、一站一员（法律援助联络员）”基层法律援助网络体系，让群众在家门口享受到法律援助服务。是年，共受理法律援助369件，其中民事325件、刑事43件、行政诉讼1件，解答法律咨询263人次。

第三节　援助活动

2000年6月，县荣达工贸公司为法律援助中心捐赠法律援助基金20万元，资助中心开展各项业务活动，为开展法律援助工作提供经费支持。是年，县法律援助中心先后为3名民事当事人提供法律援助，涉案标的达20万元。

2001年，全年共为经济困难、下岗职工和涉及劳动纠纷案件当事人提供免费代理18件，代书21份，提供法律咨询200余人次，减收案件受理费5.4万元，为未成年人提供法律援助9件，免收代理费3.9万元。

2002年，上杭县把“建立面向弱势群体的法律援助中心”列为为民办实事活动项目之一，县财政拨专款3万元用于法律援助中心建设。县法律援助中心向社会作出5项承诺，即凡申请法律援助者，在收到申请之日起7日内作出是否予以援助决定；凡法院指定的刑事法律援助案件，在收到人民法院指定辩护书面通知之日起3日内指派承办律师；凡符合法律援助条件案件，一律予以援助；凡要求解答法律咨询的，做到积极主动、认真负责。《福建省法律援助条例》颁布后，县司法局印发宣传材料500份，上街开展法律援助宣传22场次，接待咨询群众达2100人次；悬挂大幅横标43幅，在县电视台播放宣传材料13篇。全年全县共办理法律援助案件154件，接待法律咨询181人次，代写法律事务文书45份。援助对象涉及残疾人23人，老年人32人，未成年人19人，妇女25人，各类贫困者55人。

2003年，县法律援助中心开展两次较大规模的法律援助宣传，多次组织司法行政干警、执业律师、公证员和法律工作者上街开展法律援助咨询服务；还深入中都、湖洋、稔田、庐丰等乡镇，发放法律援助宣传材料1800余份，接待咨询群众900余人次。8月，《上杭司法》被刊载入国务院《法律援助条例》发至城乡各地，并编成宣传材料上街散发。全年共办理各类法律援助案件110件，受援人涉及残疾人21人、老年人21人、未成年人24人、妇女22人、贫困者16人、其他6人，避免和挽回弱势群体经济损失近200万元。

2004年，县依法治县办组织全县干部职工为法律援助捐助资金，共收到社会各界捐款23万余元。全年全县共组织办理各类法律援助案件108件，受援108人，其中残疾人7人、老年人25人、未成年人27人、妇女26人、贫困者17人、其他6人。

2005年5月，县法律援助中心与“148”指挥协调中心合署办公，实现信息资源共享，进一步强化法律援助功能。10月，组织开展“文明满意法律援助维权岗”评选活动，经过社会各界人士投票测评，有3个乡镇法律援助站、2个县直法律援助维权部门获“优秀维权岗”称号。全年全县共组织办理各类法律援助案件122件，其中民事案件108件、刑事案件14件，受援人涉及残疾人14人，老年人38人，未成年人41人，妇女31人，各类贫困者108人，避免和挽回社会各类弱势群体经济损失380余万元。

县司法局领导到上杭县法律援助中心临城工作站现场办公
（上杭县司法局供图）

2006年，法律援助工作以法律援助中心规范化建设为基本要求，开展面向弱势群体法律援助工作。全年共组织办理各类法律援助案件179件，受援人涉及残疾人31人、老年人70人、未成年人52人、妇女70人、各类贫困者176人，避免和挽回社会各类弱势群体的经济损失432万余元。

2007年7月，全县启动“低保残疾人法律援助爱心行动”，开辟贫困残疾人和农民工法律援助绿色通道，为他们提供高效、便捷的法律服务，全县776名贫困残疾人和1160位农民工领到法律援助证。全年全县共组织办理各类法律援助案件239件，其中民事案件210件、刑事案件29件，受援人涉及残疾人37人、老年人70人、未成年人45人、妇女88人、农民工22人、各类贫困者174人，通过法律援助为当事人避免和挽回经济损失611万元。

2008年，全县法律援助努力构建以县法律援助中心为主导，以社团、乡镇法律援助工作站为辅助，以村（居）法律援助联络员为补充，由有关维权部门共同参与的横向到边、纵向到底、覆盖面大的三级法律援助网络，较好实现了法律援助就近就地和多点服务网络愿景。并坚持“应援尽援”原则，健全完善法律援助工作制度化、程序化、规范化建设，扩大法律援助覆盖面。同时，注重提高法律援助质量，切实维护困难群众合法权益。6月，在全省率先为7027名农村独生女户、二女结扎户、农村计生工作贡献户发放法律援助证。全年全县共办理各类法律援助案件240件，受援人数达342人，为当事人避免和挽回经济损失960万元。

2009年，法律援助中心共发放法律援助便民指南1.1万余份，解答咨询10万余人次，受理各类法律援助案件268件。其中指派律师办理法律援助案件51件、公证处办理1件、县中心法律服务所办理216件，减免当事人费用10万余元。

2010年，共受理农民工法律援助案件47件，讨回工资28万元；受理农村计生光荣户、特殊户法律援助案件18件；受理交通肇事受害人法律援助案件20件，获得赔偿400余万元；为31名低保残疾人免费提供各类法律援助服务，避免和挽回经济损失41万元；维护老年人合法权益的法律援助案件41件，获得侵权赔偿50余万元；全县75名妇女、31位未成年人得到法律援助服务，21位未成年人获得刑事法律援助的辩护服务。县法律援助中心参与3件医患纠纷调处工作。

2011年，提供法律援助案件267件，受援总人数374人，涉及残疾人32人、老年人63人、未成年人67人、妇女61人、农民工56人、其他贫困者105人，避免和挽回经济损失960万元；解答人民群众的各类法律咨询82796人次。

2012年，县法律援助中心按上级部署，充分发挥职能作用，提出一系列维护农民工合法权益的工作措施：充分发挥依托在县总工会维权部法律援助站作用，每月定期与援助站工作人员总结前一个月法律援助工作、分析研究存在问题，对安排部署次月工作做到有的放矢；对全县1160名持法律援助证农民工进行跟踪摸底，动态观察其务工去向，努力为他们的法律服务需求提供便利。对新申请办证农民工，法律援助中心及时配合县总工会在第一时间及时给予办理；努力提高农民工维权意识，引导农民工与用人单位签订公平、务实劳务合同，在源头上使农民工合法权益得到保障；与县总工会联合制定维护农民工合法权益相关制度，使企业和行业工会组织如遇农民工投诉涉及工伤赔偿、社会保险金给付纠纷以及用工者无故克扣或拖欠工资、不付或少付加班工资等情形，即可受理并提供维权服务。县法律援助中心与各工会组织形成联动机制，根据案情需要，如遇需要，在第一时间指派律师、基层法律工作者为农民工提供无偿服务。对不属于法律援助范围的，则指引农民工去相关机构处理。对外来农民工因情况特殊无法提供身份证明或者经济困难证明，有事实证明其为保障自己合法权益需要法律帮助，且情况紧急，不及时处理可能引发严重事件，或者遇到即将超过仲裁时效或诉讼时效的，或属于人数众多的群体性案件，法律援助中心可暂不进行经济困难审查，先行受理并指派援助人员提供法律服务，允许农民工事后补交有关证明材料，以此确保农民工获得及时法律援助。是年，共受理农民工投诉并提供法律援助案件46件，其中民事诉讼代理31件，仲裁代理6件，非诉讼代理9件，为农民讨回工资89万元，完善劳务合同13件，避免和挽回经济损失200万元。2014年4月2日（农历三月初三），上杭县蓝姓、钟姓、雷姓畲族少数民族节日，县法律援助中心组织法律援助人员到官庄畲族乡七里村小学操场，在汉畲群众联谊活动现场开展法律援助宣传活动，共发放法律宣传资料2000余份，接受法律咨询200余人次。受理法律援助申请案件3件，取得明显社会效果。全年共下乡进行宣传4次，为群众提供法律咨询920余人次，发放法律援助宣传材料8000余份，现场受理法律援助案件18件。

2015年，组织办理各类法律援助案件451件，其中民事案件323件、刑事案件128

件，受援助对象共计541人。通过法律援助，为当事人避免和挽回经济损失1800余万元。

2014年4月2日，法律援助工作人员到官庄畲族乡开展法制宣传活动　（上杭县司法局供图）

2016年，办理各类法律援助案件480件，其中民事案件383件、刑事案件97件，受援人涉及残疾人23人、老年人79人、未成年人108人、妇女76人、农民工58人、各类贫困者136人。包括“148”法律服务专线涉及案件在内，共为当事人避免和挽回经济损失1800万元。

2017年，上杭县依托公共法律服务中心建立“12348”法律服务热线平台，6月1日与省厅实现QQ连线。全年组织办理各类法律援助案件543件，其中民事案件439件、刑事案件104件，受援543人。

2018年，全县办理各类法律援助案件536件，其中民事案件415件、刑事案件121件，为当事人避免和挽回经济损失620余万元，接待来电、来访咨询686人次。

2019年，通过进一步完善法律援助机制，扩大民事法律援助范围，降低经济审查门槛，法律援助工作更加顺利推进。是年，共受理法律援助案件357件，其中民事314件、刑事42件、行政诉讼1件。

2000—2019年上杭县法律援助业务情况表

表6-1　　单位：件

年　份	案件数	年　份	案件数
2000	3	2006	179
2001	27	2007	239
2002	154	2008	240
2003	110	2009	268
2004	108	2010	287

续表6-1

年　份	案件数	年　份	案件数
2005	122	2011	267
2012	367	2016	480
2013	399	2017	543
2014	423	2018	536
2015	451	2019	357

第二章　“148”法律服务专线

1999年3月4日，上杭县成立“148”法律服务指挥协调小组，并在全市率先成立“148”办公室，开通“148”法律服务专用电话。“148”法律服务专用电话开通后，因显现发挥出其独特服务功能，及时防止纠纷激化，受到群众欢迎，也得到党政领导的肯定，同时得到有关媒体报道和有关大会作经验介绍。

第一节　专线开设

1998年年底，中央综治办、司法部、信息产业部联合下发《关于在各地开设法律服务专用电话的通知》，要求各地积极推广山东省菏泽地区东明县司法局开设法律服务专用电话成功经验，充分利用现代化通信手段，更好为社会，尤其是为农村社会提供优质、高效、快捷的法律咨询服务。上杭县于1999年3月4日成立“148”法律服务指挥协调小组，成员由政法各家及行政执法单位领导组成，并在全市率先成立“148”办公室，开通“148”法律服务专用电话。

“148”谐音为“要司法”，其寓意为：如有法律方面的困难与问题，请找司法行政机关。“148”是县司法局建立的一个为民服务法律咨询热线电话，通过自动电话语音工作平台，向群众提供便民服务。该平台主要由语音服务器、计算机、交换机、UPS及相关软件组成，可实现24小时不间断服务。主要功能有人工应答、自动语音、录音留言、电子邮件、传真服务5种方式。为人们提出法律问题答疑解惑，为构建和谐社会服务。“148”法律服务专用电话，把司法行政部门律师、公证、基层法律服务所、人民调解、安置帮教和普法依法治理等各项业务工作紧密连为一体，形成反应快捷、统一指挥、配套联动、优势互补的工作机制，更好发挥整体效能，满足基层社会和广大群众对法律服务的迫切需要。

“148”法律服务专用电话平台6条工作的职责是：提供法律咨询，进行法制宣传；指导法律援助，做好案件分流；协调民间纠纷，预防矛盾激化；沟通部门关系，处理相关问题；掌握社情民意，当好党政参谋；接受社会监督，促进队伍建设。

1999年3月，上杭县“148”法律专线挂牌成立 （上杭县司法局供图）

上杭县“148”法律服务热线开通后，使党群、干群关系得到较好沟通，及时防止纠纷激化，受到群众欢迎，被群众称为“密切党群关系的连心桥，为民排忧解难的开心锁，维护群众利益的守护神”。也得到党政领导肯定。1999年10月上旬，省司法厅专门配合东南电视台《记者行动》摄制组到上杭县对“148”法律服务联动工作进行专题报道；在12月13日全省“148”工作经验交流会上，上杭县作为先进典型，代表龙岩市在大会上作经验介绍。

2000年5月，省司法厅副厅长薛育卿到上杭县考察工作，充分肯定上杭“148”工作取得的成效。在厦门全省司法行政工作会议上，省司法厅厅长陈保明肯定和表扬上杭县“148”法律服务专线工作成绩。8月8日，龙岩市政府在上杭县召开全市“148”建设现场会，副市长马承佳在会议讲话中，多次表扬上杭“148”建设经验做法。

第二节 业 务

1999年3月4日，上杭县司法局成立“148”办公室，开通“148”法律服务专用电话后，当年，接到法律咨询电话357人次、接待群众来访362人次。其中予以当面答复或转送有关部门处理658件、提供上门服务19件、移送有关部门处理23件，避免和挽回经济损失43万元。8月，全县22个乡镇相继开通“148”热线电话，实现城乡联动。乡镇“148”共接受电话咨询1536人次，接待来访群众1741人次，提供上门服务337人次，解决纠纷285件，避免和挽回经济损失62.38万元。

2000年，县“148”联动网络认真实践对当事人“有问必答、有纠必解、有诉必帮、有困必助”的“四必”服务承诺。在省道围禾线旁设立“96148”公益广告牌，县有线电视台设立“148”信箱，并配备“96148”法律服务出警用车。全年由“148”移送至有关部门处理的陈年积案，其中人身损害6件，生效法律文书执行9件，控告非法行医致人死亡案1件，都得到妥善处理。3月，县财政拨7万元专款，添置一个多功能“148”法律服务系统平台，10个乡镇“148”办公室添置微机。同时组建由县乡“148”人员为骨干、各联动单位联络员共同配合形成的“148”法律服务应急队。

2001年，县“148”继续强化外部联动职能，联动单位扩大到公安、工商等16家，各家都安排出联络员参与这项工作。是年，88件由“148”移送至有关部门处理案件全部得到妥善处理；并继续实行每月10日“政法五长”一起到“148”现场接待来访群众制度，由到场“政法五长”解答法律咨询，解决热点、难点问题。每季度第一周还由“政法五长”配合“148”法律服务人员开展送法下乡、义务咨询等活动，全年为群众发送各种法制宣传材料3000余份，接待群众9429人次，现场解决590件，移送有关部门526件。同时抓好案件分析制度，每周五下午，由“148”办公室工作人员进行案件分析，拟出解决问题方法和建议。

2002年，全年为群众发送各种宣传材料2000余份，接待群众近2000人次；继续实行每周五下午由局领导会同“148”工作人员抓好案件分析，并拟出解决问题方法、建议制度。同时，强化横向联动，积极协助有关部门做好纠纷调处工作。

2005年，“148”办公室工作人员以“人民满意”为工作出发点和归宿点，充分发挥职能作用，帮助群众解答法律咨询，普及法律常识，化解矛盾、防止纠纷激化，满足群众法律需求。9月下旬，旧县乡铁场村部分群众因与尧埔村发生山林纠纷来到“148”寻求帮助，初时来访者情绪激动，难以对话。“148”工作人员耐心细致地做工作，引导他们找出山林权属相关证据，并将此案转至县山林调处办解决。通过多方努力，终于使该案得以了结。

2009年，“148”办公室工作人员以组织开展“法律六进”为契机，深入社区、乡村校园等开展法律服务宣传和咨询，发放法律援助便民指南1.1万余份，解答咨询1万余人次，使便民服务质量继续提高。

2010—2015年，以开展“法律服务到一线，司法行政促发展”主题实践活动为动力，认真兑现对当事人“有问必答、有纠必解、有诉必帮、有困必助”服务承诺。同时，抓好横向联动，积极协调有关部门做好矛盾纠纷调处工作，并坚持抓好案件分析制度与上门进行法律服务，把矛盾纠纷化解在萌芽状态。此外，继续采取各种形式，开展多方位宣传活动，使社会各界知晓“148”法律服务专线，提高群众对法律援助的知晓率。

2016—2018年，“148”办公室工作人员接待群众来访2100人次，接听电话法律咨询150余次，为当事人提供上门服务1800人次，解决纠纷980件，移送有关部门处理110件，为当事人避免和挽回经济损失1800万元。群众满意率达到100%。

2019年，“148”业务并入公共法律服务股。

上杭县“148”法律服务专线若干年份工作情况表

表6-2

年份	法律咨询（人次）	接待来访（人次）	上门服务（件）	解决纠纷（件）	移送处理（件）	挽回损失（万元）
1999	1893	2103	356	285	23	105.38
2000	2767	2851	582	518	467	121
2001	1924	1719	546	455	88	86
2002	1965	1754	730	764	60	116.1
2003	2363	1696	559	437	37	103
2004	1735	1533	453	411	18	146.6
2005	2412	2365	362	359	201	550
2006	2522	1530	408	327	198	315
2007	10512	3026	1443	781	236	724
2008	8951	2174	1054	854	94	415
2009	20810	14545	626456	28	720	—
2010	50000	32300	1240	1149	1	987
2011	34300	28700	1242	945	106	667
2012	52230	32100	760	1780	77	2100
2013	9950	2333	780	253	2011	740
2014	9965	2418	1653	1210	99	700
2015	9973	2958	1766	1145	102	1460
2016	9814	2100	1800	980	110	1800
2017	—	736	652	338	79	596
2018	—	686	235	221	63	620
2019	根据上级安排，全市各县“12348”法律服务热线电话由市局统一接听回复					

第三节 管 理

1999年3月4日，县成立“148”法律服务协调领导小组，由县委政法委书记任组长、县政府分管副县长、司法局局长任副组长，县委政法委、县委办、县政府办、县人大法制委、县政协法制办、司法、公安、检察、法院、工商、民政、总工会、共青团、妇联、残联、电信等16家单位有关负责人为成员。下设办公室，设在司法局内，司法局调剂3名专职人员负责日常接待咨询工作，每天安排公证员和律师轮流坐班。办公室安装专线电话2部、法律咨询自动应答平台1套。是年，有7个乡镇与县实现联动。

2000年，县成立由分管副县长任组长，公安、工商、土管等16家行政执法单位领导为成员的“148”联动协调小组，各联动单位配备1名联络员。“148”办公室对群众投诉案件及时分流至联动职能部门；联络员半个月内结案并反馈至“148”。政法各家积极支持“148”工作。3月，经县委、县政府研究决定，每月10日政法机关五部门（公安、检察、法院、司法、民政）领导（简称政法“五长”）到“148”现场接待群众来访，解答法律咨询，解决热点、难点问题。每季度第一周由“政法五长”配合“148”法律服务人员开展义务咨询等系列送法下乡活动。各乡镇成立“148”联动协调小组，保持经常联系。4月15日，县“148”法律服务协调领导小组召开成员会议，要求“148”法律服务办公室及其联动单位必须充分发挥自己连心桥和为民排忧解难开心锁作用，把“148”法律服务专线在社会上广泛宣传，要求工作人员传呼机号码向社会公开，遇有呼叫，应在10分钟内应答。同时新设立“148”法律事务上门服务队，以便遇有突发性情况能快速反应和处置。

2001年，县“148”法律服务工作按照省司法厅和市司法局要求，以“三比”活动（即比数量、比质量、比形象）为载体，拓宽“148”法律服务渠道，更加方便人民群众。2003年，县司法局根据省司法厅和市司法局统一要求，将“96148”改为“12348”，继续深入开展“三比”活动，不断提高“148”法律服务工作水平。2005年5月，县“148”法律服务办公室与法律援助中心进行整合，实行一套人马、两块牌子、合署办公；县“148”指挥协调办公室与全县各乡镇“148”办公室实行对接。是年，全县22个乡（镇）“148”指挥协调办公室分别配备警用摩托车1部，其中17个乡（镇）还配备了电脑。乡镇“148”专线配备专职人员24人、兼职16人。

2008年，县司法局将办公楼一层用于建设多功能、综合性、一体化法律服务大厅，设有法律援助、“148”指挥中心、法律服务管理股、县中心法律服务所、政法“五长”接待室和局长接访室多个服务窗口，方便群众办事。

2010—2014年，“12348”法律援助专线电话坚持专人值班，确保热线畅通，努力为困难群众提供“热情、耐心、及时、准确”的法律援助服务平台，满足人民群众的法律需求，促进上杭和谐社会建设。

2017年，“12348”平台配备1名专职人员、3台电脑及办公桌椅等设施，6月1日与省厅技术人员实现QQ连线。同时，实行值班督察制度，严格值班人员工作纪律，严格落实值班人员工作职责和服务规范，努力将“12348”打造成为困难群众提供“热情、耐心、及时、准确”法律援助服务的平台。

2018年，“12348”平台通过专门设计“话务管理”模块，使管理人员对话务员解答能同步收听、监督。同时，省、市、县定期对值班人员进行录音抽查，对咨询人回访评估，并实时通报，不断发现并解决问题，提高值班人员专业化和服务化水平。

2019年，“12348”业务并入公共法律服务股。

第二章　基层法律服务

1987年10月，官庄乡成立全县第一个法律服务站。此后，全县各乡镇先后设立司法办公室和法律服务所，简称“一室一所”。同时，由县司法局对乡镇法律服务所从业人员进行法律工作者准入考试。1997年9月，全县22个司法所挂牌成立。

基层司法所成立后，不断抓好基层法律服务工作人员队伍和业务工作的规范化建设，积极拓宽服务领域，努力提高服务质量，使乡（镇）法律服务持续上新台阶，在维护社会稳定、促进社会和谐工作中发挥出重要作用。

第一节　服务机构

1984年12月，根据上级要求全县各乡镇开始设司法办公室，配专职司法助理员，人员及经费由乡镇自行解决，业务受司法行政机关指导和监督。

1987年10月，官庄乡法律服务站成立，成为县第一个法律服务站。1988年，全县22个乡镇全部设立司法办，各配司法助理员1人。南阳镇、官庄乡还建立“公证联络站”和“法律服务站”（后合称为“法律服务所”）。乡镇司法办的创建和发展加强了法制宣传、加强了人民调解工作的管理和指导、就地就近为广大农民提供法律服务、减轻了乡镇党政领导调解民间纠纷的负担，得到了广大基层干部和群众的普遍欢迎。

1990年1月17日，司法部下发《关于整顿乡镇法律服务所的通知》，要求用两年时间对现有乡镇法律服务所进行一次全面整顿。省司法厅提出合格法律服务所5条标准：乡镇法律服务所专职人员要配备3人以上，其中至少有1名骨干；有单独办公场所和必要办公设备；法律服务各项业务全面协调地开展；建立、健全岗位责任、目标管理、学习、会议、请求报告、经费管理制度；坚持四项基本原则，坚持为“四个服务”指导思想，做到廉洁从业，优质服务。要求尚未建立法律服务所乡镇司法办的参照这些要求，采取相应措施进行整顿。县司法局根据上级要求对乡镇法律服务所进行全面整顿。

1991年9月，为贯彻司法部“巩固、提高、完善、发展”“成熟一个、建立一个、巩固完善一个”乡镇法律服务所建设方针，县司法局下发《关于建立乡镇法律服务所的工作意见》。是年起，按省要求全县基层法律服务机构统称为“××乡（镇）司法办公室”“××乡（镇）法律服务所”，简称“一室一所”。1993年7月13日，成立古田法律服务中心。

1991—1993年，连续3年由县司法局组织对乡镇法律服务所从业人员进行乡镇法律工作者考试，合格者颁发乡镇法律工作者证。

1994年5月，成立县法律服务中心。至年底，全县建立乡镇法律服务所20个，比1988年增加18个。是年，古田法律服务所法律服务业务从司法办分离出来，由原来的法律服务所、司法办两块牌子、一套人马，转向法律服务所人员的相对独立。改革后，工作效率明显提高，当年该所担任常年法律顾问单位达14家，协办公证达88件；代理民事诉讼13件、非诉讼代理3件、代写法律文书25件，业务收费突破万元。办公条件也得到改善，办公室有2间面积达40平方米；另有程控电话1台、摩托车2辆；人员从原来的专职1人、兼职3人，调整成专职4人、兼职1人。

1997年，全县有法律工作者64人，县编委核定22个基层法律服务所为股级自收自支事业单位，核定44个事业编制。7月，县政府根据省地司法部门关于组建乡（镇）司法所精神，发出通知，明确司法所机构设置、工作职能和人员配备等，将原乡（镇）司法办更名为司法所，名称为“上杭县司法局××司法所”。9月18日，全县司法所成立大会在才溪镇召开，县委、县人大、县政法委及县政法各家领导出席会议，22个司法所挂牌成立。

2000年，因中都、下都、茶地、溪口4个法律服务所发展滞后，由县予以撤销，其人员并入其他法律服务所。同时，各乡镇法律服务所工作人员参加全国法律工作者资格统考。成绩合格者，可获得基层法律服务工作者执业资格证书及基层法律工作者执业证；对不具备法律服务资质乡聘法律服务人员给予淘汰，以规范法律服务所和法律工作者执业。

2001年，撤销5家法律服务所，清退法律工作者9人。

2002年8月，根据上杭县编委《关于乡镇司法机构和人员编制问题的批复》，撤销各乡镇法律服务所，并在全县16个一类乡镇设立司法所，作为县司法局派出机构。从此，司法所管理实行县司法局和乡（镇）双重领导、以县司法局为主管理体制。下都、茶地、泮境、步云、通贤、珊瑚6个二类乡镇暂不设司法所，由县司法局派驻司法助理员。

2003年4月，根据龙岩市司法局《关于同意龙岩市民商法律事务所等13家法律服务所更名的批复》，原“上杭县法律服务中心”更名为“上杭县中心法律服务所”。2005年，全县6个基层法律服务所合并为县中心法律服务所。同年，经县编委批准，珊瑚、通贤、下都、泮境、步云、茶地6个乡（镇）设立司法所。至年底，全县22个司法所均达到三类以上规范化要求。

第二节 业务开展

1988年8月29日，县人民政府批转县司法局《关于加强县乡（镇）法律服务工作的报告》，要求各乡（镇）司法办做好普法教育，建立“一室两站”［乡（镇）司法办公室、公证联络站、法律服务站］，签订经济合同和开展公证业务，为建立商品经济新秩序服务。

1988—1994年，县加快发展乡（镇）法律服务步伐。乡（镇）法律服务所从1988年的2家发展到1994年的20家。各法律服务所积极拓宽服务领域，努力提高服务质量，使乡（镇）法律服务不断上新台阶。7年中，共担任乡（镇）政府、村（居）委会及乡村企业等法律顾问551家（次），办理公证联络1815件、民事诉讼代理133件、非诉讼法律事务代理239件，代写法律文书1049件，解答法律咨询3.5万多人次，避免和挽回经济损失400余万元。

1995年，乡（镇）法律服务领域不断拓宽。全县有乡（镇）法律服务所20家和法律工作从业人员43人，农村改革和经济发展法律服务、法律保障水平不断得到提升。古田法律服务中心担任常年法律顾问16家，全年联络协办公证16件，办理法律见证7件，诉讼代理16件，代写法律文书32件，调解经济纠纷26件，避免经济损失12万余元。因业绩突出，古田法律服务中心被地区评为“优秀法律服务所”。为推广其经验，2月15日，在古田召开全县乡（镇）法律服务现场会。

1996年11月16日“全国基层法律服务咨询日”，县司法局和临江、临城法律服务所在城区开展法律咨询，蛟洋、才溪、太拔等法律服务所在当地集镇进行法律咨询，共印发宣传材料3000余份。是年，县司法局实行机关干部挂钩乡（镇）司法办、法律服务所，临城、南阳等法律服务所聘请有法律大专学历专职人员，法律服务业务全面开展，业务收费大增，全年全县乡镇法律服务业务收费7.5万元，同比增长38%。

1997年，乡（镇）法律服务坚持“巩固、提高、完善、发展”方针，面向农村，服务经济。古田、蛟洋、蓝溪、太拔、南阳等法律服务所拓展诉讼领域，提高服务质量，业务收费有较大增长。古田法律服务所开展法律顾问工作，注意发现顾问单位有关法律事务，主动代理诉讼和办理非诉讼法律事务，努力保证法律服务质量。对村经联社法律顾问工作，从原来帮助建章立制、开展法制宣传等，发展为参与生产经营决策和生产项目承包招标见证等活动。庐丰法律服务所主动介入项目承包，共联络、协办公证和法律见证23件，促进乡村经济健康发展。

1998年，南阳法律服务所提高办案质量和服务水平，拓展法律服务领域，取得良好效益，业务收费1.3万元，超额完成年度目标。11月开始，全县城乡正式启动法律服务义务咨询日活动，每月15日组织基层法律服务工作者义务开展法律咨询，现场解答群众法律咨询，提供法律帮助。1999年，古田法律服务所配合做好镇基金会清理催贷工作，承担全部诉讼催贷案件代理，以确保基金会依法行使诉讼权，减轻政府工作压力。稔田镇法律服务所为库区移民安置户提供全方位法律服务，从移民补偿纠纷到房屋确权诉讼，从安置补偿款落实到遗产继承分割，全方位介入，进行调处、见证、代理诉讼，以维护移民安置户合法权益。才溪、蛟洋、蓝溪、临江、临城、太拔、南阳、湖洋等乡（镇）法律服务所积极拓宽法律服务领域，办案数量增加。

2000年，才溪法律服务所为农民短期、标的较小的经济合同提供见证服务，促进地方经济发展。县司法局组织全县基层法律服务工作者认真学习司法部关于《基层法律服务所管理办法》和《基层法律服务工作者管理办法》，重点把“改制”作为基层法律服务工作改革与发展的重要任务。2003年，全县开展以“提高居民法律素质，推进社区依法治理”为主题的“法律服务进社区”活动。县司法局下发《关于开展“法律服务进社区”活动实施方案》，基层法律服务所积极参与，与社区签订提供法律服务协议，向社区居民发放服务卡、宣传单、设置服务指示牌。定期定点对社区居民提供法律咨询和法制宣传，解答社区居民法律问题，并提供上门服务。

上杭县召开法律服务队伍管理工作会议　（上杭县司法局供图）

2005年，全县由中心法律服务所主任统一与基层法律工作者签订聘用合同，全面落实“一案一卡”责任制，面向农村开展法律服务。同时，抓好法律服务“三进”活动试点工作。县中心法律服务所广泛与社区、学校、乡镇、村联系，抓好挂钩试点，与各试点单位签订法律服务协议书，建立法律服务“三进”联系卡，将各联系人执业证号和手机号公布上墙，以方便广大人民群众联系、监督。

2006年，实行每季度基层法律服务工作者代理案件通报制度，继续完善法律服务挂钩试点工作。县中心法律服务所与临江镇镇西居委会订立法律服务进社区协议；县中心法律服务所12名基层法律服务工作者与所在乡镇、村、学校等订立法律服务协议。3月，

上杭县中心法律服务所召开工作汇报会　（上杭县司法局供图）

结合综治宣传月，县中心法律服务所组织基层法律服务工作者到县安监局、紫金矿业集团股份有限公司等单位上安全生产法律法规知识课，深入庐丰、旧县、才溪等乡镇，宣传与广大人民群众生产生活密切相关的法律法规，到临江镇英明、东南、镇西等社区和上杭一中等中小学校举办法制宣传讲座，前往南岗工业开发区各企业宣传《中华人民共和国公司法》《中华人民共和国合同法》《福建省预防职务犯罪条例》等法律法规，并结合企业经营管理中经常性事例进行“以案释法”教育。

2007年，县中心法律服务所在参加综治宣传活动中，利用各种机会大力宣传《中华人民共和国治安管理处罚法》《中华人民共和国刑法》等法律法规；在农历九月初九老人节，举行以“老年人权益保障”为主题的法律宣传咨询活动。深入旧县、南阳等乡（镇），积极参与社会治安综合治理工作，采取灵活、多样方式真正让“六进”深入人心；通过法律咨询和上法制课参与校园综合整治。基层法律服务工作者协助司法所开展矛盾纠纷排查调处以及“法律服务和法律援助工作为构建社会主义和谐社会”主题实践活动。2009年，全县法律服务工作者积极参与信访和矛盾纠纷调处，在维护社会稳定、促进社会和谐工作中发挥作用。

2010年，认真履行监督管理职责，进一步规范法律服务。按照省司法厅、市司法局统一部署，组织开展评查活动月和行风评议活动，通过召开动员会和座谈会，开展自查和互查，查摆和剖析存在问题，采取措施进行整改；结合综治宣传月和法律服务“六进”，积极开展法律法规宣传；为进一步规范全县基层法律服务工作，全体基层法律服务工作者签订“一案一卡”责任状和执业承诺书，以增强基层法律服务队伍责任感；深入开展“大学习、大讨论”、做“中国特色法律服务工作者”和创先争优活动；强化内部规范化管理，做到文明执业，规范执业，树立法律服务工作者良好形象。

2014年，县司法局下发《关于进一步加强县中心法律服务所管理的若干规定》，对如何加强档案工作、规范基层法律服务所执业管理等提出一系列要求。同时，组织基层法律工作者参加继续教育培训，加强职业道德执业纪律教育学习。下发《关于重申持有基层法律服务执业证的公务员开展法律服务不得领取报酬的通知》，以规范法律服务市场。

1997—2012 年上杭县法律服务所业务工作情况表

表 6-3

年份	担任法律顾问（家）	协办公证（件）	法律见证（件）	诉讼代理（件）	非诉讼代理（件）	代写法律文书（件）	避免损失（万元）	业务收费（万元）
1997	204	54	247	112	128	415	47.1	13.04
1998	254	45	242	168	96	466	348	14
1999	187	17	99	208	89	409	101	16.5
2000	188	12	110	319	102	345	690	20.5
2001	252	18	117	181	35	292	108	20.5
2002	162	12	126	152	35	171	116.9	9.8
2004	85	9	82	58	29	126	88.6	2.98
2005	71	10	43	67	30	20	90	6
2007	72	5	28	79	27	30	32	6.755
2008	103	62	7	135	7	2	200	15.21
2009	10	56	9	147	31	10	120	20.35
2010	9	0	11	152	13	0	500	19.395
2011	21	20	13	103	15	12	260	8.758
2012	32	8	0	55	0	20	420	4.93

说明：2003 年、2006 年因无法找到统计数据，故未列出

2013—2019 年上杭县法律服务所业务工作情况表

表 6-4

年份	担任法律顾问（家）	民事诉讼代理（件）	经济诉讼代理（件）	非诉讼代理（件）	法律见证（件）	代写文书（件）	法律服务收费（元）	法律援助（件）	法律咨询（人次）	发放评议卡（分）
2013	0	65	0	0	0	0	53600	0	0	11
2014	1	131	0	0	0	0	109000	0	0	132
2015	5	221	0	0	0	0	259149	0	0	221
2016	2	198	0	0	0	0	272120	0	0	198
2017	0	193	0	0	0	0	251875	0	0	193
2018	1	208	0	0	0	0	350980	0	0	208
2019	0	165	0	0	0	2	567700	0	0	165

第七篇　政务建设

第一章　政务公开

上杭县司法局为加强对政务公开工作领导，2002年除成立以局长为组长，副局长为副组长，各职能股室负责人为成员的政务信息公开工作领导小组外，还制定《上杭县司法行政系统深化政府信息公开工作实施意见》，以加强对政府信息公开相关制度措施建设，使政府信息公开工作不断推进和完善。

第一节　事　权

司法局通过设立政务公开栏、台卡、胸卡以及印发宣传册和办事指南，使自己所承担的政务面向社会公布。内容包括全县司法行政系统工作发展战略、发展计划、工作目标、执行及完成情况；司法行政部门领导分工及机构设置、职能确定；事关全局的重大决策；司法局行政管理权限、服务范围、办事依据、办事程序、办事标准、办事承诺、办事结果等。

第二节　财　权

通过设立政务公开栏，在内部公布。内容包括本部门年度财政预算及执行情况；公证收费项目及标准；律师收费项目及标准；法律服务所法律服务项目收费及标准；重大项目经费使用情况；重要物品采购情况等。

第三节　人事权

通过设立政务公开，在内部公布。内容包括领导班子成员分工和调整变化情况、人员调动、公务员登记等。

第四节　内部政务

内部政务通过设立政务公开等，在内部公布。内容包括领导成员廉洁自律情况，内部财务收支情况，招待费、差旅费开支使用情况等。

第二章　信息与文书档案

第一节　信　息

上杭县司法局深入贯彻落实《中华人民共和国政府信息公开条例》及省、市有关文件精神，坚持做好政府信息公开各项工作，努力推动上杭县司法局政府信息公开走上制度化、规范化、标准化轨道。2008 年以后，上杭县司法局政府信息公开，全部通过“上杭县人民政府信息公开”网站和上杭县司法局门户网站“政府信息公开专栏”公开，同时将电子文本和纸质文件分别送交县档案馆、图书馆供公众查阅本机关政府公开信息。

1985 年 3 月，上杭县委宣传部核发给上杭县司法局县级机关内部法制小报许可证，核定小报名称为《上杭司法》，主办单位为上杭县司法局，准许发行范围为上级主管部门、县直有关单位、本系统直属单位。

上杭县司法局和县普法、依法治县办公室以不定期简报形式，对上杭县司法行政和普法依法治理工作动态、有关领导讲话要点、法制宣传、安置帮教经验、贯彻工作情况、依法行政、矛盾纠纷调处、检查指导等内容进行报道。

2008 年 5 月，上杭县司法局司法行政信息网全面改版，并与龙岩市政府信息公开系统实行链接。后由龙岩市司法局政务公开和信息公开栏目重新进行设置，并报市政府信息中心审核通过。

2009 年 9 月，在“中国・上杭”网站群设立上杭司法行政网窗口，设置“依法治县”“法制宣传”“平安上杭”“人民调解”“安置帮教”“法律服务”等栏目和“以案释法”视频专栏。在上杭县广播电视台设立《法制园地》专题节目，至 2014 年 12 月 30 日，该专题节目共播出 2560 场次。

第二节　文书　档案

上杭县司法局文书和档案工作归办公室管理，由专人负责接收、登记、办理或转发外来公文（含明传电报），并且将文电送局领导阅示，经局领导批示后交有关股、室、处、所办理，并负责检查催办。司法局公文、信息、简报发出前，经办人将定稿、正本2份及有关材料送办公室存档。凡属本局归档范围文件材料，承办股、室、处、所收集齐全后向办公室移交，由办公室清理立卷，集中归档。

第三章　效能考评和民主评议行风

第一节　效能建设

2002年3月，上杭县司法局成立机关效能建设领导小组，以局党组书记、局长为组长，党组成员、副局长为副组长，机关各股室负责人为成员。同时制订效能建设具体实施方案，对如何建立并落实一次性告知制度、限时办结制度、效能追究制度、被诉待岗制度、效能考评制度等工作制度，都一一作出规定，力图以制度管人，从源头上预防和治理腐败，纠正不正之风。2009年，上杭县司法局创新纪检监察工作方式，建立《上杭县司法局诫勉谈话制度（试行）》，为预防轻微违纪违规行为发生作出制度规范，以促进效能建设开展。

进行司法行政服务窗口建设。司法行政部门对外服务窗口主要是公证、律师、法律援助和法律服务。县司法局司法行政服务窗口设立后，坚持“廉洁、勤政、务实、高效”，努力创新工作机制，规范行政审批行为，完善内部管理，增强综合效能。第一，实行透明办证。公证部门为提高办事透明度，在接待窗口设立公示牌，公布公证办理程序，公证服务项目，收费标准等。第二，实行上门服务。对老、弱、病、残或其他特殊情况不能来申请、办理公证者，实行上门服务。第三，实行办证承诺。向申请办证者作出完成程序时间节点承诺，使办证者“省心”，也使工作人员加快出证速度。第四，实行“首问责任制”，首次接待办证者的公证员须负责解答公证事项，一次性告知清楚所需材料，所办公证事项一次完成。

2009年10月16日，上杭县行政服务中心正式挂牌运行后，上杭县司法局首批入驻，在行政服务中心设立司法行政服务窗口，派工作人员上岗，受理司法行政审批和便民服务事项。至2014年12月30日，驻县行政服务中心司法行政服务窗口累计受理办件213件，办结率95.8%。通过认真负责工作，自进驻行政服务中心后，司法行政窗口未发生一起办事差错、被群众投诉和与群众争执现象，受到广大群众的好评。

第二节　绩效考评

2014 年 1 月，上杭县司法局召开 2013 年度绩效管理考评工作汇报会　（上杭县司法局供图）

2002 年开始，县司法局按中央和省市县关于切实转变工作作风、提升工作效能要求，努力调动和发挥本局各职能股室和中心处所工作热情和职能作用，不断完善和改进局机关管理方式，促使机关全体人员正确履行职责，形成创先争优氛围，实现组织绩效和个人绩效不断提升，为推进司法行政事业又好又快发展提供坚强保障。2002 年 10 月，县局成立以司法局局长为组长、副局长为副组长、机关各股室负责人为成员的效能建设工作领导小组，在局效能办设办公室，由局效能办主任兼任绩效评估工作办公室主任。每年年初，制定《上杭县司法局机关工作目标管理考评实施方案》，发放至每位工作人员手中，以激励工作人员提高工作效率，防止违反效能建设规定的问题发生，同时也为年终全面、准确评估工作人员工作实绩提供参照依据。实行绩效考评制度后，县司法局绩效考评一直处于优良状态。

第三节　民主评议政风行风建设

2005 年 10 月，上杭县司法局成立民主评议政风行风工作领导小组，由局长任领导小组组长，并建立领导挂钩联系制度，解决工作中存在的问题。县司法局按照县委、县政府和市司法局民主评议政风行风工作部署，结合实际，每年制定《上杭县司法行政系统开展民主评议政风行风工作的实施方案》（以下简称《方案》），明确民主评议政风行风工作指导思想、评议对象和评议内容、评议方法步骤、工作要求，按照《方案》组织实施。

同时，每年召开县司法行政系统民主评议政风行风工作动员大会，由各股、室、中

县司法局召开民主评议政风行风工作汇报会 （上杭县司法局供图）

心、司法所、律师事务所、紫金律师事务部、公证处、中心法律服务所负责人参加。动员大会组织学习中央、省、市、县纠风工作及市局民主评议政风行风工作有关精神，宣读《上杭县司法行政系统民主评议政风行风工作方案》，动员布置本系统开展民主评议政风行风工作。会后，各参评单位各自召开会议传达动员大会精神，研究、布置本单位民主评议政风行风工作，制订实施方案。根据方案要求，进入第二阶段内部评议阶段后，各参评单位组织本单位全体人员进行内部评议。首先是自我剖析、自查自纠，找出自己的不足和存在的问题；其次进行互评，指出其他同事的问题和改进建议。通过内部评议，找准薄弱环节和存在问题。在内部自查问题时，还通过向服务对象打电话、明察暗访、公布投诉电话、设举报电子邮箱和向县人大、县政协、县直相关部门单位、各乡（镇）政府、政风行风监督员、服务对象寄发《上杭县司法局民主评议政风行风征求意见函》等多种形式，广泛征询社会各界对本单位的意见和建议。

县司法局召开民主评议政风行风“面对面”评议大会
（上杭县司法局供图）

意见收集后，司法局组织力量对收集到的意见和建议、发现的问题及时进行梳理归类，对各条意见和建议、找出的问题予以反馈并督促相关单位进行整改。县法律援助中心以“群众利益无小事”理念，按“四不放过”（对发现和反映的问题不查清不放过，自查自纠不认真不放过，整改措施不到位不放过，整改效果不落实不放过）要求做。各律师事务所加强执业相关法规学习教育，聘请内勤，建立服务、收费、内部管理等方面制度，将收费范围、标准、律师姓名、照片、执业证号上墙公开，接受监督。

县局组织召开民主评议政风行风工作座谈会，邀请民评代表、县委政法委、县人大法制委、县局离退休干部职工代表等相关人员参加座谈会，直面评议本局政风行风工作。会后，民评领导小组对面对面评议收集到的意见进行研究，逐条提出整改措施，反馈给相关下属股室单位整改。

第八篇　党群建设

1981年2月，上杭县司法局成立党支部。2007年12月，成立党组，并设立党组纪检组。2009年5月，撤销中共上杭县司法局支部委员会，成立中共上杭县司法局总支部委员会；并下设4个支部，分别为司法局第一支部、司法局第二支部、司法局公证处支部和司法局律师联合支部。司法局各级党组织的成立，对促进全系统思想政治建设、业务能力建设、作风建设、民主建设和反腐倡廉工作，发挥了巨大作用。

第一章　党建工作

第一节　组织机构

1981年2月，成立中共上杭县司法局支部，局长汤维高任书记，黄宝元、郭树先、黄晋升为委员。1985年，支部改选，局长邹尚恭任书记，黄宝元、黄晋升、温文华任委员。随后，随着司法局领导干部人事变化，支部书记及委员也随之调整。

中共上杭县司法局总支部委员会换届选举大会举行

（上杭县司法局供图）

2007年12月6日，中共上杭县委批准成立中共上杭县司法局党组并设立党组纪检组。12月22日，县委批准伍启文任中共上杭县司法局党组成员、书记。党组实行民主集中制，其主要职责是：贯彻执行党的路线、方针、政策和县委的决定，完成县委、县政府交给的任务；讨论和决定本部门、本单位的重大问题；做好干部管理工作；团结党外干部和群众，完成党和国家交给的任务；指导机关和直属单位党组织的工作。

2009 年 3 月，中共上杭县委批准：罗华堂任上杭县司法局党组成员、纪检组组长，田承映、陈裕文、蓝耀仟任党组成员。

2009 年 5 月，县直机关党工委批复：同意撤销“中共上杭县司法局支部委员会”，成立“中共上杭县司法局总支部委员会”；下设 4 个支部，分别为中共上杭县司法局第一支部委员会、中共上杭县司法局第二支部委员会、中共上杭县公证处支部和中共上杭县律师联合支部。

上杭县司法局历届党支部委员会组成人员一览表

表 8-1

时　间	书　记	委　员
1981 年至 1985 年	汤维高	汤维高、黄宝元、黄晋升、郭树先
1985 年至 1992 年	邹尚恭	邹尚恭、黄宝元、黄晋升、温文华
1992 年至 1999 年 4 月	林　勇	林　勇、伍锦标、傅煜华、林建军
1999 年 5 月至 2002 年 3 月	华绪澄	华绪澄、伍锦标、傅煜华、林建军
2002 年 4 月至 2004 年 3 月	吴绍安	吴绍安、田承映、陈裕文、郭发喜
2004 年 4 月至 2009 年 5 月	伍启文	伍启文、田承映、陈裕文、蓝耀仟

上杭县司法局历届党组组成人员一览表

表 8-2

时　间	书　记	纪检组长	成　员
2007 年	伍启文		田承映、陈裕文、蓝耀仟
2009 年	伍启文	罗华堂	田承映、陈裕文、蓝耀仟
2014 年	伍启文	罗华堂	田承映、张尚平、蓝耀仟
2015 年	伍启文	罗华堂	张尚平、马　剑、蓝耀仟
2016 年	刘　勇	罗华堂	张尚平、马　剑、傅国庆、蓝耀仟
2017 年	刘　勇	罗华堂	张尚平、傅国庆
2018 年	刘　勇	派　驻	罗华堂、张尚平
2019 年	刘　勇	派　驻	罗华堂（1—5 月）、张尚平 周文隆（5—12 月）

上杭县司法局总支部委员会组成人员一览表

表 8-3

时　间	书　记	副书记	纪检委员	组织委员	宣传委员	专职委员
2009 年	伍启文	罗华堂	蓝耀仟	郭发喜	伍锦标	林建军、肖正华
2012 年	伍启文	罗华堂	郭发喜	郭发喜	蓝耀仟	林建军、肖正华、傅煜华
2014 年	伍启文	蓝建彬	郭发喜	郭发喜	蓝耀仟	林建军、肖正华、傅煜华
2015 年	伍启文	张尚平	郭发喜	蓝建彬	廖晓卿	肖正华、林建军、傅煜华
2016 年	刘　勇	张尚平	肖正华	刘健寿	曾梦怡	龚明辉、林建军
2017 年	刘　勇	张尚平	肖正华	刘健寿	曾梦怡	龚明辉、林建军
2018 年	刘　勇	张尚平	肖正华	刘健寿	曾梦怡	龚明辉、林建军
2019 年	刘　勇	张尚平	肖正华	刘健寿	曾梦怡	龚明辉、林建军
2019 年	刘　勇	周文隆	肖正华	刘健寿	曾梦怡	龚明辉、林建军

上杭县司法局第一支部委员会组成人员一览表

表 8-4

时　间	书　记	副书记	纪委委员	组织委员	宣传委员	党员数（人）
2009 年	罗华堂	郭发喜	郭发喜	郭发喜	蓝耀仟	20
2012 年	罗华堂	郭发喜	江舟玉	蓝建彬	廖晓卿	22
2014 年	蓝建彬	郭发喜	江舟玉	蓝建彬	廖晓卿	25
2015 年	张尚平	郭发喜	江舟玉	蓝建彬	廖晓卿	25
2016 年	张尚平	刘健寿	张元河	傅永辉	曾梦怡	24
2017 年	张尚平	刘健寿	张元河	傅永辉	曾梦怡	20
2018 年	张尚平	刘健寿	——	傅永辉	曾梦怡	18
2019 年	张尚平	刘健寿	——	傅永辉	曾梦怡	19
2019 年	周文隆	刘健寿	温浏英	傅永辉	曾梦怡	18

上杭县司法局第二支部委员会组成人员一览表

表 8-5

时　间	书　记	纪委委员	组织委员	宣传委员	党员数（人）
2009 年	伍锦标	—	—	—	6
2014 年	傅煜华	—	吴云飞	龚明辉	10
2015 年	傅煜华	—	—	—	10
2016 年	龚明辉	—	傅煜华	林星如	10
2017 年	龚明辉	—	傅煜华	林星如	10
2018 年	龚明辉	—	傅煜华	林星如	11
2019 年	龚明辉	—	傅煜华	林星如	11

上杭县司法局公证处支部情况表

表 8-6

时　间	书　记	纪委委员	组织委员	宣传委员	党员数（人）
2009 年	林建军	—	—	—	3
2014 年	林建军	—	—	—	4
2015 年	林建军	—	—	—	3
2016 年	林建军	—	—	—	3
2017 年	林建军	—	—	—	3
2018 年	林建军	—	—	—	3
2019 年	林建军	—	—	—	3

上杭县司法局律师联合支部情况表

表 8-7

时　间	书记	副书记	纪委委员	组织委员	宣传委员	党员数（人）
2009 年	肖正华	—	—	—	—	3
2014 年	肖正华	—	—	—	—	5
2015 年	肖正华	—	—	—	—	5
2016 年	肖正华	—	—	—	—	5
2017 年	肖正华	—	—	—	—	5
2018 年	肖正华	—	—	—	—	6
2019 年	肖正华	陈裕文	林新麒	王瑛	郭来福	8

第二节　党的建设

一、领导班子自身建设

上杭县司法局召开 2012 年述廉评议大会　（上杭县司法局供图）

领导班子成员利用党员规定学习时间及工作之余，有计划、有步骤地组织学习邓小平理论、“三个代表”重要思想、科学发展观和习近平新时代中国特色社会主义思想，学习中央、省、市、县重要会议精神和上级重要文件、法律法规等，深刻领会其基本观点和精神实质，每半年检查一次学习笔记，每人每年不少于 12 篇读书笔记和 2 篇心得体会。在坚持自学基础上坚持党组学习制度，每个班子成员不迟到早退，不无故缺席，学习时积极发言。同时坚持理论联系实际学风，加强对发展司法行政工作进行理论研讨，用发展、创新观点、方法不断更新观念，指导分管工作，以开创司法行政各项工作新局面。

在贯彻民主集中制原则中，凡涉及政策性大事、全局性工作任务部署、干部任免调动处理和较大额度经费使用等重大事情，都由集体讨论决定，不由个人说了算。实行分工负责制，履行各自职责，各司其职，尽心、尽力抓好分管工作落实，同时做到分工不分家，互相支持，互相配合。

2019 年 9 月 26 日，中共上杭县司法局第一支部举行“红土地上悟初心 新时代里做模范”主题党日活动

（上杭县司法局供图）

领导班子成员坚持实事求是、说实话、办实事、求实效，不搞形式主义，不做表面文章，艰苦奋斗，多做打基础和具有长远效益的工作；增强服务意识，热情为基层和群众排忧解难，尽量压缩不必要的会议和开支，经常到基层搞调查研究。班子成员每人每年至少亲自撰写 1 篇调查报告，帮助总结 1—2 份典型经验，认真探索工作新路子，不断解决工作中遇到的新情况、新问题，提高办事效率。对基层和群众反映的问题按照“马上就办、办就办好”要求及时答复，属于自身权限范围内能解决的不上推下卸，不敷衍塞责。

在廉洁为政中，班子成员按照人民公仆要求严格要求自己，努力实践党的宗旨，严格执行中央及省、市关于廉政建设一系列文件精神，以党员干部标准和廉政准则的规定及“中央八项规定”对自己警钟长鸣，并管好亲属和身边工作人员；自觉接受组织和群众监督，坚持过好双重组织生活，定期征求群众意见，增强拒腐防变的能力，始终保持班子清正廉洁、勤政为民的良好形象。

二、抓干部职工队伍建设

局领导坚持在队伍管理中以人为本、依法治局、强化监督措施，以“廉洁、勤政、务实、高效”精神总领队伍建设，打造政治过硬、业务精通、作风优良的干部队伍，推动司法行政各项工作深入开展。其主要措施有：

抓教育提素质。充分利用党组学习和支部大会等形式，组织干部职工深入学习党的理论系列丛书和上级重要文件，组织干部职工集中观看《周恩来的四个昼夜》《焦裕禄》《刹“四风”戒贪欲》等系列群教影片，加深广大干部职工对“忠诚、为民、公正、廉洁”的理解认识。2005—2014 年，县局组织全体干部职工参加“道德讲堂”专题教育活

县司法局在深入开展党的群众路线教育实践活动中组织观看《周恩来的四个昼夜》纪录片 （上杭县司法局供图）

动12次，集中学习收看上级有关视频会议以及知名教授专家专题电视讲座共110余场次。

抓制度促规范。局领导不断健全完善机关各项规章制度，做到依法建制，以制律人，严格管理。2005—2014年，县局按照“废、改、立”三种类型，全面细化机关管理制度、规范议事决策制度、创新业务管理制度、强化风险防控制度，做到以制度管人管事管权，以制度全面推进司法行政工作。据统计，2005—2014年梳理全局制度共计44个，其中废止制度5个、继续有效制度12个、修订完善制度9个、新建制度18个。

抓管理提效能。局领导班子坚持“一把手”负总责，领导干部“一岗双责”工作机制，将机关作风建设、党风廉政建设、绩效管理考评等工作要求与司法行政业务工作有机结合，创造性地开展工作推进岗位目标责任制管理，任务到岗、责任到人、工作量化、科学考核、奖优罚劣，全面调动干部职工干事创业积极性；强化内部监督和社会监督，采取明察与暗访相结合、定期检查与临时抽查相结合的方式大力开展效能督查活动，以提升司法行政整体管理水平。

县司法局召开党的群众路线教育实践活动总结大会

（上杭县司法局供图）

抓培训提业绩。县局积极搭建学习交流平台，选派干部参加各级各类专项业务知识学习，认真做好干部集中教育培训工作，提高干部依法行政意识和能力。2005—2014年，县局组织和选派机关干部、司法所长等参加各级各类培训36期，共计120人次；人民调解员骨干培训23期，共计154人次；法律服务人员执业培训 12 期，共计 67 人次；安置帮教、社区矫正业务知识培训 4 期，共计 344 人次，确保干部职工思想素质和业务能力得到较大提升。同时，完善教育培训奖励机制，鼓励干部参加继续教育学习，在经费、时间上给予保障和支持。

三、抓局机关日常党务工作

（一）拓展载体，开展基本活动。县局坚持把学习培训、“三会一课”、民主评议、反腐倡廉、创先争优、表彰纪念等日常教育管理活动作为“规定动作”，常抓不懈，按局党组和局机关干部政治业务学习计划，确保每月组织一次集中学习。坚持党员干部每年参加集中学习累计不得少于 12 次。同时，组织开展富有特色的主题实践活动，使每个党员都能找到发挥先锋模范作用的舞台，先后组织开展“向汶川地震灾区献爱心”捐赠活动、“向玉树地震灾区群众献爱心”捐赠活动、与上杭县步云乡金屏村结对帮扶活动、“做出彩司法行政人”演讲比赛活动、学习型机关学习型党组织创建活动，以及上级党委、上级司法行政机关组织的各项活动等。每年“七一”、元旦、国庆等重要节日，都组织全县司法行政系统开展游园、紫金公园健身跑、参观反腐倡廉图片展和慰问困难党员等活动，还组织评选表彰司法行政部门先进党支部、优秀共产党员和优秀党务工作者。

（二）规范管理，完善基本制度。县局结合实际，按照“精简效能、简便易行、实在管用”原则，整合形成党内选举、目标责任、组织生活、民主评议、党务公开、党员教育管理等六大类十几项基本制度，修订及完善县局党组议事与决策规则、民主生活会、理论学习制度和县局机关党支部工作、县局党费收缴管理使用、县局党务公开等工作制度，不断提升局机关党建工作规范化水平。

（三）严格要求，强化队伍素质。党员队伍建设是基层党组织建设主体，县局党组坚持把基本队伍建设放在首要位置，按照《中国共产党章程》要求，严格执行党的组织制度，除班子任期届满及时做好换届选举工作外，平时还根据人事变动及时调整充实局党总支及下属各支部委员会组成人员，配齐配强各级党组织领导班子。在发展党员工作中，按照“坚持标准、保证质量、改善结构、慎重发展”方针，有计划、有步骤、有目标地发展新党员，特别注重从优秀年轻干部职工中培养入党对

上杭县司法局组织预备党员宣誓 （上杭县司法局供图）

象，把那些政治素质好、业务能力强、执业诚信度高、愿为共产主义事业奋斗终身的青年吸收到党员队伍中来。同时，建立发展党员推荐制、考察制、预审制、票决制、公示制和责任追究制，保证发展党员质量。至2014年年底，各支部共培养入党积极分子3人，发展新党员3人。2015—2019年，各支部共培养入党积极分子1人，发展新党员3人。

（四）强化党建，不断提升精神文明创建水平。县局党组在抓党建工作的同时，十分重视机关精神文明建设工作，积极推进和谐机关、和谐单位建设，把精神文明创建活动与司法行政工作紧密结合起来，把创建任务要求落实到每个工作岗位、每个工作环节，扩大创建活动覆盖面和影响力。在创建工作中，坚持在党员干部职工中深入开展社会主义核心价值体系教育、政法干警核心价值观教育、社会主义荣辱观教育、“三严三实”教育和中华民族传统美德教育，要求党员干部职工坚守公民基本道德规范，从自己做起，从小事做起，养成良好行为习惯，形成知荣辱、讲正气、促和谐、尊老爱幼、互爱互助、见义勇为良好风尚。2015年，在“三严三实”教育活动中，局党组召开“三严三实”专题民主生活会。会前，深入开展交心谈心活动，班子成员之间、班子成员与股室、基层所负责人之间进行广泛的谈心活动。同时广泛征求意见，向县直有关单位和局属司法所、公证处、律师事务所征求对局班子及班子成员在“不严不实”方面的意见建议，发放50份征求意见表，收回46份。对提出的意见建议进行归纳整理，认真对照检查，制定切实有效的整改措施。

四、抓党风廉政建设

上杭县司法行政系统党风廉政建设和反腐败工作紧紧围绕科学发展这个主题和加快转变、跨越发展这条主线，把以人为本、执政为民贯彻落实到司法行政党风廉政建设和反腐败工作中，加强对党风廉政建设和反腐败工作领导，落实党风廉政建设责任制，贯彻执行《中国共产党党员领导干部廉洁从政若干准则》、中央八项规定等法律法规，完善惩治和预防腐败体系，努力抓好公正廉洁执法，着力推进司法行政系统反腐倡廉建设，为上杭司法行政事业发展提供有力保证。

2005—2014年，县局党组认真贯彻落实中央和省委、市委、县委关于党风廉政建设有关要求，坚持“标本兼治、综合治理、惩防并举、注重预防”反腐倡廉方针，加强惩防体系建设。在开展党风廉政教育中，每年组织党员干部特别是科级以上领导干部认真学习党规党纪规定，收看反腐影视教育片，以构筑思想道德防线。自县检察院预防职务犯罪警示教育基地建立以来，县局每年组织领导班子、机关党员干部去参观学习，通过观看一组组反腐倡廉宣传图片及影视资料，了解党反腐倡廉历程和全国各地区各领域职务犯罪典型案件。2005年开始，实行党风廉政建设责任制，从责任目标、责任内容、责任主体、责任追究、腐败风险和廉政承诺等方面做出具体规定和要求。每年县局与各股、室、中心、公证处、律师事务所、司法所负责人签订责任书，明确各负责人对本部门党风廉政建设所担负的责任，强调“一岗双责”，在抓好业务工作的同时，抓好党风廉政建设。同时，将党风廉政建设列入局对各股、室、中心、处、所年度绩效考评的一项重要内容，平时加强督促，年终考核检查。县局严格执行各项财务管理规定，从严控制公务接待和车辆使用，加强财务监管审计，定期公开相关情况，实行政务事务公开，主动接受社会各界监督。县局每年下发或转发《关于切实加强中秋国庆双节期间廉洁自律工作的通知》《关于切实加强元旦春节期间廉洁自律工作的通知》等文件，印发《县纪委、妇联关于争创廉洁家庭倡议书》。同时，还动员领导干部及股、室、中心、处、所负责人家属签订《家庭助廉承诺书》。

加强对法律服务机构人员教育。针对行业特点，县局每年开展对法律服务机构工作人员廉洁自律评查活动月和行风评议活动，下发方案，召开会议布置，组织检查，总结评议，加强对法律服务机构人员教育管理。要求律师、公证员、法律服务工作者全部签订《执业承诺书》，有针对性地加强教育。2009 年，县局转发《福建省司法厅关于持有基层法律服务执业证的公务员开展法律服务不得领取报酬的意见》，并加强明察暗访，对“一案（证）一卡”（一件案件、公证，一张当事人联系卡）进行随机抽取，定期或不定期地电话询问，了解掌握法律服务人员办案（证）情况。

构建惩防并举反腐体系。县局始终把“最大限度地减少腐败滋生蔓延的土壤”和“最大限度地减少党员干部犯错机会”作为反腐倡廉工作重点来抓，建立健全以惩防体系建设为核心的各项制度，始终把制度清理、建立、健全、完善作为一项经常性工作来抓。2009 年，县局开始执行《诫勉谈话制度（试行）》，力求防微杜渐。同时，深入明察暗访，拓宽案源渠道，以更好发现系统内党风廉政建设方面苗头性、倾向性问题，及时采取廉政预警提醒机制和廉政风险防控机制，进行自查自纠，以“零容忍”态度严肃查办处理，力求把苗头性、倾向性问题解决在萌芽状态。至 2017 年年底，上杭县司法行政系统在党风廉政建设中没有发生一起违法违纪案件。

加强纪检监察队伍建设。县局高度重视纪检监察队伍建设，一方面，通过组织纪检监察干部参加县纪委、监察局组织的各种培训，提高纪检监察干部业务能力素质；另一方面，通过配齐配强纪检监察队伍和加强纪检监察岗位经费设施保障，确保反腐倡廉工作顺利开展。

五、抓创先争优

2005 年开始，根据中央和省、市、县委统一安排部署，局党组在司法行政系统基层党组织和党员中开展“创建先进基层党组织、争当优秀共产党员”活动。局党总支以创建“机关党建工作先进单位”为重点，改进机关党支部活动方式和工作方法，结合本单位实际，制定《开展创建“学习型党组织”活动计划》。各支部和全体党员干部职工，结合各自工作实际，围绕工作目标责任制，层层制定“创先争优”措施，做出公开承诺。县局大力宣传全县司法行政系统开展创先争优活动进展情况、经验做法和实际效果，结合《上杭司法》编发创先争优活动专题简报 24 期，指导基层党组织提升创先争优活动整体水平。2005—2014 年，全系统党员撰写报道、信息共被县级以上媒体采用 37 篇，受到县委创先争优领导小组办公室表扬。县局还组织全县司法行政系统开展向刘新明等先进典型学习和评选表彰先进党支部、优秀党员活动，激发党员干部职工学先进、赶先进热情，推动机关党建工作创新发展，使机关党组织战斗堡垒作用和党员先锋模范作用得到充分发挥。

县司法局 2015 年元旦文体活动　（上杭县司法局供图）

在争先创优活动中，县局党总支贯彻《中国共产党和国家机关基层组织工作条例》《中国共产党党员领导干部廉洁从政若干准则》和《关于党政机关厉行节约制止奢侈浪费行为的若干规定》等党规，以机关党建“走前头”良好态势，结合效能建设，强化各项制度落实。一是推进政务公开，规范政务公开内容、形式、程序、时间、监督、档案，定期公布财务开支，规范和公布公证处、律师事务所等法律服务窗口证（案）件受理、收费标准、办理期限等有关事项，以实现政务公开制度化、规范化；二是以公证处为重点部门，在原有行业规范基础上，完善办事卡、否定报备、首问责任、办事预约等制度；三是健全监督制约机制，设立公证处举报箱和举报电话，加强对办事人员和办事行为的约束，对群众反映的问题限时答复整改；四是建立健全各项规章制度，进一步强化律师职业纪律和职业道德，抓好律师队伍廉政建设和精神文明建设；五是根据机关效能建设有关要求，制定财务管理制度、考勤制度、车辆管理制度、接待制度、会议制度、安全保卫（保密）制度以及卫生水电管理制度等细则规定，把各项制度落到实处。

六、加强对工会等群团组织指导

县局党组织对群团组织的工作非常重视，大力支持和指导局机关工会等群团组织开展各种相关活动，发挥群团组织作用。局机关工会不断完善干部职工保障制度，做好干部职工生日慰问活动，保障干部职工合法权益，充分发挥工会组织桥梁和纽带作用；鼓励和支持局机关工会组织开展各类文体活动，每年元旦、春节、“三八”妇女节、“五一”劳动节、国庆等节假日期间，拔河、筷子夹跳棋、盲子敲锣、乒乓球等各种文体活动都很活跃。并常在元旦、春节期间，开展“迎新春送温暖”活动；每年“七一”期间，开展“慰问病困党员”等活动。

党建工作中，注重以党建工作引领司法文化建设，有计划地组织党员干部开展党建工作与司法行政业务相结合的特色党日活动，常组队参加县直机关党工委“安利杯”健身跑、县直机关廉政书画创作赛、市司法局书画摄影赛等各项活动。通过开展富有特色、寓教于乐、健康向上的司法资源文化体育活动，激发广大干部职工工作热情，增强机关凝聚力和向心力。同时还指导全系统做好“青年文明号”创建和青年志愿者服务工作，积极组织青年党员参加各级各类党建知识竞赛，并获得较好名次。

第三节　党员管理

一、局机关及公证处、律师事务所

局机关及公证处、律师事务所党员由司法局党总支领导下的各支部管理。司法局党总支党员管理以支部为单位，将党员权利义务贯穿于本职工作、中心任务和日常生活中。通过党员自定目标责任，进行半年和年度自评、支部考评、党员互评、群众评议、支部总评、党总支和县直机关党工委提出意见六步骤实现党员年度格次评定。

上杭县司法局举行“迎中秋庆国庆茶话会”（上杭县司法局供图）

二、退休干部党员管理

退休干部党员自主选择，可选择留在原支部，也可选择迁到户籍安置地或居住地社区党支部。以自愿及方便参加支部活动为原则。

三、各乡镇司法所党员管理

全县22个乡镇司法所共有党员59人，均隶属所在乡镇党委乡（镇）直机关支部或总支管理，参加其党员活动。

第二章　群团工作

第一节　工会工作

依照《中华人民共和国工会法》要求，县司法局推行民主管理、民主评议、民主监督等管理制度，定期组织召开基层单位负责人、干部及职工代表座谈会，以保障干部职工参政、议政权利和民主决策权利，发挥干部职工在审议重大决策和重大事项中的把关作用。同时开展丰富多彩的文体活动，丰富文化生活；坚持每年一次组织全体干部职工参加健康体检，了解局离退休老干部思想动态。局党组、工会主席亲自召集全局老干部举行党政精神学习会、座谈会，进行谈心交流，帮助解决生活、工作中遇到的困难和问题。对有困难的干部职工，热情进行慰问帮扶。

县司法局组织干部职工到紫金公园开展健身走活动 （上杭县司法局供图）

第二节 妇女工作

县司法局结合《中华人民共和国妇女权益保障法》《中华人民共和国婚姻法》《中华人民共和国女职工劳动保护规定》等与女性干部职工切身利益息息相关的法律法规学习宣传，在每年女职工维权月活动期间，都进行女职工“四自”（自尊、自信、自立、自强）教育，切实提高女职工法律意识。同时，宣传男女平等基本国策和妇女应享有的基本权益，反对性别歧视和家庭暴力，为广大女干部职工进步和发展创造良好环境。县妇联组织开展的“双学双比”“巾帼建功”“争当三八红旗手”等各项争先创优活动，本系统女干部职工都积极参与。每年3月，司法局都与县法院、公安局等单位联合开展“情系妇女、法送春风”活动，围绕妇女维权工作中的热点难点问题进行深入探讨和交流。在“上杭妇女网”专门设置维权驿站，开设“法律法规”“案例分析”“答疑解惑”等栏目；在县电视台开设“平安上杭”专题栏目，宣传“平安家庭”等内容。2007年开始，县司法局为妇女干部职工办理了特病医疗保险。

第三节 计生工作

2015年以前，县司法局计划生育工作在局党总支领导下，实行主要领导负总责、亲

县司法局召开离退休干部座谈会 （上杭县司法局供图）

自抓、分管领导具体抓的工作机制。除经常组织学习、贯彻计划生育法律法规和各级计划生育工作文件，利用会议、“三八”妇女节、征订报刊等各种形式加强宣传外，还突出强调搞好育龄干部职工康检和生殖健康服务，每年组织已婚育龄女干部职工及男干部职工配偶接受一次以孕情、病情等为重要内容的健康检查，建立育龄妇女卡片，规范计生工作管理。

第四节 退休干部工作

县司法局退休干部工作，注意落实好退休干部职工政治和生活待遇，加强退休干部职工党支部建设，发挥老干部在司法行政工作中的作用，努力提高新形势下老干部工作水平。通过读书班、报告会和座谈会等多种方式，组织老干部交流学习体会，增强政治意识和大局意识，积极向局领导“建言献策”，发挥老干部特有作用。同时，注重落实离退休干部职工生活待遇，把完善离退休干部职工“三个机制”（离退休费保障机制、医药费保障机制、财政支持机制）、“两费”（离退休费和医疗费）作为工作重点。县司法局每年都依托县老干部活动中心，发挥老体协、书画学会等社团组织作用，为老干部组织丰富多彩的活动。特别是组织好“七一”、老人节、国庆节、元旦等重大节日老干部活动，丰富老干部文体生活。在老干部党建工作中，不断加强司法局第二支部建设（党员都是离退休人员），积极探索支部建设新途径，继续发挥离退休党员先锋模范作用。

至2019年12月，上杭县司法局共有退休干部职工33人。

上杭县司法局离退休人员一览表

表 8-8

姓　名	退休时间	姓　名	退休时间
黄晋升	1989 年 7 月	廖赞梅	2013 年 9 月
汤维高	1994 年 1 月	黄发连	2013 年 9 月
刘佐珍	2000 年 8 月	邱勇辉	2013 年 10 月
李增元	2000 年 11 月	林星如	2014 年 11 月
伍锦标	2005 年 11 月	卢万堂	2016 年 8 月
罗玉文	2006 年 9 月	邹鸿蔚	2016 年 12 月
林　勇	2006 年 12 月	刘新明	2017 年 7 月
李步光	2009 年 8 月	李兆其	2017 年 10 月
林新麒	2010 年 2 月	廖礼章	2018 年 6 月
吴云飞	2010 年 5 月	李培基	2018 年 8 月
邱柏清	2010 年 7 月	郑志忠	2018 年 10 月
龚明辉	2011 年 8 月	钟炳春	2018 年 10 月
张星高	2011 年 12 月	王继芳	2018 年 2 月
傅煜华	2011 年 12 月	何发明	2018 年 2 月
陈裕文	2012 年 2 月	胡宁春	2019 年 8 月
陈德棠	2012 年 7 月	廖晓卿	2019 年 11 月
肖杭琴	2012 年 9 月	—	—

第九篇　后勤保障

20世纪80年代初上杭县司法局成立后，县委、县政府为司法行政系统后勤保障工作提供充分支持，局机关办公用房从租用15平方米平房，到90年代建成四层共800平方米专用办公楼，再到2014年投资1996万元，将县农资物流配送中心第7、9、10、11、12层共5层合计4065平方米划拨给县司法局作机关业务用房，使司法局各部门办公条件大为改善。各基层司法所业务用房建设也走在全省前列。到2013年，全县司法所业务用房建设全面完成并投入使用。2013年4月，全市司法所规范化建设推进会在上杭召开，全县司法所规范化建设经验在会上推广。

第一章　业务用房建设

第一节　县司法局机关业务用房建设

1980年12月成立上杭县司法局，租用县法院15平方米办公室1间，借用3张办公桌。

1982年，上杭县政府征用饮食服务公司学坪旅社平房一幢（系孔庙附属建筑），用于司法局办公用房和部分干部住房，总面积647平方米，其中能使用的房屋面积308平方米，并拨修缮费1.29万元进行修缮。后征用城北村大塘第二村民小组坐落在宫子下的三亩鱼塘，作为县司法局基建用地。

1984年，县委、县政府拟定县司法局建一座四层职工宿舍，面积700平方米，造价约11.2万元；建一座四层办公楼，面积800平方米，造价13.3万元。

1986年年底，司法局办公楼开始建设。1991年，建成三层。同年10月，开始投入使用。

1992年5月19日，办公楼三层竣工验收，总造价33.7万元。

2002年12月26日，县发展计划局下发《关于县司法局办公大楼加层续建工程立项的批复》文件，同意司法局在原有三层楼的基础上按原设计加建二层，续建面积为550

平方米，投资40万元。

2006年，县司法局办公楼续建加层、外墙装修和大门改建工程于12月竣工并交付使用，工程总造价30万元。

2011年，县司法局业务用房建设工程立项完成，县政府划拨县司法局业务用房建设用地5033平方米，建筑面积3518平方米，为8层框架结构，总建筑面积6528平方米。其中业务用房4060平方米，办公用房2088平方米，另外配套附属用房（包括变配电室、汽车库、警卫用房等）建筑面积380平方米。其中设置法律事务接待、普法依法治理、人民调解、社区矫正、安置帮教、律师公证、司法鉴定、应急指挥中心、法律援助、教育培训、“12348”法律服务、法制及执法监督、信访接待、网络信息、资料档案等16类业务用房。

2012年，县司法局业务用房完成中央投资补助项目申报工作。

2014年10月14日，县政府作出《上杭县人民政府关于上杭县司法局业务用房建设有关问题的批复》（杭政〔2014〕230号），决定将县政府出资购买的刚竣工的上杭县农资物流配送中心第7和第9—12层共5层，合计4065平方米楼房划拨给司法局作为业务用房，由司法局按县局业务用房建设标准进行改造，县发改局也随即作出项目变更批复。项目总资金约1996万元，其中购房1500万元，改造装修496万元。2016年9月，正式搬迁入驻。

第二节　基层司法所用房建设

1997年7月22日，原乡（镇）司法办更名为司法所。9月18日，全县22个司法所正式挂牌成立。

2002年，全县基本完成乡镇司法所收编建所工作。

2003年，全县司法所办公用房达3间以上的有4个所（临城、古田、蓝溪、稔田），2间以上的有6个所（湖洋、才溪、南阳、太拔、庐丰、茶地）。40%达到二类司法所要求，60%达到三类司法所要求。

2005年，县司法局加大两个规范化建设力度。至年底，全县22个乡镇均设立司法所，其中3个司法所拥有独立办公楼，6个司法所有3间以上办公用房，其余所也有2间办公用房及调解室。

2008年，县司法局努力向上级和相关部门争取到规范化建设资金80万元。10月，设立县司法局驻上杭工业园区和蛟洋工业集中区2个办事处。

2009年，根据省司法厅用2—3年时间建设基层司法所业务用房要求，县司法局成立基层司法所业务用房建设领导小组，分工负责各项具体工作。局领导分别带队深入各乡镇，对各个司法所业务用房需要新建、改建、购买情况进行调查摸底，将第一手资料及时上报省厅、市局。根据省、市有关加快建设司法所业务用房工作指示精神，县司法局及时向县委、县政府主要领导汇报，2月11日报送《关于要求兴建司法所办公楼给予资金配套承诺的请示》，县长当即给予批复。经过多方共同努力，庐丰司法所业务用房建设被列为全省第一批示范所用房建设。10月3日，庐丰司法所业务用房建设开工。该房占地104平方米，建筑面积为350平方米。是年，22个基层司法所、2个驻工业园区办事处全部实现司法部提出配置摩托车、传真机、打印机、复印机和数码相机要求。

2010年，全县司法所业务用房建设工作得到县、乡两级党政领导高度重视。县司法局认真落实县委办、县政府办转发的《上杭县司法局进一步加强全县司法所建设实施意见》和上级主管部门要求，计划用3年左右时间全面完成全县22个乡镇司法所和2个驻工业园区办事处业务用房建设任务。6月，总投资48万元的庐丰司法所办公用房建设竣工，通过验收并投入使用。是年，启动实施15个司法所办公用房建设，占总建设项目的62.5%，总投资600余万元，总建筑面积6134.9平方米。至年底，2个司法所交付使用，4个司法所完成装修，其余完成主体工程，进入装修阶段。

2011年，全县有6个司法所进行业务用房建设。其中临城镇政府将原农技站办公楼调整为临城司法所办公用房，重新装修，并投入使用；南阳所与文化中心合建，3—4楼为司法所办公用房，面积480平方米；太拔所单独新建，乡政府无偿提供建设用地，并予以配套资金13万元；泮境所与乡政府大楼合建，面积为380平方米；溪口所计划与乡政府大楼合建，面积为426平方米；临江镇政府调整出5间办公用房，用于司法所业务用房，另调1间作调解室。按照《福建省司法厅办公室关于规范司法所外观标识和内务制度公示的通知》，县司法局统一给予各基层所添置电脑、办公桌椅、司法行政徽章，统一制作标识牌、内务制度公示牌等，规范司法所外观标识，办公及业务用房设置和内务制度公示项目、内容、地点，使之做到“以我为主，标识明显，制度规范，设备规范”。至年底，全县24个司法所（含2个驻工业园区办事处）业务用房建设有19个投入使用，5个在建。全县总建筑面积9398平方米，累计投入资金1050余万元。其中省、市补助330万元，县乡投资720余万元。蛟洋司法所建筑面积947平方米，投资114万元。

省司法厅对上杭县司法所业务用房建设走在全省前列，给予充分肯定。2012年3月，全省司法行政基层基础工作现场会在上杭县召开。至年底，全县24个司法所（含2个工业园区办事处）业务用房建设任务，有21个竣工并投入使用，其余3个已完成主体工程。县司法局在“善建”基础上，还做到“善管”，及时向司法所转发建设规范化司法所要求，制订工作达标方案，明确工作责任，在省司法厅下达蛟洋和蓝溪两个所要在年内达标基础上，自加压力，增加古田、才溪、临城、庐丰4个所同步实现规范化验收；其余司法所按照“建设一个、扶持一个、规范一个、见效一个”要求逐步完成。至年底，蛟洋、蓝溪、古田、才溪、临城、庐丰6个司法所基本实现队伍建设正规化、科技管理信息化、业务工作规范化、硬件设施标准化、经费保障制度化、服务大局优质化要求。

2013年，全县司法所业务用房建设任务全面完成并投入使用。3月，蛟洋司法所、蓝溪司法所被省司法厅命名为全省首批规范化司法所。4月，全市司法所规范化建设推进会在上杭县召开，县司法所规范化建设经验在会上推广。

2014年，新增司法所执勤业务用车6辆，分配到古田、才溪等6个基层所。

2019年，基层司法所用房面积9398平方米。

第二章　财务管理体制

第一节　县司法局财务预算管理体制

县司法局办公经费开支实行由局长“一支笔”审批制度，办公室统一管理，全面审核。2010年起，开始实行国库集中支付管理办法。设立“零”余额账户，强化预算资金管理。

第二节　县公证处财务体制改革

1994年，县公证处由行政单位改为差额拨款事业单位，作为一级预算单位，分户独立核算。公证处收入上缴财政专户，人员工资和公用经费由县财政局按预算和上缴情况从专户拨还。超收部分除正常追加预算外，其余归财政；不足部分自行解决。2010年开始，公证处收入上缴国库。支出按年初预算和缴库情况拨还。超收部分除正常追加预算外归财政，不足部分自行解决。

第三节　律师事务所经费管理体制改革

1980年县法律顾问处初建时，经费由国家统收统支。1981年起，省内部分法律顾问处实行“全额管理，差额补助，超收提成”办法。1984年10月，按照有利于促进律师工作发展、有利于调动律师工作人员积极性精神，根据省内各顾问处收支情况，采取不同经费管理办法：收入小于支出的，仍实行“全额管理，差额补助，超收提成”办法；收入大于支出的，采取“自收自支，结余留用或分成”办法。在改革占编所经费管理的同时，1984年，全省推广建瓯县第二律师事务所不占国家编制、不花国家经费、独立核算、自负盈亏经验，试行从体制上改变国家包办律师事务的状况。1984年12月，县成立不占国家人员编制、不拿国家经费、自收自支的第二律师事务所。1988年6月3日，司法部下发《合作制律师事务所试点方案》，提出合作制律师事务所自主经营、自筹资金、自负盈亏、自担风险，引进竞争和激励机制，在分配上实行按劳取酬原则。1993 年 12 月 26 日，国务院同意司法部《关于深化律师工作改革的方案》下达后，省司法厅提出相应实施方案，允许国家的、自收自支的、一所两制的、合作制的各种形式律师事务所同时并存，共同发展；在全省范围内建立适应社会主义市场经济体制和国际交往需要的，具有中国特色、不占国家编制、不要国家经费，实行自愿组合、自收自支、自我发展、自我约束（简称“两不四自”）的律师体制。

第四节　法律援助中心经费管理体制改革

2000 年 6 月，县法律援助中心成立，为股级事业单位，不定编制，经费全额拨款，隶属县司法局管理。2002 年，根据《中共福建省委办公厅、省人民政府办公厅关于认真做好“建立面向弱势群体的法律援助中心”工作的通知》和《福建省财政厅、福建省司法厅关于法律援助经费列入同级财政预算的通知》精神，要求法律援助业务经费列入同级财政年度预算，建立政府对法律援助最低经费保障机制，县级法律援助中心业务经费不少于 6 万元。同时，省级逐年下达法律援助办案补助经费，全部实行专款专用，并独立设置账户，进行独立核算。经费保障体现了社会扶弱济贫力度和政府对法律援助工作的支持，有利于推动县法律援助工作发展。2007 年 4 月，县机构编制委员会同意增加事业编制 1 名，经费全额拨款。

第十篇　干部教育管理

上杭县司法局注重抓干部队伍思想教育。在政治思想教育上，紧紧根据不同时期上级党委部署，抓好时事政治学习灌输，使广大干部职工思想认识能紧跟形势、紧跟时代。特别能根据自身行业特点，在不同时期抓好不同主题的专项教育，使干部职工能从不同渠道吸收“精神营养”，提高政治素质和专业素质。

第一章　干部教育

第一节　政治思想教育

1995 年，上杭县司法局党组制定《开展建设有中国特色社会主义理论和党章学习活动的实施方案》，计划在 3 年内分两个阶段在全局党员干部中有计划、有步骤地开展“两学习”活动。1996—1997 年，根据该实施方案，以党组中心组学习、带动和促进党员干部开展“两学习”活动，不断深化“两学习”活动，提高“两学习”效果。

1998—1999 年，上杭县司法行政系统以邓小平理论和中共十五大精神为学习中心内容，结合学习中共十五届三中全会精神和中央领导重要讲话，以及市场经济、法律、历史、时事等方面知识，联系工作实际，撰写调研论文和心得体会，把学习邓小平理论落实到加强上杭县司法行政队伍建设、实现上杭县司法行政工作改革与发展上。

县司法局组织干部职工参观“群众路线是法宝”图片展

（上杭县司法局供图）

2000年6月，上杭县司法局结合“两思”（致富思源、富而思进）教育和加强机关效能建设，在全局党员中深入开展“三个代表”重要思想学习教育活动。司法行政系统全体干部职工系统学习理论，把握精神实质，明确努力方向，当好“三个代表”重要思想的传播者和实践者，密切联系实际，扎实推进工作。活动分为宣传发动、组织学习、对照检查、总结提高四个阶段，通过报告会、座谈会等形式，组织集中学习和讨论。

2001年，按照上杭县委、县政府统一部署，县司法局围绕“干部受教育，群众得实惠”这一目标，深入开展“三个代表”重要思想学习活动。全局干部职工全部参加学习培训，共发放征求意见表60多份，召开座谈会4场（次），个别访谈干部群众150多人（次），征求到意见建议100多条，党员干部共查摆问题30多个（其中领导班子查摆问题10多个），互提批评意见30多条。在整改提高阶段，找准存在问题，按照“先班子、后个人”顺序制订整改方案。局党组提出15条具体整改项目，并通过会议、简报、公开栏等形式向社会公布，实行公开整改，主动接受监督。这次活动，使全局干部受到一次较为深刻的教育，自觉增强党性锻炼、增强服务“三农”（农业、农村、农民）工作使命感和责任感等方面，都有较大收获；对提高全体党员干部凝聚力和战斗力，转变工作作风，很有帮助。

2002年，根据《中共上杭县委关于认真学习宣传贯彻党的十六大精神的通知》精神，结合上杭县司法局实际，制定实施意见，分阶段、分专题全面学习宣传贯彻党的十六大精神。学习中采用集中学习与个人自学相结合，开展讨论，组织专题辅导，召开座谈会等形式，坚持理论联系实际，学以致用，把学习党的十六大精神同自身本职工作实际结合起来。

2003—2004年，上杭县司法局全面贯彻落实党的十六大精神，根据上杭县委开展“八进农家”系列活动要求，组织全局党员干部进村入户，开展党的十六大精神宣传、实用科技服务、诚信道德教育和法律知识咨询、市场信息、医疗卫生保健及计划生育宣传服务等。

县司法局领导开展走访群众活动　（上杭县司法局供图）

2005年，上杭县司法局开展保持共产党员先进性教育活动。活动中，成立先进性教育活动领导小组，制定学习、评议、整改三个阶段任务，一步步抓落实。在学习过程中坚持“四个不少”，即参加学习党员一个不少，学习内容一篇不少，规定的学习讨论时间不少，撰写学习笔记、心得体会篇数不少。学习形式突出“三结合、三为主”，即坚持集中学习与个人自学相结合，以个人自学为主；坚持读原文与听辅导、看录像相结合，以读原文为主；坚持讨论交流与学习典型相结合，以提高素质为主。在整个教育过程中，坚持形式和内容、理论和实践、律己和律人“三统一”。要求通过明确整改责任和整改内容，不断改进服务工作，以重点整改项目落实来取得群众信任。对律师岗位人员，要求通过学习活动，进一步规范法律服务收费行为，实行透明收费，规范收费，收费项目、标准、办法全部向当事人和社会各界公示，自觉接受监督；简化法律援助程序，减轻困难群众“打官司难”的问题。对公证处岗位，要求通过学习活动，进一步完善首问责任制、首办责任制、一次性告知制、文明服务制、服务承诺制等制度，缩短办理公证时间，确保制度落到实处。对局内部，要求通过学习活动，进一步完善支出管理制度，加强对各项支出的管控，特别是加强对奖金福利支出、业务接待费、车辆维修燃油费、差旅费、各项专项经费等支出的管理和控制。全局工作要以处理投诉为抓手，建立局领导定期下访、受理群众投诉、设立群众投诉电话等制度，畅通举报投诉和征求意见渠道，对违反禁令、有损形象的人和事要严肃处理，以进一步树立司法行政机关形象。要求结合实际开展“规范执法行为、促进执法公正”专项整改活动，采取有力措施，进一步巩固干部宗旨意识、法纪意识、责任意识和服务意识，努力提高司法行政工作水平。

上杭县司法局召开党的群众路线教育实践第一环节小结会

（上杭县司法局供图）

2008年，上杭县司法局围绕上杭县委、县政府关于“解放思想，先行先试，加快‘两个先行区’建设”主题实践活动精神，在全县司法行政系统开展“解放思想，先行先试，加快发展”主题实践活动。活动开展坚持与庆祝改革开放30周年有关内容相结合，与上杭县各级各部门工作实际和社会主义新农村建设相结合，与加强各级领导班子建设和基层党组织建设相结合，与广泛开展读书学习活动、建设学习型机关和学习型社会相结合，采取灵活多样的方式，以期达到探寻加快本县司法行政工作发展思路、途径、办法、举措的效果。这次活动还开展了社会主义法治理念教育，按构建和谐社会要求，教育和引导司法行政干部和法律服务工作者牢固树立并自觉践行社会主义法治理念，组织全县司法行政干警参加全市专题法制教育考试，皆以优异成绩通过。

2009年4月开始，根据党中央统一部署，县司法局利用近半年时间开展学习实践科学发展观专题活动，围绕“党员干部受教育，科学发展上水平，人民群众得实惠”总要求，突出“服务科学发展，营造法治环境”实践特色，先后分学习调研、分析检查和整改落实三个阶段开展活动。共集中学习9场次，召开讨论会9场次，撰写心得体会38篇。分5个调研组走访党员干部群众25人次，召开各类座谈会6场次，征集汇总各类意见建议5个方面39条，撰写调研文章5篇。召开征求意见座谈会6场，发放征求意见表68份，梳理汇总出对局领导班子意见共4类19条，召开专题民主生活会1场次、专题组织生活会1场次。在此基础上，形成上杭县司法局领导班子分析检查报告6个方面内容，在局学习栏进行张贴公告。对查摆出的突出问题，立即整改解决8个，近期整改解决4个，需中长期整改解决6个，同时修订完善政策规章制度2项，新建立政策规章制度2项。经过群众满意度测评，对司法局开展学习实践科学发展观活动满意度达100%。

县司法局道德讲堂 （上杭县司法局供图）

2010年，上杭县司法局贯彻落实中央、省委、市委、县委关于推进学习型党组织建设总体部署和实施方案要求，广泛开展“争创学习型领导班子”“争当学习型干部”活动。通过聘请专家专题讲座、开设领导干部论坛、深入基层调研、外出学习考察和开设专题网站网页等形式，推进理论武装工作，不断增强理论学习实效。是年2月12日至15日，胡锦涛总书记到闽、到上杭视察指导工作并发表重要讲话。农历大年三十，胡锦涛总书记到上杭县古田镇与老区干部群众一起喜迎新春佳节，在全县引起巨大反响。上杭县司法局积极响应县委号召，把学习贯彻胡锦涛总书记在闽、在上杭视察指导工作时的重要讲话精神作为重大政治任务来抓，在全局司法行政系统内开展“牢记嘱托、乘势而上、加快发展”学习教育实践活动。在全系统内组织所有党员干部职工分专题开展学习，采取组织宣讲、举办辅导讲座、开展专题研讨等多种行之有效的措施和办法，推进全系统学习宣传活动深入扎实开展。

2011年，上杭县司法局认真组织开展司法行政系统“对党忠诚”教育活动，充分运用宣传栏、内部刊物等宣传阵地，认真编辑开展活动信息、简报等，及时报道活动情况，反映工作成效，为教育活动深入推进营造良好氛围。是年是中国共产党成立90周年。6月20日，在“七一”建党节前夕，全系统党员组织开展“重温入党誓词”活动，庆祝中国共产党成立90周年。同时，以庆祝中国共产党成立90周年活动为契机，深入开展创先争优，不断增强党性教育的主动性和时效性。

2012年，上杭县司法局进行政法干警核心价值观教育实践活动。按照中央关于推进社会主义核心价值观体系建设总体要求和省市县委政法委、市司法局部署要求，结合全局工作实际，把政法干警核心价值观教育作为思想政治建设的一项重要任务提上议事日程。通过多种形式，组织司法行政系统全体干部职工进行学习、讨论和实践，真正把“忠诚、为民、公正、廉洁”的政法干警核心价值观内化于心，外化于行，贯穿在造就一支政治坚定、业务精通、作风优良、执法公正的司法行政队伍建设工作中。是年，上杭县司法局还大力开展“喜迎十八大，争创新业绩”主题教育实践活动，以喜迎中共十八大为契机，引导全局干部职工坚定不移地高举中国特色社会主义伟大旗帜，毫不动摇坚持中国特色社会主义理论体系、中国特色社会主义道路和中国特色社会主义制度，在大是大非面前旗帜鲜明，立场坚定。各股、室、中心、处、所对这些活动都精心组织，强化责任，注重实际，务求实效，使这些主题实践活动真正取得实效。

中共十八大后，局党总支首先组织全局党员干部职工认真学习、宣传、贯彻中共十八大和十八届三中、四中、五中全会精神，学习中央政治局八项规定，进一步加强党和干部队伍自身建设，加大从严治党、从严治政力度，大力整顿党风、政风。

2014年，县司法局根据上级部署，开展党的群众路线学习教育活动。全局共开展集中学习4次、现场教学3次，安排自学6次，学习《党的群众路线教育实践活动学习读本（一）》《党的群众路线在上杭》《马克思主义哲学十讲》等材料；观看《官箴》《四风之害》《面向未来的赶考》《周恩来的四个昼夜》等教育纪录片；瞻仰古田会议会址，才溪乡光荣亭、列宁堂、才溪乡调查纪念馆和县检察院廉政警示教育基地，做好读书笔记和撰写好心得。

局领导班子围绕“四风”问题，共征集到各类意见建议210条，梳理归纳出17条，按照即知即改、立行立改要求，对每项整改任务明确责任领导、责任人和完成时限。对6件群众反映的其他意见和问题，现场解决1件，协调村级解决1件，转至乡镇或县直部门4件。在开展“串门走亲”过程中调处纠纷1起，提供法律援助1人次，开展法制宣传活动1场。

经过会前精心准备并报县委党的群众路线教育实践活动领导小组批复同意，7月8日召开“开放式”专题民主生活会。局党组书记、局长伍启文首先代表局班子作对照检查，并带头进行自我对照检查，接受班子成员批评，紧接着每位班子成员依次进行对照检查。发言结束后，其他人再逐一对其开展批评，进行“出汗排毒”。

“开放式”民主生活会后，局领导对抓整改措施落实提出 从实际出发，抓好“两方案一计划”的落实、坚持勤奋学习，提升领导班子的理论水平、坚持求真务实，不断改进工作方法和工作作风，进一步强化宗旨意识、大局意识、敬业精神，进一步推进工作创新，不断提升服务社会的能力、注重自身建设，树立务实清廉形象等6条措施。

2015年，在全县司法行政系统党员干部中开展纠正不良习气、树立清风正气活动，采取民主评议政风行风工作座谈会、“三严三实”专题民主生活会和继续推行诫勉谈话制度，防范轻微违法违纪行为的发生。根据推进简政放权深化行政审批制度改革有关文件要求，认真编制上杭县司法局“三张清单”，在司法局网站公布。同时开展行政审批事项清理，深化机关效能管理，转变工作作风，使公民申请法律援助事项的审批时间大大缩短，公民在窗口就能享受到“一站式”服务。还组织实施文明股室、文明司法所评比活动，将评比结果与精神文明奖金相挂钩。

2017年中共十九大后，县司法局紧紧抓住习近平新时代中国特色社会主义思想和以中共十九大精神为重点，对干部职工进行思想政治教育工作。要求围绕全县工作大局，坚持转变作风，服务群众，全面推进法治进程，强化职能，创新发展，为“平安上杭”“法治上杭”建设作出新的贡献。

2018年，按照“政治过硬、业务过硬、责任过硬、纪律过硬、作风过硬”的要求，以“学新思想、比政治素质、比履职能力、比纪律作风”为主题的“一学三比”大练兵大比武活动为载体，认真抓好队伍建设。深入推进“两学一做”学习教育常态化制度化，建立理论学习制度，坚持每月安排一期以上理论学习，全年共组织局党组中心组学习（扩大）会议24次，分别学习习近平新时代中国特色社会主义思想、宪法修正案、党章党规党纪政治理论等，不断提升干部职工政治思想素质，打牢理论基础。5月30日，组织机关全体干部职工前往古田（吴地）红军小镇开展党性教育培训。6月15日，专门邀请县委党校教师为全县司法行政系统干部职工举办《学习习近平新时代中国特色社会主义思想和基本方略》主题讲座。

2019年，结合“不忘初心、牢记使命”教育，县司法局从三个方面对干部职工进行思想政治教育。一是召开2019年度全县司法行政工作会议，参会人员为本系统全体干部职工和公证处、律师事务所、中心法律服务所负责人，同时邀请县纪委派驻政协纪检组组长参加。会上，党组书记、局长刘勇和纪检组组长郭胜初对全体参会人员进行集体廉政谈话，再次重申纪律作风建设的重要性；同时开展党风廉政警示，对机关全体干部职工开展党风廉政警示教育，以身边的真实案例为切入点，深刻剖析犯罪原因，让干部职工常怀警醒之心；通报本部门干部受查处案例，开展警示教育，深刻吸取沉痛教训，要干部职工常思腐败之害，常筑防腐之堤。二是组织学习《习近平阐述新形势下宣传思想工作使命任务》和中央、省、市、县委关于意识形态工作责任制要求，抓好意识形态工作，将意识形态工作同党建工作紧密结合，一同部署、一同落实、一同检查、一同考核，以净化全体党员干部意识形态环境。全年开展专题研究意识形态工作会2次，召开意识形态专题分析研判工作会2次、综合分析会1次。利用各类传媒做好正面宣传工作，在思想上政治上行动上与党中央保持高度一致，做好舆论监督引导，旗帜鲜明地站出来宣传正能量。2019年，全系统共撰写各类工作信息359篇，被各级各类媒体采用320篇。三是组织全体干部职工参加全市司法行政系统“一学三比”大练兵大比武活动，开展“一所一品”创新创优演讲比赛，以加强干部职工履职能力。组织干部职工观看《人民调解大讲堂》，从生动的讲述中学习调解方法，提升人民调解成功率。同时利用党组中心组（扩大）会议，对机关全体干部职工开展干部队伍教育，强调始终必须坚持以习近平新时代中国特色社会主义思想为指导，紧紧围绕“讲政治、抓党建、重团结、促发展”要求，推动全县司法行政党风廉政建设和队伍建设新发展。是年，为激活干部担当作为，结合机构改革，司法局还对股级及以下干部进行轮岗交流，以推进司法行政干部科学化、制度化管理水平。

第二节　专项教育

一、“增强公仆意识，做好群众工作”主题教育

1995年5月起，上杭县司法局集中半年时间，在全局干部职工中深入开展“增强公仆意识，做好群众工作”主题教育活动。要求全局所有干部职工至少通读两篇有关做好群众工作的新篇经典文章，并有选择地精读相关章节，撰写心得体会、调研文章。通过调查研究、宣传教育、评议整改和总结提高四个阶段的教育，以进一步强化干部的宗旨意识和群众观念，提高工作水平。

二、“解放思想”大讨论

1997年，上杭县司法局组织司法行政系统全体干部职工和法律服务工作者开展“解放思想”大讨论，总结上杭县司法行政工作经验，寻找工作薄弱环节，以破除阻碍新一轮发展的旧观念，着力提高队伍素质，为上杭县司法行政工作发展奠定坚实的思想基础。

三、“两思”教育

2000年2月，根据中央统一要求，在广大干部群众中开展“致富思源，富而思进”教育（以下简称“两思”教育）。4月中旬开始，司法局根据教育活动实施方案，利用半年时间开展按照“认真学习、提高认识、联系实际、扎实推进、总结提高、促进发展”总体目标，分三个阶段进行“两思”教育活动，把活动与提高司法行政工作水平结合起来。

四、“五项教育”

2002年，上杭县司法局结合“三个代表”重要思想学习教育活动回访复查，深入开展以“增强公仆、责任、服务、创新、法纪意识”为主要内容的“五项教育”活动。

五、依法行政和依法文明诚信服务主题教育

2003年4月开始，上杭县司法局在全县司法行政系统干部队伍中开展“廉洁高效依法行政”、在法律服务队伍中开展“依法诚信文明服务”两项教育活动。各相关单位结合实际，抓住重点落实整改意见。司法局机关重点开展“四查”：查是否有不重视学习、自满自足，不思进取、无所作为问题；查是否有不依法行政、依法办事，群众观念、廉洁意识、法制观念差问题；查是否有纪律松懈、不遵守规章制度、组织纪律观念差、作风

拖拉问题；查是否有事业心、责任心不强，不尽心尽责问题。各律师事务所、公证处自查自纠的重点是：查是否进一步完善委托人代理制度；查是否建立利益冲突审查机制；查是否健全服务质量跟踪反馈制度；查是否实行执业公示制度；查是否完善值班接访制度、首问责任制和责任追究等制度；查是否依法积极履行法律援助义务。律师、公证员自查自纠的重点是：查是否树立“法律之师”观念；查是否树立依法办案（证）观念；查是否树立文明诚信服务观念；查是否树立执业道德、执业纪律观念；查是否树立全局意识观念。

活动为期8个月。经过学习教育、自查自纠、边整边改、检查总结4个阶段，取得明显成效，受到上级司法行政机关肯定。通过开展这两项教育活动，整理汇编出《司法局机关管理制度》《法律援助工作制度》，制定出台《关于加强公证行业诚信建设的意见》《关于开展创建诚信基本法律服务所活动的实施方案》等文件，司法行政和法律服务单位监督制约机制进一步得到加强，全县司法行政队伍水平得到提高。

县司法局干部职工到才溪接受革命传统教育

（上杭县司法局供图）

六、求真务实主题教育

2004年4月中旬开始，上杭县司法局在全县司法行政系统中开展“求真务实”专项教育活动。活动为期近半年，以学习教育为基础，以建设“廉洁、勤政、务实、高效”机关为目标，以解决工作中存在的突出问题为重点，以弘扬“六种精神”（刻苦学习的钻研精神、争创一流的敬业精神、迎难而上的进取精神、敢为人先的开拓精神、求真务实的实干精神、两袖清风的廉洁精神）为着力点。在学习教育阶段，组织律师进行职业道德、执业知识考试；在自查自纠阶段，要求明确重点，落实自查工作措施，写好自查自纠报告，落实自查自纠纪律；在建章立制阶段，对律师队伍管理、监督、自律制度进行完善。根据司法部、全国律师协会颁布的规范性文件，联系当地实际，建立和健全各项规章制度。至年底，全县各律师事务所较好完成了三个阶段各项任务。市司法局组织人员到上杭县各律师事务所回访检查，给予较高评价。

七、规范依法执业主题教育

2005年，上杭县司法局在全县律师、公证队伍中开展以合伙律师所规范建设年和公证教育规范树形象活动为主要内容的“规范执业行为，促进执业公证”专项整改活动。活动中，成立合伙律师规范建设年活动暨建立健全律师队伍建设长效机制工作监督领导小组，分类指导和具体督促活动开展。县司法局结合实际，制订工作方案，专心组织。活动分动员部署、学习交流、查找整改、检查督促落实、总结验收5个阶段，围绕继续端正律师和公证队伍执业思想、深入查找执业活动中存在的问题重点，集中整改突出问题，构建律师、公证队伍建设长效机制展开。对于经过整改仍达不到规范要求管理的“散、乱、差”律师事务所，依法上报，由龙岩市司法局处理。通过政治思想教育、业务素质教育、职业道德教育，规范合伙律师所的合伙主体、收案行为、收费分配行为、内部监督、管理责任、党建工作；规范公证服务程序、办证程序、公证运行机制、公证管理行为。在突出抓好律师、公证队伍专项整改活动的同时，还加强司法行政机关队伍、领导班子、基层司法所建设，以强化对管人、管事、管钱、管物岗位环节的规范和监督。

八、“岗位练兵”主题教育

为推进全县司法所规范化建设，建设一支政治坚定、业务精通、作风优良、执法公正的基层司法所干部队伍，更好发挥各项职能作用，2008年4月至12月，上杭县司法局在全县司法行政系统中开展“岗位练兵”专项教育活动。该教育活动以人民满意为根本标准，以维护社会公平正义为核心，以提高司法所工作人员业务水平和工作能力为主要目的，从加强业务技能学习和培训，提升政治业务素质，打造过硬本领，扎实作风，优质业绩入手，成立岗位练兵教育活动领导小组，分学习培训、岗位练兵、总结提高三个阶段进行。各司法所高度重视岗位练兵教育活动，按照“立足岗位，注重实效”原则，把岗位练兵教育活动融入日常业务工作中。通过岗位练兵活动，基层司法所在维护社会稳定、推进民主法制建设和服务经济发展中的职能作用得到进一步发挥。

县司法局召开部署“我为建设美丽上杭做什么”专题动员部署会

（上杭县司法局供图）

九、“发扬传统，坚定信念，执法为民”主题教育

2011年4月开始，上杭县司法局根据省、市、县政法委和龙岩市司法行政部门部署，开展“发扬传统，坚定信念，执法为民”主题教育实践活动。主题教育实践活动以发扬光荣传统，坚定理想信念，践行执法执业为民，推进司法行政工作，服务跨越发展为主要内容，以解决司法行政干部和法律服务工作者在理想信念、宗旨意识、执法执业等方面存在的问题，打造一支政治坚定、业务精通、作风优良、执法公正的司法行政干部队伍，加快推动上杭科学发展、跨越发展、维护社会和谐稳定和保障社会公平正义提供更有效法律保障和法律服务为目的。活动分三个阶段进行：第一阶段，动员部署阶段（2011 年 4 月），召开全县司法行政系统干部职工大会进行动员，对全县司法行政系统开展主题教育实践活动进行部署，明确活动内容、目标要求、方法步骤、进一步统一思想，增强司法行政干部职工和法律服务队伍参与主题教育实践活动的积极性与自觉性；第二阶段，组织实施阶段（2011 年 5 月至 2012 年 1 月），上半年侧重抓好党史教育、群众观点教育和推荐、宣传、表彰先进典型等重点工作，下半年抓好“七一”讲话学习宣传，安排警示教育和作风整顿；第三阶段，总结提高阶段（2012 年 2 月至 3 月），对“发扬传统，坚定信念，执法为民”活动开展情况进行总结，把解决问题与建章立制结合起来，健全和落实一批规章制度，努力形成长效机制，通过扎扎实实地开展教育实践活动，解决问题，推动工作。

十、政法干警核心价值观主题教育

县司法局组织党员干部职工到古田会议纪念馆参观学习

（上杭县司法局供图）

2012 年，按照中央关于推进社会主义核心价值体系建设总体要求，立足司法行政系统工作实际，积极探索建设体现时代特征、具有上杭特色的司法行政文化，确保“忠诚、为民、公正、廉洁”政法干警核心价值观牢牢根植于全体司法行政干警和法律服务工作者心中，使广大司法行政干部和法律服务工作者进一步坚定政治方向、强化宗旨意识、端正价值取向，努力提高执法执业能力和水平，真正做到政治坚定、业务精通、作风优良、执法公正、执业诚信，全力服务保障上杭科学发展、跨越发展和平安上杭建设，县司法局开展政法干警核心价值观教育实践活动。县局成立全县司法行政系统政法干警核心价值观教育实践活动领导小组，下设办公室（设在政工股），明确职责任务，形成一级抓一级、层层抓落实的工作格局。

主题教育实践活动的主要目标是：坚守忠诚的政治本色，筑牢为民的宗旨理念，坚定公正的价值追求，严守廉洁的基本操守，促进社会的和谐稳定，服务上杭加快崛起。

该活动从 2012 年 4 月开始到 2012 年 12 月结束。通过这次核心价值观教育实践活动，上杭县司法行政队伍自觉维护宪法和法律权威，严格按照法律法规和政策开展工作，依法行政、依法管理能力得到进一步提高；社区矫正执法人员严格公正执法，严格按照法定权限、条件和程序办理接收、准假放假和解除矫正，确保社区矫正对象依法得到惩罚、教育和改造水平、执法能力和执法公信力得到进一步提升；律师、公证员、基层法律服务工作者等法律服务工作者在参与刑事辩护、担任诉讼代理、出具公证文书等执业活动中，坚持以事实为依据、以法律为准绳，正确理解和适用法律，坚持诚信执业，维护司法公正的执业能力和公信力得到进一步增强。全县司法行政干警一致表示，要做到政治立场坚定，坚持党的领导，忠诚党的事业，坚定不移走中国特色社会主义道路，坚决抵御西方错误政治观点和法学观点的渗透、侵蚀，进一步增强政治敏锐性、政治责任感和政治鉴别力，严守政治纪律，始终保持忠于党、忠于国家、忠于人民、忠于法律的政治本色，切实担负起中国特色社会主义事业的建设者、法律捍卫者的神圣职责。

十一、开展“两学一做”主题学习教育

2016 年，县司法局制定下发《开展“学党章党规、学系列讲话，做合格党员”学习教育实施方案》，提出“两学一做”学习教育活动总体要求、学习内容、方法措施和具体安排，要求全系统“两学一做”专题学习教育活动扎实开展。同时要继续开展“文明股室”“文明司法所”评比活动，提升干部队伍整体素质，推动精神文明创建活动深入开展。

十二、开展“双争双做”活动

县司法局开展集中教育学习活动 （上杭县司法局供图）

2017 年，县司法局为先行先试开展“双争双做”活动，制定双争双做“363”工程（用 3 年时间培育 60 名金牌调解员和 30 个品牌调解室），精心谋划、细化指标、分类指导、精准推进，取得较好成效，形成各级基层调解组织努力争创品牌调解室、广大人民调解员踊跃争当金牌调解员良好态势。品牌调解室实行“八规范”“四美化”“四体现”“四统一”。人民调解中心五项机制进一步健全，临江镇公调对接中心“四要”并行、“四有”并重、“四联”并举；临城镇调委会工作方法“五个一”，工作经验“三四五”，工作成效“四个有”；全县“双争双做”呈现出标准规范化、类型多样化、代表典型化、服务优质化四个特点，使人民调解“上杭模式”进一步拓展提升。7 月 13 日，全市“双争双做”现场会在上杭召开，全县 3 个调解室、5 名调解员获得市局“品牌调解室”“金牌调解员”命名表彰。10 月 25 日，在全省人民调解工作视频会议上，上杭县司法局作典型经验发言。2017 年 1 月至 11 月，在品牌调解室、金牌调解员的引领带动下，全县各级各类调解组织调解数同比上升 12.6%；调解成功率 100%，同比上升 2.81%；司法确认率 23.54%，同比上升 5.14%；自觉履行率 100%，同比上升 3.18%；积案化解率达 95%、稳控率 100%。

十三、开展“一学三比”大练兵大比武活动

2018 年 7 月，根据全省、全市司法局行政系统“一学三比”大练兵大比武活动要求，为进一步提升全县司法行政队伍政法素质和专业能力，打造过硬司法行政队伍，推进正规化、专业化、职业化建设，在全县司法行政系统开展为期 3 年的以“学新思想，比政治素质、比履职能力、比纪律作风”为主题的“一学三比”大练兵大比武活动。全系统深入开展学习习近平新时代中国特色社会主义政法思想“大学习、大培训、大讨论”。按照“分级分类、循序渐进、逐步提高、整体推进”的基本要求，采取学习培训、技能训练、以师带徒、业务竞赛、情景模拟等方式开展练兵比武活动，营造大练兵大比武的浓厚氛围。2018 年，举办规范化调解文书现场制作竞赛、人民调解工作事迹演讲比赛、优秀人民调解案例评选、法治宣传教案（PPT）宣讲竞赛、机关干部公文起草竞赛的活动。2019 年，举办“一所一品”创新创优演讲比赛，激发了广大干部职工和法律服务工作者参与活动的主动性和积极性，以昂扬姿态、扎实作风、优质服务促进工作。

十四、“不忘初心、牢记使命”主题教育

2019 年，开展“不忘初心、牢记使命”主题教育。司法局提出“践行初心使命”“坚定理想信念”“加强政治建设”“牢记为民宗旨”“主动担当作为”“严明纪律规矩”6 个专题，逐个组织机关全体干部职工学习、讨论，交流心得体会。全年共组织局党组中心组（扩大）学习 16 次，学习内容涵盖《习近平总书记在十九届中纪委三次全体会议

2019 年 9 月 19 日，县司法局召开“不忘初心、牢记使命”主题教育会　（上杭县司法局供图）

上的讲话精神》《习近平在庆祝改革开放40周年大会上的讲话》，在《求是》2019年第四期上发表的《加强党对全面依法治国的领导》以及在中共十九届四中全会上的讲话等。6月和9月，分别组织在职党员到江西于都红军长征起点、瑞金叶坪中央苏维埃政府旧址和古田会议会址等地参观学习，身临其境地体会共产党人的初心，牢记共产党人的使命和追求，增强党员、干部的爱国情怀和爱民意识。

第二章　干部管理工作

第一节　干部来源

上杭县司法局干部来源，按上杭县编制部门所定编制，由县组织、人事部门安排调配。1988年后，司法局新进非领导职务工作人员按照人事部门统一规定，在公开、平等、竞争、择优的原则基础上，实行公开考试选调。1988—1993年，大中专毕业生分配入司法局工作人员由县实行统招统配。1994年开始，包括司法局在内，各行政事业单位用人统一在人才市场实行毕业生与用人单位“供需见面，双向选择”。1997年后，实行由县通过参加全省录用国家公务员考试向社会公开招考录用国家公务员。至2019年，全县司法行政系统包括原有人员和通过上述来源人员在内，共有在编人员97人，其中机关行政在编人员16人，基层司法所行政在编人员45人（含工勤1人）；事业在编人员为法律援助中心1名，矛盾纠纷调处服务中心8名，县社区矫正中心5名，乡镇社区矫正中心工作站20名，公证处2名。

第二节　干部管理

县司法局成立后，除局领导干部由县委推荐、县人大任免外，一般干部调入调出业务，由县人事部门办理。本系统内岗位安排由局领导集体研究决定。干部奖励和处分，先由单位内按程序或规定进行评议（党内处分由支部大会形成处分决定，非党员处分由干部职工大会形成处分意见），然后由局领导集体研究决定，最后上报上级有关组织或部门批准。干部职工退休，皆由县人事劳动部门办理手续。

第三节　干部待遇

2016年12月底前，全县司法行政系统执行公务员工资人员，工资待遇与其他部门公务员无异。2017 年 1 月起，按人力资源和社会保障部、财政部关于建立政法委机关工作津贴有关问题的通知，全县司法行政系统执行公务员工资的人员实行每月 1200 元政法委机关工作津贴。

第四节　干部培训

司法行政系统干部培训一般实行对口培训，即在省、市司法行政部门下发通知组织专业培训时，县司法局派出相关对应部门人员参加。参加培训相关费用按有关规定执行。

第三章　荣誉榜

第一节　获县级（含县级）以上表彰的单位

20 世纪 80 年代初上杭县司法局成立后，至 2019 年，全县司法行政系统获县级（含县级）以上荣誉的先进单位有 73 个（次）。

上杭县司法行政系统获县级（含县级）以上表彰单位一览表

表 10-1

获奖时间	获奖单位	获奖名称	授予单位
1985 年	县公证处	办证质量先进单位	省司法厅
1997 年	上杭县司法局	党政目标管理评比先进单位	县委、县政府
	临城镇城北村调委会	防激化集体一等功	省司法厅
1998 年	上杭县公证处	集体三等功	市司法局
1998 年	临江司法所	人民满意司法所	市委、市政府
	临城司法所	人民满意司法所	市委、市政府
	上杭县司法局	人民调解宣传工作先进单位	司法部
2000 年	上杭县司法局	“三五”普法先进单位	市委、市政府
	县“148”办公室	人民满意的政法单位	县委、县政府
	才溪司法所	人民满意的政法单位	县委、县政府

续表10-1

获奖时间	获奖单位	获奖名称	授予单位
2001 年	临城司法所	2000 年度人民满意的政法单位	省委政法委、省人事厅
	上杭县司法局	全省司法行政、人民调解工作先进集体	省司法厅
2002 年	上杭县司法局	司法所收编建所和规范化建设先进集体	省司法厅
2004 年	上杭县	1999—2003 年度依法治省先进单位	省依法治省领导小组办公室
2005 年	蓝溪司法所	全国优秀司法所	司法部
	才溪司法所	全省优秀司法所	省司法厅
	临江镇镇西调委会	全省优秀调委会	省司法厅
	上杭县	全国“四五”普法工作先进县	司法部
	蓝溪司法所	2001—2004 年度全省社会治安综合治理先进集体	省综治委、省人事厅
	上杭县司法局	全国人民调解宣传工作先进单位	司法部基层司、中华全国人民调解协会
2006 年	县普法办	2001—2005 年度市法制宣传教育先进集体	市委、市政府
	上杭县	2001—2005 年度全国法制宣传教育先进县	中宣部、司法部
	临江司法所	2001—2005 年度市刑释解教人员安置帮教工作先进集体	市综治委
	县安置帮教办公室	2001—2005 年度市刑释解教人员安置帮教工作先进单位	市综治委
	上杭县司法局	2005 年度司法行政工作先进单位	市司法局
2007 年	上杭县司法局	2006 年度普法依法治理先进单位	市司法局
	上杭县司法局	2006 年县直机关综治考评优胜奖	县委、县政府
2008 年	临城镇	全市人民调解工作先进集体	市综治委、市法院、市司法局
	稔田镇	全市人民调解工作先进集体	市综治委、市法院、市司法局
	庐丰畲族乡丰乐村人民调解委员会	全市人民调解工作先进集体	市综治委、市法院、市司法局
2009 年	上杭县司法局	2005—2008 年度综治工作先进集体	市综治委、市人事局
	上杭县司法局	2008 年度司法行政工作创新奖	市司法局

续表10-1

获奖时间	获奖单位	获奖名称	授予单位
2010 年	上杭县司法局	县第十届（2006—2008 年度）精神文明建设先进集体	县委、县政府
	上杭县司法局系统	县第十届（2006—2008 年度）文明行业	县委、县政府
	上杭县司法局	2009 年度平安建设先进单位	县委、县政府
	上杭县司法局	全省先进县司法局	省司法厅
	上杭县司法局	上杭县创建法制上杭工作创新奖	市司法局
	上杭县司法局	龙岩市维护妇女儿童权益先进集体	市妇联
2011 年	上杭县司法局	2006—2010 年全国法制宣传教育先进集体	中央宣传部、司法部
	上杭县司法局	2010 年司法所业务用房建设先进单位	市司法局
	上杭县普法办	2006—2010 年龙岩市法制宣传教育工作先进工作者	市依法治市办公室
	上杭县司法局	2006—2010 年度福建省司法行政系统先进集体	省人事厅
	上杭县司法局	2010 年度“平安建设先进单位”	县委、县政府
	上杭县司法局	卫生单位	县爱国卫生委员会
	上杭县法援中心	第五批龙岩市优秀“青少年维权岗”	团市委
2013 年	县人民调解中心	龙岩市先进人民调解委员会	市司法局
	南阳镇人民调解委员会 临城镇人民调解委员会	龙岩市先进人民调解委员会	市司法局
	上杭县司法局	全市司法行政系统目标管理先进单位一等奖	市司法局
	上杭县	全国“六五”普法中期先进集体	全国普法办
	临城司法所 湖洋司法所	2014 年市级青年文明号	市创建青年文明号活动组委会办公室
	上杭县司法局	2013 年度人民调解宣传工作先进单位	中华全国人民调解员协会
	县司法局领导班子	定为“好”等次的县直单位领导班子	县委、县政府
	县人民调解中心	全国模范人民调解委员会	司法部

续表10-1

获奖时间	获奖单位	获奖名称	授予单位
2014年	县人民调解中心	龙岩市先进人民调解委员会	市司法局
	上杭县司法局	全市司法行政系统目标管理先进单位一等奖	市司法局
	上杭县	全国“六五”普法中期先进集体	全国普法办
	县司法局领导班子	定为“好”等次的县直单位领导班子	中共上杭县委员会
2015年	县人民调解中心	2009—2013年全市依法治市工作先进集体	龙岩市依法治县领导小组
	上杭县司法局	龙岩市第十二届（2012—2014年度）文明单位	中共龙岩市委员会、龙岩市人民政府
	上杭县司法局	2015年度人民调解宣传工作先进集体	中华全国人民调解员协会
2016年	县人民调解中心	2013—2015年度福建省人民调解先进集体	福建省司法厅
	县法律援助中心	2014—2015年度省级“青少年维权岗”	福建省创建“青少年维权岗”活动组委会
	上杭县	2011—2015年全国法制宣传教育先进县	中宣部、司法部
2017年	上杭县司法局	2016年度人民调解宣传工作先进单位	中华全国人民调解员协会
	上杭县司法局	2016年全市政法系统“防控风险、补齐短板、创新机制、破解难题”十佳优秀工作案例	龙岩市政法委
	县人民调解中心	市级品牌调解室	龙岩市司法局
	县人民调解中心	首届十佳品牌调解室	龙岩市司法局
	上杭县司法局	全省司法行政系统先进集体	福建省人力资源和社会保障厅、福建省司法厅
2018年	上杭县	第四批“全国法治县（市区）创建活动先进单位”	全国普法办
	上杭县司法局	全国人民调解宣传工作先进集体	中华全国人民调解员协会
2019年	上杭县司法局	2016—2018年度福建省人民调解先进单位	福建省司法厅
	上杭县司法局	全国人民调解宣传工作先进集体	中华全国人民调解员协会
	上杭县	全国“七五”普法中期先进县	全国普法办

第二节　获县级（含县级）以上表彰的个人

20世纪80年代初上杭县司法局成立后至2019年，上杭县司法行政系统获县级（含县级）以上表彰的先进个人共123人（次）。

上杭县司法行政系统获县级（含县级）以上表彰人员一览表

表10-2

获奖时间	获奖姓名	获奖名称	授予单位
1990年	丘发元	法制宣传先进个人	中宣部、司法部
1997年	蓝桃林	防激化个人一等功	省司法厅
	丘瑞元	优秀人民调解员	省司法厅
	陈德棠	优秀人民调解员	省司法厅
	刘新明	全省司法行政系统先进工作者	省人事厅、省司法厅
1998年	刘新明	三等功	市司法局
	黄德升	三等功	市司法局
	林建军	省级文明公证员	省司法厅
1999年	刘新明	人民满意的政法干警	市委、市政府
	郭发喜	人民满意的政法干警	县委、县政府
	张星高	人民满意的政法干警	县委、县政府
2001年	刘新明	安置帮教工作先进个人	市委、市政府
	林星如	全市人民满意的政法干警	市委、市政府
	刘新明	2000年度人民满意政法干警	省委政法委、省人事厅
2002年	吴绍安	司法所收编建所和规范化建设先进个人	省司法厅
	王庆琳	全省十佳优秀人民调解员	省高院、省司法厅
2003年	蓝春龙	全省严打整治斗争先进工作者	省委、省政府

续表10-2

获奖时间	获奖姓名	获奖名称	授予单位
2004年	刘新明	市劳动模范	市委、市政府
	李小平	1999—2003年度依法治省工作先进个人	省依法治省领导小组办公室
	伍启文	2001—2005年度省法制宣传教育先进个人	省法制宣传领导小组办公室
	刘新明	2001—2005年度省司法行政系统先进工作者	省人事厅、省司法厅
	廖晓卿	2001—2005年度市法制宣传教育先进个人	市委、市政府
	钟树铭	2001—2005年度市刑释解教人员安置帮教工作先进个人	市综治委
2007年	刘新明	全国模范人民调解员	最高人民法院、司法部
	伍启文	2007年度县优秀政协委员	县政协
	华　瑛	2005—2006年度信访工作先进工作者	县政府
	蓝耀仟	县会计工作先进个人	县政府
	廖养垣　钟炳春 邱华兴　钟煜升 林国芳	全市先进人民调解员	市综治委、市法院、市司法局
	俞加河　郑志忠	全市优秀首席人民调解员	市综治委、市法院、市司法局
	张海开	市第二届十佳人民调解员	市委政法委、市人事局
2008年	伍启文	2008年县优秀政协委员	县政协
	田承映	2007年度人口和计划生育工作先进工作者	县委、县政府
2009年	伍启文	2005—2008年度综治工作先进工作者	省综治委、人事厅
	田承映	全国“五五”普法先进工作者	中宣部、司法部、全国普法办
	陈裕文	2005—2008年度综治工作先进工作者	市综治委、市人事局
	汤维高	上杭县“教书育人先进个人”	县委、县政府
2010年	蓝春龙	全省优秀司法所所长	省司法厅
	王继芳	龙岩市维护妇女儿童权益先进个人	市妇联
	修济荣	2007—2009年度全县信访工作先进工作者	县委、县政府
	伍启文	县第十届（2006—2008年度）精神文明建设先进个人	县委、县政府
	蓝春龙 刘新明	2009年度平安建设“十大平安标兵”	县委、县政府

续表10-2

获奖时间	获奖姓名	获奖名称	授予单位
2011年	伍启文	2006—2010年度福建省司法行政系统先进工作者	省人事厅
	李培基　俞加河	2010年度全省优秀司法所所长	省司法厅
	田承映	2006—2010年福建省法制宣传教育模范	省委宣传部、省司法厅 省公务员局、省法宣办
	廖晓卿 钟炳春	2006—2011年龙岩市法制宣传教育工作者	市依法治市办公室
2012年	邱华兴	全国人民调解能手	司法部
	刘新明	法律进学校先进个人	省司法厅、省教育厅
	肖政华	全省创先争优先进个人	省司法厅
	肖政华	全省优秀党员律师	省司法厅
	伍启文	2010—2011年度人口和计划生育工作先进个人	县委、县政府
2013年	伍启文	2009—2012年福建省社会管理综合治理先进工作者	省委、省政府
	郭发喜　钟炳春	2012年度全省人民调解能手	省司法厅
	伍启文	优秀政协委员	县政协
	林鹰读　张荣锋 李　雯　黄文兴	龙岩市先进人民调解员	市司法局
	何玉仁	全省先进人民调解员	省司法厅
	俞加河	全市优秀共产党员	中共龙岩市委
	伍启文　田承映 刘新明　俞加河	优秀科级干部	县委、县政府
2014年	何玉仁	全省人民调解员	省司法厅
	林鹰凌　张荣锋 李　雯　黄文兴	龙岩市先进人民调解员	市司法局
	俞加河	全市优秀共产党员	中共龙岩市委
	伍启文　田承映 刘新明　俞加河	优秀科级干部	中共上杭县委
2015年	廖晓卿	2009—2013年全市依法治市工作先进个人	市依法治市领导小组

续表10-2

获奖时间	获奖姓名	获奖名称	授予单位
2016年	张荣锋	2013—2015年度福建省人民调解先进个人	省司法厅
	黄文兴	2013—2015年度福建省人民调解先进个人	省司法厅
	蓝启芳　范永春	2015年度政法综治工作"十佳调解员"	市委政法委、市司法局
	傅永辉　曾柏涵	全市司法行政系统"十佳调解能手"	市司法局
	蓝国旺	全市司法行政系统"十佳法律服务能手"	市司法局
	张荣锋	全市司法行政系统"十佳司法助理员"	市司法局
	张元河	全省法治宣传教育先进工作者	省委宣传部、依法治省、省司法厅
	张尚平　廖晓卿 何龙仁　李　斌 陈建洲　邱能柱 修济荣　郑志忠 张荣锋　黄广才 钟炳春　何玉仁 黄福连　陈家煌 钟树铭　胡宁春	2011—2015年全县法治宣传教育工作先进个人	中共上杭县委、上杭县人民政府
2017年	江崇荣	2016年度"三大战役"先进个人	中共上杭县委、上杭县人民政府
	刘健寿	全省司法行政系统先进工作者	福建省人力资源和社会保障厅、福建省司法厅
	张荣锋　邱能柱	龙岩市"金牌调解员"	市司法局
2018年	蓝启芳	全国人民调解工作先进个人	司法部
	邱能柱　何龙仁 郭发喜　陈建洲 陈汀文	2014—2017年度上杭县社会综合治理工作成绩突出个人	中共上杭县委、上杭县人民政府
2019年	陈建洲　何龙仁	2016—2018年度福建省人民调解先进个人	省司法厅
	陈加才	福建省"七五"普法中期先进个人	中共福建省委全面依法治省委员会办公室、福建省司法厅

第十一篇　司法所简介

司法所是司法行政机关最基层的组织机构，是县（市、区）司法局在乡镇（街道）的派出机构，直接在基层为广大人民群众提供司法行政各项业务服务。

2002 年 8 月后，根据县委机构编制委员会的有关规定，上杭县共设立 20 个乡（镇）司法所。实行以司法局为主，司法局和所在乡（镇）对司法所双重领导的管理机制。

第一章　临江司法所

第一节　概　况

民国 18 年（1929 年）10 月，县苏维埃政府根据《苏维埃政府组织法》在城区设立裁肃委员会，负责公安司法工作。

中华人民共和国成立初期，党和政府把调解工作列入政权建设的重要内容。1954 年，《人民调解委员会暂行组织通则》颁布实施，在全国范围内统一人民调解制度。1958 年始，城关公社及所属大队均设立人民调解委员会。“文化大革命”期间，人民调解组织被诬陷为“阶级调和的修正主义工具”，受到错误批判。1976 年始，对各调解组织进行整顿，人员、制度、任务和报酬得到落实。

临江司法所外景　（摄于 2020 年 7 月）

1982 年，成立城关镇司法办公室。1997 年 9 月，设立临江镇司法所。同年，根据省、县编委文件精神，临江镇司法所配备工作人员2人。2002年机构改革后，根据司法部《关于进一步加强基层司法所建设的工作意见》和省编委办公室《关于重新核定全省乡（镇）、街道司法助理员专项编制的通知》精神，明确司法所为司法局的派出机构。2003年起，临江镇司法所更名为上杭县司法局临江司法所，人员工资、经费上收县局管理。2019年，临江司法所有工作人员3人。

2017年7月25日，全市双争双做现场会与会人员参观临江公调对接中心　（临江镇司法所供图）

第二节　主要工作

一、人民调解

1979年，收到人民来信1159件，涉及户粮问题、房产争执、婚姻纠纷、要求安排工作、要求救济、落实政策等方面，调处成功836件，占72.13%。

2016年10月13日，临江镇召开推进“一村一法律顾问，一社区一法律诊所”工作会议　（临江镇司法所供图）

1982年始，镇司法办和镇调解委员会把预防民间纠纷激化作为人民调解工作重点，努力实现“两提高”（提高纠纷调解率、提高调解成功率）、“三下降”（民间纠纷下降、因民间纠纷引起的刑事案件和自杀案件双下降）和“四落实”（组织落实、思想落实、工作落实、报酬落实）。1982—1989年，镇司法办和各居委会共受理各类民事纠纷案件

2018 年 6 月 13 日，临江镇综治中心社区开展调解主任“调解文书规范化制作”培训　（临江镇司法所供图）

554 件，调处结案 515 件，占收案件数的 92.96%。

1990 年始，对基层调解委员会久调不决、上交到镇的疑难纠纷，由司法助理员依照司法部《民间纠纷处理办法》进行处理，初步走出一条行政调解与人民调解相结合解决民间纠纷的路子。1990—2002 年，受理调处民间纠纷 850 起，调处成功 834 起，成功率为 98.12%。2003—2019 年，受理调处民间纠纷 1066 起，调处成功 1066 起，成功率为 100%。2013 年，镇东社区人民调解委员会荣获福建省司法厅授予的“2012 年度全省人民调解先进集体”称号。2015 年 12 月，为创新社会治理方式，积极构建“大调解”工作平台，临江司法所与城关派出所共同组建公调对接中心，设立人民调解工作室，在金牌调解员带领下实现矛盾纠纷重复报警率、集体上访和越级上访数、民转刑案件下降，矛盾纠纷移送率、调处成功率、群众满意率上升的“三降三升”社会效果。2017 年 6 月、12 月，临江镇公调对接中心分别荣获上杭县及龙岩市品牌调解室。2018 年，天山社区调委会荣获龙岩市级命名的品牌调解室称号，调解员陈晓华获评龙岩市金牌调解员，镇东社区调委会获评上杭县品牌调解室，调解员赖琛敏、周霞获评上杭县金牌调解员。

二、法制宣传

1982 年始，城关司法办与派出所、各居委会每月编辑一期法制宣传墙报（栏），1982—1990 年共出刊 144 期，选择有教育意义典型案例，运用文字、漫画、照片、罪证材料等形式，以案释法，对群众进行法制宣传。

1986 年始，实施“一五”普法期间，镇成立普及法律常识领导小组，镇党委书记作普法广播讲话，利用幻灯片、宣传车、标语和以会代训等形式宣传法律法规，举办普法培训班 15 期，培训宣传骨干 430 人；举办法律知识讲座 8 场，听课达 4000 多人次。主要讲解宪法、刑法、民法通则、行政法、婚姻法、兵役法、治安管理处罚条例等，促进各项事业依法管理。

1991 年始，实施“二五”普法期间，司法所将《中华人民共和国义务教育法》与贯彻《临江镇关于实施初级中等义务教育的规划方案》结合起来，禁止用工单位雇用童工，强化适龄儿童、少年接受义务教育，全镇学龄儿童入学率达100%。

1996年始，实施“三五”普法期间，镇司法所重点抓好青少年及外来流动人口的法制宣传教育，预防未成年人犯罪等法律宣传教育。在青少年学法方面发挥学校主渠道作用，完善学校为主，社会、家庭相配合的“三位一体”法制教育体系。

2001年始，实施“四五”普法期间，镇司法所深入各社区居委会宣讲土地管理法、居民委员会组织法、福建省计划生育条例、福建省集体财务管理条例等法律法规，严格按照《关于进一步加强学校法制教育工作的意见》，抓好青少年法制教育的落实。组织学生观看“反对邪教、崇尚文明”图片展，健全法律援助和“148”法律服务专线等法律服务。2002年始，组织全镇公职人员参加学法统一考试，并将考试成绩列入干部考核内容。

2006年始，实施“五五”普法期间，司法所深入社区宣讲宪法、选举法、居民委员会组织法、计划生育条例等法律法规，组织举办全镇骨干培训班8期，受训450人次，各社区居民法制学校共授课24场次，接受居民法律咨询120人次，发放各类法律宣传资料5000余份。临江镇荣获全县2006—2010年度法制宣传教育工作先进单位称号。

2011年始，实施“六五”普法期间，镇司法所积极配合派出所、综治办等相关部门深入各社区居委会开展法制宣传工作，利用“综合治理宣传月”、“12·4”法制宣传日等重要时段和节假日，结合平安创建活动进居入户宣传与社区居民紧密相关的法律法规。印发2.3万多份平安创建宣传材料散发给居民群众。镇中社区从1985年开始30年如一日每月制作一期法制宣传栏。2011年，临江镇被县委、县政府评为“平安和谐乡镇”，6个社区被评为“平安和谐社区”。

2016年始，实施“七五”普法期间，司法所积极落实国家机关“谁执法谁普法”的普法责任制，以宣传宪法为核心，深化普法教育、提高公民法律素质，推进民主法治建设，把法治教育与法治实践相结合、与经济发展相结合，促进普法工作上新台阶。2017年8月，结合创建省级文明县城和全国文明村镇，投入10万元在英明社区杭中路设立树文明新风巷道文化墙，同时还添加法治文化元素，让群众切实感受到法治文化的渗透力、引导力和感染力，为丰富广大群众法治文化生活提供平台。2016—2019年，临江镇连续4年被评为市级平安乡镇，人民群众对社会治安满意率连年位居全市前列。

三、法律服务

1982—1998年，临江司法所共受理各种案件1020起，接受群众法律咨询500余人次。1999—2002年，发挥“148”法律服务专线优势，接听法律求助电话125次，接访群众135次，化解可能激化的矛盾纠纷81件。2003—2014年，推进“148”法律服务专线工作，接听法律咨询电话1200件次，接访群众570余人次，化解可能激化的矛盾纠纷228件。

2016年10月，司法所每半个月组织召开一次法律顾问工作例会，顾问律师到场答疑解惑，为临江稳定发展保驾护航。

四、法律援助

坚持把法律援助知识作为“七五”普法必备内容，积极为弱势群体无偿提供法律咨询、法律服务。2019 年，司法所工作人员为来访群众提供法律咨询服务 30 多人次，特别是赡养、婚姻家庭、老年人权益保障、人身损害赔偿、相邻权、征地拆迁等方面法律法规 30 多条。为弱势群体提供法律援助 8 起。

五、安置帮教

1998—2019 年，坚持采取“教育、感化、挽救”工作方针开展刑释解教人员安置帮教工作。司法所积极开展刑满释放人员和解矫人员走访活动，落实“定人定岗定责”，依托社区摸清全镇刑满释放人员基本情况，做到底数清去向明，并建立健全临江籍刑满释放人员的管理档案，同时对每年新增刑满释放人员入户调查了解，掌握他们的思想动态和生产、生活、安置等情况。2011 年，镇司法所被县司法局评为“刑释解教人员安置帮教工作先进单位”。

六、社区矫正

作为全县社区矫正工作试点单位，临江司法所 2011 年 10 月 31 日下午在上杭大酒店三楼会议室，在县公安局、县检察院、县法院、县司法局的监督下对 28 名服刑人员进行人员、档案移交。从此，临江镇被判处管制、被宣告缓刑、被裁定假释、被暂予监外执行的服刑人员正式由临江司法所进行监管。司法所根据社区矫正相关管理规定，切实做到社区矫正对象一人一档、档案齐全，要求每名在矫对象每周进行电话汇报，一周进行一次定位手机抽查。每月深入各社区矫正对象家庭和社区走访，通过与社区矫正对象面对面交流和谈心谈话，与其亲属及所在居委会成员沟通，了解掌握每一名在册社区矫正对象的家庭情况、现实表现、活动范围、经济来源、社会关系、思想动态等情况。在学习教育方面，司法所每月集中组织一次主题教育和社区服务活动。至 2019 年 12 月，临江镇司法所共接收社区矫正对象 209 人。

临江司法所（办）历任负责人一览表

表 11-1

姓　名	职　　务	任职时间
丘伯晨	司法助理员	1979 年 6 月至 1980 年 10 月
蓝其庄	司法助理员	1980 年 11 月至 1982 年 10 月
黄富福	司法助理员	1982 年 11 月至 1990 年 2 月
汤曙光	司法助理员	1990 年 3 月至 1992 年 10 月

续表11-1

姓　名	职　务	任职时间
郭冬祥	司法助理员	1992 年 11 月至 1997 年 2 月
郭富生	司法助理员	1997 年 3 月至 1997 年 8 月
	所长	1997 年 9 月至 2002 年 12 月
廖晓卿	所长	2003 年 1 月至 2005 年 3 月
陈　烽	所长	2005 年 4 月至 2005 年 12 月
廖养垣	所长	2006 年 1 月至 2017 年 12 月
李　雯	所长	2018 年 1 月起

第二章　临城司法所

第一节　概　况

民国 33 年（1944 年），国民政府颁布《乡镇调委会组织规程》，附城（城厢）区公所设立调解委员会。中华人民共和国成立后，附城区政府设立调解委员会。1958 年，城郊公社设立调解委员会，各大队设立调解小组。“文化大革命”期间，调解小组受到冲击，名存实亡，一切事宜由贫下中农协会裁决。1978 年，城郊公社调解委员会和各大队调解小组陆

临城司法所外景　（摄于 2020 年 8 月）

续恢复，并开展工作。

临城镇司法办成立于1985年，1998年挂牌成立临城司法所，2003年1月由县司法局正式收编。2019年，司法所有工作人员7人，其中所长1人、司法助理员1人、司法协理员2人、专职调解员3人。2014年，共青团龙岩市委、龙岩市司法局认定临城司法所为“青年文明号”单位。自成立以来，临城司法所以创建“法治临城”“和谐临城”为目标，以建立一流队伍和勇争一流业绩为主线，充分发挥司法所职能作用和贴近基层、熟通民情的优势，以“三心一树”（稳民心、顺民心、暖民心，树形象）为切入点，深入开展人民调解、法治宣传、法律服务、安置帮教、社区矫正等各项工作，为临城的和谐稳定、经济社会发展提供保障。

第二节　主要工作

一、人民调解

临城司法所发挥基层司法所社情民意“晴雨表”、社会稳定“温度计”、党群干群关系“连心桥”作用，主动介入社会热点、难点纠纷和群众性纠纷的调解，参与调解疑难、复杂民间纠纷，促进社会矛盾纠纷更多地通过非诉讼、非对抗性方式妥善解决。到2011年，全镇设有人民调解委员会26个，其中镇调解委员会1个、村（居）调解委员会25个。

临城司法所建立健全矛盾纠纷排查、预警、调解、处置4项机制，形成上下联动、纵横联网、责任落实、运转有序的大调解格局，自收编改制后，每年化解纠纷200—300件。随着该镇各项重点工程建设上马，城乡接合部征地拆迁纠纷日益增多。2014年，调处化解各类纠纷254件，调解成功率100%。2014年4月，福建省电视台新闻频道、龙岩电视台新闻频道、上杭新闻分别报道临城司法所“深入基层，主动下访调解，实现零上访”先进事迹。

2017—2018年，临城镇人民调解委员会、城西社区调委会、龙翔村调委会及调解员周荣昌、李录寿、江冬霞等分别被授予市县品牌调解室、金牌调解员称号。2018年，临城镇人民调解工作贯彻落实“枫桥经验”，抓基础建设，全年全镇共排查各类矛盾纠纷161件，调处158件，调处率达100%，调处成功率98.2%，成功化解集体上访，制止和避免发生群体性械斗事件。11月，成立何龙仁调解工作室。

2019年，化解辖区内国家、省、市、县重点项目征地拆迁中引发的矛盾纠纷，为项目推进提供司法保障。同时还注重调解员业务素质提高，在每月综治例会中以各村（居）调解的案例为教材，由专职调解员、顾问律师引导大家讨论，学习和掌握调解方法和法律专业知识。并且落实走访制度，做好纠纷化解，依照“及时发现、及时掌握、及时化解”原则，严格落实日常走访排查工作，以“大走访”上门服务形式，深入各重点项目所在村（社区），采取“交朋友”“结对子”等方式，及时掌握社情民意，化解各类矛盾纠纷，预防不稳定事件发生。是年，共调解矛盾纠纷 189 件，调解成功 187 件，调解率 100%，调解成功率 98.9%。2019 年 6 月，何龙仁被福建省司法厅授予“2016—2018 年度人民调解先进个人”称号。

二、法制宣传

1986—1990 年，实施“一五”普法教育（中共中央、国务院 1985 年 11 月 5 日批转中共中央宣传部、司法部《关于在全体公民中基本普及法律常识的五年规划》）。此后，以五年为一个阶段，到 2019 年已进入“七五”普法阶段。

临城镇学法考试 （临城镇司法所供图）

2003—2014 年，临城司法所坚持每个学期到中小学校主办法制讲座，每年“12·4”全国法制宣传日开展法制宣传活动，每年悬挂法制宣传条幅 20 多幅、发放法制宣传材料 1000 多份、张贴法制宣传标语 100 多条；选择与农业和农民生活密切相关的法律法规，利用村民法制学校，采用上法制课、集中培训、办黑板报和法律知识问卷测试等多种形式开展法制宣传活动；针对全镇流动人口多的情况，与派出所、计生办共同制定流动人口登记及普法教育制度，每年对流动人口进行一次登记造册，进行针对性强的法律法规宣传。2011 年，司法所编写临城“人民调解案例丛书”，与城郊派出所合作编印《临城综治》简报，加强法制宣传。

2018 年，临城司法所把《中华人民共和国宪法》宣传作为重中之重来抓，特别加强对重点对象普法。3 月 8 日，镇顾问律师邱富英对全镇机关女干部、各村（社区）妇联主任、企业女代表共计 90 余人作“妇女权益保障问答”讲座。5 月、8 月、11 月，在上杭县特殊教育学校分别开展禁毒、扫黑除恶、未成年人应知应会等法治讲座。10 月 12 日，党委中心组邀请临城司法所所长何龙仁跟大家一起学习新修订的《中华人民共和国宪法》，10 月，镇机关干部组织学习《中华人民共和国宪法》。同时还举办专题活动。11 月 5 日，司法所所长何龙仁带法下乡，在西郊村村“两委”、村民小组组长、村民代表会上开展《中华人民共和国宪法》专题宣讲活动。12 月 4 日，组织镇综治办、司法所、妇联、安监站、计生办等部门在瓦子街开展宪法日宣传活动。

2019 年，通过开展法治讲座，制作镇、村（居）法治宣传栏，以及张贴宣传标语、悬挂横幅、设置LED显示屏等形式，组织镇、村（居）开展以扫黑除恶、禁毒、防电信诈骗等为重点的法治宣传。全年共邀请顾问律师、专职调解员到学校开展12期法治讲座。参与新时代文明实践活动，在活动中发放各类法治宣传材料4500余份。

三、法律服务

1982—1998年，临城司法所共受理各种法律服务1020起，接受群众法律咨询500余人次。1999—2002年，发挥“148”法律服务热线优势，接听法律求助电话215次，接访群众386次，化解可能激化的矛盾纠纷164件。2003—2014年，推进“148”法律服务工作，接听法律咨询电话1800件次，接访群众970余人次，化解可能激化的矛盾纠纷514件。2016年10月，临城镇司法所组织全镇25个村（社区）与县政华律师事务所律师分别签订法律顾问合同，实现百分之百全覆盖。同时设立3个机构，即临城镇“一村一法律顾问，一社区一法律诊所”工作领导小组、镇法律服务工作站、村级法律服务点工作机构。25个村（社区）做到“五落实”即办公场所有落实、配套资金有落实、宣传工作有落实、村（居）示范有落实、律师服务有落实。在经费保障方面，临城镇政府每年拨出2万元用于法律顾问经费。法律服务实践中，法律顾问做到“贴身”而且“贴心”，至2017年年底，共解答各类法律咨询服务300多人次，开展法治讲座45场，参与纠纷调解78件，其中37件为疑难复杂矛盾纠纷，涉及跨乡镇宗族人数上百人地坟纠纷3件，还有部分案件涉及县重点项目，如汀江绿道、杭永高速征地拆迁等。

四、安置帮教

司法所发挥安置帮教工作“安其身，暖其心，用其长，育其人，正其本”作用，健全帮教组织网络，强化工作措施，创新工作机制，进一步加强衔接、帮教、安置工作。2014年，全镇有安置帮教对象335人，均已帮教到位，司法所被市、县评为“刑释解教人员安置工作先进单位”。

2018年，共接收安置帮教人员76人，其中有刑满释放人员30人、解除社区矫正46人。是年，临城安置帮教工作主要按照“帮教社会化、就业市场化、管理信息化、职责规范化”要求，围绕预防和减少刑释解教人员重新违法犯罪这一目标，建立摸清底数、建档造册、分类管理工作机制。

2019年，临城共衔接安置刑满释放人员76人。安置帮教管理工作抓重点人员管控，做到底数清、去向明。联合村（居）力量齐抓共管。临城刑满释放人员一直保持在200余人规模，必须借助村（居）力量实现无缝化管理，由村（居）“两委”干部在日常生活中改监管化无形关怀，全面掌握人员情况，经常性走访谈心，杜绝重新犯罪。

五、社区矫正

2011—2014年，临城司法所共接收社区服刑人员302人。2014年，在矫72人。司法所加强对社区服刑人员监管，坚持做到日定位、周听声、月见面、季评查、年考评。对社区服刑人员不嫌弃、不歧视、不纠缠旧账，通过思想上多交流、生活上多关心、就业上多帮扶等做法，让矫正人员安心接受矫正。在做好社区矫正衔接工作后，重点抓好社区矫正对象身份意识转变，严格入矫第一课，把握入矫第一关。而后出台个性化定制矫正方案，实行一人一档，按照以人为本、因人定案、注重实效原则，制订有针对性的矫正方案，开展个性化监管。在日常监管中，司法所除依照《中华人民共和国社区矫正法实施办法》，对每一名社区矫正对象严格监管外，还通过“代入”方式摸清社区矫正对象心理及他们可能采取的规避监管方式，制定监管手段。同时开展“百日安全”、现场点验、职业技能培训等社区矫正专项活动。开展定期走访入户活动，要求各村（社区）矫正小组做好社区矫正对象走访工作，不定期对各村（社区）新入矫人员、重点人员开展跟踪走访；召开社区矫正对象“感恩亲情、触及灵魂”忏悔会，由每名社区矫正对象撰写忏悔书，对照自身犯罪行为，剖析犯罪成因，讲述自己的故事，在自省的同时警醒他人；参与志愿者活动，组织社区矫正对象参与新时代文明实践志愿者服务活动。通过经常性参与志愿者活动，培养社区矫正对象社会责任感。

临城司法所（办）历任负责人一览表

表 11-2

姓　名	职　务	任职时间
刘友发	主任	1982 年至 1987 年
林连华	主任	1988 年至 1997 年
蓝春龙	所长	1998 年至 2003 年
蓝春龙	所长	2003 年至 2017 年 10 月
洪小军	副所长（主持工作）	2017 年 7 月至 2017 年 12 月
何龙仁	所长	2017 年 12 月起

第三章　湖洋司法所

第一节　概　况

1984 年，湖洋公社改称湖洋乡，始设司法办公室，配备司法助理员 1 人。1997 年，司法办改称湖洋司法所。2003 年 1 月，湖洋司法所人员、工资、经费等统一收编上杭县司法局管理，成为县司法局派出机构。2019 年，湖洋司法所有工作人员 3 人。司法所新办公大楼于2011年竣工并投入使用，占地面积401平方米，总投资51万元，按规范化要求设办公室、会议室、调解室、值班接待室、社区矫正室、安置帮教室、集中教育室、谈话室、宣告室、法制宣传室、法律工作室、法律援助室（“148”咨询室）、资料档案室等，配备电脑、打印机、扫描仪、执法记录仪等办公用品，设施齐全，功能完善。2014年，湖洋司法所被评为龙岩市“青年文明号”服务单位。

湖洋司法所业务用房　（2020年8月摄）

第二节　主要工作

一、调解纠纷

湖洋司法所完善人民调解组织，构建人民调解工作平台，同时建立与信访、派出所等部门的联动机制，提高对各类矛盾纠纷的快速反应能力和调处能力，发挥基层司法能动性，化解矛盾纠纷，维护社会稳定发展。1997—2014年，湖洋司法所调处各类矛盾纠纷1500多起，调解成功1498起，成功率达98%。

2017年，镇、村两级调委会调处矛盾纠纷104起，受案率为100%，调处成功101起，调解纠纷成功率为97.11%。全镇22个行政村标准化调委会，标准化率已达100%。通桥村调委会被上杭县司法局命名为首批“品牌调解室”，调委会主任邓启山先后获得市、县“金牌调解员”荣誉称号。7月，全市人民调解“双争双创”现场推进会把通桥村调解室作为参观点，调委会提出的“有问题来调解，来调解没问题”工作法受到省厅领导高度认可，重庆市北碚区司法局也组织干警前来交流学习。湖洋镇人民调解委员会获上杭县司法局第二批品牌调解室命名。

2018年，镇、村共排查矛盾纠纷109件，调解成功107件，涉及当事人156人，协议涉及金额32.73万元，调解率达100%，成功率达98%以上。全镇实现“四无”（无民转刑、无非正常死亡、无群众性械斗、无集体上访）。10月，龙岩市司法局授予湖洋镇人民调解委员会“龙岩市品牌调解室”荣誉称号。

2019年，湖洋司法所充分发挥基层司法所维护社会稳定“第一道防线”作用。首先抓好优秀调委会建设，建立健全各类业务台账，充分发挥基层司法调解网络职能作用，创新机制，延伸矛盾纠纷化解触角，与派出所、法院等部门联合，加大治安调解、人民调解、司法调解工作力度，构建大调解格局，确保“件件纠纷有人管，处处矛盾有人调”，将基层矛盾纠纷消灭在萌芽状态。其次，依托现阶段已有的镇村两级调委会组织网络，落实矛盾纠纷排查工作。每月组织一次排查、分析，并上报协调处理情况，通过坚持和完善调委会主任例会制度以及矛盾纠纷排查调处工作机制，将人民调解工作制度化、经常化、规范化。是年，全镇调解各类纠纷 92 件。此外，还加强基层人民调解员培训工作，举办普法暨人民调解员培训班，努力提高辖区调解员队伍业务素质，提升驾驭能力，保障辖区和谐稳定。

联合调解　（湖洋司法所供图）

二、普法宣传

湖洋司法所在宣传方式和宣传内容上，根据人民群众生产、生活特点，选择群众容易接受、喜闻乐见的形式和最需要、联系最密切的法律知识作为宣传重点，开展法制宣传教育活动。同时严格按照普法依法治理目标，抓住重点群体，增强针对性、实效性，通过法律讲堂、法制宣传咨询等活动，提高村民法律意识和运用法律来维护自己合法权益的能力。1997—2014 年，湖洋司法所结合圩天、农村传统节日、综治宣传月等时间点进村入户进行法制宣传，举办镇村干部法律知识讲座 34 次，联合湖洋派出所到湖洋中小学校举办法制报告会 54 次，开展综治宣传月活动 17 次，印发各种法制宣传材料 4500

湖洋中学法治进校园报告会召开　（湖洋司法所供图）

2018 年 4 月，印发《2018 年湖洋镇普法依法治理工作要点》至各村、镇直各单位，以更好地贯彻落实普法依法治理工作。开展法治宣传教育活动 12 场次，悬挂横幅 13 条，发放法律知识宣传材料 1200 余份，现场咨询 400 余人次，宣传对象达 1. 8 万余人次。其中，还开展“法治进校园”巡讲2场次，覆盖人数400余人，发放宣传手册450余份；组织“红土四小员”到湖洋中学参观禁毒教育展厅和开展禁毒专项活动共2次。2018年度，共上报新闻信息35篇，其中被市、县新闻媒体采用10篇。

人民调解员培训会 （湖洋司法所供图）

2019年是“七五”普法中期之年，司法所利用每季度的矛盾纠纷排查分析例会，加强对村干部和群众法律法规培训。担任学校法制副校长、法制辅导员，为学生上法制教育课，增强中小学生法律意识。同时利用镇党委中心组集中学法平台，做到每季度至少学习一次《中华人民共和国宪法》《中华人民共和国地方各级人民代表大会和地方各级人民政府组织法》《中华人民共和国人民调解法》《中华人民共和国治安管理处罚法》及《信访工作条例》等法律法规，组织全镇干部参加龙岩市公职人员学法考试和农村“六大员”学法考试。

三、社区矫正

湖洋司法所针对社区矫正工作，加强分类管理，针对矫正对象个人情况，制订矫正方案。通过查阅档案、个别谈话走访等，对矫正对象进行评估、定类，准确掌握服刑人员心理动态和悔罪态度，制订分类管理措施。每月对社区服刑人员开展法律知识、公民道德等方面的学习教育活动和社区劳动，促使矫正人员认罪服法、悔过自新。建立规范衔接制度、日常管理制度、档案制度等，使社区矫正工作规范化、制度化。至2015年12月，湖洋司法所社区矫正对象无一脱管、漏管。

2018年，共接收新入矫社区服刑人员22人，解除23人。全镇登记在册社区服刑人员共18人，因违反社区矫正管理相关规定，给予书面警告6人次。接收刑释解教人员30人，其中监狱刑满释放人员18人、社区矫正期满转入12人，帮教衔接率100%。截至年底，全镇登记在册刑满释放人员共99人。

2019年，对前来报到的社区服刑人员进行严格入矫教育，让服刑人员认识到社区矫正同样是刑罚执行过程，明确在刑身份，找准自己的定位，端正态度，积极改造。同时，抓好他们日常教育环节，做好集中教育。在教育中始终按照制度执行，做到人人平等、一视同仁，充分体现刑罚严肃性。积极拓展教育方法，采取个别座谈了解、周电话汇报、月见面、书面汇报、村（社区）走访等方式，及时掌握社区服刑人员思想工作情况，帮助他们化解心理障碍。此外，还抓好日常监督管理环节，严格按照《上杭县社区矫正对象奖惩考核暂行办法》规定，加强日常监督管理，落实日常电话汇报、书面思想汇报等工作，严格执行请假、会客等审批制度，以杜绝脱漏管、再犯罪等现象发生。

四、安置帮教

做好刑满释教人员安置帮教工作，预防和减少重新犯罪，是促进社会和谐的重要手段。刑满释放人员假如再犯罪，规避法律能力强，社会危害程度更大。湖洋司法所将刑满释教人员安置帮教工作作为重点之一，重点做好“三无”人员、有重新犯罪倾向回归人员以及青少年回归人员安置帮教工作。针对这部分特殊人群，进行相关法律法规教育，引导他们树立正确人生观、价值观，通过刑满释放人员的衔接管理到位，安置帮教到位，跟踪联系、政策宣传到位，确保刑满释放人员不脱管、不失控。2019 年，加大刑释解教人员回归衔接和管理力度，处理刑释解教人员报到落户问题，进一步完善刑释解教人员档案，实行一人一档。继续坚持工作规范化、安置市场化、帮教社会化、管理信息化，认真开展就业指导工作，实行帮教工作的定人负责制。同时，加强和发挥社会各方面力量作用，最大可能地对帮教对象实行帮教，定期走访和分析帮教工作的综合情况。强化基本信息核实，做到摸清底数，建档造册，分类管理，做好刑释解教人员衔接、安置、帮扶、教育等各项工作，不断拓宽安置帮教工作途径，推进服务管理、教育帮扶工作。

湖洋司法所（办）历任负责人一览表

表 11-3

姓　名	职　务	任职时间
赖夫加	司法助理员	1984 年 10 月至 1988 年 5 月
赖荣兴	司法助理员	1988 年 5 月至 1992 年 1 月
朱洪星	司法助理员	1992 年 1 月至 1993 年 7 月
陈德棠	司法助理员、所长	1993 年 7 月至 2007 年 10 月
曾育贤	所长	2007 年 10 月至 2012 年 11 月
李　雯	所长	2012 年 11 月至 2013 年 2 月
曾柏涵	所长	2013 年 2 月至 2016 年 5 月
张晓琼	副所长	2016 年 5 月至 2016 年 8 月
张荣锋	副所长（主持工作）	2016 年 8 月至 2017 年 12 月
张荣锋	所长	2017 年 12 月起

第四章　中都司法所

第一节　概　况

中都司法所设在中都镇政府机关大院内。1985 年 12 月，中都乡设司法办公室，仅有 1 间 10 平方米的房间作为办公场所，各项业务由 1 名司法员全揽。1998 年 6 月，中都司法办正式改为司法所，设所长 1 人、司法员 1 人。2003 年 1 月起，中都司法所由上杭县司法局收编，隶属县司法局垂直管理。从“司法办”到“司法所”，从乡镇设所到收编县司法局，中都司法所历经 30 多年成长，办公面积也由 10 平方米扩至 400 多平方米。

2011 年，县司法局投入资金 30 余万元，在司法所原有办公用房基础上，扩建成建筑面积 445 平方米基层所，所内设办公室、社区矫正室、安置帮教室、法律援助室、人民调解室等功能室，各项规章制度、工作流程规范上墙，配备电脑、打印机、电话、执法记录仪等现代化办公设备。2019 年，司法所有工作人员 3 人。

第二节　主要工作

一、人民调解

1985 年，中都乡成立乡人民调解委员会，各行政村设立村级人民调解委员会。2000 年起，各村民小组相继建立十户调解员制度。

中都司法所发挥司法所指导人民调解职能，参与镇、村人民调解，为维护社会稳定做出贡献。

中都镇举办综治协管员调解主任培训班　（中都司法所供图）

2013 年 10 月，中都镇富光村一位村民因儿子不支付赡养费用，闹至中都司法所。司法所采用情、理、法相结合的方法，以理服人，用情感人，将这起家庭纠纷断清楚，使破裂的父子关系修复。

2014 年 4 月，中都镇长徐村一位村民在中都卫生院就医后，疑似因药物不良反应导致死亡。司法所联合派出所等部门经过一个多月的调解，促成双方达成赔偿协议，防止了可能发生的极端事件。

2014年10月，中都镇蛟腾村部分种烟农民因承包烟叶种植老板卷款潜逃，无处追讨工资，请求司法所帮忙调解。司法所联合派出所、烟草站等部门前往三明市将乐县，劝说该承包人到中都进行人民调解，最终为农民讨回工资。

2015年，中都司法所配合福建省电视台《调解有一套》栏目对两起调解案件进行拍摄，通过对案件前因后果全程跟踪，达到“以案释法”作用，实现“调解一件，普法一片”。

2016年，依托镇、村两级调委会综治网络化管理，落实矛盾纠纷排查调处工作。每周汇总各村上报矛盾纠纷排查表，每月组织一次大排查及矛盾纠纷排查调处分析会议，每月组织一次汇报，上报协调处理情况，通过坚持和完善调解例会制度以及矛盾纠纷排查调处工作机制，将人民调解工作制度化、经常化、规范化。坚持常规排查与集中排查相结合，突出排查可能引发群体性事件和有越级上访苗头隐患的矛盾纠纷、历史遗留疑难积案，对排查出来的矛盾纠纷按《矛盾纠纷排查登记表》的具体要求核实情况，做到逐案登记。同时，排查和调处工作原则上同步推进，力求排查一起、调处一起、化解一起。将一时难以解决的重大、复杂、疑难问题，及时上报至镇党委领导及县局相关领导，切实做到排查调解到位，落实到位。

中都司法所坚持筑牢人民调解工作“第一道防线”理念，加强辖区内人民调解制度和队伍建设，指导管理人民调解工作，参与重大疑难复杂民间纠纷调解工作。坚持创新发展新时代“枫桥经验”，全力做好矛盾纠纷排查化解工作，确保大事不出镇、小事不出村，指导参与调解的矛盾纠纷成功率98%以上，为辖区稳定发挥重要作用。

二、普法宣传

1986—1998年，中都司法办围绕乡党委政府关于加强法制宣传教育的规划，协同镇综治办、派出所认真贯彻实施，采取举办培训班、法制讲座、宣传栏、图片展览等形式，向辖区内广大群众开展普法宣传，提高他们的法制意识。

“一五”普法，重点宣传“十法一例”；“二五”普法，重点宣传农业法、土地管理法、森林法等法律法规。

2001—2014年，先后实施“四五”“五五”“六五”普法，重点抓好青少年法制教育和计划生育条例等的宣传，多次组织法制宣传车深入各村巡回宣讲。2014年10月，中都镇建成法治文化公园，为中都镇普法宣传基地之一。同时，加大在各村建设法治宣传栏力度，在有条件的村兴建法治文化公园，加快普法基地的建设。

2016年，利用每月调解工作例会平台，加强镇、村两级人民调解员培训，将征订的人民调解杂志及其他法制宣传材料下发到各村，作为各村学法资料，粘贴在社区宣传栏、橱窗中，通过以点带面，提高广大群众法律知识和守法意识。同时，利用安全生产月、

“12·4”全国法制宣传日等重要时间节点着重宣传宪法、土地管理法、安全生产法等与群众生活息息相关的法律法规。

2018年，围绕扫黑除恶斗争，加大宣传力度，营造浓厚氛围。依靠部门职能，在社区矫正监管教育、安置帮教走访帮扶、矛盾纠纷调处化解、法治宣传活动和挂村、分管领域中开展形式多样、重点突出的扫黑除恶专项斗争宣传。在村级组织换届选举、综治“三率”测评宣传期间开展扫黑除恶专项斗争宣传，进村入户张贴发放宣传材料1.8万余份。

三、社区矫正

中都司法所按照《福建省社区矫正实施办法》等规章制度，坚持监管不松懈，教育不松懈，为中都镇和谐稳定作贡献。除加大力度对社区矫正对象日常监管和走访调查，做到监管心中有数外，强化社区矫正对象法律法规教育，提升社区矫正对象法律知识，树立遵守法律、尊崇法律意识。截至2019年年底，中都司法所共接收社区矫正对象137人，解矫125人，在册12人。

四、安置帮教

截至2019年年底，中都司法所共接收安置帮教对象约108名，司法所联合村镇与每个安置帮教对象签订安置帮教协议，定期走访，开展安置帮教工作，使此类人员顺利融入社会。

五、公共法律服务

中都司法所充分发挥公共法律服务站作用，为人民群众提供法律援助和法律咨询等公共法律服务。在法律援助方面，做到“应援尽援”，针对达不到上级法律援助标准的困难群众，发挥司法所提供公共法律服务职能，对特殊群体开展代书、进行人民调解等服务，解决群众困难。近年来，中都司法所年均受理法律援助案件10件，司法所服务水平及工作人员服务态度赢得群众认可。自村（居）法律顾问工作开展以来，充分发挥村（居）法律顾问作用，开好每月两次的村（居）法律顾问工作例会，对各村提出的法律问题进行解答。

中都司法所（办）历任负责人一览表

表11-4

姓　名	职　务	任职时间
朱喜珍	司法员	1985年12月至1990年5月
丘宝华	司法员	1990年6月至1994年9月
丘勇辉	司法所所长	1998年6月至2007年3月

续表11-4

姓　名	职　务	任职时间
钟煜升	司法所所长	2007 年 4 月至 2011 年 10 月
何玉仁	司法所所长	2011 年 11 月至 2013 年 1 月
李　斌	司法所所长	2013 年 2 月至 2019 年 12 月

第五章　下都司法所

第一节　概　况

下都司法所全景　（2019 年 10 月 14 日摄，下都司法所供图）

下都司法所位于下都乡政府大院内。1986 年，下都从中都乡划出成立下都乡，并设立司法办。2003 年由上杭县司法局收编，成立司法所，有工作人员 3 名，其中司法所所长 1 名、司法助理员 1 名、司法协理员 1 名。下都司法所办公楼于 2011 年投入使用，框架结构 4 层，面积 387 平方米，内设会议室、调解室、值班接待室、法制宣传室、帮教安置室、社区矫正室、法律工作室、法律援助、“148”咨询室（二合一）、资料档案室、谈话室，总投资 46 万元。配备电脑、传真机、打印机、扫描仪、照相机、摩托车等办公用品。2019 年，下都司法所有工作人员 2 人。

第二节　主要工作

下都司法所以创建“法治下都、平安下都”为目标，践行“忠诚、为民、公正、廉

2019 年 8 月 13 日，下都新寨村山林承包合同纠纷调解现场
（下都司法所供图）

洁”政法干警核心价值观，在县司法局和乡党委、政府领导下，开展人民调解、法治宣传、社区矫正、安置帮教、公共法律服务等各项工作，争创一流业绩，先后获人民调解先进单位、基层司法行政先进单位、刑释解教人员安置帮教工作先进单位等 10 多项集体荣誉，以及近 20 项个人荣誉。

一、人民调解

2004 年，组建村级人民调解委员会，全乡聘请调解员 11 人。形成乡、村、组、点四位一体调解网络，并制定预警工作机制、调解联动工作机制、排查调处工作机制、预防工作机制、重大矛盾纠纷应急处置工作机制，为构建和谐美丽下都献力。

2004 年 8 月，下都胶合板厂发生一起工人意外死亡事件，下都司法所迅速介入，耐心调解，双方最终达成赔偿协议。

2008 年 3 月，下都司法所调解新寨村交通事故死亡纠纷，双方达成赔偿协议。

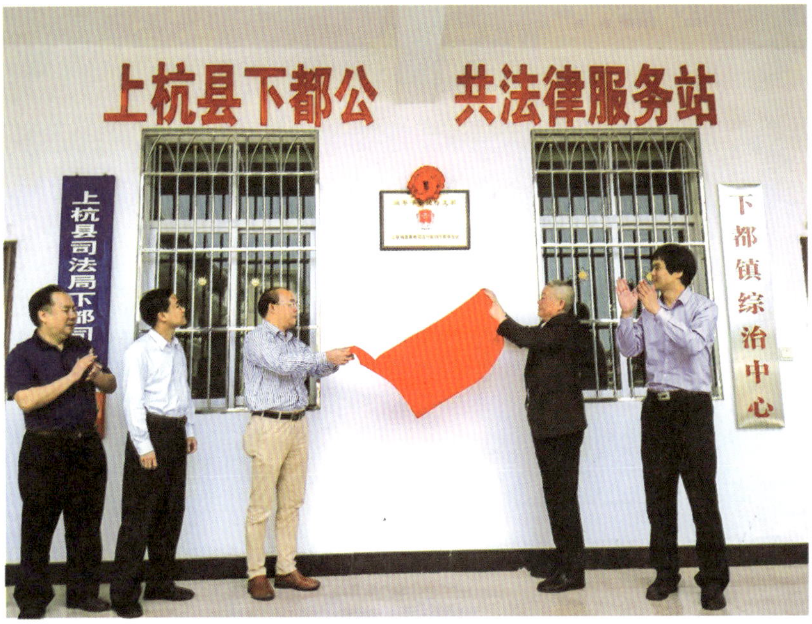

2018 年 4 月 20 日，闽粤平安边际司法行政联席会议揭牌仪式举行
（下都司法所供图）

2009 年 10 月，下都司法所成功调解吉安村医患纠纷。

2013 年 7 月，下都司法所联合派出所成功调解保安村张某电鱼死亡纠纷。

2014 年中央电视台《社会与法》频道全程跟拍由下都司法所主持调解的纠纷，并以《谁做孩子的监护人》为题在《小区大事》栏目播出。

下都乡设立司法机构后，全乡民间纠纷绝大多数已得到调解处理。2007—2014 年，调解成功率 98%以上。

2018 年 4 月 20 日，在上杭县下都镇召开闽粤平安边际走廊上杭梅县蕉岭司法行政协作联席会议，协商加强多形式、多层次、多领域闽粤边际司法行政工作协作和矛盾纠纷联调、刑释矫正联管、法制宣传联动以及信息资源联通联享、社会稳定联商联议、平安建设联创联建等问题。全年，指导参与调解纠纷 35 件。

2019 年，继续深化闽粤平安边际走廊合作，加强多形式、多层次、多领域闽粤边际司法行政工作联动，形成矛盾纠纷联调、刑释矫正联管、法制宣传联动等工作融合局面，推进信息资源联通联享、社会稳定联商联议、平安建设联创联建格局形成。全年共指导参与调解纠纷 37 件，所长被评为上杭县、龙岩市金牌调解员。

二、法制宣传

通过“四五”“五五”“六五”“七五”普法以及开展法律“六进”活动，下都干部群众法治文化水平提高，领导干部依法办事、依法行政意识和素质，群众和职工的法律素质和维权意识增强，法制环境改善，法制活动平台作用显现。据统计，“六五”普法以来，下都镇共分发普法宣传材料 2 万余份，开展专题普法讲座十余次、法律宣传活动二十余次，法制宣传教育范围和影响扩大，群众学法用法热情和氛围增强。2018 年以来，结合“12・4”法制宣传日、“6・26”国际禁毒日、春节、国庆等重大节假日和重要节点，借助新兴媒体与传统宣传媒介结合的优势，深入机关、农村、学校对重点群体开展有声有色和重要节点的普法工作。利用“一村一法律顾问”工作平台，开展法律服务 60 次、法律宣讲活动 10 次、法律服务业务培训 8 次，接受代书、咨询、审查合同 80 余人次。

三、社区矫正　安置帮教

下都成立专门机构负责处理日常工作，实现社区矫正和安置帮教工作有章可循。通过社区矫正业务系统，落实对社区矫正对象“日定位、周听声、月见面、季评查、年考评”矫正措施，严格请销假纪律，防止出现脱管漏管现象。做好安置帮教工作，乡、村、组层层落实工作责任制，签订帮教责任书，坚持做到季度家访，困难帮忙，建立齐抓共管工作机制。自 2011 年实施社区矫正以来，共接收社区矫正对象 64 人，解教 59 人，在册社区矫正对象共有 5 人，安置帮教对象 51 人，无一人脱管漏管，无一人重新犯罪。

四、法律服务

下都司法所发挥自身职能作用，服务困难群体，不断扩大法律援助社会影响力，维护弱势群体合法权益，促进社会稳定，平均为辖区困难群众提供法律援助 5 件。辖区 11 个村均已签署法律顾问协议。2018—2019 年，法律服务坚持能援尽援，主动靠前，共完成法律援助案件 20 起，为辖区群众代书 10 件，提供法律咨询 100 余次，指导调解 16 起。

下都司法所（办）历任负责人一览表

表 11-5

姓　名	职　务	任职时间
饶敬荣	司法办主任	1986 年至 1987 年
朱喜珍	司法办主任	1988 年至 1989 年
龚开全	司法办主任	1990 年至 1992 年
何发明	所长（主任）	1993 年至 2001 年
郑志忠	所长	2001 年至 2013 年
黄文兴	所长	2013 年至 2016 年 5 月
洪小军	副所长（主持工作）	2016 年 5 月至 2017 年 2 月
陈家煌	所长	2017 年 2 月起

注：何发明在 1998 年后任司法所所长。

第六章　庐丰司法所

第一节　概　况

庐丰司法所大楼　（2020 年 8 月摄）

庐丰司法所前身为庐丰公社司法办公室，1985 年称庐丰乡司法办，1997 年改称庐丰司法所。2003 年 1 月由县司法局统一收编，实行县司法局和庐丰乡政府双重管理，以县司法局为主的管理体制。司法所坐落在乡政府大院内，三层办公楼兴建于 2009 年夏，实际建筑面积 417 平方米。业务用房设有所长

2012年3月，司法部基层工作司副司长韩秀桃（左三）等到庐丰司法所调研　（庐丰司法所供图）

室、助理员办公室、调解室、会议室、法制宣传室、社区矫正室、安置帮教室、法律援助室、值班接待室、档案资料室、宣告室、心理咨询室等功能室。庐丰司法所曾多次受到上级表彰与肯定，2007年度、2008年度、2012年度均获县局绩效考评一等奖；2009年被县局授予为年度基层司法行政工作先进单位；2011年度被评为人民调解工作先进单位；2012年度所长邱华兴被评为全国人民调解能手；2013年度被评为人民调解工作先进集体；2014年度被评为社区矫正先进单位。2019年，有工作人员3人（所长1人、副所长1人、其他人员1人）。

第二节　主要工作

一、法制宣传

庐丰司法所注重法制宣传教育的针对性和实效性，突出重点对象的普法教育和法制宣传载体的培育，多方面、多层次、多形式深化普法依法治理工作。通过各种群众喜闻乐见的方式开展普法教育，寓宣传和教育于文化娱乐之中，引导更多干部群众学法、知法、懂法、用法，以提高庐丰乡公民的法律素质、法律责任，夯实法治基础。着重建立并完善以学校为主，社会、家庭相配合的“三位一体”青少年法制教育体系，抓好青少年的法制宣传教育工作。

2018年，制定《关于开展普法宣传教育的通知》，以机关、农村、学校为重点开展法律“六进”活动。乡全体机关干部上法治宣传教育课3场次、组织集镇宣传10场次，派出所、司法所、律师到中学、中小举行法治宣传4场次，乡法治宣讲队深入14个村进行平安创建和扫黑除恶巡回宣讲。同时，进村入户宣传人民调解相关知识、禁毒、禁赌、安全法、环保政策、法律援助告知单等宣传10多次。

上杭县人大常委会到庐丰乡视察“五五”普法依法治理工作，图为工作汇报会

庐丰司法所上街进行法制宣传

（庐丰司法所供图）

2019年，搭建资料信息平台，加大机关干部学法力度，开展多种形式法治宣传和开展法律进学校、法律进企业活动，印发《关于开展“法律进企业”的通知》，召开座谈会、交流会，加强对个体和私营企业经营管理人员法制宣传教育，围绕《中华人民共和国反不正当竞争法》《中华人民共和国物权法》《中华人民共和国价格法》等与单位服务相关的法律法规对各单位进行法律宣传教育。同时，创新宣传方式，在机关设立公职人员法制学校，在各村建立村民法制学校，在机关、各村设立法制宣传栏，在安乡、庐丰、横岗3个市场粉刷大标语，在各村农家书屋内专门摆放法律书柜，利用广播“村村通”定期将相关法律知识反复播放，并举行文艺表演。此外，还在敬老院旁建立法治文化公园。

二、人民调解

庐丰司法所调解工作按照中央提出的“三项重点工作”的总体要求，顺应司法行政职能新变化，找准司法行政工作新定位，主动作为，自然融入，坚持严格、严肃、严谨工作作风，建立科学管理机制，强化“调解也是执法”意识，围绕预防和化解矛盾，优化整合调解资源，形成调解合力，坚持把矛盾纠纷化解在基层、解决在萌芽状态。庐丰司法所发挥基层司法所社情民意“晴雨表”、社会稳定“温度计”、党群干群关系“连心桥”作用，主动介入社会热点、难点纠纷和群体性纠纷调解，促进社会矛盾纠纷更多通过非诉讼、非对抗性方式妥善解决。

三、社区矫正和安置帮教

庐丰司法所社区矫正和安置帮教工作有序开展，成立专门机构负责处理日常工作，通过建立完善定期例会等7项工作制度，实现社区矫正和安置帮教工作有章可循、有据可依。通过加强与法院、检察院、监狱、县社区矫正中心等相关部门的沟通联系，实现社矫人员无缝对接。通过社区矫正业务系统，落实对社区矫正人员“日定位、周听声、月见面、季评查、年考评”的矫正措施，防止脱管漏管现象。社区矫正和安置帮教的帮扶、回访等工作机制得到落实。2019 年，根据人事变动调整充实乡刑释解教人员安置帮教领导小组组成人员及帮教工作责任人，为安置帮教工作健康发展提供坚强组织保证。全乡监所刑满释放 5 年内人员 64 人，2019 年出狱 8 人，重点对象 4 人；解除社区矫正 3 年内人员 20 人，其中 2019 年解除社区矫正人员 8 人。帮教率达到 100%，就业安置率达到 100%。全年社区服刑人员零脱管、零漏管，无重新犯罪。

庐丰司法所（办）历任负责人一览表

表 11-6

姓　名	职　务	任职时间
赖献荣	负责人	1985 年至 1991 年
邱金宝	主任	1991 年至 1995 年
吴启南	所长	1995 年至 2002 年
邱华兴	所长	2002 年至 2013 年
陈建洲	所长	2013 年起

第七章　太拔司法所

第一节　概　况

1979 年，太拔公社设立司法行政机构，有专职司法助理员 1 人，首任司法助理员陈源藩。1985 年，成立太拔乡司法行政办公室，配专职司法助理员 2 人，业务受县司法局指导与监督。1992 年 2 月，成立太拔乡法律服务所，实行一室二所、两块牌子、一套人员。1998 年，设立太拔乡司法所。2003 年 1 月，太拔司法所由县司法局收编管理，实行县司法局和乡双重领导，以司法局为主的管理体制。有一栋占地 244 平方米、框架结构三层、建筑面积 636 平方米的业务用房，承担着开展社区矫正、人民调解、安置帮教、法制宣传、法律援助等各项工作。2019 年，太拔司法所有工作人员 2 人。

第二节　主要工作

一、人民调解

太拔司法所在太拔中学召开法制报告会　（太拔司法所供图）

自1998年以来，太拔乡人民调解组织和队伍得到健全和加强。镇、村两级成立人民调解委员会，村下属设立调解小组和“十户调解员”，有专职调解员或纠纷信息员。2014年，全镇共有调解人员421人（含信息员）。太拔村原调解主任范大荣于1985年被中央司法部授予全国先进调解人员荣誉称号；司法所钟炳春于2008年分别被市综治委、市司法局、龙岩市中级人民法院评为先进人民调解员，2012年被省司法厅评为全省人民满意调解员。太拔司法所在人民调解工作中，主动介入社会热点、难点和群体性纠纷，做到“早发现、早介入、妥善调处，及时化解”，切实把矛盾纠纷化解在基层、解决在萌芽状态，构筑社会稳定“第一道防线”。建立健全纠纷联调工作机制，因地制宜，推行细心了解、耐心沟通、爱心感化、公心调处、诚心回访的调解方法，纠纷调解率达100%，调解成功率达96%以上。

太拔司法所举行法制宣传图片展　（太拔司法所供图）

二、法制宣传

1986年，太拔乡开始实施“一五”普法规划。7月4日，太拔乡成立普及法律常识领导小组，下设办公室。由此，在全乡开展第一个五年普法活动。太拔乡司法办作为普法主要成员单位，采取举办培训班、法制讲座、宣传栏、图片展览等形式，向广大公民普及《中华人民共和国宪法》《中华人民共和国刑法》《中华人民共和国民法通则》《中华人民共和国婚姻法》

《中华人民共和国刑事诉讼法》《中华人民共和国民事诉讼法》《中华人民共和国兵役法》《中华人民共和国森林法》《中华人民共和国治安管理处罚条例》等法律法规。

1991年，太拔乡开始实施“二五”普法规划。普法内容为《中华人民共和国土地管理法》《中华人民共和国义务教育法》《中华人民共和国未成年人保护法》等法律法规。各村各单位认真组织学习，积极开展宣传活动。

1996年，太拔乡开始实施“三五”普法规划。着重对青少年及外来流动人口开展宣传教育，以青少年为重点对象，主要进行《中华人民共和国宪法》《中华人民共和国刑法》《中华人民共和国预防未成年人犯罪法》等法律的宣传教育。

2001年，太拔乡开始实施“四五”普法规划。2002年起，乡每年组织全乡公职人员进行一次学法考试，并将考试成绩列入干部考核内容。2005年1月，太拔中学与太拔司法所共同编写《青少年法律意识与道德修养》，并免费印发给师生；同年6月，乡人大办和司法所共同编印《农村实用法律指南》，作为普法读本发至全乡各农户，为广大干部群众学法用法提供帮助。

2006年，太拔乡开始实施“五五”普法规划。农村群众被列为普法教育重点对象。

2011年，太拔乡开始实施“六五”普法规划。2014年11月，太拔镇综治办与太拔镇普法办编写《法律维权1600问》一书赠送给干部群众。

太拔司法所作为全乡普法主要成员单位，在“一五”至“六五”普法规划期间，以“法律六进”和创建“民主法治乡、村”活动为抓手，以村民法制学校为载体，不断创新普法形式，充实普法内容，群众知法、守法、用法意识不断加强，为维护全镇社会稳定和经济发展提供司法保障。

三、社区矫正

太拔司法所严格按照社区矫正实施办法要求，健全“日定位、周听声、月见面、季评查、年考核”制度，确保不脱管、不漏管。通过组织社区矫正人员参加学习教育活动，提高法律知识水平，增强遵纪守法意识。组织社区矫正人员完成规定的公益劳动，以修复社会关系。根据矫正人员犯罪性质、家庭经济情况的不同，对矫正人员制定矫正个案，实行分类矫正、分类管理，促进矫正人员改过自新，重新做人。2011年至2014年12月，太拔司法所累计接收社区矫正人员72人，解除矫正53人，19人仍在社区矫正中。

四、安置帮教

太拔司法所坚持“教育、感化、挽救”工作方针，强化刑释解教人员衔接、管控、安置、帮教工作，通过信息平台开展刑释解教人员信息核实工作，创新帮教机制，落实“四帮一”帮教措施，协调相关部门为刑释解教人员解决实际困难。

五、法律援助

2011—2014年，太拔司法所先后为法律援助对象共286人（次）提供法律咨询，为24人代拟法律文书，为6人在外地开展非诉讼法律代理，协助县法律援助中心对辖区18

位法律援助申请人经济状况进行审查，法律援助工作逐步得到完善。

太拔司法所历任负责人一览表

表 11-7

姓　名	职　务	任职时间
陈源藩	负责人	1979 年至 1985 年
吴启南	主任	1985 年至 1995 年
钟炳春	所长（主任）	1995 年至 2007 年
何龙仁	所长	2007 年至 2012 年
陈汀文	所长	2013 年至 2016 年 5 月
钟炳春	主持工作	2016 年 5 月至 2017 年 12 月
钟煜升	所长	2017 年 12 月起

注：钟炳春 1998 年后任司法所所长。

第八章　蓝溪司法所

第一节　概　况

蓝溪司法所业务用房　（2020 年 8 月摄）

1984 年，蓝溪乡人民政府设立司法办公室，配备专职司法助理员，人员及经费由乡政府解决，业务受县司法行政机关和县人民法院指导。1997 年 9 月，蓝溪司法办更名为上杭县司法局蓝溪司法所。2003 年 1 月，司法所收归县司法局管理，蓝溪司法所作为县司法局派出机构，受县司法局和镇人民政府双重管理。

从 2003 年起，司法所与公安派出所、基层人民法庭作为乡镇政法成员单位的重要组成部门，主要承担全镇人民调解、法制宣传、法律服务、安置帮教、社区矫正以及参与综合治理、建设“平安、和谐蓝溪”等工作。

2013 年，蓝溪司法所工作人员增至 7 名。其中所长 1 人，指导员 1 人，社区矫正专职工作者 2 人，专职人民调解员 2 人，其中政法专项编制 3 人。司法所工作人员均能熟练操作各种业务工作软件，掌握日常业务工作技能。

蓝溪司法所获上级表彰的奖牌、锦旗　（蓝溪司法所供图）

在 30 多年发展中，蓝溪司法所年度目标管理绩效考评一直保持在全县先进行列，并先后获“全国先进司法所”“福建省社会治安综合治理先进集体”“全省人民调解先进集体”“龙岩市防激化先进集体”“龙岩市法制宣传先进单位”等荣誉称号。所长刘新明先后被评为“福建省司法行政先进工作者”“福建省人民满意的政法干警”“福建省优秀法制副校长”“龙岩市劳动模范”。2007 年，刘新明被最高人民法院和司法部联合授予“全国模范人民调解员”荣誉称号。2019 年 12 月底，蓝溪司法所有工作人员 3 人，其中所长 1 人、副所长 1 人、其他人员 1 人。

第二节　主要工作

一、法制宣传

1986 年 3 月，蓝溪镇党委、政府制定普及法律常识五年规划实施方案，在全镇公民中基本普及法律常识，亦称“一五”普法教育。至 2015 年，全镇已开展 6 个五年规划全民普法教育。从“一五”普法教育开始，蓝溪司法所始终按照新时期普法工作必须高起点、高标准、高质量、抓重点、抓难点、抓突破点等要求，坚持“一把钥匙开一把锁”，注重法制宣传教育的针对性和实效性。突出重点对象的普法教育和法制宣传载体的培育，多方面、多层次、多形式深化普法依法治理工作。注重通过各种群众喜闻乐见的方式开展普法教育，寓宣传和教育于文化娱乐之中。司法所配合派出所、综治办等部门每学期组织宣讲人员到明强中学、梅永小学（中心校）宣传讲解《中华人民共和国未成年人保护法》《中华人民共和国预防未成年人犯罪法》《中华人民共和国义务教育法》等法律法规。镇政府编印法律法规常识附相关案例的宣传小册，散发给村民学习，在镇政府、各村部周边的主要地段定期出版法制宣传专栏。通过多种形式的普法教育活动，增强干部群众的法制观念。2009年，梅永村被评为省级民主法治示范村，觉坊村、载厚村被评为县级民主法治示范村。2011—2013年，蓝溪镇先后有13个村（次）被龙岩市综合治理委员会评为“平安和谐村”。

2018年，开展禁毒宣教活动和“综治宣传月”活动，共张贴宣传画40张，悬挂横幅2条，发放宣传材料800余份，接待法律咨询25人次，受教育人数达600余人。根据“安全生产月”活动要求，利用圩天在集镇开展集中法治宣传活动。同时，开展“12·4”宪法宣传周活动，到街上摆摊设点集中宣传宪法等法律法规和国家政策。此外，继续深化民主法治村和“法治蓝溪”创建工作，深入开展以农民为重点的农村法治宣传教育。2019年，强化党政干部和公职人员学法制度落实；加大对农民普法力度；组织中、小学校开展学期法制教育活动。全年累计与相关部门、单位上街开展普法宣传20次，参与和配合当地党政和有关部门开展专项整治活动36次。

二、人民调解

蓝溪司法所自从建所以来，开展“法律服务到一线，司法行政促发展”主题实践活动，强化“调解也是执法”意识，围绕预防和化解矛盾，优化整合调解资源，形成调解合力，切实把矛盾纠纷化解在基层、解决在萌芽状态。充分发挥基层司法所社情民意“晴雨表”、社会稳定“温度计”、党群干群关系“连心桥”作用，主动介入社会热点、难点纠纷和群体性纠纷的调解，参与调解疑难、复杂民间纠纷，促进社会矛盾纠纷更多地通过非诉讼、非对抗性方式妥善解决。到2014年，全镇人民调解组织网络健全，设有人民调解委员会13个，其中镇调解委员会1个、村人民调解委员会12个，还设有行业性、专业性调解小组8个、村级调解小组49个，有人民调解员126人、“十户调解员”513人。做到人民调解有组织、有人员、有场所、有制度、有经费。

2000—2009年，蓝溪司法所每年指导和调处各类民间纠纷达200余件，这些纠纷涉及邻里、赔偿、继承、赡养、抚养、婚姻家庭、房屋、宅基地、生产经营管理、征地拆迁、农民工工资等方面，调处即将激化的民间纠纷十余件，避免非正常死亡多起，为企事业单位和个人挽回经济损失近200万元。2010—2014年，全镇排查调解各类矛盾纠纷945起，调解率始终为100%；调解成功931件，调解成功率达到98.5%。其中引导群众走司法程序53件，实行调诉对接68起，均得到履行，没有发生一件因民间纠纷引发的群体性上访、群体性械斗或民转刑案件，基本做到“小事不出组，大事不出村，疑难纠纷不出镇”。

2018年，结合村级组织换届选举工作，顺利完成辖区内12个村村级调委会换届选举，新一届调委会共有调解员69人。镇、村两级共排查出各类民事纠纷48件，受理调解矛盾纠纷48件，调解48件，调解成功48件，调解率和调解成功率均达到100%。其中，司法所参与调解 20 件（有 2 件疑难复杂民间纠纷），村调委会共调解各类民事纠纷 28 件。2019 年，成员单位坚持每月召开两次矛盾纠纷排查分析会、一次调解主任例会，每季度召开一次人调领导小组成员工作会，并结合工作和矛盾纠纷发生规律，及时开展矛盾纠纷专项排查活动。司法所深入参与基层各类矛盾纠纷摸底排查和校园周边隐患排查，解决影响社会稳定的热点、难点问题，努力将矛盾纠纷化解在当地、化解在基层、化解在萌芽状态。

三、法律服务

蓝溪镇公职人员进行年度学法考试　（蓝溪司法所供图）

蓝溪司法所在做好民事调解工作的同时，还兼办法律服务业务。1996—2014 年，司法所共办理法律见证 200 多件，均为国内民事法律关系案件，参加诉讼和非诉讼民事案件代理 125 件，代写法律文书 140 余件，接待来访群众、解答法律咨询近 2000 人（次），为弱势群体提供各种法律援助 123 余件，其中诉讼代理 21 件。2018 年，以“应援尽援、应援优援”为工作重点，分别于 5 月 22 日和 12 月 8 日，会同综治办、派出所、禁毒办、计生办、劳保所、妇联等部门利用圩天人流量密集有利条件，开展“安全生产月”“国家宪法日”宣传活动，积极解答群众的法律咨询。同时充分利用法律“六进”活动开展和“148”法律咨询渠道，通过黑板报、宣传栏、发放资料等形式开展对法律援助案例和法律援助有关知识的宣传。是年，共发放各类宣传资料 1200 余份，办理简易法律援助案件 50 件，其中办理简易法律援助案件 10 件、法律咨询案件 40 件。2019 年，加大法律援助宣传力度和法律援助广度，利用各种有效形式加强法律援助新法规的宣传，扩大社会知晓率，扩大法律援助覆盖面，同时确保“148”电话畅通，为群众提供方便、快捷的法律咨询服务，使更多的困难群众得到法律援助，维护弱势群体合法权益。

四、安置帮教

1997 年，蓝溪司法所从维护社会稳定大局出发，与各村治保、调解委员密切配合，动员全社会力量做好安置帮教刑满释放人员和解除劳动教养人员工作，落实帮教人员、帮教对象的安置工作。建立“三帮一”小组联系制度，定期组织帮教对象学习管理制度和帮教人员奖惩制度。蓝溪司法所针对不同情况，对刑释解教人员，重点突出安置工作，

蓝溪司法所人员到明强中学作法制报告　（蓝溪司法所供图）

让他们有生活来源和依靠。对生活困难、无就业能力的刑释解教人员，尤其是无家可归、无业可就、无亲可投的“三无”人员，将符合相关政策的纳入最低生活保障。对有些生活困难但又不够条件纳入低保的人员，司法所在给予临时救助和年终走访慰问的同时，协调民政部门给予民政救助。每年安置和帮教率都达到100%。蓝溪司法所内设有安置帮教人员谈心室，配置专用电脑，保障了刑释解教人员信息管理系统的正常运作，与监狱做好预释放人员的衔接工作和信息采集，使安置帮教工作规范化、正常化。2017年，全面了解和掌握2012年以来刑满释放人员的底数和情况，建立一人一档，进一步落实好责任和帮教具体责任人，形成镇、村两级干部与刑满释放人员结对帮教的工作格局。2018年，全镇范围内共有刑满释放人员69名，所有安置帮教对象均已得到妥善安置，无重新犯罪人员。同时，在镇、村两级干部和家属配合下，为每一名帮教对象成立一个帮教小组，负责对他们日常生活、思想状况等进行跟踪，尽可能帮助他们解决生活或工作中遇到的困难。

五、社区矫正

2011年11月，蓝溪司法所从派出所接手社区矫正工作，认真贯彻执行上级有关社区矫正的规定，严格按照《中华人民共和国社区矫正法实施办法》《福建省社区矫正实施细则（试行）》的各项要求，以“管得住，管到位，效果好”为工作目标，有序开展各项工作。社区矫正工作人员坚持做到与矫正对象“日定位，周听声，月见面”，每月至少进行一次日常走访和个别谈话，对重点对象不定期多次走访及多次谈话。在工作中，蓝溪司法所社区矫正办公室与派出所建立联合机制，共同组织对矫正对象进行法律、法规、政策时事、行为规范等教育。2011—2014年，蓝溪司法所共接收社区矫正对象62人，正常解除社区矫正41人，无一人脱管、漏管以及重新犯罪。2017年，按照办法和细则，严格落实各项监管措施，深入开展社区矫正对象学习教育活动和社区公益劳动，帮助社区矫正对象改过自新，早日回归社会，全年没有一例重新犯罪。2019年，司法所认真贯彻落实上级有关文件精神，积极开展社区服刑人员和刑满释放人员的管控工作，按照一人一档要求，做到逐人立卷，完善内容和记录，确保两类人员跟踪到位。

蓝溪镇司法所（办）历任负责人一览表

表 11-8

姓　名	职　务	任职时间
温福荣	司法办司法助理员	1984 年至 1989 年
刘新明	司法办主任	1989 年至 1996 年
刘新明	司法所所长	1997 年至 2016 年 5 月
俞加河	主持工作	2016 年 5 月至 2017 年 12 月
何玉仁	副所长（主持工作）	2017 年 12 月起

第九章　稔田司法所

第一节　概　况

1982 年，设立稔田司法办公室，配备司法助理员，业务受上级司法行政机关领导与监督。1998 年，稔田司法办更名为稔田司法所。2002 年，由县司法局统一收编，接受县司法局和当地政府双重管理，实行以县司法局管理为主的体制。2019 年，稔田司法所有工作人员 3 人。

稔田司法所外景　（2020 年 8 月摄）

第二节　主要工作

一、法制宣传教育

1985 年 3 月，中共上杭县委、上杭县人民政府决定用 5 年左右时间在全县公民中基本普及法律常识。1986 年起，稔田乡村干部、企事业单位职工、中小学教师及学生、农村村民大张旗鼓地学习和宣传“十一法一例”（《中华人民共和国宪法》《中华人民共和国刑法》《中华人民共和国刑事诉讼法》《中华人民共和国民法通则》《中华人民共和国民事诉讼法》《中华人民共和国婚姻法》《中华人民共和国经济合同法》《中华人民共和国继承法》《中华人民共和国森林法》《中华人民共和国土地管理法》《中华人民共和国兵役法》《中华人民共和国治安管理处罚条例》），亦称“一五”普法教育。1991 年后，按照上级部署，稔田司法办（后称司法所）继续开展“二五”“三五”“四五”“五五”“六五”普法教育工作，并在镇村干部大会上组织了 16 次法制专题讲座，为中学教师和学生每学期举行一次法制讲座。全镇各单位建立定期学法制度，举行统一学法考试，以提高稔田镇干部群众和广大师生法律素质和运用法律水平。

1992—1996 年，稔田镇司法办配合综治办、派出所深入学校开展青少年“三法”（《中华人民共和国未成年人保护法》《中华人民共和国预防未成年人犯罪法》《中华人民共和国义务教育法》）宣传教育，用现实生活中典型事例教育中小学生学习法律、运用法律、宣传法律，争做模范公民，并对家长进行广泛宣传。编印相关法律法规及案例等入户宣传材料，发放 6 次 3485 份，解答法律咨询 542 人次，编选法律宣传专栏 8 期。

2018 年，制定《稔田镇 2018 年普法依法治理工作要点》，对镇机关各部门、镇直单位分解普法责任清单，并以镇党委、政府名义联合发文，印发通知至各村、镇直办单位，要求全镇各单位各部门加强学法用法工作。全年共开展各类法治宣传活动 9 场次，解答各类法律咨询 80 人次，印发各类宣传材料 1. 8 万余份，同时利用稔田镇法治文化公园，让群众在闲暇之时潜移默化地接受普法宣传教育。司法所深入中学、中心校上法治宣传课各 2 次。2019 年，发放法律知识宣传资料 1500 余份，提供法律咨询 90 人次，解答法律疑难问题 15 个，化解矛盾纠纷 58 件，调解率达 100%，调解成功率为 100%。

二、纠纷调解

1997 年，稔田司法所发挥司法行政职能，利用村级换届选举契机，充实调解队伍，司法所全体人员深入基层全面摸底考核，制定整改措施。全镇增选年富力强人员担任各村调委会主任，并进入村“两委”班子。稔田司法所极力做好“防激化”工作，1997 年 11 月 26 日，稔田镇楼岗村古楼岗自然村与田背自然村因葬坟地点发生纠纷，双方各聚集 50 名左右手持器械的人员，一场械斗事件一触即发。司法所全体人员驱车赶到现场，耐心调解，化解矛盾，避免了事态的恶化，问题得到圆满解决。稔田司法所和各村调委会工作配合默契，始终坚持“调防结合，以防为主”的调解方针，加强纠纷疏导工作，尽力化解矛盾，积极参与社会治安综合治理，维护社会治安的稳定。2000—2014 年，稔田司法所共调解各类民事纠纷 1321 起，调解成功 1302 件，调解成功率 98.6%，预防和制止民转刑案件 52 起，避免非正常死亡 136 人。2018—2019 年，共调处矛盾纠纷 88 件，调解成功 87 件，调解成功率 97%，未发生群体性上访、群体性械斗和民转刑事件。

稔田司法所利用圩期开展法律宣传　（稔田司法所供图）

三、安置帮教

稔田司法所做好帮教和安置工作，各村成立帮教小组，对刑释解教人员实行定人责任制，随时掌握这些人的政治、思想动态，解决他们的实际困难，协助拥有专业技术人员就业。如长滩村解教人员李某某和丰朗村的刑满释放人员陈某某都成为个体商店致富能手。2018—2019 年，全镇共接茬刑满释放人员 29 名，其中监狱服刑期满 11 人、解除社区矫正人员 18 人，衔接率为 100%，安置帮教人员重新犯罪率控制在 3%以内。

四、依法维权

稔田司法所依法维护残疾人的合法权益，及时为残疾人提供法律服务和法律援助。1998 年 11 月，稔田镇石牌村残疾人黄某某欲与丈夫离婚闹到司法所，司法所立即派人前往了解。原来，黄某某在龙岩一福利水泥厂做工，其丈夫经常向她要钱，不给他如意数字就拳打脚踢，黄某某忍无可忍提出离婚。司法所摸清实情后，多次前往调解，教育丈夫爱护妻子，严词相告虐待殴打妻子是违法行为，促使丈夫承认错误，写出保证书，最终夫妻和好。

稔田司法所（办）历任负责人一览表

表 11-9

姓　名	职　务	任职时间
李振荣	主任	1982 年至 1986 年
李培基	所长（主任）	1996 年至 2017 年 12 月
丘鹏玉	所长	2017 年 12 月起

注：李唐基 1997 年后任司法所所长。

第十章　茶地司法所

第一节　概　况

茶地司法所外景　（2020 年 8 月 17 日摄）

1981 年，茶地乡设立司法办公室，配备专职司法助理员，人员经费由乡自行解决，业务受县级司法行政机关指导。1997 年，司法办改为司法所。2003 年 5 月，根据上级要求，司法所隶属县司法局垂直管理，司法所工作人员编制为司法行政编制，属于中央政法专项编制系列，其工资、人事关系在县司法局。

1997 年至 2005 年 3 月，茶地司法所有司法助理员 1 人。2012 年增至 3 人。

茶地司法所办公用房原来与乡政府其他部门共用一间办公室。2011 年，搬迁至建筑面积 320 平方米的独立大楼办公。2019 年，茶地司法所有工作人员 3 人，其中所长 1 人、其他人员 2 人。

第二节 主要工作

一、调解民间纠纷

2003—2014 年，全乡共调处矛盾纠纷 309 件，调处成功 295 件，调处成功率 95.5%；防止民转刑案件 3 起，防止群体械斗 9 起。2011 年，茶地司法所被县评为人民调解工作先进单位。2015 年，全镇共排查矛盾纠纷 34 件，调处 34 件，调处率 100%；纠纷调处成功 34 件，调处成功率 100%，其中邻里纠纷 8 起，生产经营纠纷 5 起，经济类纠纷 1 起，宅基地纠纷 4 起，地坟纠纷 1 起，其他纠纷 15 起。2017 年，全镇共排查矛盾纠纷 11 件，调处 11 件，调处率 100%；纠纷调处成功 15 件，调处成功率 100%，其中邻里纠纷 4 起，生产经营纠纷 1 起，经济类纠纷 1 起，宅基地纠纷 1 起，其他纠纷 8 起。2018 年，共调处各类矛盾纠纷 27 起，调解成功 27 起；受理率达到 100%，调解成功率达 100%。2019 年，共调处各类矛盾纠纷 23 起，调解成功 23 起；受理率达 100%，调解成功率达 100%。

二、法制宣传与普法教育

1981 年起，运用各种宣传手段，广泛宣传社会主义法制。1986 年起连续开展“一五”“二五”“三五”“四五”“五五”“六五”普法教育工作。其中“三五”普法期间，共散发法制宣传材料 5000 余份，解答法律咨询 200 余人次，举办法制讲座 8 次，全乡公民的法律意识和法制观念得到增强。

2005 年开始，组织全乡在职干部、各村主干和“六大员”参加年度学法考试。

2006 年和 2009 年，调和村、大燮村先后被县授予“民主法制示范村”称号。

2016 年，法制宣传与普法教育围绕弘扬宪法精神，推动创新、协调、绿色、开放、共享发展这一主题，组织开展一系列法制宣传活动，重点做好领导干部、公职人员、青少年、村“两委”干部学法。

2018 年，利用宣传横幅、LED 显示屏、政府门户网、群发信息和微信进行法治学习；邀请司法所人员、顾问律师、县讲师团等进行专题授课，主要学习新宪法、民法总则、监察法和新安全生产法、村民委员会组织法、森林法等。利用节假日、群众赶集日等时机，结合安全生产宣传月、“3·15”维权日、“6·26”禁毒宣传日、“12·4”国家宪法宣法日等时机开展普法宣传。

2019 年 3 月 7—8 日，茶地镇妇联邀请福建杭川律师事务所、综治办、司法所开展以“反家暴、强禁毒、识网络电信诈骗”为主题的“三八”维权、宣传活动。4 月 3 日下午，茶地中心小学邀请福建杭川律师事务所律师、茶地镇政府法律顾问蓝福江为全体师生带来法制知识讲座，内容涉及扫黑除恶、防电信诈骗、涉麻制毒、道路交通安全等，要求他们把法带回家，让家人多学习法律知识。10 月 24 日下午，茶地镇组织妇联、综治办、司法所、派出所等相关部门开展以“抵制邪教，崇尚科学，从自我做起”为主题的反邪教进校园活动。全年累计发放各类宣传材料5000多份、物品1500余个，张贴标语400多张，悬挂横幅100多条。

三、安置帮教与社区矫正

1997年，茶地乡按照中央综治委要求，将安置帮教工作纳入安全创建活动中。2011年11月，茶地乡社区矫正工作从派出所移交司法所。2012年，被县司法局评为社区矫正工作先进单位。截至2015年年底，全乡共有刑释解教人员34人，在册社区矫正对象5人，其中缓刑对象5人。2018年，共接收矫正服刑人员2人、按期解矫4人，有在册矫正服刑人员6人。是年，按照上级《关于开展刑满释放人员集中排查摸底回访专项活动通知》精神，全镇共摸排出2013年回归的刑满释放人员24名，其中帮教率达99%以上、安置率达98%以上，评审困难户1户11人。2019年，全镇共接收社区矫正人员37人、解除矫正33人，在矫4人，在册刑满释放人员34名，其中帮教率99%以上、安置率98%以上。

茶地司法所（办）历任负责人一览表

表11-10

姓　名	职　务	任职时间
伍锦标	主任	1981年2月至1986年10月
张金铭	主任	1986年11月至1992年7月
高兆煌	主任	1992年8月至2000年3月
温锦彬	所长	2000年3月至2003年6月
雷盛平	所长	2003年7月至2005年3月
李兆其	所长	2005年4月至2013年1月
何玉仁	所长	2013年2月至2017年12月
俞加河	所长	2017年12月起

第十一章 溪口司法所

第一节 概 况

溪口司法所外景 （溪口司法所供图）

1979年8月，溪口公社单独设立司法机构，有专职司法助理员1人。1985年成立溪口乡司法办公室，业务受上级司法机关指导与监督，人事关系属乡政府。1998年设立溪口乡司法所。2003年1月，司法所收编县司法局管理，属县司法局派出机构。2010年10月增加司法助理员。2013年，司法所有工作人员3人，其中所长1人。2014年，溪口司法所有在编人员5人，其中副科级所长1名、副所长1人、司法助理员2人、专职调解员1人。镇设立法律援助站，聘请法律援助联络员13人。

业务用房建设与镇政府大院内的“三农”服务中心大楼同规划设计，总面积360平方米，于2013年9月竣工并交付使用。按规范化要求，设有所长室、助理员办公室、资料室等13个功能室，并配置相应办公设备。

2007—2011年，溪口司法所所长钟炳春结合工作实践，写下十余万字农村实用的法律知识丛书，其中有《青少年法律意识与道德修养》《农村应用法律指南》《农村实用法律知识1000问》等普法读本，由上杭县司法局向全县各乡镇发放。2019年，溪口司法所有工作人员2人，其中所长1人、副所长1人。

第二节 主要工作

一、人民调解

2004年，组建村级人民调解委员会，全乡聘请调解员11人。

2006年11月，溪口司法所人员经过一天一夜耐心细致工作，调解坪舍至兴彩公路建设中致人死亡的严重事件，参照省交通事故赔偿标准，双方最终达成协议。

2009年8月，在重建溪口中心小学教学楼拆除旧房过程中，压死2名工人，死者家属与学校就死亡赔偿金数额产生争议，司法人员秉公执法，最终裁定合理赔偿款。

2011—2012年，溪口司法所成功调处石铭村老屋组阻碍杨某建房运料和大丰温泉游泳池溺水死亡事故。

溪口乡设立司法机构后，全乡民间纠纷绝大多数已得到调解处理。2007—2013年，调解成功率达98%。

2016年，全镇共排查出各类民事纠纷48件，受理调解矛盾纠纷48件，调解48件，调解成功48件，调解率和调解成功率均达到100%。其中司法所参与调解6件（有2件疑难复杂民间纠纷），村调委会共调解各类民事纠纷42件，调解成功42件。

2018—2019年，全镇镇、村两级共排查出各类民事纠纷90件，受理调解矛盾纠纷90件，调解90件，调解成功90件，调解率和调解成功率均达到100%。其中，司法所参与调解24件，村调委会共调解各类民事纠纷66件，调解成功66件。

二、普法宣传

1986—1995年，溪口乡司法办围绕乡党委政府关于加强法治宣传教育的规划，协同乡综治办、派出所认真贯彻实施，采取举办培训班、法制讲座、宣传栏、图片展览等形式，向城内广大群众开展普法宣传，提高法制意识。

“一五”普法，重点宣传“十一法一例”；“二五”普法，重点宣传农业法、土地管理法、森林法等法律法规。

2017年9月，溪口司法所举办禁毒教育展（溪口司法所供图）

2001—2014年，先后实施“四五”“五五”“六五”普法，重点抓好青少年法制教育以及计划生育条例教育等。曾组织法制宣传车深入各村巡回宣讲。

2016—2019年，普法宣传利用春节时间，给广大群众上法治宣传课。同时开展“综治宣传月”活动，重点加强对《中华人民共和国宪法》等法律法规宣传；根据“安全生产月”活动要求，开展主题宣传活动；开展形式多样法制宣传，增强群众防范、识别、抵制毒品意识和自我保护能力；每年法治宣传周，组织派出所民警和司法所工作人员到各学校、单位开展法治报告会，集中开展宣传活动；此外，继续深化民主法治村和“法治溪口”创建工作，制定创建民主法治示范村工作实施意见，开展以农民为重点的农村法治宣传教育。

三、社区矫正和安置帮教

镇司法所重视社区矫正和安置帮教工作，2015 年，全镇有在册社区矫正对象 11 人，其中缓刑 11 人。全年累计书面警告 2 人次，无重新违法犯罪情况发生，11 名矫正对象矫正工作顺利进行。司法所每季度定期开展对辖区内刑满释放人员摸底排查工作，并会同辖区派出所民警、村干部进村入户调查了解情况。2015 年，共排查刑满释放人员 71 人，已衔接人员 71 人，最大限度防止脱管漏管。

溪口司法所创办的法治公园

（溪口司法所供图）

溪口司法所在法治公园主办的预防电诈宣传栏

（溪口司法所供图）

2017 年是社区矫正“教育管理年”，全镇范围内共有刑满释放人员 92 人，其中有 27 名新增安置帮教对象（监狱刑满释放人员 10 人、看守所刑满释放人员 3 人、解除社区矫正人员 14 人），所有安置帮教对象均已得到安置，无重新犯罪人员。司法所为每一名帮教对象成立一个帮教小组，负责对他们的日常生活、思想状况等进行跟踪管理，尽可能帮助他们解决生活或工作中遇到的困难。是年，新增社区矫正对象 17 名，解除社区矫正人员 13 人，全年在册矫正对象 15 人（其中男性 13 人、女性 2 人，均为缓刑人员），均已列管，未出现脱管、漏管、虚管现象，且都能做到遵守“日定位、周报告、月见面”等日常监督管理规定。

2019 年，全镇共有刑满释放人员 75 人，其中 23 人属新增安置帮教对象（监狱刑满释放人员 7 人、看守所刑满释放人员 7 人、解除社区矫正人员 9 人）。所有安置帮教对象均得到安置，无重新犯罪人员。

溪口司法所（办）历任负责人一览表

表 11-11

姓　名	职　务	任职时间
江庆远	司法员	1979 年 8 月至 1987 年 11 月
蓝亿彬	司法员	1987 年 12 月至 1993 年
江凤高	主任	1993 年至 1995 年
华伦忠	主任	1995 年至 1996 年
张子炎	主任	1996 年至 1997 年
江庆远	主任	1998 年至 2002 年
俞加河	所长	2001 年 3 月至 2007 年 2 月
钟炳春	所长	2007 年 3 月至 2011 年 11 月
俞加河	所长	2011 年 12 月至 2016 年 5 月
陈汀文	所长	2016 年 5 月起

第十二章　泮境司法所

第一节　概　况

1958 年，泮境公社设立调解委员会，各大队设立调解小组。

“文化大革命”期间，调解小组工作受到冲击，名存实亡，一切事宜由贫下中农协会裁决。1978 年，泮境公社调解委员会和各大队调解小组陆续恢复并开展工作。

1982 年，泮境乡人民政府设立司法办公室，配备专职司法助理员，人员、经费由乡政府解决，业务受县司法行政机关和县人民法院指导。

1997 年 9 月 28 日，成立泮境司法所。同年，配备司法助理员 2 人。2003 年起，泮境司法所收归县司法局管理，作为县司法局派出机构，受县司法局和乡党委、政府双重领导。同年，泮境乡成立人民调解委员会。全乡共有乡村两级调解委员会 8 个，纠纷信息员 52 人，四级调解组织网络健全。2004 年 4 月 20 日，泮境司法所建立首席人民调解员制度，全乡共聘请 10 名首席调解员。乡设立法律援助站，聘请法律援助联络员 7 人。

2011 年，泮境司法所正式参与社区矫正工作，对缓刑人员进行管理、教育和改造。

2013 年，司法所按照上级统一部署完成规范化建设，新建办公用房于年底投入使用，面积为 200 平方米，按照规范化要求设有所长室、司法助理员办公室、档案资料室、会议室等功能室，办公室设备齐全。

2019 年，泮境司法所在编人员 3 人，其中所长 1 人、其他人员 2 人。

泮境司法所外景 （2020 年 8 月 7 日摄）

第二节 主要工作

一、人民调解

1958 年始，泮境公社及所属大队均设人民调解委员会，业务上归县人民法院指导。

“文化大革命”期间，调解组织和调解工作遭到破坏，人民调解组织被误认为“阶级调和的修正主义工具”，受到错误的批判。1976 年始，对公社、大队调解组织进行整顿，调解工作逐步走上正轨。坚持严格、严肃、严谨的司法工作作风，建立科学管理机制，强化“调解也是执法”的意识，围绕预防和化解矛盾，优化整合调解资源，形成调解合力，切实把矛盾纠纷化解在基层、解决在萌芽状态。2011 年，全乡设有人民调解委员会 8 个，其中乡调解委员会 1 个、村调解委员会 7 个。

2003—2018 年，共调解各类矛盾纠纷 230 起，调处率 100%，调解成功率 99.13%。

2017—2019 年，泮境司法所坚持每月召开一次矛盾纠纷排查分析研究会议，分析矛盾和不稳定因素，明确调处工作重点，对排查出的问题，明确专人、限时调处。

二、普法宣传教育

中华人民共和国成立后，东一区（庐丰区）政府及其后的泮境公社各大队运用各种形式广泛宣传《中华人民共和国婚姻法》《中华人民共和国土地改革法》及《中华人民共和国惩治反革命条例》等国家法律法规。通过宣传教育活动，广大干部群众法制观念得到增强，党的各项中心工作得以顺利开展。

泮境司法所组织“红土四小员”积极参加“12·4”国家宪法日法治宣传活动

（泮境司法所供图）

“文化大革命”期间，法制宣传被淡化。

中共十一届三中全会后，法制宣传被重新重视。

1986—1990 年，实施“一五”普法教育。泮境乡成立普及法律常识领导小组，制订《泮境乡关于普及法律常识五年规划（1986—1990 年）》，主要普及宪法、刑法、民法通则、刑事诉讼法、民事诉讼法、婚姻法、继承法、兵役法、经济合同法、森林法、土地管理法，治安管理处罚条例（简称“十一法一例”）。

1991—1995 年，实施“二五”普法。普法重点是干部、青少年、农民、工人，内容以税法、土地管理法、烟草法、义务教育法、公司法、未成年人保护法、农业法、消费者权益保护法、工商行政管理法规、水法、劳动法、森林法、专利法、技术合同法等 30 多个法律法规为重点，推进全乡依法治理工作的开展。在宣传《中华人民共和国义务教育法》中，结合泮境乡实际制定《泮境乡关于实施初级中等义务教育实施方案》，禁止用工单位雇用童工，强化适龄儿童、少年接受教育，全乡学龄儿童入学率 100%。

1996—2000 年，实施“三五”普法。着重对青少年及外来流动人口的法制宣传教育。采取举办法律知识竞赛、发行普法书籍、出法制宣传栏、法制广场宣传活动等形式开展学习教育活动。在青少年法制宣传教育中，注重发挥学校主导作用，完善学校为主，社会、家庭相配合的“三位一体”法制教育体系。

2001—2005 年，实施“四五”普法。以乡、村领导班子成员、司法人员、青少年、企业经营管理人员为法制宣传教育重点对象，并重视加强外来流动人口法制教育。深入村民中宣讲《中华人民共和国土地管理法》《中华人民共和国村民委员会组织法》《福建省计划生育条例》《福建省集体财务管理条例》等法律法规。

2006—2010年，实施“五五”普法。5年中分别举办普法宣传月、普法培训班、各类法律知识竞赛，进行普法讲座、开展普法知识图片巡回展示和上街法律咨询等活动，内容涉及劳动、征地拆迁、工伤、财产继承、户籍管理、计划生育等法律法规。2008年开始，组织各村书记、主任、农村“六大员”参加学法考试。

2011—2015年，实施“六五”普法。实行普法工作责任制和领导责任制，将普法工作与年度目标管理考核和领导实绩考核相挂钩，强化组织网络，各村、各单位均确定一名普法联络员负责普法具体工作。

2016—2020年，在实施“七五”普法中，重在提升全乡法治化水平，建设营造良好的法治环境。乡人大每年1—2次组织县、乡人大代表督查走访宪法及有关法律法规落实情况，找问题、挑毛病、提要求、促整改、助发展。开展法律进学校活动，各中、小学聘请法制副校长，由法制副校长每学期给全校师生上一次法制教育课；利用青少年法制教育基地每年组织学生观看预防未成年人犯罪专题教育片，进行警示教育。

三、法律服务

1995—2011年，受理各种案件（包括代理诉讼、非诉讼、协办公证、见证、代写法律文书等）共300余件，接受群众法律咨询3000多人次，担任法律顾问13家。

2002年，发挥“148”法律服务热线优势，共接听法律求助电话158次，接访群众187次，化解可能激化的矛盾纠纷5件，挽回经济损失10余万元。是年，防止民事案件转刑事案件1件，防止群体性闹事案件1件。

2003—2013年，继续开展“148”法律服务工作，全乡共接听法律求助电话389次，接访群众231人（次），解答群众法律咨询300多件次，化解可能激化的矛盾纠纷133件，挽回经济损失80余万元。

2014年，全乡共接法律求助电话52次，接访群众50多人（次），化解可能激化的矛盾纠纷3件，挽回经济损失36万元。2016年，司法所共办理法律援助非诉讼案件3件，解答法律咨询200余人次，接待群众来信来访80人次，避免挽回经济损失10万余元。

2018—2019年，共接受群众法律咨询18次，参与调解纠纷6件，举办讲座1次。同时，落实法律援助进村入户，共办理法律援助非诉讼案件10件，挽回经济损失约3600元。

四、刑释解教人员安置帮教工作

1996—2000年，通过对全乡23名“两劳”（劳改、劳教）释放人员开展帮教工作，使之未出现重新犯罪现象。2002年，通过开展帮教工作，全乡11名“两劳”释放人员思想稳定，工作、生活自食其力，未出现重新犯罪情况。

2003—2014年，采取“一帮一挂”“一靠一带”措施，对全乡44名“两劳”释放人员开展帮教工作，使之思想稳定、自食其力，未出现重新犯罪情况。

2015—2019 年，本辖区对每个刑释解教对象都建立档案，根据各人特点、专长，分类帮教，并安排专人负责跟踪教育，层层落实责任制。此外，加强对其思想改造，使其改掉好逸恶劳恶习，并帮助和解决生活上的困难，免除其后顾之忧。对个别情况特殊的帮教对象，采取给予经济帮助、社会救济或申请优惠政策的办法予以扶持。

五、社区矫正

司法所社区矫正工作从 2011 年 11 月开始实施。按照最高人民法院、最高人民检察院、公安部、司法部联合制定的《中华人民共和国社区矫正法实施办法》《福建省社区矫正实施细则（试行）》各项要求，对矫正人员基本身份信息认真进行核查、登记、造册，进行入矫谈话教育和矫正宣告，告知其在矫正期间需要遵守的矫正管理规定，并在《社区矫正宣告书》上签字；与矫正对象有关的法律文书、矫正方案以及思想汇报等立卷归档，全部建立电子档案。以“管得住，管到位，效果好”的工作目标，实施“日定位，周听声，月见面，季考评，年考核”的矫正机制。洋境自社区矫正工作开展以来累计接收社区矫正对象 42 名，解除矫正 39 名。司法所强化社区矫正人员的监督管理、教育矫正和帮困扶助，采取“严管、普管、宽管”三级管理模式，完善部门联动机制，实行社区服刑人员“多帮一”结对帮扶措施。2015—2019 年，在社区矫正工作中，司法所采取多种管理方式手段，实行多元化、人性化管理，促进社区矫正对象改过自新，重新做人。为提高社区矫正效果，根据矫正对象犯罪性质、经济情况不同对矫正对象实行分类矫正、分类管理。对判前评估，采取认真对待态度，对审前社会调查人员家庭及监护人做好调查，交代好审前评估工作的重要性，并要求派出所、村委会认真调查，对评估人员提出意见和建议。2020 年，矫正对象 5 人的未发生重新犯罪和脱离管辖情况。

洋境司法所历任负责人一览表

表 11-12

姓　名	职　务	任职时间
何寿泉	司法员	1979 年 3 月至 1982 年 1 月
邱马林	司法员	1982 年 2 月至 1988 年 11 月
林水仁	司法员	1988 年 12 月至 1996 年 1 月
卢万堂	司法员、所长	1996 年 2 月至 2013 年 2 月
张荣锋	所长	2013 年 3 月至 2016 年 8 月
陈秋英	副所长（主持工作）	2016 年 8 月至 2017 年 12 月
廖勤英	所长	2017 年 12 月起

第十三章 白砂司法所

第一节 概 况

1978—1984 年，白砂公社配置司法助理员 1 名，负责司法行政工作。1985 年，白砂公社（乡）成立司法办公室，配备专职司法员 1 人，人员、经费由乡解决，业务受县司法局指导和监督。1997 年成立白砂镇司法所。2003 年 1 月统一收编为上杭县司法局白砂司法所，人员、工资、经费由县司法局管理，成为县司法局派出机构。

2010 年 8 月，动工兴建白砂司法所业务用房，2011 年 5 月 9 日全面竣工，并于 5 月 10 日搬迁投入使用。业务用房大楼坐落于白砂镇政府大楼左侧，占地 150 平方米，建筑面积 385 平方米，其中设置办公室、人民调解室、社区矫正办公室、安置帮教办公室、档案资料室等。还依托司法所建立“公共法律服务站”。2019 年，白砂司法所有工作人员 3 人，其中所长 1 人、副所长 1 人、其他工作人员 1 人。

白砂司法所外景 （2020 年 8 月 11 日摄）

第二节 主要工作

一、人民调解

2003 年 4 月，白砂镇人民调解委员会成立，由镇党委分管政法副书记担任主任，司法所所长任副主任，成员有派出所、综治办、国土、村建、林业、农业、劳保、民政、妇联等部门负责人。同年，全镇 22 个行政村均成立村级人民调解委员会。在镇党委、政府统一领导下，理顺关系，规范机制，开展民间纠纷调解，努力把各类矛盾纠纷消除在基层，消灭在萌芽状态。2011 年 1 月 1 日《中华人民共和国人民调解法》实施后，人民调解工作进一步实现有法可依，步入法治化、规范化发展轨道。为推广“枫桥经验”，发挥人民调解维护社会稳定“第一道防线”作用，白砂司法所认真指导辖区内人民调解、行业性专业性调解、行政调解工作，主动参与调处重大疑难复杂纠纷，组织辖区内调解人员按计划进行培训，实现全镇23个人民调解委员会有班子、有队伍、有办公室、有调解场所、有牌子、有印子和有必要的办公设施，“五簿二册”等各项制度完善并上墙，软件、硬件都达到规范化要求。2011—2019年，全镇共发生各类矛盾纠纷1187件，调解成功1155件，调解率达100%，成功率95%以上。

2017年10月，白砂镇人民调解委员会被评为县级品牌调解工作室；调解员江崇荣被评为市级金牌调解员，陈烽被评为县级金牌调解员。

2019年8月28日，白砂镇“言和调解”志愿服务队上街开展宣传活动　（白砂司法所供图）

二、法治宣传

白砂司法所根据“谁执法谁普法、谁服务谁普法”原则，成立由依法治镇单位业务骨干为成员的普法讲师团，发挥镇、村法律顾问、人民调解员、综治协管员、法治副校长四支专职普法队伍作用，定期开展“人民调解员培训”“法律明白人培训”等专题培训，组织全镇机关干部、村主干、“六大员”参加年度学法考试，抓好重点对象普法。结合新时代文明实践活动，开展“法律六进”，组织巾帼志愿者、平安志愿者、义工组织、社区矫正服务志愿者、禁毒志愿者、“言和调解”志愿者等普法志愿者队伍，宣讲中共十九大及十九届历次全会精神、宪法和中国特色社会主义法律体系、习近平全面依法治国新理念新思想新战略等内容。“七五”普法期间，组织开展法治讲座18场，开展法治宣传活动35场次。全镇普法案例在《闽西日报》刊登4篇，龙岩电视台“调解现场”栏目播放调解案例3起。全镇建成法治宣传栏26个，法治文化公园2处，法治文化广场1个，校园禁毒展览馆1处。

三、法律服务

白砂镇法律服务工作树立以人为本、服务为民理念，努力满足广大弱势群体法律需求，强化法律援助网络体系建设，加大宣传力度，使贫困弱势群体享受到法律公正，最大限度增加和谐因素，为构建和谐白砂镇提供优质高效法律援助服务。2016年，“白砂镇公共法律服务站”成立，全镇22个村通过政府购买法律服务方式实现“一村一法律顾问”工作全覆盖。白砂镇人民政府聘请福建龙航律师事务所律师作为镇法律顾问，由白砂司法所具体协调指导乡镇人民政府法律顾问工作，指导监督村法律顾问工作。同时，白砂司法所开展法律咨询、普法宣传、人民调解和法律援助工作，参与到政府依法治理中，重点为老年人、残疾人、未成年人、贫困户、农民工等弱势群体提供法律服务保障，面对面为群众提供法律服务。2016 年后，共为群众提供法律援助 31 次，为镇、村提供法律意见 108 件，制定审查修改合同 41 份，协助息诉息访 37 起。

四、社区矫正

2011 年 11 月，社区矫正工作从派出所移交到司法所。2012 年 1 月，最高人民法院、最高人民检察院、公安部、司法部联合下发《中华人民共和国社区矫正法实施办法》，明确司法行政机关为执行主体。白砂司法所配备 1 名专职人员，负责社区矫正日常工作。社区矫正工作开展后，白砂司法所执行《中华人民共和国社区矫正法实施办法》，建立社区矫正小组，落实责任，规范工作流程，认真落实社区矫正、安置帮教措施，防止脱管、漏管，不出现重新犯罪。近年来，白砂司法所结合辖区优势、特点、创新集中教育和公益劳动方式，突出红、绿、蓝等“三色”矫正，三者相互驱动，实现良好教育矫正效果。先后组织社矫对象开展“现身说法，我讲你听”“庆国庆，感党恩，塑新生”、职业技能培训等活动。引导社区矫正对象参与人居环境整治、护林、护河等领域志愿服务。2019 年，多次配合各级领导视察点验，积极配合县局筹备全省社区矫正现场会，各项社矫工作得到社矫对象支持和上级领导肯定。是年，累计接收社区矫正对象 176 人，解矫 166 人；在矫人员共计 10 人，其中缓刑 9 人、监外执行 1 人，未发生在册服刑人员重新犯罪。

五、安置帮教

白砂司法所坚持围绕中心，服务大局，协调民政、妇联、学校、关工委等相关部门和单位组织开展对刑满释放人员安置帮教工作，以创建“平安白砂”为主线，以安其身、关其心、校其行、帮其富目标，积极探索刑释解教人员安置帮教工作新路子，加强衔接、帮教、安置工作，预防和减少重新违法犯罪，让刑释解教人员自过改新，重新融入社会。2006 年 12 月 ，白砂司法所被上杭县社会综合治理委员会评为 2001—2005 年刑释解教人员安置帮教工作先进单位。截至 2019 年年底，白砂

2019 年 9 月 26 日，白砂组织社矫对象参与森林防火巡查

（白砂司法所供图）

镇共有刑释解教人员 109 名，其中刑满释放 46 人、解除社区矫正人员 63 人，全部建立一人一档，成立帮教小组给予帮教，衔接率、帮教率均达到 100%，并都得到较好安置，无重新犯罪迹象。

白砂司法所（办）历任负责人一览表

表 11-13

姓　名	职　务	任职时间
张逢铭	司法员	1978 年 10 月至 1984 年 8 月
袁禹天	司法员	1984 年至 1986 年
温焕平	司法员	1987 年至 1992 年
李兆其	司法助理员、所长	1992 年至 2005 年
邱能柱	所长	2005 年至 2007 年
俞加河	所长	2007 年至 2012 年
曾育贤	所长	2012 年至 2017 年 11 月
江崇荣	所长	2017 年 12 月起

第十四章　蛟洋司法所

第一节　概　况

1984 年，成立蛟洋乡司法办公室，配备专职司法助理员，人员、经费由乡解决，业务受县司法行政机关指导与监督。司法办业务工作为普及法律常识，管理、指导基层调解委员会工作，调解疑难民间纠纷和简易生产经营性经济纠纷，开展公证联络，开展部分律师业务和扶助工作，应聘担任乡镇企业及村（居）委会常年法律顾问，参与社会治安综合治理，促进“两个文明”建设。

1991 年 5 月 3 日，成立乡社会治安综合治理委员会，由乡党委一名副书记任主任，派出所、司法所负责人任副主任，在司法办设立办公室。

1997 年 7 月，根据司法部和省、地司法部门关于组建乡镇司法所精神，理顺司法所与县司法局、乡人民政府关系，成立蛟洋乡司法所，配备工作人员。

2002年，根据司法部《关于进一步加强基层司法所建设的意见》和省编委办公室《关于重新核定全省乡（镇）、街道司法助理员司法专项编制的通知》精神，明确司法所为县司法局派出机构。2003年1月，司法所人员、工资、经费上收县司法局管理。2004年，司法所建立首席人民调解员制度，聘请30名首席调解员。

2011年10月，占地200平方米、建筑面积947平方米、投资114万元的蛟洋司法所办公大楼竣工。

2019年年底，蛟洋司法所有工作人员3人，其中所长1人、其他工作人员2人。

蛟洋司法所大楼外景　（2020年8月摄）

第二节　主要工作

一、人民调解

1984年5月，蛟洋乡经委与江苏省江都县农业生产资料公司签订《杂木锄头柄购销合同》，当甲方（蛟洋乡经委）将250立方米锄头柄运至江都县后，乙方（江都县农业生产资料公司）拒收，引起合同纠纷。诉至法院后，蛟洋乡司法所协助审理。经审理查明是因合同不完善，手续不齐全，属双方均有过错。后经协商，乙方同意补偿甲方损失，达成调解协议。

1990—2013年，全乡发生各类矛盾纠纷1645起，调解成功1602起。

2003年4月1日，成立蛟洋乡人民调解委员会，由乡党委一名副书记任主任，司法所所长任副主任，成员单位有派出所、法庭、综治办、妇联等单位的负责人。同年，组建村级人民调解委员会。2003年上半年，全乡共调解处理各类民间纠纷128件，村调解委处理99件，乡调解委处理5件，司法所协助调解24件。2015—2018年，共排查矛盾纠纷299起，调解成功295件，调处率为100%，调解成功率为98.7%。

2019年，共排查各类矛盾纠纷77起，调处77起，调处成功75起，调解成功率达97.4%。其中书面协议13件，口头协议64件。这些案件中，主要有拖欠农民工工资4件、邻里纠纷21件、征地拆迁纠纷1件、婚姻家庭纠纷3件、山林土地纠纷7件、损害赔偿纠纷21件，合同纠纷3件、房屋宅基地纠纷3件、其他纠纷12件。一些重大疑难矛盾纠纷得到调处。

二、法制宣传教育

蛟洋乡普及法律常识领导小组成立后，采取举办培训班、法律讲座、出宣传栏、黑板报、图片展览、文艺宣传等形式，向公民普及法律法规常识，使公民掌握基本法律法规知识，增强法制观念。1991年4月，蛟洋中学获上杭县“一五”普法先进集体称号，派出所陈桂渊、司法所傅润生、蛟洋村司法调解员傅炳辉被评为县普法教育先进个人。

1991年，实施“二五”普法。5月，乡成立法制宣传领导小组，在司法办设立办公室，具体负责宣传贯彻并组织实施“二五”普法规划。7月，举办法制宣传教育培训班，坚持面授、在职学习相结合，农村采取干部包片，党员、团员包联系户，宣传员送法上门等形式学习、宣传法律知识。

1996年，实施“三五”普法。着重对青少年及外来流动人口的宣传教育，以青少年为重点对象，主要进行宪法、刑法、预防未成年人犯罪法等法律的宣传教育。在青少年学法方面，发挥学校教育主渠道作用，完善学校为主，社会、家庭相配合的“三位一体”法制教育体系；组织中学生参加县举办的“新千年中学生消防知识竞赛”。1997年，蛟洋乡依法治乡经验得到县普法办和依法治县办推广、宣传。

2001年，实施“四五”普法。深入行政村宣讲土地管理法、村民委员会组织法、福建省计划生育条例和福建省村集体财务管理条例等法律法规。按照《关于进一步加强学校法制教育工作的意见》，抓好青少年法制教育落实，组织学生观看“反对邪教、崇尚文明”图片展。同时，健全法律援助和“148”热线等法律服务。2002年，乡党委、政府组织成立“法制宣讲队”，由乡党委副书记王安琪任组长，党委宣传委员任副组长，成员由综治办、司法所、派出所、法庭、工商分局、税务、中学、学区、乡团委、妇联、计生办等负责人组成。成立后，开展综治活动宣传，举办法制宣讲课，进行普法测验，并组织全乡公职人员进行学法统一考试，将考试成绩列入干部考核内容。

2006年始，实施“五五”普法。司法所深入行政村宣讲宪法、行政处罚法、国家赔偿法、刑法、选举法、村民委员会组织法、计划生育条例等法律法规。全乡举办骨干培训班，利用村民法制学校这一农村法制宣传和普法载体，采取“三贴近”（贴近生产、贴近生活、贴近实际）方式，开展法制宣传教育。在村民法制学校授课，发放各种法律宣传材料，开展各类法律咨询活动。派出所、司法所、关工委、法庭深入中小学校开展法制讲座，组织学生学习宪法、国徽法、义务教育法、未成年人保护法、预防未成年人犯罪法等法律法规。乡政府组织全体乡、村干部、农村“六大员”（社会治安综合协管员、计划生育管理员、国土资源规划建设环保协管员、公共卫生员、文化协管员、农民技术员）学习《干部学法读本》。共举办各级领导干部、公务员学法课30场，参加人数达300人，全乡干部百分之百参加学习并顺利通过年度考核。司法所配合县综治委开展“平安建设电影宣传周活动”。2007年，乡综治委组织基层政法干警进村入户，服务当地群众。“五五”普法期间，共分发宣传材料2万余份，开展专题普法讲座20次、法律宣传活动10次。还开展“送法进万家”活动，以提高人民群众法律意识和防范意识。2007年，蛟洋镇被龙岩市授予“平安乡镇”称号。

2011年，实施“六五”普法。全镇重点宣传普及宪法、刑法、物权法、未成年人保护法等18部法律法规，接受普法教育干部、群众3万余人次，96%以上公民接受法制教育。镇司法所采取集中授课、知识问答、现场咨询、发放资料等形式，开展各种法律咨询、法制宣传活动82次；培训村“两委”干部2000人次，设立村法律宣传服务站25个，组织培训企业经营管理人员500余人次，企业管理人员年学法时间40学时，举办领导干部法制讲座13场，参加法律知识统考4670人次，参加法律知识培训执法人员400人。2011年9月，蛟洋镇司法所被上杭县委、县政府评为“全县法制宣传教育先进单位”。

2012年，结合换届选举，调整充实乡普法宣传和依法治理领导小组，举办以村人民调解委员会成员、乡干部职工为对象的普法骨干培训班，组织公职人员、村主干、农村“六大员”进行学法考试，并采取多种形式开展法制宣传教育，其中出黑板报6期，发放宣传品3800多份，张贴宣传图片40多张，组织法制讲座2场。是年，蛟洋镇被评为全县综合行政执法先进单位。

2013—2015年，组建镇综合行政执法队，拆除违章建筑、推进重点项目保护性施工组织执法60次，出动3000人次。司法所配合蛟洋村委加大宣传教育力度，治理整顿蛟洋圩场三岔口水果市场违章搭盖脏、乱、差现象。针对各类普法对象不同特点，因群施教，强化措施，提高实效。以领导干部、青少年为重中之重，开展系列普法宣传活动。特别注重培养青少年守法意识、权利义务意识，养成遵纪守法行为习惯，实现在校学生“零犯罪”目标。同时，组织开展每年公职人员及村主干、“六大员”学法考试。打造普法新平台，推进法治文化建设，建“法治文化公园”，发挥法治文化熏陶作用。

2016年，实施“七五”普法。镇党委制定党委学习中心组集体学法制度，深入学习习近平新时代中国特色社会主义思想和中共十九大精神，学习宪法修正案等法律法规和党内规章制度。同时，推进法治副校长制，指导学校抓好依法治校工作，并开展企事业经营管理人员和职工法治教育，推进村民普法宣传和提高村民自治水平，抓好专项活动和重要时期普法宣传工作，加强《中华人民共和国民法典》学习宣传，推进资源整合和法治宣传队伍建设。

2019年，共开展法治宣传活动10场次，发放各类普法宣传资料1万余份，重点宣传扫黑除恶专项斗争和禁毒反诈。通过法律“六进”集中宣传禁毒和防范电信诈骗。

三、法律服务

2003年8月，蛟洋司法所率先建立法律援助工作站，与乡妇联、残联等部门配合，及时指派法律援助人员为受援人提供法律援助，做到应援尽援，并办理好各类法律援助案件，提高服务水平。

2005—2014 年，乡司法所为群众办理各类法律援助案件 62 件，解答法律咨询 665 人次，代写法律文书 12 件。

2016—2019 年，实现“一村一法律顾问，一社区一法律诊所”，全镇 25 个村全部聘请律师担任法律顾问，实现村居法律顾问全覆盖。2018 年，法律顾问提供法律意见 18 件，解答咨询 21 件。2019 年，每月开展 2 次顾问律师下村活动，接受群众咨询、参与纠纷化解、援助困难群众，帮群众解决实际困难。全年共办理法律援助案件 20 件，解答法律咨询 126 人次。

四、刑满释放人员安置帮教

司法所为提高对刑满释放人员安置帮教管理，实行签订《安置帮教责任书》制度，确保每一位新回归刑满释放人员都能得到安置。坚持定期走访制度，及时了解刑满释放人员思想及生活状况，帮助解决生产生活困难，落实低保时间。其中联系塘厦、苏康等村办机砖厂企业接收 3 名刑释解教人员。同时，加强对刑满释放人员法制宣传教育。司法所把开展刑释解教人员安置帮教工作作为改善治安状况，维护社会稳定重要举措，与公安等有关部门密切配合，动员社会力量做好实施“2345”工程（通过帮教安置实现“2 个保证”：保证刑满释放人员的重新犯罪率控制在 5%以内，保证释解人员家庭人均生活水平达到当年全乡人均生活水平；“3 个落实”：落实健全安置帮教组织机构，落实帮教人员、帮教对象，落实安置工作；“4 个结合”：把帮教工作与脱贫奔小康工作相结合，与精神文明建设相结合，与创建安全文明片区工作相结合，与社会治安综合治理相结合；“5 个制度”：建立健全“三帮一”小组联系制度，定期组织帮教对象学习制度和家庭责任制度，建立帮教对象分级分类台账的管理制度，做好帮教人员奖罚制度）。确立苏康机砖厂、富民机砖厂为两劳释解人员固定性安置帮教基地，将两劳释解“三无人员”（无生活来源、无劳动能力、无法定扶养义务人的人员）安排到工厂工作，增强其安家乐业信心和决心。2018 年，有刑释解教人员 108 人（除拘役类），当年接收刑满释放人员 32 人，无脱管、漏管。2019 年，在册安置帮教人员 97 人，均落实跟踪管控。

蛟洋乡召开社区矫正人员集中教育学习会　（蛟洋司法所供图）

五、社区矫正

2011 年 11 月 30 日，

召开乡社区矫正工作启动暨现场移交接大会，社区矫正工作从派出所移交到司法所。至2014年12月，共接收社区服刑人员129名，其中已解矫99名。2019年，蛟洋司法所共入矫25人，解矫23人，在矫33人，其中缓刑32人，假释1人。社区矫正各项工作均得到落实，没有发生脱管、漏管现象。

蛟洋司法所（办）历任负责人一览表

表11-14

<table>
<tr><th>姓　名</th><th>职　务</th><th>任职时间</th></tr>
<tr><td>邓焕朝</td><td>司法员</td><td>1977年至1985年6月</td></tr>
<tr><td>江兴信</td><td>司法员</td><td>1985年6月至1985年12月</td></tr>
<tr><td>傅润生</td><td>司法员</td><td>1985年12月至1991年12月</td></tr>
<tr><td>傅绍武</td><td>司法员</td><td>1992年1月至1994年6月</td></tr>
<tr><td>黄德升</td><td>主任</td><td>1994年6月至2000年9月</td></tr>
<tr><td rowspan="2">曾育贤</td><td>副所长（主持工作）</td><td>2000年10月至2002年1月</td></tr>
<tr><td>所长</td><td>2002年1月至2007年3月</td></tr>
<tr><td rowspan="2">丘能柱</td><td rowspan="2">所长</td><td>2007年3月至2012年11月</td></tr>
<tr><td>2012年11月起</td></tr>
</table>

第十五章　古田司法所

第一节　概　况

1979年8月，古田公社单独设立司法机构，有专职司法助理员1人。1985年，成立古田镇司法办公室，业务受上级司法机关指导与监督，人事关系属镇政府。1998年，设立古田司法所。2003年1月，司法所收编县司法局管理，属县司法局派出机构。2010年10月，增加司法助理员。2019年，古田司法所有工作人员5人，其中所长1人、指导员1人、司法助理员1人、司法协理员1人、专职调解员1人。有业务用房540平方米，设置公共法律服务、社区矫正、人民调解等9个功能室，并配置相应办公设备。是年，古田镇人民调解委员会被司法部评为先进集体，古田司法所被司法部评为全国法律援助先进集体。

古田司法所外景　（2019 年 10 月 17 日摄）

第二节　主要工作

一、人民调解

2012 年 4 月 2 日，县领导和古田司法所人员经过两天一夜工作，调解古田光源酒店与曹某云之间因黄某兰工伤死亡赔偿纠纷，参照工伤赔偿标准，双方最终达成协议。

2013 年 5 月 17 日，古田司法所人员经过 3 天耐心工作，调解古田下郭车机砖厂与婴某之间因工伤死亡赔偿纠纷，参照工伤赔偿标准，双方最终达成协议。

2014 年 3 月 6 日，县领导和古田司法所人员经过一天两夜工作，调解一起交通事故死亡赔偿纠纷，参照交通事故赔偿标准，双方最终达成协议。

2015 年 3 月 26 日，古田司法所人员经过 9 天细致工作，调解古田竹岭机砖厂一起工伤死亡赔偿纠纷，参照工伤赔偿标准，双方最终达成协议。

2015 年 3 月 26 日，古田司法所人员经过 13 天耐心细致工作，调解古田会议纪念馆与赖某周之间因一起意外死亡引起的赔偿纠纷，参照工伤赔偿标准，双方最终达成协议。

2019 年 11 月 6 日，省司法厅厅长邬勇雷（左二）到古田司法所调研（古田司法所供图）

2018 年 6 月，一群农民工到古田司法所为 1 名工友受伤事件投诉，他们均来自四川省米易县麻陇彝族乡，在古田镇电建集团工程有限公司 35 千伏郭芒线改造工程项目务工。由于伤者受伤不满三个月，未能申请伤残鉴定，古田司法所首先组织协调双方进行阶段性调解，由项目部预付医药费，伤者回乡休养。在伤者休养期间，古田司法所积极与项目部负责人及承包人协调。最终在3个月后，古田司法所再次组织双方协调，经过耐心调解，双方达成一致意见，伤者获得一次性补偿，农民工合法权益得到维护。

2019年7月14日，古田司法所历时4天，调解上杭大光明电力集团有限公司洋稠电站与洋稠村村民陈某连等因电站员工邹某灶在施工过程中意外落水死亡引起的纠纷，双方最终达成协议。

二、社区矫正

古田司法所自2011年11月18日开始开展社区矫正工作，均按照《中华人民共和国社区矫正法实施办法》及《福建省社区矫正实施办法》，做好“日定位、周听声、季评议、月见面、年考核”，无脱管、漏管和重新犯罪。截至2016年12月30日，共接收矫正对象163人，解矫145人，在矫18人。2017年新增社区服刑人员22人，解除社区矫正人员20人，有在册社区服刑人员18人（其中男性社区服刑人员15人、女性社区服刑人员3人，缓刑社区服刑人员17人）。2018年，利用地缘优势，经常组织社区服刑人员在古田会议旧址附近慈善茶屋开展志愿服务活动，向过往游客递上免费茶水。通过这种志愿者服务活动，力图使服刑人员实现从被动管理到主动奉献的转变。2011年11月至2019年年底，古田共接收社区矫正对象199人，解矫181人。2019年年底，有在册社区服刑人员22人。

三、安置帮教

古田司法所坚持排查走访制度，了解掌握安置帮教对象衔接管控、就业安置、重新违法犯罪情况，帮助其解决工作、生活中实际困难。如帮助新生村的邓某钦办理五保户手续，还介绍了谢某文等4人到安置帮教基地“开心农场”工作。2019年，共有在册安置帮教对象111人。司法所坚持排查走访制度，坚持全面了解掌握安置帮教对象衔接管控、就业安置、重新违法犯罪等情况，及时帮助安置帮教对象解决生活中实际困难。

四、普法宣传

古田司法所在推进普法工作中，落实“谁主管谁普法，谁执法谁普法”工作责任制，成立以镇党委书记为组长，镇长及分管领导为副组长，11个相关单位负责人为成员的普法领导小组，加强重点对象普法学习，抓好领导干部、公务员、青少年学生、农民工及企业生产经营管理人员的学法、用法，坚持每年开展公职人员学法考试。同时开展“法律六进”活动。2014年，投入5万元，在游客必经之路（古田大道旁）建设法治文化公园，增强法治宣传氛围。每年，利用“12·4”法制宣传日、“3·15”消费者权益保护日、“6·26”国际禁毒日等特殊日子开展宣传活动；结合“扫黄”“打非”“除黑”“三反”等专项整治行动开展宣传活动，邀请县司法局、县信访局、县交管大队等单位到集镇及中小学校，给广大群众集中开展以《中华人民共和国劳动法》《中华人民共和国治安管理处罚法》《中华人民共和国道路交通安全法》等为重点的法律知识宣传和现场法律咨询服务活动。此外，在全镇各村建立村民法治学校，建设法治宣传栏，定期开展法治宣传活动，以提高村民法治意识。2015 年，五龙村被司法部授予“民主法治示范村”称号。

2016—2018 年，法治宣传教育采取理论中心组学习、集中轮训、举办法制讲座、组织学法考试等形式，抓领导干部学法用法经常化、制度化、规范化，并坚持公职人员学法考试制度，提高公职人员学法、用法、守法、护法自觉性和依法执政水平。同时，加强法治宣传教育进农村、进校园。在“三八”妇女节，组织村民中女性代表在镇政府会议室集中上法治课，大力宣传保护女性权益相关法律知识，提高广大村民依法、守法、用法意识。此外，加强青少年学生法治宣传教育。通过建立法治宣传园地、制作宣传板报、召开主题班会等形式，提高在校生法律意识。

2019 年，开展法律“六进”工作，推进法治文化公园建设，打造古田中学禁毒普法宣传展厅，坚持常态化节点性宣传，法律“六进”在重大节假日、相关法治宣传日开展常规性法治宣传。还充分利用古田优势，努力丰富古田特色普法宣传活动。2019 年元旦，在集镇开展环镇骑行宣传，与兴业证券合作开展“小小金融家”学生暑期普法活动等。

古田司法所（办）历任负责人一览表

表 11-15

姓　名	职　务	任职时间
陈元俊	司法员	1979 年 8 月至 1985 年
华发基	司法员	1985 年至 1988 年
傅汉荣	主任	1988 年至 1992 年
邹永华	主任	1992 年至 1993 年 6 月
张海开	所长	1993 年 6 月至 2012 年 10 月
何龙仁	所长	2012 年 10 月至 2017 年 12 月
林文剑	所长	2017 年 12 月起

第十六章　步云司法所

第一节　概　况

1984年，成立步云公社司法办。2003年，步云司法办收编入县司法局统一管理，属县司法局派出机构，在编人员2人。

步云司法所业务用房建设用地面积200平方米，共建二层，建筑面积400平方米，项目总投资65万元，其中上级补助30万元、步云乡政府筹资35万元，2011年7月开始动工建设，2012年4月竣工。其中，一层、二层为业务办公用房，共有10间，设有所长室、助理员办公室、调解室、会议室、法制宣传室、社区矫正室、安置帮教室、法律援助室、值班接待室、档案资料室、宣告室、心理咨询师等，三层为值班备勤室，四层、五层为生活住房。

2019年，步云司法所有工作人员2人。

步云司法所外景　（2020年8月摄）

第二节　主要工作

一、人民调解

做好矛盾纠纷排查调处，在掌握本乡矛盾纠纷动态基础上，坚持抓早、抓小、抓苗头，围绕预防和化解矛盾，优化整合调解资源，形成调解合力，把矛盾纠纷化解在基层、解决在萌芽状态。特别是针对步云大开发实际，处理好企业与工人之间产生的矛盾，保障企业和工人利益。注重发挥基层司法所社情民意的“晴雨表”、社会稳定的“温度计”、党群干群关系的“连心桥”作用，主动介入社会热点、难点纠纷和群体性纠纷调解，促进社会矛盾纠纷更多通过非诉讼、非对抗性方式妥善解决。

2003—2014年，调解纠纷434件，调解成功434件，成功率100%。2015—2019年，

步云司法所调解工作现场　（步云司法所供图）

共调解纠纷44件，调解成功44件，成功率100%。

二、法制宣传

抓好法制宣传工作，注重多方面、多层次、多形式深化普法依法治理，通过各种群众喜闻乐见的方式开展普法教育，寓宣传和教育于文化娱乐之中，引导更多干部群众学法、知法、懂法、用法，全面提高公民法律素质，提高公民法律责任，夯实法治基础。

2003—2014年，印发法制宣传材料16500份，举办法制讲座25期，组织参加学法考试1200人（次），举办法制培训25期。

2015年，共制作黑板报7期，督促10个村委会制作法制宣传黑板报5期，发放宣传单850多份，张贴禁毒、征兵、普法等内容的图片400多张，举办以村人民调解委员会成员、乡全体干部职工为对象的普法骨干培训班2期，对乡属全体干部职工、村人民调解委员会人员86人进行培训，组织到步云中心小学开展以《中华人民共和国未成年人保护法》《中华人民共和国道路交通安全法》等为内容的法制宣传活动。

2018年12月4日，步云司法所开展法律宣传进校园活动
（步云司法所供图）

2018—2019年，开展扫黑除恶专项斗争宣传，利用LED宣传屏、横幅、微信群，以及在乡村显著位置张贴通告、悬挂条幅，发放材料，入户宣传，与群众进行面对面宣传扫黑除恶专项斗争知识。还充分利用关键时间节点到学校向学生、教师、学生家长发放扫黑除恶宣传材料；组织机关干部、村干部在集镇路段进行大型踩街宣传活动，营造扫黑除恶专项斗争声势。此外，还联合镇综治办、派出所等部门以

“12·4”国家宪法日暨法制宣传日为主线，利用安全生产“宣传月”、“3·15”消费者权益保护日、“6·26”禁毒宣传日、新时代文明实践志愿服务乡村行等开展宣传活动。

三、社区矫正与安置帮教

社区矫正和安置帮教工作方面，在成立专门机构处理日常工作基础上，通过建立完善定期例会等工作制度，使社区矫正和安置帮教工作有章可循、有据可依。同时，通过加强与法院、检察院、监狱等机关沟通联系，实现社矫人员无缝对接；通过社区矫正业务系统，落实对社区矫正人员“日定位、周听声、月见面、季评查、年考评”矫正措施，使社区矫正无脱管漏管，社区矫正和安置帮教帮扶、回访等机制得到落实。

2011—2019 年，接受社区矫正和安置帮教人员没有出现脱管、漏管和重新犯罪。

步云司法所（办）历任负责人一览表

表 11-16

姓　名	职　务	任职时间
林隆辉	司法办主任	1984 年至 1988 年
张海开	司法办主任	1989 年至 1993 年
罗广福	司法办主任	1994 年至 2001 年
华　瑛	司法所所长	2002 年至 2004 年
林　海	司法所所长	2005 年至 2009 年
林鹰凌	司法所所长	2010 年起

第十七章　旧县司法所

第一节　概　况

旧县司法所前身为旧县乡司法办，成立于 1982 年，系乡管单位。2003 年收编为县司法局统一管理，为司法所，成为县司法局派出机构。工作人员从 1999 年之前的 1 人发展到 2002 年以后的 4 人。先后获得上杭县绩效评估二等奖、上杭县司法局年度先进单位称号等荣誉。

旧县司法所业务用房占地 180 平方米，为框架结构三层建筑，建筑面积 540 平方米，于 2011 年 11 月 20 日投入使用。设置所长室、司法助理员办公室、会议室、宣告室、调解室、社区矫正和安置帮教室、档案及储藏室、备勤室。配备电脑、打印传真复印一体机、碎纸机、彩色扫描仪、照相机等各类办公用品。

2019 年，旧县司法所有工作人员 3 人，其中所长 1 人、其他工作人员 2 人。

旧县司法所业务用房　（2020 年 8 月摄）

第二节　主要工作

一、人民调解

司法所以党政工作为中心，配合综治办、派出所等相关部门，努力构建大调解一体化格局，筑牢人民调解“第一道防线”。司法所努力摸索以“四心”为调解法（调查用心、调处公心、百姓放心、回访真心）、以“三情”为准则（以情为先、以情为重、以情化解矛盾）的调解经验，推进“公调对接、民调进所、无缝衔接、司法保障”机制建设，推进社会矛盾化解。2000—2019 年，每年纠纷调解率均为 100%，调解成功率 98%以上。

二、普法宣传

旧县镇以法律“六进”为载体，组织开展各种法制宣传教育活动，推进从“一五”到“六五”普法宣传，使法制宣传教育向社会各领域、各行业延伸，主题活动深入基层，服务群众。2000—2014 年，每年举办学法讲座 10 多期，印发普法宣传材料上万份。

2015—2019 年，按照“七五”普法“一年一主题”工作思路，做好规范建设年工作，实现常态普法。宣传工作中，突出国家工作人员学法用法和青少年法治教育，利用张贴禁毒宣传画、悬挂安全生产横幅、发放法律法规材料等传统宣传方式以及微信等新媒介，开展春节期间返乡农民工法制宣传教育。2018 年，围绕扫黑除恶专项斗争，利用各种方式大张旗鼓进行宣传。2019 年，在校园、单位、乡村、企业、机关设立永久性宣传标语 50 条和法制宣传专栏 30 处，开展大型法制宣传活动 1 次。

三、社区矫正

旧县司法所在社区矫正工作中依照社区矫正实施办法要求，规范化管理，积极参与上级组织的矫正工作交流与学习，提高工作能力，创新管理模式。2011—2019 年，成功实现在管人员零犯罪。

旧县司法所（办）历任负责人一览表

表 11-17

姓　名	职　务	任职时间
邱梦奎	司法助理员	1982 年至 1990 年
王继芳	司法助理员	1991 年至 1996 年
吴铭昌	司法助理员	1997 年至 1998 年
谢育钦	副所长	1999 年至 2002 年
何发明	所长	2003 年至 2017 年 12 月
张晓琼	所长	2017 年 12 月起

第十八章　才溪司法所

第一节　概　况

1979 年 10 月，成立才溪司法办公室，配备司法员 1 人。1997 年 9 月，上杭县司法局在毛泽东才溪乡调查纪念馆召开全县司法办公室改编为司法所大会并举行授牌仪式。2003 年 1 月，才溪司法所被收编为县司法局统一管理。2019 年 12 月底，才溪司法所有工作人员 4 人，其中所长 1 人、副所长 1 人、其他工作人员 2 人。

才溪司法所外景　（2020 年 8 月摄）

第二节　主要工作

一、普法宣传工作

才溪县自 1985 年“一五”普法教育开始，坚持以领导干部学法为重点，以全民学法、知法、用法为目标，以公民掌握法律权利与义务相平等原则为目的，通过普法教育达到全民法律素质提高，依法行使权利，自觉履行法律义务。1985 年以来，以“3·15”消费者权益保护日、“12·4”法制宣传日为契机开展大型宣传活动，坚持学法考试，采取下发法律资料和学生带法回家等各种形式使法制宣传深入人心、普及全民。1986 年 3 月，全县普法工作现场会在才溪召开，时任党委书记的钟振华被省人民政府评为普法工作“先进工作者”，司法助理员卓银照被地区行署评为普法工作“先进工作者”。2001 年，司法所被县委县政府评为“三五”普法“先进单位”。2006 年，才溪中学被县委、县政府评为“四五”普法先进单位。2011 年，才溪中心校被县委、县政府授予“五五”普法先进单位称号。林家旺连续 13 年为村民出专刊，2010 年春节获县委宣传部颁发的奖金 1500 元。

2019 年 6 月 4 日，才溪司法所开展“普法进校园”活动（才溪司法所供图）

2015 年 4 月综治宣传月及 8 月，普法办公室分别牵头在镇文化宣传中心门口，组织司法所、派出所、妇联、团委、计生办、工商所、税务、国土所等部门设点摆摊宣传法律知识，其中司法所把翻印的 500 份法律资料向前来咨询政策法律知识的群众大力宣传。10 月，才溪普法办组织综治办、派出所等部门联合在集镇以及各个行政村举办法制灯谜竞赛活动，将 200 多条五颜六色的法制灯谜悬挂在绳子上，吸引广大群众参与；普法办还到四坊小学、才溪中小、才溪中学作法制报告各 1 次。2018 年，前后开展扫黑除恶、禁毒、平安“三率”、民间借贷法律知识及宪法修正案、环境保护法、安全生产法、村民委员会组织法等“送法”普法宣传活动，发放各类宣传材料 1 万多份。

2019 年，司法所联合镇综治办、派出所等部门，组织新时代文明实践志愿者利用重要时间节点，开展扫黑除恶、禁毒、平安村创建、打击非法集资等专题普法宣传活动。

同时，送法进校园，为正处于“拔节孕穗期”的青少年扣好人生第一颗“纽扣”。是年，共发放各类宣传材料1万余份、普法纪念品5000余份。

二、人民调解工作

司法所坚持“谁主管、谁负责、归口处理”原则，建立民间矛盾纠纷调处七项机制，力图在第一时间介入，宣传法律，平等互利、公平公正展开调解。至2019年，调解民间各类纠纷3219件。其中山林纠纷400余件、土地纠纷500余件、婚姻纠纷400余件、邻里纠纷800余件、重大嫌疑纠纷40余件、移送法院处理案件200余件，调解成功率达98.39%。

三、社区矫正工作

2011年11月起，司法所正式衔接对假释、缓刑人员由地方管理工作，共接受社区矫正人员78人，并对其依法管理，坚持各项管理制度，严格执行工作流程规定，坚持对每名矫正对象实行一人一案管理，形成一套基础性台账，记录矫正方案、监护人协议书、每月思想汇报及学习情况等方面材料。司法所要求服刑人员每星期向司法所电话汇报一次，每个月要到司法所见面一次。司法所每天不定时利用定位系统对社矫人员进行定位并详细记录其位置，发现异常情况及时跟踪，保证社矫人员不脱管、不漏管，做到日定位、周听声、月见面。在管理机制上，充分发挥镇、村两级管理网络作用，明确各自工作地位和工作任务，制定和落实社区矫正工作制度，为社区矫正工作开展提供保障。同时，及时更新社区矫正信息管理系统数据，对社区矫正对象实行网络化动态管理。

四、安置帮教工作

才溪对刑释解教人员坚持“重在帮教，着力发展”方针，用“暖其心、校其行、帮其富”的工作方法，促进他们自新。镇将才溪建筑公司设为固定性安置点，才溪华烨果场和才溪机砖厂设为过渡性安置帮教点，对无家可归、无亲可投、无业可就“三无”人员进行安置。自1988年起，全镇359名刑释解教人员都有人关爱。帮教后刑释解教人员，有

2019年3月4日，才溪司法所在集镇上开展反家庭暴力司法宣传
（才溪司法所供图）

的发展为工程师，有的发展为企业家。才溪安置帮教工作走在全县前列。2005 年，才溪镇政府被省社会治安综合治理委员会、省人事厅授予“1999—2004 年全省刑释解教人员安置帮教工作先进集体”称号，时任党委书记黄才裕被省综合治理委员会、人事厅授予“安置帮教工作先进工作者”称号。

五、法律服务工作

才溪于 1997 年 6 月开通“148”法律服务专线电话。同时，多年来为政府提供依法决策法律依据，为 14 个行政村、卫生院等单位及村办企业义务担任法律顾问；依责代理参加民事、经济、行政诉讼活动，代理非诉讼法律事务，解答法律询问、代写法律事务文书、协助办理公证事项，共接受群众法律询问 4000 余件，参加民事、经济、行政诉讼 100 余件，代写法律文书 500 余件，协助办理公证事务 60 余件。

才溪司法所（办）历任负责人一览表

表 11-18

姓　名	职　务	任职时间
陈　标	司法协助员	1979 年至 1984 年
卓银照	主任	1985 年至 1987 年
曹树坤	主任	1988 年至 1995 年
张星高	主任、所长	1996 年至 2011 年
钟煜升	副科级所长	2011 年 10 月至 2017 年 12 月
陈秋英	所长	2017 年 12 月起

第十九章　通贤司法所

第一节　概　况

1985 年，设立通贤乡司法办公室，配备专职司法助理员，人员及经费均由乡自行解决，业务受县司法行政机关指导与监督。1997 年，设立通贤司法所，指导和直接调处民间纠纷。2003 年 6 月，司法所由县司法局收编，成为由县司法局主管、乡镇协管的双重管理体制，工作人员 3 人，其中司法助理员 2 人、司法协理员 1 人。2013 年 2 月，配备副科级司法所所长。

司法所业务用房位于通贤镇政府东侧，于 2010 年立项新建，2011 年 7 月竣工投入使用，占地面积 104 平方米，建筑面积 360 平方米，框架结构三层，工程总投资 50 万元，按上级规范化建设要求设置各功能室，办公设施齐全。

通贤司法所外景　（2020 年 8 月 7 日摄）

2019 年，通贤司法所有工作人员 3 人，其中所长 1 人、副所长 1 人、其他工作人员 1 人。

第二节　主要工作

一、人民调解工作

1985 年后，乡村调解组织得到整顿、巩固和提高，人员、制度、任务和报酬得到落实。司法所和乡村人民调解委员会坚持“调防结合、以防为主”的调解方针，加强纠纷预防和疏导工作，努力化解矛盾，参与社会治安综合治理，维护社会稳定。1985—2014 年，乡村调解委员会调处各类民间纠纷 2800 余起，调解成功 2700 余起，调解成功率 97%以上，预防和制止民转刑案件 45 起，避免非正常死亡 11 人。司法所和调委会调处各村移送的疑难民间纠纷 890 余件。2015—2019 年，乡村调解委员会调处各类民间纠纷 211 起，调解成功 211 起，均得到履行，无因调解不及时和调解不当而造成民转刑、非正常死亡及群体性上访案件的情况

通贤司法所调解村民纠纷工作现场　（通贤司法所供图）

发生。

二、普法宣传

1986—1990年，全乡开展“一五”普法，宣传“十法一例”。1991年后，连续开展“二五”“三五”“四五”“五五”和“六五”普法工作。普法教育以干部、农村居民、外来人口和青少年学生为重点对象，以《中华人民共和国宪法》为核心，以提高公民法律素质、推进民主法制建设为目标，注重普法教育与实践有机结合。司法所协同有关部门组织宣讲人员进学校开展青少年“三法”（《中华人民共和国未成年人保护法》《中华人民共和国预防未成年人犯罪法》《中华人民共和国义务教育法》）教育，在校生普遍受到教育。

司法所以法律“六进”和“民主法治村”为载体，采取各种形式，开展法制宣传教育工作，推进依法治理进程，普治并举，提升社会法治化管理水平，营造好的法治环境，编印有针对性的法律法规内容及相关案例入户宣传材料进行宣传，利用圩天开展法律咨询，为村民解答疑惑。1991—2018年，共散发宣传材料1. 5万余份，解答法律咨询310余人次，镇村每月出法制宣传专栏1期。并发挥村民法制学校这一农村法制宣传和普法教育载体，以“三贴近”（贴近生产、贴近生活、贴近实际）方式，开展法制宣传教育活动。

2003年后，组织公职人员参加学法考试。2009年后，组织村主干、农村“六大员”参加学法考试，参考率和及格率为100%。大东、岭头、通贤村先后被县确定为“民主法治示范村”。2015—2019年，每年司法所都与镇计生办、综治办、派出所等部门联合到集镇市场上宣传各项法律，开展法律“六进”、“12・4”国家宪法日等系列宣传活动，利用圩天向群众发放喜闻乐见的宣传资料，悬挂横幅、在镇、村法制宣传栏张贴法制宣传材料，宣传《福建省法律援助条例》《民间借贷法律知识》《中华人民共和国社区矫正法实施办法》《中华人民共和国劳动合同法》《中华人民共和国人口和计划生育法》《中华人民共和国土地管理法》《福建省殡葬管理条例》《中华人民共和国婚姻法》《中华人民共和国道路交通安全法》等。

通贤司法所干部到通贤中学开展法治讲座　（通贤司法所供图）

三、安置帮教

1985年，乡（镇）设立司法办后，配合有关部门做好刑释解人员安置帮教工作。1997年1月29日，成立“通贤乡刑释解教人员安置帮教工作协调领导小组及办公室”，由司法所承担日常工作。工作中，司法所坚持“教育、感化、挽救”方针，努力使刑释解教工作衔接到位，管理措施有力，重点对象管控落实，协调相关部门为刑释解教人员解决实际困难，防止重新犯罪发生。1985—2014 年，配合有关部门安置和帮教刑释解教人员共 250 多人。2015—2019 年，衔接刑释解教对象 90 人，均得到较好安置帮教。

四、法律服务

为加强法律服务工作，通贤司法所开设“148”法律服务专线电话，常年为群众解答涉及法律的疑难问题。1998 年，设立乡法律援助站，聘请法律援助联络员 13 名。司法所开展“法律服务在一线，司法行政促发展”主题实践活动，努力服务社会弱势群体，促进社会和谐。至 2014 年，共办理法律援助案件 210 多件。2015—2019 年，共办理 46 件。

五、社区矫正

2011 年 11 月 16 日，启动社区矫正工作，原由派出所监管的监外执行罪犯移到司法所管理，由司法所承担日常管理职能。工作中，司法所强化社区矫正人员的监督管理、教育矫正和帮困扶助，采取“严管、普管、宽管”三级管理模式，完善部门联动机制，实行社区服刑人员“多帮一”制度，以提升社区矫正水平，防止发生脱管、漏管和重新犯罪现象。至 2019 年，通贤累计接收社区矫正对象 130 人，解除矫正 120 人，社区矫正工作持续安全稳定，社区矫正对象没有出现重大安全事故，没有参与重大群体性事件，没有发生有影响的治安和刑事案件。

通贤司法所（办）历任负责人一览表

表 11-19

姓　名	职　务	任职时间
黄庆滨	司法办司法助理员	1985 年至 1986 年 8 月
曾广春	司法办司法助理员	1986 年 8 月至 1992 年 12 月
阙绍彬	司法办司法助理员	1993 年 1 月至 1996 年 12 月
阙绍彬	司法所副所长（主持工作）	1997 年至 2003 年 5 月
邱能柱	司法所所长	2003 年 6 月至 2005 年 3 月
雷盛平	司法所所长	2005 年 4 月至 2006 年 9 月
何龙仁	司法所负责人	2006 年 10 月至 2007 年 3 月
邱鹏玉	司法所所长	2007 年 3 月至 2017 年 12 月
傅剑锋	所长	2017 年 12 月起

第二十章　南阳司法所

第一节　概　况

1982年，成立司法办公室，配备专职司法员1人。1985年，成立南阳法律服务站（2005年统归上杭县法律服务中心管理）。2003年1月，南阳司法所人员、工资、经费统一收归县司法局管理，成为县司法局派出所机构。2019年，南阳司法所有工作人员4人，其中所长1人、司法助理员2人、司法协理员1人。

司法所业务用房占地200多平方米，三层框架结构，建筑面积240平方米，建设资金50万元，2012年5月竣工并投入使用，设施齐全，功能完善。

南阳司法所外景　（2020年8月7日摄）

第二节　主要工作

一、人民调解

2004年，组建村级人民调解委员会，全镇聘请调解员23人。

2014年10月，南阳司法所经过耐心调解，成功调解马洋洞村民工因工死亡纠纷，双方最终达成协议。

2015年1月，南阳村村民罗某某与朋友到新泉喝酒娱乐，酒后独自返回南阳途中发生交通事故死亡。南阳司法所积极调解，制订双方能接受的赔偿方案，双方达成协议。

2015年11月，黄某琴在南阳镇硅铁厂上班期间工亡，南阳司法所经过5天5夜的反复调解，最终参照工亡损害赔偿标准，双方达成协议。

南阳镇设立司法机构后，全镇民间纠纷绝大多数得到调解处理，调解率达100%，调解成功率达98%。2015—2018年，每年调解成功率均为100%。2019年，全镇共排查矛盾纠纷92起，调解93起，调解成功92起，调解率100%，成功率99%。调解成功92起纠纷，均得到履行，没有发生因调解不及时和调解不当而造成民转刑、非正常死亡和群体性上访事件的情况。

2019年6月24日，南阳司法所人民调解工作现场
（南阳司法所供图）

二、普法宣传

1986—1995年，南阳镇司法办围绕镇党委政府关于加强法制宣传教育规划，协同镇综治办、派出所采取举办培训班、法制讲座、图片展览等形式，向广大群众开展普法宣传。

在“一五”普法中，重点宣传“十法一例”；在“二五”普法中，重点宣传农业法、土地管理法、森林法等法律法规。

2001—2014年，在实施“四五”“五五”“六五”普法中，重点抓好青少年法制教育，突出《中华人民共和国宪法》《中华人民共和国刑法》《中华人民共和国森林法》及计划生育条例等宣传，多次组织法制宣传车深入各村巡回宣讲。

2015—2019年，先后开展“化解矛盾、普法先行”“安全生产月”、“4·15”国家安全日、“12·4”国家宪法日及国土资源法律知识、知识产权、道路交通安全、保护妇女儿童合法权益、预防青少年违法犯罪、扫黑除恶和防电信诈骗等宣传教育活动。

2018年6月12日，南阳司法所在市场上开展法制宣传活动
（南阳司法所供图）

三、社区矫正

司法所按照《中华人民

2019 年 4 月 8 日，南阳司法所开展法治课进校园活动

（南阳司法所供图）

共和国社区矫正法实施办法》要求，与法院、检察院、公安等有关部门配合沟通，使社区矫正对象自审判到入矫实现全程无缝链接，并强化对社区矫正对象的监督管理，健全一人一档管理，做到“日定位、周听声、月见面、季评议、年考评”，通过有针对性地组织社区矫正对象参加每月的学习教育，提高法律知识水平，增强遵纪守法意识，强化社会责任感。通过不定期走访，特别是加强对部分重点对象及有特殊困难对象走访，了解社区矫正对象家庭成员及生活情况，掌握社区矫正对象思想动态，解决社区矫正对象实际困难，防止脱管、漏管和重新犯罪现象发生。

四、安置帮教

司法所坚持“教育、感化、挽救”的人性化工作方针，加强同监狱、公安等有关部门沟通协调，强化刑释解教人员的核查、衔接、管控、安置、帮教工作。通过每个季度不定期地走访及刑释解教人员面对面沟通，了解刑释解教人员家庭生活情况，并对其进行感化教育，防止其重新犯罪；同时，积极协调有关部门为刑释解教人员解决实际困难。

南阳司法所（办）历任负责人一览表

表 11-20

姓　名	职　务	任职时间
钟锦昌	主任	1979 年 8 月至 1983 年 8 月
罗玉文	所长	1983 年 9 月至 2005 年 3 月
林庆华	副所长（主持工作）	2005 年 4 月至 2006 年 8 月
何玉仁	司法助理员（主持工作）	2006 年 9 月至 2007 年 3 月
钟树铭	所长	2007 年 3 月起

第二十一章 官庄司法所

第一节 概 况

1982年，设立官庄乡司法办公室。1997年9月28日，设立官庄畲族乡司法所，并配备2名工作人员。2003年1月起，官庄司法所人员、工资、经费上收县司法局管理。2012年12月29日，占地180平方米、框架结构三层的司法所办公楼建成投入使用。2019年，官庄司法所共有3名工作人员，其中所长1人、副所长1人、其他工作人员1人。

官庄司法所外景 （2020年8月7日摄）

第二节 主要工作

一、人民调解

2003年，成立人民调解委员会，同年组建村级人民调解委员会。2004年4月20日，建立首席人民调解员制度，共聘请20名首席调解员。官庄畲族乡调委会因地制宜，建立健全“三县四地”（上杭县官庄畲族乡、长汀县宣城乡、羊牯乡、武平县中堡镇）纠纷联调工作机制，利用“三县四地”地缘、姻缘、人缘等关系，健全矛盾纠纷排查调处制度。对涉及边界之间的重大矛盾，纠纷实行联动受理、集中梳理、归口管理、限期办理，并推行“四心”（细心了解、恒心沟通、公心调处、诚信回访）调解方法。同时，探索建立由畲乡福利协会、宗教协会和公益协会等群众自治组织参与矛盾纠纷调处新机制，发挥退休干部、离任村主干作用，由其组成“劝和小组”，协助预防和化解矛盾纠纷。此外，还注重客家文化与畲族文化结合，利用客家祖训、畲族宗族文化、蓝氏宗亲特点，指导开展矛盾纠纷调解工作。

2018年，官庄畲族乡人民调解委员会被龙岩市司法局授予“品牌调解室”称号，2019年被龙岩市司法局授予“第二届十佳品牌调解室”称号；2004年，首席调解员蓝启

2019年4月9日，官庄司法所上街开展法律宣传活动

（官庄司法所供图）

芳被上杭县委、县政府表扬为2004年度人民调解工作先进个人，2016年被龙岩市委政法委、市司法局授予2015年度“十佳人民调解员”称号，2018年被司法部表扬为全国人民调解工作先进个人；2018年，蓝启芳调解工作室被龙岩市委政法委评为“市级金牌调解工作室”。

二、法制宣传

1986年开始，连续实施“一五”至“六五”普法，并以法律“六进”、创建“民主法治乡、村”、村民法制学校为载体，结合“大学生春晚”、“三月三”民俗文化节、“安全生产月”、“综治宣传月”、“12·4”法制宣传日等活动，不断创新普法形式，充实普法内容，使群众树立知法、守法、用法意识，提升全乡法治化管理水平。着重建立完善以学校为主，社会、家庭相配合的“三位一体”青少年法制教育体系和党委学习中心组学习机制，抓好领导干部和青少年法制宣传教育工作。新风村获得省级“民主法治示范村”称号。

2016—2019年，官庄利用春节期间返乡大学生举办“春节联欢晚会”活动的有利时机，把法律知识融入文艺节目中，以通俗易懂、易于接受的方式，给广大群众上法制宣传课。同时，开展“综治宣传月”活动，对《中华人民共和国宪法》《中华人民共和国禁毒法》《中华人民共和国人民调解法》《中华人民共和国社区矫正法实施办法》等法律法规做好宣传。依托“三月三”民俗文化节，引导游客前往滨江公园（“法治公园”），在欣赏古樟树群时驻足观看标牌上的法律常识。此外，对在校学生进行以“青少年要知法懂法，争做合格公民”为主题的法制宣讲活动；会同相关单位，通过发放法治宣传资料、悬挂横幅、现场解答法律咨询、利用LED滚动播放法治宣传标语和制作法治宣传栏等方式宣传禁毒、反医闹等法律法规；以村民法制学校为载体，深入开展以农民为重点的农村法治宣传教育。2019年，共开展法治宣传50余次，发放宣传资料8000多份，普及群众1万余人。

三、社区矫正

2011年11月16日社区矫正工作从官庄派出所移交官庄司法所后，司法所按照《中华人民共和国社区矫正法实施办法》《福建省社区矫正实施细则（试行）》等法律法规规定的“日定位、周报告、月见面、季评议、请销假”等制度，对社区服刑人员进行日常监管工作，做到一人一档、分类矫正、分类管理，确保无脱管、漏管、虚管现象出现。2011—2014 年，累计接受社区服刑人员 69 人，解除社区矫正 50 人（其中变更居住地 5 人）。2014 年，社区矫正工作获县级表彰。2015—2019 年，接收社区服刑人员 67 人，解除社区矫正 69 人。

四、安置帮教

司法所坚持“教育、感化、挽救”相结合的工作方针，强化刑满释放人员衔接、管控、安置、帮教工作，利用政务外网等信息平台开展信息核查，创新帮教机制，落实帮教措施，按时走访帮教对象家庭和村居，掌握第一手资料，并协调相关部门为安置帮教对象解决实际困难，做到“应保尽保”，预防和减少安置帮教对象重新犯罪。2006 年 12 月，官庄司法所被上杭县综治委评为“2001—2005 年刑释解教人员安置帮教工作先进单位”。2015—2019 年，为每一名帮教对象成立一个帮教小组，负责对他们的日常生活、思想状况等进行跟踪管理，有针对性地开展安置帮教，尽可能帮助他们解决生活或工作中遇到的困难，促使刑满释放人员更好地融入社会。2019 年，到期人员 13 名，在册人员 82 名。除 2015 年 1 人重新犯罪外，其余未出现重新犯罪。

五、法律援助

坚持“以人为本、公平正义、改革创新”的原则，发挥“148”法律服务热线优势，及时为经济困难公民和特殊案件当事人提供无偿法律服务，化解可能激化的矛盾纠纷，防止民转刑案件、群体性上访、群体性械斗发生，维护当事人合法权益、维护法律正确实施、维护社会公平正义。2010—2014 年，境内未发生重大安全事故，保持“平安畲乡”荣誉。2018—2019 年，发放宣传材料 1000 份，为群众解答法律问题 150 人次，受理办理法律援助 29 件，提供法律咨询 30 条。

官庄司法所（办）历任负责人一览表

表 11-21

姓　名	职　务	任职时间
蓝集金	司法员	1982 年至 1988 年 2 月
余兆兴	司法员	1988 年 3 月至 1990 年 8 月
陈　源	司法员	1990 年 9 月至 1992 年 6 月
林加荣	司法员	1992 年 7 月至 1993 年 12 月
郑国良	司法员	1994 年 1 月至 1996 年 6 月

续表11-21

姓　名	职　务	任职时间
刘　勇	司法所所长	1996 年 7 月至 1999 年 6 月
蓝桃林	司法所所长	1999 年 7 月至 2000 年 12 月
蓝启芳	司法所所长	2001 年 1 月至 2008 年 8 月
蓝启芳	司法所所长（副科级干部）	2008 年 9 月起

第二十二章　珊瑚司法所

第一节　概　况

珊瑚司法所外景　（2020 年 8 月摄）

珊瑚司法所位于珊瑚乡政府大院内。1987 年，珊瑚从官庄乡划出成立珊瑚乡，10 月设立珊瑚乡司法办。2003 年，珊瑚司法所由上杭县司法局收编统一管理。2011 年，珊瑚司法所办公楼投入使用，框架结构四层，建筑面积 258 平方米，内设会议室、调解室、值班接待室、法制宣传室、帮教安置室、社区矫正室、法律工作室、法律援助、“148”咨询室（二合一）、资料档案室、谈话室，总投资 41 万元，并配备电脑、传真机、打印机、扫描仪、照相机等办公用品。珊瑚司法所先后获得上杭县刑释解教人员安置帮教工作先进单位、法制宣传工作先进单位等称号和全县司法所绩效评估一等奖。2019 年，珊瑚司法所有工作人员 2 人，其中司法所所长 1 人、副所长 1 人。

第二节　主要工作

一、普法宣传

珊瑚司法所所长曾育贤接待来访群众　（珊瑚司法所供图）

珊瑚所在普法工作中，利用条幅、板报、宣传栏等宣传法律法规知识；联合综治办、信访办、残联、计生办、妇联等在集市举办联合法制宣传活动，发放法律知识读本和法律宣传材料等，针对中心工作中所牵涉的法律问题，主动介入，联合有关部门向村民讲解相关政策法律法规，发放法律宣传资料，提供法律咨询；组织全乡干部职工进行法律学习及抓好村民法制学校学习，兴建法治文化公园，拓展普法宣传渠道；抓住“4・15”全民国家安全教育日、“12・4”国家宪法日、“3・15”消费者权益日、综治宣传月、“6・25”土地日等特别宣传日，进行法律知识宣传。2019 年，印发普法宣传资料 2000 余份、宣传标语 20 条，办普法宣传栏 10 期。

二、人民调解

乡司法所始终把辖区矛盾纠纷排查调处作为司法所工作重点，开展社会矛盾纠纷排查调处工作；经常开展矛盾纠纷排查，每月不定期下村指导人民调解工作，提高调解员调处纠纷能力；强化与基层之间联系，并努力规范纠纷调解报表，及时、准确上报调处情况。2017 年，司法所采取定期或不定期的方式先后 20 次深入各村进行排查、调处矛盾纠纷，协助乡政府参与彩坑整村搬迁工程引发的纠纷调解，一年共排查受理各类民事纠纷 23 件，调解成功 23 件，调解成功率为 100%。2018—2019 年，乡、村两级调解委员会共调处矛盾纠纷 38 件，调解成功 38 件，调解成功率为 100%，没有因调解不当而造成民转刑、非正常死亡、群体性械斗和群体性上访事件发生。

三、法律援助

珊瑚司法所按“一村一法律顾问”要求，以人民群众利益为根本出发点和落脚点，把乡法律服务工作站设在司法所内，“法律顾问室”由各村委会提供一间办公室作为工作场地，与村调委会共同办公；法律服务工作站、法律顾问室实行门牌、桌牌、公示牌、法律顾问联系卡、工作照片、服务内容、工作职责等统一设置、统一制作、统一上墙。全乡共建立6个法律顾问微信群；顾问律师利用工作例会、调解现场、电话、来人来访和微信等全方位为群众提供法律咨询，积极做好婚姻纠纷、房屋纠纷、合同纠纷、农民工外出务工、群众信访问题处理等事项的法律服务。司法所与律师、法律工作者组织开展法律服务、法律援助对接工作，将法律服务工作者姓名、联系电话、服务范围等告知法律服务、法律援助需求者。同时，打造绿色通道，解决群众维权、打官司难问题，开展律师承担村级组织法律顾问工作，5个行政村全部聘请律师担任法律顾问，接受村级基层组织和群众的委托代理诉讼非诉讼案件，以保护村级基层组织和其他当事人合法权益。

四、安置帮教与社区矫正

司法所按照县司法局要求，对社区矫正对象每月进行一次走访调查，进行一次信息收集，对表现较好的实行普管形式，对违规的进行警告，严格管理。对安置帮教对象每季度进行一次走访和信息收集，对符合帮扶条件者予以帮扶；安置帮教和社区矫正每月报表、出现情况按要求上报县局。2019年，累计接收社区矫正对象59人，解除社区矫正54人，社区矫正对象5名，有安置帮教对象43名。对新接收社区矫正、安置帮教对象都进行一次家访，调查其家庭和社会情况，了解清楚后再确定社区矫正和安置帮教方案。对符合解除条件的，及时填写解除申请表，并调查情况，予以解除。

珊瑚司法所历任负责人一览表

表11-22

姓　名	职　务	任职时间
张明华	主任	1987年10月至1989年11月
蓝耀仟	主任	1989年12月至1993年4月
蓝福辉	所长（主任）	1993年5月至2002年3月
钟树铭	所长	2002年4月至2007年3月
邱甫华	所长	2007年3月至2016年3月
胡宁春	主持工作	2016年3月至2016年7月
廖林琳	副所长（主持）	2016年7月至2017年12月
曾育贤	副主任科员（主持司法所工作）	2017年12月起

附 录

上杭县人大常委会关于批准《上杭县依法治县实施方案》的决定

县人民政府：

《上杭县依法治县实施方案》已经县十二届人大常委会第五次会议于一九九四年九月二十九日审议通过，现予公布施行。

上杭县人大常委会
一九九四年十月六日

上杭县依法治县方案

为了适应社会主义市场经济的需要，今年地委、行署决定把上杭列为依法治县的县。为全面开展依法治县工作，根据宪法关于“人民依照法律规定，通过各种途径和形式，管理国家事务，管理经济和文化事业，管理社会事务”和“一切国家机关和武装力量，政党和社会团体，各企业、事业组织，都必须遵守宪法和法律”的规定及党中央提出的“两手抓、两手都要硬”的基本方针，以及李鹏总理在第八届全国人民代表大会第一次会议上的报告精神，结合我县实际，特制订本实施方案。

一、指导思想

以邓小平同志关于建设有中国特色社会主义理论和党的基本路线为指针，依宪法、法律管理我县各项事业，调整政治、经济、文化和社会各方面的关系，坚持“两手抓、两手都要硬”的方针，把上杭建设成为民主和法制日益健全、社会主义物质文明和精神文明协调稳定发展的现代化县份。

二、奋斗目标

通过本方案的实施，使全民法制观念和法律意识得到明显增强，社会主义民主与法制得到进一步健全，切实做到有法可依，有法必依，执法必严，违法必究。根除凌驾于法律之上、超越于法律之外的特权。任何组织和个人在法律面前一律平等，一切违法犯罪行为都必须依法予以追究。一切合法权利都能得到保护，切实保障人民群众依法管理国家事务、经济事务、社会事务的权利和其他合法权利，保证各项事业在社会主义法制的轨道上健康发展。

三、主要任务

（一）加强社会主义民主与法制。要进一步坚持和完善人民代表大会制度，认真搞好县、乡两级政权建设。加强人民代表大会在整个国家机构体系中的核心和主导地位，维护权力机关的权威，“一府两院”及其国家工作人员，都必须自觉接受人大及其常委会的监督，保障人民依法通过人民代表大会行使国家权力，采取各种途径和方式，管理国家各项事务的权利。各级党政机关及其工作人员要自觉在宪法和法律的范围内活动，司法机关严格依法办事，行政机关要依法行政、廉洁行政，维护和增强干群团结、人民团结、军民团结，同心同德，坚韧不拔地努力开创一个民主和谐、团结、务实、拼搏、创新的政治局面。

（二）依法管理经济。我县是农业大县，任何时候都不能动摇农业的基础地位，严格依照农业法律、法规办事。树立大农业观念，确保农业稳定，大力发展大农业，使农业生产向商品化转化。运用法律手段，调整经济关系，进一步深化工业企业和农村经济各项改革，扩大对外开放，完善管理制度，维护经济秩序，保护国家、集体、公民和外商的合法权益，做到以法律手段为主，辅以行政措施管理经济，调节经济运行，使经济的行政管理从微观管理转向宏观调控，从直接管理转向间接管理，依照企业法、公司法、劳动法等管理经济，保障企业和劳动者的合法权益。改善对企业的各种服务，为企业发展提供良好的法制环境。加强市场管理、税收征管、物价管理、质量管理等，严肃查处坑、拐、骗、偷税抗税、哄抬物价，生产、销售假冒伪劣商品等经济违法行为。提倡文明经商、合法经营。搞活流通，稳定物价，发展生产，保障供给。

（三）依法管理城乡建设。加强县城、乡（镇）、村建设规划管理。根据法律、法规逐步制定完善城乡规划建设管理的规范性文件，使规划管理、市政建设管理、环卫市容管理、交通管理有章可循，有法可依，进一步保护环境，纠正脏、乱、差现象，实现城乡规划建设规范化、环境保护科学化、城乡容貌整洁优美，建立良好的工作、生产、生活环境。

（四）依法管理教育、科学、文化、卫生、体育事业，严格实行计划生育，促进精神文明建设，从行政组织上努力，促使全社会形成合力，从法律上保障各项事业的发展。认真贯彻《义务教育法》，全面实施义务教育，大力发展职业教育、成人教育和其他教育，依法保护教师的合法权益。坚持以教育兴县、科技兴县的方针，保证公民接受教育，从事科学研究、文化创作和其他文化、体育活动的合法权利。弘扬民族优秀文化，巩固社会主义文化宣传阵地，繁荣文化生活。加强文化市场管理，运用法律武器积极开展“扫黄打丑”“除六害”斗争，坚决取缔淫秽书刊音像和卖淫嫖娼活动。对公民普及理想、道德、文化、纪律和法律教育，培养“四有”新人。认真贯彻卫生医疗法规，发展卫生保健事业，坚决贯彻计划生育法规，使计划生育经常化、制度化、科学化、法制化。

（五）依法管理社会生活。认真落实社会治安综合治理的各项措施和制度，建立社会主义新型人际关系。坚持以法育人，严格依法办事，正确处理各种人民内部矛盾，采取切实措施，严禁赌博，严厉打击各种违法犯罪活动，确保社会稳定，巩固和发展安定团结政治局面。

（六）建立和完善依法治县的监督机制。各级各部门都必须转变政府职能，严格行政管理，切实依法行政，加强勤政廉政建设，惩治腐败。强化党的领导监督、人大的权力监督以及司法监督、行政监督、社会监督，使依法治县监督网络化。

四、实施步骤

从现在起，用三年半时间，分三个阶段实施，使我县逐步走上依法治县轨道。

第一阶段 从现在起至一九九四年十月底，为宣传发动、组织阶段，主要抓好以下几项工作：1. 各乡（镇）、县直各部门根据本方案结合实际情况制订相应的依法治乡（镇）、治厂、治校、治村、治理行业方案。2. 成立依法治理的领导机构和办事机构。3. 利用各种宣传工具，采取多种形式，多层次广泛宣传依法治县的重要性及主要目标、任务、步骤、措施。

第二阶段 从一九九四年十一月至一九九六年底，为组织实施阶段，主要做好：依照本方案及各乡（镇）、县直各部门的实施方案，全面落实依法治县的各项工作。建立各级干部，特别是领导干部学法、守法、执法和单位依法管理工作的目标责任制，清理汇编各自的规范性文件，建立和完善依法管理的制度，并付诸实施。企事业单位、学校和农村基层组织要搞好建章立制，制定厂规厂纪、村规民约等，开展执法大检查和依法治理工作检查，总结经验、指导全面。

第三阶段 从一九九七年一月至一九九七年底，为巩固提高阶段。从政治思想上、组织措施上、规章制度上、机构队伍上、方法水平上、治理成效上等方面总结经验，进行检查评比。确立新的目标，制定下阶段依法治县的新方案，使依法治县继续深入开展并转为正常化。

五、主要措施

1. 加强领导、建立健全机构。各级各部门领导要提高对依法治县认识，明确依法治县是社会进步的标志，切实加强领导，把依法治县工作列入重要议事日程，认真部署和检查每个阶段的工作，做到组织领导（领导机构和办事机构）落实、方案措施落实、工作开展落实。县成立依法治县领导小组，以司法局和普法办为办事机构，乡（镇）、县直各部门和我县骨干企业事业单位也要相应成立机构。

各级要明确职责，分工负责。政府要加强领导、组织、监督工作。调动各部门各单位的积极性并形成合力，使依法治县全面推开。各级各部门要齐抓共管，各司其职，带头守法，自觉地在宪法、法律、法规规定的范围内行使职权，发布决定和命令、规定等行政措施，保证各项工作有法可依，有章可循。行政执法部门、经济监督部门要严格执行有关法律、法规，并提出具体的贯彻意见或措施，自觉接受党委、人大、政府、上级主管部门、社会和公民的监督，提高执法透明度。建立执法监督检查责任，负责对下级单位执法情况的检查指导和法律咨询服务。企事业单位、学校要坚持“两德”教育和法制教育，不断提高职工、师生员工的政治素质、业务素质和法制观念。根据有关的法律、法规，制定本单位具体的工作和管理制度、标准、行为规范，推进依法治厂（矿、店），依法治校，促进各项改革的不断深化。

村级基层自治组织要增强自治能力，积极开展法制宣传和“四有”教育，协助人民政府依法治县，并以国家法律、法规为依据，结合本地实际，制定以守法、用法为主要内容的村规民约。全县公民要努力学法、用法、守法，增强法制观念和法律意识，正确行使宪法和法律规定的权利，履行宪法和法律规定的义务、依照法律规范自己的行为，积极同不法行为作斗争，保护国家、集体、他人和自己的合法权益，维护社会稳定。

2. 深入开展“二五”法制宣传教育，根据“二五”普法规划，统一部署，分系统、分行业实施，切实搞好以宪法为核心，以专业法为重点的法制宣传教育，坚持理论联系实际，学以致用，增强干部群众的法制观念和法律意识，为实施依法治县提高社会思想基础。

3. 突出重点，抓好典型。依法治县，应以行政机关、执法机关、领导干部为重点，提高各级干部依法行政、依法办事的自觉性，成为依法治县的模范，同时应搞好试点，及时总结经验，特别是依法治理解决计划生育、综合治理、振兴企业、市场管理等热点、难点问题的成功经验，以推动依法治县工作的全面开展。

4. 加强精神文明建设，认真落实社会治安综合治理的各项措施，以促进以法治县工作顺利进行，对社会治安不好的单位和人坚决实行“一票否决权”制。

5. 严肃执法，强化执法检查。严肃执法是依法治县的中心环节，所有负责行政执法的部门和组织，都要按照法律法规的规定，严格依法行政。要强化执法检查，做到执法部门自行检查与执法监督部门检查相结合、全面执法检查与专项执法检查相结合、定期检查与临时检查相结合。通过执法检查，掌握了解法律、法规是否得到正确贯彻执行。有关部门和人员是否履行法定职责，执法中存在问题和原因，并及时采取措施，加以纠正或解决，以保证法律法规的正确实施。

6. 加强执法队伍的建设。对各执法人员要加强思想政治工作和法律业务培训，提高素质，调整和改善人员结构，严格内部纪律和制度，加强廉政建设，强化外部监督。要进一步改善执法条件，并及时表彰奖励严格法执有功人员，努力造就一支忠于职守、公正廉明、严格执法、文明执法的执法队伍。

7. 重视法制建设理论研究，完善法律服务网络。要加强依法治县这一新课题的理论研究工作，指导、推动依法治县的实践。政府和所属部门要发挥法律顾问的作用，提倡各企事业单位培养自己的法律专业人才，建立法律顾问机构，或聘请法律顾问，为依法治理企业和企业经营活动服务。要完善法律服务所、公证处企业法律顾问室、乡镇法律服务所等机构建设，扩大队伍，为广大人民群众提供优质法律服务。

8. 建立见义勇为奖励基金。激励全县人民弘扬正气，坚决同违法犯罪行为和一切歪风邪气作斗争。对有功人员除进行精神鼓励外，还要给予必要的物质奖励，立大功的予以重奖。依法保护检举揭发人员，对检举揭发人员挟嫌报复的，坚决予以严惩。对见死不救的按照有关规定予以查处。

9. 开展依法治县达标活动。各单位开展依法治县活动，在本方案规定期限内应达标标准是：

（1）领导重视机构健全，制度措施完善，并且能认真抓落实。

（2）按规定学习有关法律法规，完成普法任务。

（3）领导干部能运用所学的基本法律和专业知识做好本职工作，能够掌握马克思主义法学基本理论，做到依法决策，依法管理。

（4）职工群众对法律知识考试的及格率95%以上，并懂得正确行使公民的权利和自觉履行公民的义务。

（5）各行各业干部群众能自觉地在宪法和法律所允许的范围内活动。各项工作逐步纳入法制轨道，社会效益、经济效益逐年提高。

（6）工作、生产秩序良好，各种事故和违法现象明显减少。

（7）国家机关及其工作人员，特别是执法机关及其工作人员能秉公执法、清正廉洁。

（8）社会安定团结、治安秩序稳定，党风、民风明显好转。

（9）环境面貌明显变好，职工精神文化生活日趋丰富，精神文明建设成效显著。

（10）各种工作关系、人际关系、干群关系协调、和谐、密切。

上杭县人民政府

一九九四年七月十二日

上杭县人民政府办公室关于印发上杭县司法局主要职责内设机构和人员编制规定的通知

杭政办〔2013〕306号

各乡（镇）人民政府，县直各单位，省、市属驻杭单位：

《上杭县司法局主要职责内设机构和人员编制规定》经县委机构编制委员会审核，并经县委、县人民政府批准，现予印发。

上杭县人民政府办公室

2013年12月25日

上杭县司法局主要职责内设机构和人员编制规定

根据中共龙岩市委办公室、龙岩市人民政府办公室《关于印发〈上杭县人民政府机构改革方案〉的通知》（岩委办〔2011〕56号）和中共上杭县委、上杭县人民政府《关于上杭县人民政府机构改革的实施意见》（杭委〔2013〕32号），设立上杭县司法局，为县人民政府工作部门，正科级。

一、职责调整

（一）取消已公布取消的行政审批事项。

（二）取消制定全县法学教育规划的职责。

（三）增加指导、协调开展社区矫正工作的职责。

（四）增加对律师事务所、公证处、法律服务所年度检查考核和律师、公证员、法律服务工作者年度检查考核初审、上报的职责。

（五）增加负责县综治委指导人民调解工作协调领导小组办公室日常工作职责。

（六）增加配合县人民法院指导全县人民陪审员工作职责。

二、主要职责

（一）贯彻执行国家和省、市有关司法行政工作的方针政策和法律法规，制定并组织实施全县司法行政工作规划和年度工作计划。

（二）负责依法治县领导小组办公室日常工作。指导、协调和督促各乡（镇）、各行业依法治理工作，主管全县法制宣传教育和普及法律常识工作，制定并组织实施全县法制宣传和普及法律常识规划。负责县普法办公室日常工作。

（三）指导、监督、协调人民调解工作、人民调解中心、基层司法所和司法助理员工作；配合县人民法院指导全县人民陪审员工作；指导、协调全县社会矛盾、民间纠纷排查、调处工作，参与社会治安综合治理；负责县综治委指导人民调解工作协调领导小组办公室日常工作。

（四）组织、指导、协调社区矫正和刑释解教人员安置帮教工作，负责县社区矫正工作领导小组和刑释解教人员安置帮教工作领导小组办公室的日常工作。

（五）指导、监督和组织实施全县法律援助工作和“96148”法律服务工作并承担相应的责任。

（六）监督、指导全县律师工作，并承担相应的责任，负责对全县律师事务所年度检查考核和律师年度检查考核的初审和上报工作。

（七）监督、指导全县公证工作，并承担相应的责任，负责对县公证处年度考核和公证员年度考核的初审和上报工作。

（八）监督、指导法律工作者工作，负责对县法律服务所年度检查考核和法律服务工作者年度检查考核的初审和上报工作。

（九）负责全县司法行政系统党的建设、领导班子建设、干部队伍建设、精神文明建设和思想政治工作；制定并组织实施全县司法行政系统干部教育培训和学历教育规划。

（十）负责全县司法行政系统物资装备管理工作，会同有关部门指导、监督司法行政系统专项款使用，指导、协调全县司法行政系统信息化建设工作。

（十一）承办县委、县政府交办的其他事项。

三、内设机构

根据上述职责，县司法局设8个内设机构：

（一）政工股负责全县司法行政系统干部职工的政治思想建设和精神文明建设；负责干部考核、任免、奖惩工作；负责局机关及直属单位的机构编制、人事管理、工资福利、计划生育、离退休人员管理服务工作；负责制定并组织实施司法行政系统干部职工的培训教育工作。

（二）办公室综合协调局机关和直属单位日常事务，督促重大事项的落实；拟订并督促实施全县司法行政工作发展战略和中长期规划、年度工作计划；负责综合性文件的起草、审核，负责司法行政课题调研工作，承担局机关文电、会务、机要、档案、信息、保密、统计、信访、政务公开和新闻发布等工作，指导全县司法行政通信信息技术网络建设；负责局机关安全保卫等行政事务工作。负责管理机关的财务核算、资产管理、车辆管理、基本建议工作；负责全县司法行政系统物资装备的计划和管理工作；指导和监督直属事业单位的财务管理、资产管理。

（三）法制宣传教育股（加挂“上杭县普及法律常识领导小组办公室”“上杭县法制宣传领导小组办公室”“上杭县依法治县领导小组办公室”牌子）承担全县司法行政系统的宣传工作，拟订全县法制宣传和普及法律常识规划并组织实施；负责指导、检查全县开展法制宣传依法治理工作；参与组织实施普法、依法治理骨干培训工作；承担县普法办公室、县法制宣传领导小组办公室、县依法治县领导小组办公室日常工作。

（四）基层工作股（加挂“上杭县综治委指导人民调解工作协调领导小组办公室”牌子）指导、监督基层司法所、人民调解中心和人民调解工作；指导全县社会矛盾、民间纠纷排查、调处工作，参与社会治安综合治理；配合县人民法院指导人民陪审员工作；承担县综治委指导人民调解工作协调领导小组办公室日常工作。

（五）法律服务管理股监督县法律服务所和基层法律服务工作者执行法律法规和政策的工作；协助管理并做好县法律服务所和基层法律服务工作者的年度检查考核等相关工作监督律师机构和律师执行法律法规和政策的工作；协助管理并做好全县律师事务所和律师的年度检查考核等相关工作监督公证机构和公证员执行法律法规和政策的工作；协助管理并做好县公证机构和公证员的年度检查考核等相关工作。监督公证机构和公证员执行法律法规和政策的工作；协助管理并做好县公证机构和公证员的年度检查考核等相关工作。

（六）法律援助工作股（加挂“上杭县‘96148’协调指挥中心”牌子）指导、管理、监督和组织实施全县法律援助工作；接受社会组织和个人捐赠；管理、使用法律援助专项经费；受理、审查法律援助案件申请，接受人民法院指定辩护案件，安排、指派法律服务机构或人员承办法律援助案件。组织培训法律援助工作者队伍，开展法律援助工作调研解答公民和社会组织有关法律的实体和程序问题的咨询，宣传、普及法律知识；受理群众寻求法律服务的委托，及时组织为其提供法律服务；掌握重大民间纠纷信息，指派基层司法行政组织和调解组织及时予以调处；联络协调有关党政部门，对群众求助事项提供联动服务；向党委政府反映社情民意，为依法行政提供决策、依据和信息服务。

（七）社区矫正和安置帮教工作股（加挂“上杭县社区矫正工作领导小组办公室”“上杭县综治委‘两劳’释解人员安置帮教办公室”牌子）指导、管理、监督和组织实施全县社区矫正工作和刑释解教人员的安置帮教工作；承担县社区矫正工作领导小组办公室、县综治委刑释解教人员安置帮教工作领导小组办公室日常工作。

（八）纪检监察室负责全县司法行政系统的纪检监察工作，接受并处理司法行政系统工作人员（含律师、公证、基层法律服务工作者）违反纪律、违反职业道德的控告、申诉及内审工作。

四、人员编制

县司法局机关政法专项编制为19名，核定科级领导职数4名（局长1名、副局长2名、纪检组长1名）

五、其他事项

（一）全县22个基层司法所属县司法局派出机构，核定其政法专项编制48名。其主要职责：组织开展法制宣传教育和依法治理工作；协助基层政府开展行政执法检查、监督工作；指导管理人民调解工作，参与重大疑难民间纠纷调解工作；指导管理基层法律服务工作；代表乡镇人民政府处理民间纠纷；组织开展对刑释解教人员的安置帮教工作；开展“148”法律服务工作；参与社会治安综合治理工作；协助开展法律援助工作；组织开展社区矫正工作；完成上级司法行政机关和乡镇人民政府交办的其他与本职能有关的工作。

（二）上杭县司法局驻县工业园区、蛟洋工业集中区办事处主要职责：调查了解工业区矛盾纠纷状况，指导人民调解工作，及时调解各类矛盾纠纷；参与处置群体性事件；组织开展在工业园区就业的离开原籍刑释解教人员帮教和管理工作；开展普法、依法治理和法制宣传教育活动；开展“148”法律服务工作，为管委会及企业提供法律服务，维护企业的合法权益；开展职工维权法律援助工作；收集工业园区范围内及周边的违法信息，并及时向相应行政执法机关报告，做好综合行政执法活动的协调工作；参与社会治安综合治理工作。

中共上杭县委机构编制委员会
关于乡镇司法机构和人员编制问题的批复

杭编〔2002〕7号

县司法局：

你局报来《关于乡镇司法所收编县局管理的请示》（杭司〔2002〕字第12号）收悉。为进一步加强我县基层司法工作，根据市委编办《关于重新核定乡镇（街道）司法助理员司法专项编制的通知》（岩编办〔2002〕11号）及市委编办、市司法局《关于贯彻落实闽委编办〔2002〕92号文件的若干意见》（龙司〔2002〕43号）精神，经研究，现就我县乡镇司法机构和人员编制问题批复如下：

一、全县16个一类乡镇设立司法所，名称统一规范为“上杭县司法局××司法所”，作为县司法局派出机构，实行县司法局和乡镇双重领导，以县司法局为主的管理体制；下都、茶地、泮境、步云、通贤、珊瑚6个二类乡镇不再设立司法所，由县司法局派驻司法助理员。

二、重新核定司法助理员专项编制34名。具体分配为：临江、临城、旧县、才溪、南阳、古田、湖洋、稔田、庐丰、白砂、蛟洋、官庄各2名；中都、蓝溪、太拔、溪口、下都、茶地、泮境、步云、通贤、珊瑚各1名。

三、司法助理员纳入公务员队伍，由县司法局统一管理。各乡镇现有行政在编在岗的司法助理员，经考核合格，由县人事局办理上收手续，其他未被上收的人员由所在乡镇负责转岗安排。年内乡镇司法助理员暂各配备1名，现无行政在编在岗司法助理员的乡镇，由乡镇党委、政府向县司法局推荐1名符合条件的行政编制干部，经批准后一并上收。今后乡镇司法助理员缺编补充人员应先从现有公务员队伍选调，确需新录用人员，必须在编制限额内，通过公开招考录用补充。司法助理员选配、选调和录用办法，按上级有关规定执行。

四、司法所（司法助理员）主要工作职责：协助乡镇政府开展依法治理工作和行政执法检查、监督工作；指导管理人民调解二作；参与重大疑难民间纠纷调解工作；指导管理基层法律服务工作；代表乡镇人民政府处理民间纠纷；组织开展普法宣传和法制教育工作；组织开展对刑满释放和解教人员安置帮教工作；组织开展“148”法律服务工作；参与社会治安综合治理工作；完成上级司法行政机关和乡镇人民政府交办的其他有关工作。

五、司法助理员的人员工资及各项经费，在 2002 年 12 月底前仍由各乡镇列入预算，2003 年 1 月起由县财政列入预算。

六、撤销各乡镇法律服务所，原杭编〔1997〕字第 07 号文件核定给各乡镇法律服务所的 44 名自收自支事业编制由县编委收回。原乡镇法律服务所工作人员（旧县 2 人，临城、古田、通贤、官庄各 1 人，共 6 人）由所在乡镇负责转岗安排。

七、根据国务院清理整顿经济鉴证类社会中介机构领导小组《关于经济鉴证类社会中介机构与政府部门实行脱钩改制的意见》（国办发〔2000〕51 号）以及《司法部关于下发〈律师事务所社会法律咨询服务机构脱钩改制实施方案〉的通知》精神，收回原闽编〔1988〕96 号文件核定给县律师事务所的 4 名司法专项编制。

中共上杭县委机构编制委员会

2002 年 8 月 21 日

上杭县人事局　上杭县司法局
关于贯彻落实杭编〔2002〕7号《关于乡镇司法机构和人员编制问题的批复》文件的意见

杭司〔2002〕字第14号

为认真贯彻落实杭编〔2002〕7号《关于乡镇司法机构和人员编制问题的批复》等文件精神，根据我县实际，现提出如下贯彻意见：

一、全县16个一类乡镇设立司法所，名称统一规范为“上杭县司法局××司法所”，作为县司法局派出机构，实行县司法局和乡镇双重领导，以县司法局为主的管理体制。下都、茶地、泮境、步云、通贤、珊瑚6个二类乡镇不再设立司法所，由县司法局派驻司法助理员。

二、司法助理员纳入公务员队伍，由县司法局统一管理，今年内乡镇司法助理员暂各配备1名。

1. 各乡镇现有行政在编在岗符合条件的司法助理员，乡镇党委同意后呈报，经人事、司法部门审核合格，予以确认，由县人事局办理上收手续，其他未被上收的人员由所在乡镇负责转岗安排。

2. 现无行政在编在岗司法助理员的乡镇，由乡镇党委、政府按下列条件、方式进行推荐，经考核合格后上收，确无符合条件人选的，由县人事局、司法局另行选调。

（1）年龄不得超过45周岁（1958年1月1日以后出生）。

（2）学历：大专以上（组织人事部门认可）或法律中专以上学历。

（3）具备良好的政治、业务素质和法律专业知识，身体健康，有志和热心乡镇司法行政工作，农村工作经验较丰富。

（4）推荐时间、方式，2002年9月8日前将推荐表或呈报表交县司法局政工股。联系电话3842021，联系人蓝耀仟（县司法局政工股长）。

（5）9月9日后县人事局、司法局对各乡镇呈报和推荐人选考核后予以确认。

3. 今后乡镇司法助理员缺编补充人员应先从现有公务员队伍中选调，确需新录用人员，必须在编制限额内通过公开招考录用补充。司法助理员选配、选调和录用办法按上级有关规定执行。

上杭县人事局

上杭县司法局

2002年8月26日

中共上杭县委编办
关于明确县基层司法所机构规格的通知

杭编办〔2015〕71号

各乡（镇）党委、县司法局党组：

为切实加强基层司法所建设，根据省委办公厅、省政府办公厅转发《省司法厅关于加强人民调解工作的实施意见》（闽委办发〔2015〕21号）和中共龙岩市委编办《关于明确我市基层司法所机构规格的批复》（岩编办〔2015〕180号）精神，确定县基层司法所机构规格为副科级，核定每个基层司法所副科级领导职数1名。

中共上杭县委编办

2015年12月14日

福建省人力资源和社会保障厅　福建省财政厅转发人力资源和社会保障部　财政部关于建立政法委机关工作津贴有关问题的通知

各市、县（区）人社局、财政局，平潭综合实验区党群工作部、财政金融局，省委政法委，司法厅干部（人事）、财务处：

现将人力资源和社会保障部、财政部《关于建立政法委工作津贴有关问题的通知》（人社部规〔2017〕12号）发给你们，请遵照执行。

福建省人力资源和社会保障厅

2017年10月25日

人力资源和社会保障部　财政部关于建立政法委机关工作津贴有关问题的通知

人社部规〔2017〕12号

各省、自治区、直辖市及新疆生产建设兵团人力资源社会保障厅（局）、财政（财务）厅（局），中央政法委、司法部干部（人事）、财务部门：

经研究决定，从2017年1月1日起，建立政法委机关工作津贴。现将有关事项通知如下：

一、政法委机关工作津贴的实施范围，限于各级党委政法委机关中执行公务员工资制度的在编正式工作人员。

二、政法委机关工作津贴的标准为每人每月1200元。

三、政法委机关工作津贴列入工资统发，按月发放。调离政法委机关或退休的人员，从调离或退休的次月起停发政法委机关工作津贴。

四、政法委机关工作津贴所需经费，按行政隶属关系和现行经费保障渠道解决。

五、各地区及中央政法委机关要严格执行政法委机关工作津贴政策规定，不得擅自扩大实施范围和提高津贴标准，不得违规执行警衔津贴等其他特殊岗位津贴补贴政策。

六、司法部、省级司法厅（局）和市（地）级及以下司法局机关中除人民警察以外其他执行公务员工资制度的在编正式工作人员，参照上述规定执行。

本通知由人力资源和社会保障部负责解释。

人力资源和社会保障部
财　政　部
2017 年 6 月 22 日

上杭县人民调解以奖代补实施意见

为进一步推进社会矛盾化解工作，调动我县人民调解组织及广大人民调解员的工作积极性，根据财政部、司法部《关于进一步加强人民调解工作经费保障的意见》（财行〔2007〕179 号）、省财政厅、省司法厅《关于进一步加强人民调解工作经费保障的通知》（闽财行〔2010〕72 号）、中共龙岩市委办、龙岩市人民政府办公室转发《市司法局关于进一步加强人民调解工作的实施意见》的通知（岩委办发〔2015〕8 号）及县委常委会会议纪要〔2012〕5 号关于实行人民调解工作“以奖代补”决定事项，特制定上杭县人民调解以奖代补实施意见。

一、目的意义

实施人民调解以奖代补的目的是解决人民调解员误工费及报酬低问题，进一步调动广大人民调解员的工作积极性和主动性，提高矛盾纠纷受理率和调处成功率，对于进一步规范人民调解工作，更有效地化解社会各类矛盾维护社会稳定具有非常现实的意见。

二、奖励对象、范围

1. 奖励对象为本县范围内的基层区域、专业、行业等各类调解委员会的人民调解员（在编公职人员除外）。

2. 适用范围为公民与公民之间、公民与法人以及其他社会组织之间涉及民事权利义务的各种纠纷。

三、奖励标准

1. 以简易方式调解民间纠纷，调解成功并按有关规定做好《调委会工作手册》相关内容记录的，每件奖励 50 元。

2. 调解一般性民间纠纷，调解成功并按《人民调解文书格式》制作调解文书，建立人民调解委员会调解案件规范卷宗（见附件）的，每件奖励 100 元。

3. 调解疑难民事纠纷，调解成功并按《人民调解文书格式》制作调解文书，建立人民调解委员会调解案件规范卷宗，每件奖励 300 元。

4. 调解重大民事纠纷，调解成功并按《人民调解文书格式》制作调解协议书，建立人民调解委员会调解案件规范卷宗，每件奖励 500 元。

四、奖励程序

1. 各基层人民调解委员会应于每月 25 日将本月矛盾纠纷调处成功的案件列表汇总，加盖人民调解委员会公章后报所在乡（镇）司法所或县人民调解中心。

2. 各司法所、县人民调解中心每月底前对人民调解委员会上报调处成功的案件进行核实、网上录入，并汇总数据上报县司法局，同时按奖励标准提出奖励意见。

3. 县司法局对上报已调处成功的案件进行审核。审核将采取查阅登记、检查案件卷宗、抽查回访案件当事人等形式进行。

4. 根据审核结果报县财政后，按年度由县司法局兑现奖励。

五、奖励经费

人民调解“以奖代补”经费根据县委常务委员会议纪要（〔2012〕5号）要求由县财政核拨，并由县司法局按符合规定的实际案件数发放。

本实施意见自2015年1月1日开始实行。《上杭县人民调解以奖代补实施意见（试行）》（杭司〔2012〕35号）同时废止。

附件：矛盾纠纷分类及文书要求

上杭县司法局

2015年12月29日

附件：

矛盾纠纷分类及文书要求

一、人民调解员调解的各类纠纷按难易程度分为三类：

1. 一般性民间纠纷；

2. 疑难民事纠纷；

3. 重大民事纠纷。

二、类别的认定标准

（一）有下列情形之一的，可认定为一般性民间纠纷：

1. 案件比较简单的纠纷；

2. 涉案人数在5人以下的纠纷；

3. 一般性宅基地纠纷、邻里纠纷；

4. 一般性婚姻家庭纠纷、赡养抚养纠纷。

（二）有下列情形之一的，可认定为疑难民事纠纷：

1. 集体土地、山林等权属或承包纠纷；

2. 涉案人数5人以上10人以下的纠纷；

3. 连环民事纠纷，工伤、医疗、地坟、环境污染等纠纷；

4. 宗祠、祖屋、合伙经营等纠纷；

5. 县级及以上人民政府信访部门交办的纠纷。

以上案件受理后 24 小时内未专报并经认定，按一般案件奖励。

（三）有下列情形之一的，可认定为重大民事纠纷：

1. 跨乡镇及以上区域的土地、山林等权属纠纷；

2. 因各种因素引发的 10 人以上的群体性纠纷、有群体性上访或械斗倾向的纠纷；

3. 有民事转刑事倾向的纠纷、非正常死亡引发的纠纷；

4. 五人以上的劳资纠纷、三人以上的雇工人身损害或工伤纠纷且协议赔偿、补偿 20 万元以上的纠纷；

5. 其他案情重大疑难矛盾纠纷。

以上案件发生后 12 小时内未专报并经认定，按一般案件奖励。

三、规范化调解文书认定标准

（一）人民调解委员会调解案件卷宗建档规范

1. 卷宗（封面）；

2. 人民调解申请书

3. 人民调解调查记录

4. 人民调解证据材料

5. 人民调解记录

6. 人民调解协议书

7. 司法确认有关材料

8. 人民调解回访记录

9. 案件卷宗情况说明

10. 封底

卷宗必须按上述 1 至 10 的顺序装订。

（二）调解文书制作基本要求

1. 证据材料能证实案件，事实清楚、证据充分；

2. 调解协议书要求权利义务具体，履行时间、地点明确；

3. 回访记录要求记载协议履行情况、当事人对纠纷调解的意见；

4. 调解纠纷适用法律、法规正确；

5. 签名、捺印、印章规范。

（三）调解文书格式具体要求

各项调解文书按上级下发标准规范填写。

上杭县普法依法治县工作后记

普法先行县——上杭

发轫于普法、学法考试和依法行政，终极目标是县域社会稳定。以人民调解为主导的“大调解”工作及“普治”为一体的综合行政执法为上杭的社会稳定和经济发展打下了坚定基础。

“大家不要偷看，要独立完成。”这是发生在上杭县某考场内的一次喊话，只是喊话者不是监考老师，而是考试者，其身份为县长。

上杭每年都组织全县所有公职人员进行学法考试，甚至组织县里的处级干部集中考试，考试形式为开卷但不能偷看。这源于该县对普法工作的重视，从多渠道普法到组织公职人员学法考试，目的是让百姓懂法并敦促执法人员依法行政。几年下来，成效颇为显著，一个突出的例证就是近年进京上访人数为零。

“上杭县在人民调解、社区矫正、安置帮教、普法、依法治理等基础工作方面创出了很多经验，这些都值得我们学习借鉴。”在2012年上杭召开的福建省司法行政基层工作现场会上，福建省司法厅厅长陈义兴如是说。

多渠道普法

地处闽粤赣交界的上杭，是著名的革命老区，另一张名片则是曾轰动全国的紫金矿业在才溪镇四坊片联合卫生所，并不宽敞的医务室里专门摆放着一个柜子，里面是各种门类的法律书籍。柜子对面是一个报架，摆放的则是包罗万象的法制宣传页，有国家新出台的法律条文，也有具体的案例解读，尤其是后者，占了很大一部分。刘秋明是这个卫生所的负责人，作为乡村医生，除了正常的医疗工作外，他还兼任县里的普法宣传员。“别小看这几张纸和几本书，老百姓特别喜欢，尤其是农闲时，都喜欢来看看。”在他看来，尤其是具体的案例与评析，非常有针对性。“遇到类似情况，老百姓就知道咋办了。”不仅在四坊片区，才溪镇司法所所长钟煜升表示，为做好普法工作，他们充分利用了每一个乡村卫生室。才溪在普法方面的经验在全县早已得到推广，上杭县司法局局长伍启文介绍，类似情况很多，且成效不错。

上杭县司法局每月出版一期《上杭司法》报，4个版，至今已有30余载，还建有村民法制学校，每月定期组织学习，由法制宣讲员、政法干警和退休的工作人员上课。该县还充分利用紫金公园这一资源，建起了法治文化公园，园里造型各异的石头上刻有各种各样的法制宣传语。“总投资 25 万元，我们希望通过这种方式，达到休闲与普法相结合的目的。”上杭县政法委书记阙春林指着道路两侧的石头向前来参观的人介绍道。

如果说普法是为了让群众了解法律，那么学法考试则更多的是让机关人员依法行政。据伍启文局长介绍，每年新出台的法律法规，司法局的工作人员首先会通过网络把材料发出去，同时，编辑学法书本印发给参考人员。一段时间后，县里会统一组织考试，考试形式为开卷，但需独立完成。考试地点一般选在学校，考试对象则包括所有公职人员、村干部和企业相关负责人，人数已达到 1.6 万。“县里主要领导也在考试者之列。有一次，县里处级领导集中考试，我监考，县长要求大家不要偷看，独立完成。”伍启文说。

社会稳定基石

普法与学法考试结合，让上杭县尝到了社会稳定的甜头。近几年，全县无一起赴北京上访事件，而就在 2010 年前，上北京截访还是令上杭县领导非常头痛的事。

阙春林清楚地记得，2009 年，紫金矿业原始股解禁前夕，因巨额利益分配问题，多位村民选择到北京上访，七八十人住在北京正义路宾馆，准备第二天前往相关部委。获得消息后，根据县里的统一安排，阙春林一行紧急赶往北京，“讲法律、讲政策，给他们讲通之后，这些村民就回来了”。

正是那件事，让阙春林更加坚信普法工作的重要性。“老百姓其实要的就是一个理，把法律和政策讲到位了，问题也就基本解决了。”从那以后，县里更加重视普法工作，这意味着伍启文局长身上的担子更重了。自 2004 年他担任县司法局局长以来，普法工作一直是局里的重要工作。

2005 年，上杭县出台了《关于推行综合行政执法工作的意见》。意见明确，成立县综合行政执法协调领导小组，组长由分管副书记担任，县政府副县长任常务副组长，政府办、监察局和司法局负责人分别担任副组长。办公室挂靠在县司法局，司法局局长兼任办公室主任。

这个小组，一是审查行政执法案件是否可行，是否合法，不合法则不做；二是组建了 5 个综合行政执法大队，涉及规划建设管理、环境资源等。这无疑给了伍启文局长一把尚方宝剑，同时也剥夺了他的休息时间。县里无论大事小情，只要涉及法律，县领导第一个想到的就是司法局，首先让司法人员去讲法律、讲政策。

2009 年，上杭又提出“法治上杭”创建活动，出台了《关于开展“法治上杭”创建活动的实施方案》，把法治理念融入各行各业的日常工作中。伍启文表示，执法的主要理念是“在执法中深化普法，在普法中推进执法”。着力依法行政，加强综合行政执法申请审核管理，建立综合行政执法效能督查、执法活动风险评估及合法性与合理性审查三大机制。

具体做法是在执法之前，司法局把法律法规印出来，有针对性地进行普法。2012年1月26日，上杭县蛟洋工业集中区紫金铜业有限公司发生灰罐堵塞，在抢修过程中又发生安全生产伤亡事故，遇难者家属情绪激动，群体性事件一触即发。事故发生后，县领导挂钩协调，县、乡、村3级调解员及时分组入户，耐心细致地做好遇难者家属疏导和安抚工作，多次组织公司与家属协商补偿事宜。经过近10天的努力，遇难者家属与相关公司逐一通过调解达成协议。

发轫于普法、学法考试和依法行政，终极目标自然是县域社会稳定。上杭县委书记邓菊芳对此感触颇深："县司法局能够按照上级司法行政部署要求，紧密结合县委、县政府中心工作，创造性地发挥职能作用，尤其是有针对性地进行法制宣传，以人民调解为主导的'大调解'工作以及'普治'为一体的综合行政执法都取得了较好的成绩，为全县的社会稳定和经济发展打下了坚实基础。"

勇于开拓　求真务实
推动“一村（社区）一法律顾问”工作

——在全省“一村（社区）一法律顾问”工作现场会上的发言

上杭县司法局

2017 年 11 月

为深入贯彻党的十八届三中全会提出的“普遍建立法律顾问制度”、四中全会关于“建设完备的法律服务体系，推进覆盖城乡居民的公共法律服务体系建设”的精神和省、市司法行政机关关于推动“一村（社区）一法律顾问”工作要求，按照政府主导、政府购买、城乡一体、服务均等、因地制宜的原则，为加快构建公共法律服务体系，推动公共法律服务在农村地区和社会弱势群体延伸，促进公共法律服务资源在城乡之间均衡布局，科学整合，有序流动，上杭县委、县政府开拓创新、求真务实、抢抓机遇，乘势而上，建立了符合本地实际的公共法律服务体系，全面实行“一村一法律顾问、一社区一法律诊所”制度。2016 年，全县设立了 22 个乡镇公共法律服务站，12 个社区法律诊所，332 个村法律顾问室，实现了村（社区）法律顾问全覆盖，切实解决了百姓对法律服务需求“最后一公里”问题。为群众提供了更为方便、快捷、优质的法律服务，提高了群众对司法行政改革的满意度和获得感，受到了广大干部群众的赞誉和各级党政领导的肯定。我县的工作情况《闽西日报》于 2016 年 12 月 5 日、8 日先后进行了长篇报道。我们的主要做法是：

一、精心谋划

一是查找工作症结。2014 年起，我县开始试点选派律师无偿进村担任法律顾问，在每个乡镇选出一个村居进行试点，全县共 22 个村聘请了律师担任法律顾问。2015 年增加了 60 个村居进行推广，扩大试点范围。在试点过程中，发现存在部分律师对无偿担任村居法律顾问的积极性不高、日常工作联系机制不完善、发挥作用不大及不少村居主干认识不到位等问题。

二是倾听各方意见。2016 年 7 月上旬，我局组织召开专题研讨会，邀请我县蛟洋、临江、庐丰等部分乡镇人大代表、村（社区）主干和律师代表进行座谈，听取他们对开展村居法律顾问工作的意见和建议，了解律师开展顾问工作的方式方法以及存在的困难和问题。

三是汲取多地经验。2016 年上半年，我局先后到泉州、福州等地学习考察。之后，将考察情况与中央、省委省政府关于建设完备的法律服务体系、全面推行政府法律顾问制度的指导意见，省厅、市局关于“一村一法律顾问、一社区一法律诊所”工作的要求，向县委县政府作了专题汇报。2016年6月底，县组织县委政法委、县府办和我局领导再次到武夷山市学习，考察了法律诊所建设工作情况，得到很好的启示。

四是精心谋划。局党组高度重视，将此项工作摆上重要议事日程，深入研究、精心谋划、多方协调、积极争取。我县一村（社区）一法律顾问工作得到了县委、县政府主要领导和县分管领导的高度重视，2016年8月县政府常务会议进行了专题研究，并解决了经费保障的问题，县综治委把开展村居法律顾问工作列入年度县对乡镇综治考评内容，2016年9月县委办、县政府办名义印发了我县《开展“一村一法律顾问，一社区一法律诊所”工作实施方案》。

二、破解难题

一是着力解决律师力量不足的问题。我县共有344个村居、社区，5家律师事务所共20名律师。如何解决村居多而律师少的矛盾？第一，建立律师顾问AB角制度。同一乡镇各村居由同一律师事务所律师担任法律顾问，律师事务所内部设置AB角，以解决顾问律师工作时间上发生冲突的问题。第二，统筹法律顾问队伍。法律顾问室工作人员由顾问律师、综治协管员、人民调解员、挂村政法干警四人组成，便于信息收集、工作台账的建立。第三，建立指导员制度。充分发挥我县“政法干警联乡挂村保稳定”的作用，挂村政法干警作为法律指导员，协助顾问律师收集村居社情民意、群众法律问题、开展宣传工作。

二是着力解决经费保障的问题。我县将村（社区）法律顾问经费纳入政府购买公共服务事项范畴，按每村每年1600元标准，由县、乡（镇）财政各负担50%，纳入县乡财政预算。乡（镇）政府法律顾问也由辖区内村居顾问律师担任，由各乡镇与律师事务所协商费用，列入乡镇财政预算，确保工作便利开展。

三是着力解决阵地建设的问题。我县在各乡镇设立公共法律服务站、社区设立法律诊所、村设立法律顾问室。县财政按每村600元标准，将各站、所、室各类牌匾制作经费拨给我局安排统一规范制作牌匾。目前，全县22个乡镇公共法律服务站，12个社区法律诊所，332个村法律顾问室的门牌、桌牌、公示牌、法律顾问联系卡、服务内容、工作职责均已统一设置、统一制作、统一上墙。

三、落实措施

一是加强组织领导。我局建立了局领导、机关干部挂钩联系各乡镇村（社区）一村一法律顾问工作制度，举全局之力，切实加强此项工作组织领导，由各挂钩局领导带队下乡镇参加乡镇召开的乡镇一村（社区）一法律顾问工作会议，进行动员布置、介绍宣传，并对乡镇一村（社区）一法律顾问工作进行组织协调、对接落实。对具体负责此项工作的法律服务管理股给予增加一名工作人员，充实管理力量。年终专题召开总结及座谈会，总结工作、肯定成绩、座谈讨论、推动工作。

二是落实合同签订。针对试点过程中发现的“一头热”问题，热心扮好“月下老人”的角色，协调各个乡镇共同当好律师事务所与村（社区）之间的红娘，村（社区）分别组织律师事务所律师和村（社区）主干进行对接，签订《村（社区）法律顾问服务合同》。

三是加强工作指导。第一，拓宽涉法问题收集渠道。结合村（社区）的实际情况，要求社区法律诊所安排工作人员值班，负责收集、登记本社区群众的法律问题；村法律顾问室各工作人员在日常工作过程中收集、登记本村群众的法律问题。凡工作人员能够当场解答的，当场解答并予以登记，不能当场解答的，于每月初定时统一汇总到乡镇公共法律服务站集中解答。同时，各法律顾问室、法律诊所工作人员、村社区干部、顾问律师、司法所干部建立村（社区）法律顾问服务微信群，实时进行问题收集、解答涉法问题咨询。第二，创新定期服务方式。由乡镇公共法律服务站牵头每月至少召开两次村（社区）法律顾问工作例会，例会结合乡镇综治例会日举行，每月相对固定时间，例会由法律顾问集中为各村（社区）统一解答、处理法律诊所（法律顾问室）上报的法律问题。村（社区）、群众如有紧急法律问题、矛盾纠纷，可随时通过公开的联系电话、微信等方式向顾问律师进行法律咨询。第三，建立规范台账。统一制作了《村（社区）法律服务记录簿》，由法律顾问室（法律诊所）填写，做到一村（社区）一簿、一事一记、一次一记。实现了台账资料形式统一化、内容翔实化、要求标准化。

四是强化管理考核。第一，实时跟踪工作动态。为随时掌握工作动态，建立了公共法律服务微信群，要求每位顾问律师下乡到村开展法律顾问工作，都要以图文形式在微信群报告，每月通报一次。第二，管理监督有据可行。为不断规范和提升村（社区）法律顾问工作质量，出台了《村（社区）法律顾问室（诊所）工作管理监督办法（试行）》，对县乡司法行政部门、法律服务机构、村居的职责进行了明确，明确了法律顾问室、法律诊所的工作规范及其管理要求。每年对顾问律师进行考评，对考评不合格的，向村居提出予以更换的建议。第三，工作绩效管理。对村（社区）法律顾问工作实行绩效管理制度，出台了《上杭县村（社区）法律顾问工作绩效考评办法（试行）》，从服务内容、日志台账、信息报送、服务评价四个方面对法律顾问的工作进行考评，考评结果与法律顾问费挂钩。

四、注重宣传

我局高度重视宣传工作，加强与新闻媒体报社记者的沟通协调，利用媒体、报纸、网络、微信、宣传栏、宣传材料等宣传工具，将一村（社区）一法律顾问工作的指导思想、目的意义、工作措施做法、法律顾问姓名联系方式、法律顾问例会时间地点、工作成效进行了广泛宣传，局法律服务股每月编发工作情况专报分送县委书记、县长、分管领导、县直有关部门、各乡镇及各律师所。通过加大宣传，扩大了社会影响，推动了工作进程。

我县一村（社区）一法律顾问工作，从试点到全面推开，从学习借鉴到创新发展，通过搭建法律顾问服务的平台，推动正常运转，取得了显著的成效。一是把群众与县、乡、村法律服务组织“联系”起来，解决了群众法律需求“最后一公里”的难题；二是法律顾问（律师、基层法律服务工作者）发挥作为第三方群众较为信任的优势，参与处置突发事件和群体性事件，参与指导纠纷调解，很多多年来未化解的疑难纠纷得到了化解，有的十多年来未化解的纠纷得到了圆满解决；三是增进了法律顾问与司法行政机关的“联系”，增强了律师的归属感，提高了律师的大局意识、担当意识和奉献意识。2016年以来，据统计，全县村（社区）法律顾问参与调解、处置突发事件和群体性事件5起，指导、参与调解纠纷1131起，解答法律咨询5649人次、提供法律意见682条、提供法律援助10起、开展法治宣传2083次，举办法制讲座54期，为村（社区）、群众提供了便捷、优质的法律服务。

开展“一村（社区）一法律顾问”工作，我们有以下四点体会：

一是党委政府的高度重视是推动“一村（社区）一法律顾问”工作的前提条件。我县此项工作得到县、乡党政和县委政法委、综治委的高度重视支持，召开了会议专题研究部署，解决了顾问及工作经费，为工作顺利开展提供了有力保障。

二是司法行政机关主动作为是推动“一村（社区）一法律顾问”工作的重要因素。我们树立“有为才有位”的理念，结合实际，开拓创新、求真务实，通过学习借鉴、试点调研、精心谋划、组织协调、探索出一条适合我县实际的可操作、可推动的工作流程，达到落实工作的目的。

三是加强管理考核是推动“一村（社区）一法律顾问”工作的正常顺利开展的根本保证。我县建立了工作日志、报表、考评等一整套的管理考核制度，有效促进了工作正常有序开展。

四是信息化“互联网+”是推动“一村（社区）一法律顾问”工作的发展方向。为群众提供便捷、高效、优质的法律服务及提高管理考核水平，需提升信息化“互联网+”的应用程度，利用网络和微信开展网上法律咨询和现场法律服务相结合，将更大提升法律服务的效果，增加群众的满意度。我县目前已投入80万元初步建立了公共法律服务指挥中心，“实体、热线和网络”三大平台，并在不断完善中，信息化“互联网+”的效果正逐步显现。

我们将以这次现场会召开为契机，以实际行动学习贯彻好党的十九大精神，勇于开拓，勇于创新，求真务实，按照这次现场会要求，学习先进县市区的好做法好经验，结合实际，进一步抓实、抓好“一村一法律顾问、一社区一法律诊所”工作，完善城乡居民公共法律服务体系建设，进一步满足群众的法律需求，为群众提供更多方便、快捷、优质的法律服务，为司法行政的改革发展作出更大的努力和积极的贡献。

主动融入多元化解　打造人民调解品牌

龙岩市上杭县司法局

（2017年10月25日）

上杭县位于福建省西部，辖22个乡镇、344个村居，人口近50万，是著名的古田会址所在地。近年来，我县认真贯彻落实中央、省、市关于加强多元化解社会矛盾纠纷工作精神，积极探索新时期社会矛盾化解新机制，人民调解主动加强与行政调解、司法调解衔接配合，实现多元化调解工作的良性互动、有效融合，打造人民调解工作品牌。我局多年来被司法部、省司法厅表彰为基层司法行政工作先进单位，县人民调解中心获全国模范人民调解委员会等一系列荣誉称号。2014年3月25日，中共中央政治局常委、全国人大常委会委员长张德江视察了我县人民调解中心并予以充分肯定。我们的主要做法是：

一、主动实践，平台有创新

围绕“资源集约整合，工作无缝衔接，权利尊重保障，社会和谐共建”的工作目标任务，我们大力推进多元化解衔接平台建设。一是打造人民调解中心主阵地。2011年整合交通事故、医患纠纷、驻法院调解室，成立县人民调解中心，设有“三区十五室”，面积700余平方米，配有8名事业编制专职调解员，聘请律师、医生等行业（专业）兼职调解员80余名。中心成立以来积极介入重大项目、重点领域工程建设等跨乡镇（街）、跨行业领域疑难复杂矛盾纠纷，共组织调解矛盾纠纷2837起，调解成功2786起，成功率98.2%，成为协调指导及解决跨乡镇、跨行业、跨部门重大疑难纠纷的主要阵地。二是发挥部门联动联调主力军。积极推进人民调解与综治、公安、法院、检察、信访衔接联动，建立每月例会制度、联合接访与调解制度、情况通报与联合会商制度，完善协作机制，明确工作流程，在多元化解社会矛盾纠纷中体现出主力军作用。上杭县司法局与人民法院共同制定诉调对接工作方案，多次磋商谋划建设，2017年3月在上杭县人民法院新大楼建设了调解场所，设家事、商事、律师、人大代表、政协委员4个调解室，专职调解员、特邀调解员工作调解室，总面积120平方米。与法院诉讼服务中心联动，采取“三个一”服务形式、“五个零”工作方法，建立起便捷高效诉调对接通道，取得了良好效果。三是拓展重点领域化解纠纷主渠道。与相关行业（专业）主管部门联合制定实施意见，按照“谁设立、谁保障”原则，建立健全林业、国土、环境、物业、婚姻家庭、库区移民、商会等17个行业（专业）人民调解委员会，实现了人员、经费、场所保障。实践中，在司法行政与行业主管部门共同指导下，行业（专业）人民调解组织不断探索新机制、拓展新领域、解决新问题。

二、主动作为，工作有实效

通过人民法院和行政行业部门的委托或邀请调解的方式，发挥人民调解在多元化解中的基础性作用和独特优势。一是以制度促规范。我县人民调解组织在开展多元化调解衔接工作中形成一套规范制度，建立起受理、交办、承办、督办、销案、回复等制度，通过例会形式，加强各部门信息沟通，实现工作有效衔接。针对交通、医疗、安全生产等在事故责任认定期限内的纠纷，调解员根据综合分析研判，动员当事人预交履约保证金，防止矛盾纠纷的进一步激化，解除当事人后顾之忧，增进当事人双方互信。今年1—9月，通过履约保证实现协议金额近2000万元。二是以联合促落实。各行业（专业）人民调解组织"按需组建"，承担司法、行政调解纠纷有益补充，联合司法、行政部门、鉴定评估机构及专业技术人员、有关调解组织，对重大疑难、跨行业、跨区域纠纷进行综合研判、联合调解。仅今年1—9月，全县人民调解组织就接收行政单位、司法部门移送纠纷887件，调解成功率96.5%；参与调解撤诉412件，占受理案件的19.34%；参与调解结案518件，占受理案件的24.32%；参与执行和解217件，占执行案件的31.06%。三是以确认促实效。对存在长期履行、分期履行或容易反复、毁约情形的，我们引导当事人双方及时申请人民法院进行司法确认裁定，确保人民调解协议的法律性、严肃性和执行力、公信力。诉调中心成立以来，共移送确认人民调解协议3216件，自觉履行3168件，履行率达98.51%。

三、主动加压，队伍有提升

我们积极与法院、各行政主管部门共同谋划，推进调解队伍的专业化、职业化，提升调解能力水平。一是聘请法律顾问，实现服务专业化。通过县乡两级政府购买法律服务的形式，聘请44名律师和法律工作者兼任人民调解员，建立律师调解员制度，实行律师每半月一次基层坐班接访制，实现律师、法律工作者全员兼任人民调解员，全县22个乡镇、344个村居达到全覆盖。二是选聘专职调解员，推进队伍职业化。行业（专业）聘请24名调解能力强、经验丰富的政法系统退休干部为专职调解员；基层人民调解组织选聘48名具有法律专业学历、责任心强的社会青年为专职调解员，有效推进了基层人民调解队伍职业化。按照龙岩市司法局统一部署开展"双争双做"活动要求，首批命名了6个品牌调解室和12名金牌调解员。三是吸纳社会志愿者，倡导参与社会化。邀请人大代表、政协委员、离退休干部及具有专业特长等社会志愿者参与调解。目前，各级各类调委会共聘请各级人大代表、政协委员兼任人民调解员126人，特邀行业、专业技术人员兼任人民调解员116人。四是联合开展岗位练兵，提升队伍水平。每年联合制定人民调解培训计划，开展调解文书制作竞赛，规范文书格式和法律用语；评选"十佳"调解案例，提高调解技能；点评典型案例，提高适用法律能力。同时，利用巡回审判有利时机，定期邀请人民调解员旁听庭审、参与庭前调解，总结交流调解经验，更新调解理念，提高调解技巧。近三年来与法院联合开展巡回工作指导18次，举办调解员培训352场次、12320人次，邀请调解员旁听审理462人次，组织巡回法庭以案释法361场次。

四、主动争取，保障有突破

始终坚持站位全局，服务大局，主动向党委政府汇报人民调解工作，争取党委政府对人民调解工作重视支持。在党政统一领导，综治统筹协调，司法行政具体负责，部门协同配合，社会共同参与的人民调解工作格局下，县委出台《进一步建立健全人民调解工作的实施意见》，为人民调解工作提供了组织保障；县政府协调解决县人民调解中心办公场所；县编办专门核定县人民调解中心8个专项事业编制；各行业（专业）、乡镇聘请专职调解员1—2人；县财政每年预算县级人民调解指导经费10万元、“以奖代补”经费20万元，预算每个基层调委会办公补助2000—5000元；县综治委将人民调解工作列入“平安乡镇（单位）”“平安村居（社区）”及社会治理创新重要考评内容。党委政府重视支持，部门协作配合，为人民调解主动融入多元化调解社会矛盾纠纷工作奠定了坚实基础。

我们将以这次会议精神为动力，借鉴兄弟单位经验做法，不断探索实践、不断总结提升、不断完善发展，努力打造人民调解品牌，再续人民调解工作新篇章。

（全省人民调解工作会议发言材料）

强保障　促规范　抓特色
开创山区老区社区矫正工作新局面

——在全省社区矫正工作现场会上的发言

上杭县司法局　刘　勇

2019 年 11 月 5 日

近年来，在省、市司法行政部门的精心指导和县委、县政府的正确领导下，上杭县社区矫正工作贯彻总体国家安全观，按照全省社区矫正统一执行模式要求，在强保障、促规范、抓特色上下功夫，实现社区矫正工作从“管得牢”“控得住”到“管得好”“改造好”转变。我县社区矫正工作开展以来，累计接收社区服刑人员 3462 人，解矫 3155 人，目前在册 307 人，未发生社区服刑人员影响社会安全稳定的事件，为法治上杭、平安上杭发挥了积极作用。我们的主要做法是：

一、党政重视强保障

上杭县委、县政府高度重视社区矫正工作，今年县委书记带领县四套班子领导，对社区矫正中心建设进行项目拉练，县委政法委多次对社区矫正工作进行调研和指导，县乡（镇）两级都成立了社区矫正工作领导小组，将社区矫正工作列入综治平安建设、绩效考核内容，在人、财、物方面给予了充分保障，各级各部门也对社区矫正工作给予大力支持，确保了社区矫正工作依法有序开展。

（一）强化人员保障，配强社矫专业队伍。针对县乡社矫工作人员薄弱的状况，我县在 2011 年 10 月通过县编委下发《关于县司法局成立上杭县社区矫正中心的批复》，设立上杭县社区矫正中心，为县司法局下属股级事业单位，核定事业编制 5 名；各乡镇成立社区矫正工作站，作为县司法局派驻乡镇的事业机构，由县社区矫正中心负责业务管理和指导，核定事业编制 22 名（每个乡镇各 1 名），经费由县财政核拨。通过政府购买服务，聘请 9 名司法协理员，组建了一支 6 人心理咨询师团队。在新一轮机构改革中，司法局内设社区矫正管理股，安排 2 名公务员，与社区矫正中心合署办公，全县形成了由 2 名公务员、27 名事业人员、9 名社工、6 名心理咨询师组成的社区矫正专业队伍。另有 24 名村居法律顾问作为社区服刑人员法治教育的辅助力量。

（二）强化财物保障，建设一流工作平台。加强社区矫正经费投入。县财政每年投入社区矫正队伍人员工资195万元，专项工作经费60万元。另按未再犯罪社区服刑人员数，人均600元标准奖励县司法局社区矫正工作经费30余万元。加强硬件设施建设。近年来县财政先后投入78万元建设县乡监控指挥系统，投入100余万元用于社区矫正中心标准化建设，并整合县乡综治视频系统，在全市率先实现省、市、县、司法所四级联通，实现县乡视频会议、业务培训、远程点验、集中教育等功能，开创了山区老区县“智慧社矫”新局面。

（三）强化协同保障，构建齐抓共管格局。建立了社区矫正工作联席会议制度和工作通报制度。相关部门积极配合社矫工作开展。县检察院每年开展不少于两轮次的执法检查；团委、妇联等组织各自发挥职能作用，密切配合开展社区矫正工作；村（社区）积极帮教社区服刑人员；志愿者组织主动关怀社区服刑人员的改造矫正。加强社区矫正基地共建。县司法局分别与上杭县博物馆、客家族谱馆、县心理辅导中心共建社区矫正教育基地；与法院、检察院、自然资源局联合建立了绿色公益社区矫正基地。全社会齐抓共管社区矫正工作的大格局基本形成。

二、多措并举促规范

根据全省社区矫正统一执行模式要求，我县社区矫正中心在监管执法、矫正教育、社会适应性帮扶方面强化规范化，努力提升工作水平。

（一）规范入矫第一关。统一由社区矫正中心开展入矫宣告、入矫第一课、心理测评和平台数据录入等工作，通过规范的入矫程序，让社区服刑人员充分感受到社区矫正的严肃性，让他们明身份、明规矩、明奖惩。

（二）规范监督管理关。严格核查点验。社区矫正中心每天安排专人负责轨迹研判、告警信息处置及电话抽查，不定期对社区服刑人员开展现场点验和远程点验，司法所采取社区服刑人员身份证使用信息核查，微信位置实时共享、实地走访等方式，及时发现并处理社区服刑人员人机分离、未请假外出等违规行为，今年以来共发出警告44人次、提请治安处罚2人、撤销缓刑收监执行3人。严格平台信息录入督查。社区矫正中心每月定期监督检查司法所监管指挥平台信息录入，不断健全完善监管指挥平台信息台账，实现执法监管全过程在平台上体现。严格开展联合督查。社区矫正中心设立检察官办公室，县检察院第三部与社区矫正中心定期研究社区矫正工作，联合开展检察、督查，及时发现监管执法过程存在的问题并督促整改到位。

（三）规范矫正教育关。县社区矫正中心每月制定学习教育计划，协调司法所通过视频系统和分片区开展集中教育。由社区矫正中心有针对性地确定社区服务主题，结合我县在全国试点的新时代文明实践服务活动，司法所结合实际，开展形式多样的“社区服务+志愿服务”活动。探索社区服刑人员自学和自行社区服务模式。引导社区服刑人员实名注册学习强国自觉加强学习，每月按学分折算自学课时；委托村（社区）安排社区服务内容，引导社区服刑人员自行到社区服务，司法所进行核查，确保了自学和自行社区服务落到实处。

（四）规范刑罚执行一体化工作。今年以来，我县扎实推进刑罚执行一体化建设，闽西监狱参与社区矫正工作上杭大队到我县采取统分方式开展行为矫治、警示教育、训诫、教唱红歌等系列刑罚执行活动，对新入矫和被警告及月考核有扣分的社区服刑人员集中在中心开展，其他社区服刑人员按乡镇分片区开展。活动前，社区矫正中心加强与上杭大队沟通，做好计划和方案，做到每次活动目的明确、时间紧凑、成效明显。

三、矫正教育抓特色

我县积极利用地方资源优势，创新教育内容和方式，形成以“红色教育、祖训教育、绿色教育、心理矫治”贯穿社区矫正全过程的特色矫正教育工作法，有效提升了矫正教育实效。

（一）红色教育塑灵魂。为充分贯彻好习近平同志“把红色资源利用好，把红色传统发扬好，把红色基因传承好”的要求，社区矫正中心充分利用我县丰厚的红色资源优势，收集整理《上杭红色故事》《上杭人民革命史》等红色书籍、教材，建立红色教育资源库。与县博物馆建立矫正教育基地，组织新入矫和即将解矫的社区服刑人员到县博物馆，参观红色展厅，由博物馆专家上红色教育课，接受思想教育。同时，各司法所也利用当地资源，把红色教育融合于日常学习教育中，形成了“瞻仰红色圣地，听红色故事，看红色电影，读红色书籍，走红色之路，行感恩之举，谈心得体会”红色教育流程。通过红色教育，使社区服刑人员不断接受灵魂的红色洗礼，充分感受到今天的幸福生活来之不易，增强悔过自新意识，达到端正态度，自觉接受监管的目的。2018 年以来，我县开展形式各样的红色教育活动 175 场、3475 人次，开展形式各样的红色志愿活动 217 场、2357 人次。

（二）祖训教育育品德。习近平总书记多次强调要“注重家庭、注重家教、注重家风”建设。我县是名扬海内外的客家人的重要祖籍地之一，文化底蕴深厚，有丰富的客家文化资源。矫正中心充分利用县客家族谱馆丰富的馆藏资源，建立客家祖训教育基地，每月组织社区服刑人员到族谱馆接受祖训家规教育。利用客家祖训言简意赅、蕴含丰富的孝悌仁爱、礼义廉耻、积德行善、忠实诚信、遵规守法之意的客家祖训，加强社区服刑人员的品德教育。各司法所利用本地姓氏宗祠，组织社区服刑人员打扫卫生，接受宗族老人教诲等方式接受教育。通过开展不同的祖训教育，触及社区服刑人员的内心，引导社区服刑人员心有所畏、言有所戒、行有所敛。

（三）绿色社矫助生态。为贯彻“绿水青山就是金山银山”理念，针对生态资源环境领域犯罪，利用绿色公益社区矫正基地，将教育矫正与环境整治、生态修复、振兴乡村经济、建设美丽乡村紧密结合，让社区服刑人员在参与人与自然和谐共生的社会实践中，切身感受到破坏生态环境的危害性，增强保护生态环境的自觉性，体会共建共享的成效性。在积极组织护河、巡山、保洁等系列生态环保绿色志愿活动的同时，推进绿色产业，提升社区服刑人员获得感。近三年来，由中心牵头组织专业技术培训23批720人次，社区服刑人员发展林下养蜂1080箱，竹山养羊5100头，田间养虾50亩，库湾养鱼15箱，果蔬、花卉、茶叶作物种植2000余亩，实现生活有出路、工作有保障。

（四）心理矫治润心田。党的十九大报告指出，要“加强社会心理服务体系建设，培育自尊自信、理性平和、积极向上的社会心态”。为把这一要求融入社区矫正，更好地达到帮助社区服刑人员心理健康，主动融入社会的目的，社区矫正中心设立心理咨询室，并与县心理辅导中心共建社区矫正心理矫治基地。社区矫正中心对每位新入矫的社区服刑人员进行心理测评，采用心理咨询、沙盘游戏、绘画测验等方法从心理学角度探寻他们犯罪成因，为制定个性化矫正方案提供指导建议，并建立心理健康档案。心理矫治基地为社区服刑人员开展每月一主题的心理健康教育讲座和团体心理辅导活动，培养社区服刑人员积极、健康心态，帮助他们疏导心理问题，摆脱心理障碍。

我县社区矫正工作，在强保障、促规范、抓特色方面，做了一些探索，但与上级的要求和先进县（区、市）相比，还存在一定差距，这次全省现场会在我县召开，是对我县社区矫正工作鞭策和鼓励，我县将以此为契机，认真贯彻本次会议精神，虚心学习兄弟县（区、市）的先进经验做法，在新起点上进一步开创社区矫正工作新局面。

上杭县探索完善人民调解工作机制，构建起人民调解与司法调解、行政调解无缝衔接的立体网络

——人民调解的“上杭模式”

本报讯（记者 蔡添高 通讯员 林斯乾）昨日上午，上杭县人民调解中心首席调解员郭发喜接到了由他调解的一起案件死者家属的感谢电话。“要不是你们帮忙，我们这些外地人真不知道怎么办。”就在不久前，他成功调解了这起涉及多方当事人的案件，避免了矛盾的升级爆发。

“其实，像这样成功化解矛盾纠纷的例子在上杭很常见。这得益于上杭建立起人民调解的‘上杭模式’！”上杭县司法局局长伍启文介绍说。

为了从源头上预防和化解社会矛盾纠纷，上杭县首先从构建一张“横向到边、纵向到底”的人民调解网络入手。县一级成立人民调解工作领导小组，下设县人民调解中心，作为常设机构指导、协调各级调解组织开展工作，并统一受理由乡镇调委会和县直调委会移送的跨乡镇、跨行业的重大纠纷。县直各单位则成立单位调委会，受理本行业或者本单位行政管辖权范围内的纠纷。

各乡镇设立人民调解委员会，除及时介入村（居）调委会上报的调解不成功的矛盾纠纷调解之外，对跨乡镇、跨区域等无法调解和调解不成功的纠纷案件，及时上报县人民调解中心。各村（居）也成立调委会，并下设若干纠纷调解点，及时调解村内的矛盾纠纷。对无法调解和调解不成功的都上报乡（镇）调委会，在上级调解组织尚未介入前，做好对纠纷当事人的说服工作，预防纠纷激化。

有了全覆盖的网络，还要有创新的体制机制，才能做到“大量的矛盾纠纷化解在基层”。为此，上杭县建立了联合调解、履约保证、司法确认、社会参与、点名调解五项工作机制。

联合调解机制由公、检、法、司部门联合制订，实现人民调解与司法调解、行政调解的无缝衔接；对经人民调解达成的协议，由法院进行司法确认，确保了人民调解协议的法律性、严肃性和执行力；履约押偿机制，由当事人预交赔偿款，调解协议达成后，按协议支付，确保协议的履行；集“专、兼、聘”和志愿者为一体的多元化调解员队伍，政、商、企、民广泛参与机制，责任到人、责任到位，确保矛盾不上交、不转移；点名

调解机制则赋予当事人选择调解员的权利，增强当事人信任度。

“去人民调解组织辨是非，省心，十分有用!”据悉，截至今年8月底，全县人民调解组织受理各类纠纷2260件，调解成功率97.9%。该县两年来未发生进京上访和赴省集体上访事件，做到了“小纠纷不出村（居）、大纠纷不出乡（镇）、疑难纠纷不出县”。

（原载于2014年10月17日《闽西日报》头版）

上杭县人民调解中心 五大工作机制化解基层矛盾

记者　赵伟　罗玉文　通讯员　林斯乾

昨日，家住上杭县临城镇城南村的孔春英再次来到上杭县人民调解中心，请该中心专职调解员江舟玉对半个月前交通事故赔偿事项进行调解。半个月前，江舟玉就受理这起事故的调解，建议受害人孔春英进行伤残鉴定后再作调解。

立体网络全面有效调解矛盾

“以人民调解的方式解决纠纷，通过非诉讼非对抗性的方式化解矛盾，消除积怨，修复关系，促进社会和谐。”有着多年调解工作经验的上杭县人民调解中心首席调解员任郭发喜谈到调解工作时说。

在多年工作实践中，上杭县人民调解中心建立起了联合调解、履约保证、司法确认、社会参与、点调五项工作机制，构建起人民调解与司法调解、行政调解无缝衔接的立体网络，实现了全县跨区域、跨行业的矛盾纠纷有效化解。

建立健全行调（人民调解与行政管理机关对接）、诉调（人民调解与民商事诉讼对接）、检调（人民调解与检察机关办理刑事附带民事案件对接）三大对接工作机制，形成一套完善的联合调解机制，主动融入“大调解”，是上杭县人民调解中心的一大特色。早在2012年3月28日，全省司法行政基层工作现场会在上杭县召开时，司法部基层工作司韩秀桃副司长等领导对该中心创新三大对接机制等方面的做法给予了充分肯定。

“通过三大对接机制，实现了以人民调解方式化解行政管理中当事各方的纠纷，节约了行政成本，提高了行政效率，优化了行政执法环境，更重要的是避免了矛盾升级、纠纷激化，促进社会和谐。”郭发喜说，今年2月上杭溪口国有林场和村民之间的一起纠纷调解案例让他深有感触。去年9月30日，在溪口国有林场太拔工业区“壶子窝里”林木采伐工在伐木时不慎将一村民砸成重伤，今年2月22日死亡。第二天，死者亲属20多人来到溪口国有林场办公地点，要求当场解决赔偿事宜。上杭县人民调解中心派调解员迅速介入，当日促成溪口国有林场与死者家属达成赔偿协议，及时化解了一次群体事件。

为了更好地便民利民，更有效提高调解公信力，上杭县人民调解中心实行点名调解机制，通过在接待厅公示栏、政府门户网站公示和开通微信平台等形式公布各类专业调解员信息，让当事人自主选择调解员，调解时间、地点等。中心除了8名专职调解员，还聘请了9名首席调解员和2名人民调解指导员，有80多名参与调解的各行业专家志愿者，乡镇一级有调解员102名，全县343个村有专兼职调解员近2000名，形成了多元化调解员队伍。

以人为本保障受害方利益

调解成功的关键在于各方履行责任。为此，上杭县人民调解中心通过强化司法确认机制，确保当事人自觉履行协议，避免当事人再次产生诉讼争议。人民法院在调解中心常设办案点，及时对接确认，方便快捷为当事人提供保障。每年有200多个案件得到司法确认，极少案件进入强制执行程序。

如何做到调解“以人为本”，有效保证受害方利益？上杭县人民调解中心设立的履约保证金机制较好地解决了这一问题。根据这一机制，对交通、医疗、安全生产等事故造成较大伤亡引发的纠纷，在认定、鉴定责任期限内，调解员动员当事人预交赔偿、补偿款，由中心负责管理，经当事人授权后先行支付。有了履约保证机制，当事双方提高了互信度，促进调解协议达成和履行。

截至2013年12月，上杭县人民调解中心共受理各类纠纷1783件，调解1783件，调解率100%，调解成功1730件，调解成功率97.03%。2012年，省司法厅向全省总结推广了上杭县人民调解中心调解经验；2013年上杭县人民调解中心被司法部评为“全国模范人民调委会”。

（来源：闽西新闻网　发表时间：2014-05-06）

上杭县司法局“立体调解网”传递正能量

“历时8个月的纠纷，上个月31日，双方终于达成初步协议。”上杭县人民调解中心的首席调解员郭发喜昨日在接受记者电话采访时，松了一口气。

这是一个较为复杂的纠纷案例。去年9月，一位在上海参军的现役军人返上杭探亲时与黄某发生交通事故，导致死亡。事故发生后，组织过多次调解，但双方在赔偿标准上产生分歧，一直久拖不决。最近，上杭县人民检察院提起公诉，上杭县人民法院审理后，5月21日委托县人民调解中心调解。受理后，郭发喜等人多次深入双方家中与当事人家属沟通，并与双方代理律师全面分析案情、法律关系及责任分配，商讨现实可行的赔偿方案，经过多番努力，5月31日，赔偿方案终于得到双方的初步认可。这是上杭县司法部门立足人民调解，完善人民调解组织网络，形成纵向到村居，横向与法院、检察院、行政部门和行业调委会主动对接，构建“立体调解网”的生动实践。

纵向到底：人民调解触角延伸到村居

截至5月31日，上杭县人民调解中心有17名调解员和2名指导员，聘请了28名律师和法官担任全县调解指导员，乡镇一级有调解员102名，全县343个村有专兼职调解员近2000名。

这是昨日记者电话采访上杭县司法局工作人员了解到的数据。上杭县分散在城乡的2000多名调解员，确保了人民调解纵向到底，触角延伸到城乡村居。根据上级司法部门和上杭县委、县政府全面构建“大调解”工作体系的要求，上杭县司法局在基层基础建设、调解网络建设和调解员队伍建设等方面狠下功夫，将司法系统内部的调解网络建设抓实抓好。

上杭县临江镇地处上杭县城区，近年来随着工业区和县城城区的扩大，矛盾纠纷也随之增加。临江镇镇一级成立了由司法、综治等部门人员组成的人民调解工作协调领导小组和人民调解委员会；全镇7个社区也各自成立了调委会，共有调委会成员47人；各社区调委会又下设村民组调委会，形成了镇、居、组三级人民调解网络。目前，全县22个乡镇全部已建成这样的人民调解网络。

为使人民调解工作更好地为发展服务，上杭县司法局在上杭南岗工业区和蛟洋工业区也成立了区域性调解委员会。郭发喜告诉记者，在矛盾纠纷相对集中的工业区成立调委会，使矛盾调处关口前移，调解工作更到位，有效化解了群体性事件。1月21日，蛟洋镇一名村民在工业区一家公司电焊施工时不慎坠亡。工业区调委会与蛟洋镇调委会主动靠前，调解员耐心地做死者家属思想工作，及时平息了事态。1月24日凌晨，死者家属与公司达成了协议。

在抓好司法系统内部调解网络和调解员队伍建设的同时，上杭县加大了基层设施建设的力度。除上级配套的资金外，上杭县乡两级共筹措近1000万元，新建了全县22个基层司法所和2个驻工业园区办事处业务用房，并配备了电脑、监控设备、录音笔等，一改过去基层司法部门办公条件落后的局面。“全县所有乡镇新建司法所办公设施，在全市属于领先水平，甚至在全省都罕见。”上杭县司法局副局长田承映说。

横向到边：主动对接部门机构实现无缝覆盖

今年1月18日，余先生将妻子送入上杭某医院待产，婴儿出生后意外死亡，医患双方产生纠纷。1月19日，上杭县人民调解中心接到报告，工作人员随即赶赴事发医院，同时将信息通报给卫生行政主管部门。到达现场后，调解工作人员劝导家属将遗体转移存放，并协助卫生行政主管部门及时封存医疗档案。在开展调解工作的同时，调解中心从调解专家库中抽调了医疗专家，就医患双方的焦点展开调查。1月24日，在调解中心的调解下，医患双方自愿达成协议，医院方一次性赔付3万元。

“我们主动与行政部门的调委会对接，发生矛盾纠纷后，我们调解中心和行政部门的调委会信息沟通比较顺畅，调解工作形成了比较好的局面。”上杭县司法局局长伍启文接受记者采访时说。2010年11月，上杭将县联合人民调解委员会整合成县人民调解中心，在原有三个专业调解室的基础上，成立了行政联合调解室和与行政调委会对接的对接工作室。2011年11月，上杭县委、县政府印发了《关于完善综治信访维稳暨维稳大调解工作机制，推进社会矛盾纠纷排查化解工作的实施意见》，上杭司法部门的人民调解与法院的诉调、检察院的检调、行政部门的行调全面对接。

“县委、县政府文件印发后，人民调解与其他部门调委会的对接工作得到进一步推动，实现了调解工作的无缝对接”，伍启文说。2012年4月，上杭县人民调解中心与林业部门对接机制建立。至此，县人民调解中心与法院的诉调对接、与检察院的检调对接，与公安交管、国土、林业、卫生等矛盾纠纷相对集中的12个行政部门建立健全调解对接机制，还与群团调解组织以及机关企事业单位的调解组织建立了对接机制。

伍启文总结道：我们建立的“立体调解网”不是简单的纵横关系，而是形成了上下联动、对接多方的工作机制，真正实现了人民调解工作无缝覆盖。

去年3月，全省司法行政基层工作现场会在上杭召开，司法部副部长赫赤勇等领导多次对上杭人民调解与法院、检察院、行政部门调委会的对接机制表示高度肯定。2005年，上杭县司法局获评“全国人民调解先进单位”和全国“四五”普法先进单位，2011

年，上杭县司法局被中宣部、司法部授予“2006—2010 年度法制宣传教育先进单位”称号。

释法明理：努力打造过硬的调解员队伍

蛟城高速公路建设中的一起调解案件，虽然时隔一年，但作为调解员之一的郭发喜却记忆犹新。这是一起被承包方与施工方诉讼至北京市海淀区人民法院的案件。海淀区人民法院受理后，委托上杭县人民调解中心调解，郭发喜与同事们受理了该案。受理后，他们发现这些案件不仅是承包方与施工方的纠纷，而且还涉及当地建材店等多方。为确保调解案件“合法、合理、合情”，调解员们走访了该案涉及的十几个部门，甚至走访请教了物价部门的专家。“经过 10 多次的调解，最多的一次来了 13 个部门的代表和 20 多个当事人代表，最终把案子顺利调解下来了。”

“立体调解网”建成了，就要有好的制度和高执行力的队伍，才能让人民调解真正服务发展大局。上杭县人民调解中心提出了“统一受理、分类处理、集中办理、规范管理”的工作要求，从完善内部管理上抓好制度规范化建设。建立健全首席人民调解员制度，目前，全县各级调解组织共聘请首席调解员 396 名。调解员队伍中，涌现出了“全国模范调解员”刘新明，“全国人民调解能手”邱华兴，“福建省人民调解能手”郭发喜、钟炳春等一批传递正能量的能手。2005 年，蓝溪司法所被评为“全国先进司法所”；2011 年，才溪司法所被司法部授予“全国先进司法所”荣誉称号。

5 月 29 日，记者在上杭县人民调解中心采访时，上杭县人民法院驻派该中心负责司法裁定的工作人员告诉记者，中心调解需要人民法院进行司法确认的案件近期每天都有四五十件。今年 4 月，上杭县共组织人民调解 157 件，调解成功 155 件，成功率 98. 73%；组织行政调解 43 件，调解成功 40 件，成功率 93. 02%。司法调解结案 93 件，调解撤诉 49 件，二者占审结 194 件的 73. 20%。

[来源：人民网（北京）　原标题：上杭县司法局“立体调解网”传递正能量]

情注调解促和谐　一片忠心为人民

——记上杭县人民调解中心

“调处中心真好，更想不到法律援助工作站那么快就帮助我解决了赔偿问题”，家住南阳镇的曹某激动地说。年届60的曹某，2011年12月的一天，骑摩托车（后载阙某）行驶到国道205线24264路段时，由于同向行驶的客车（司机沈某驾驶）突然停下，并打开车门，曹某躲闪不及连人带车撞上客车，造成两车损毁、曹某重伤残疾、阙某受伤的交通事故。责任认定沈某及其雇主负全责，赔偿曹某各项费用总计人民币32364.42元，但沈某及雇主一方在付了16200元后，以各种理由拒绝支付剩余款，赔偿问题一度陷入困境。

上杭县司法局为加强和拓展人民调解工作，更好服务民生，关爱社会弱势群体，2012年9月20日，在县人民调解中心设立法律援助工作站。法律援助工作站得知曹某的遭遇后，马上为曹某现场办理法律援助，并联合县人民调解中心的工作人员多方开展工作，2012年10月19日，曹某终于拿到了剩余款16164.42元。多年来，上杭县司法局深化改革，创新人民调解工作机制，将法律援助工作融入人民调解的各个层面，在县人民调解中心设立法律援助工作站只是司法局创新人民调解工作机制的一个侧面。

夯实工作基础构筑专业调解

县人民调解中心前称“县联合人民调解委员会”，为全面落实《人民调解法》工作制度，着力打造上杭人民调解工作的亮点，规范人民调解工作制度，增强人民调解工作的实效性，2010年10月在县委、县政府关心支持下，“县联合人民调解委员会”升格为“县人民调解中心”。该调解中心设有3个区（接待区、工作区、调解区）、15个功能室（行政联合调解室、医患纠纷调解室、综合调解室及相应的对接工作室、调解员工作室、巡回法庭、法律援助工作站、接待厅、档案室、警务值班室），人民调解工作区面积约700平方米，配备专职调解员7名，同时聘请一些人大代表、政协委员、公职律师、社区干部担任首席调解员，聘请县人民法院部分法官、律师事务所部分律师为人民调解指导员，形成专、兼、聘和社会志愿者为一体的多元化调解员队伍。

着力化解矛盾纠纷　全力维护社会稳定

县人民调解中心以“资源集约整合、工作无缝衔接，权利尊重保障、社会和谐共建”

为工作目标，一是充分发挥纠纷信息情报中心作用。县人民调解中心与县各乡镇人民调委会、行业、区域建立起纠纷信息联通机制，通过政府内网、QQ群衔接乡、村、组三级调解网络，及时掌握纠纷舆情预警。二是发挥行调、诉调、检调工作对接中心作用。诉调对接工作通过立案前法庭调解引导，诉讼中委托、邀请调解，实现调解方式的对接，缓解了审判压力，减轻了当事人诉累，促进了当事人和谐解决纠纷。检调对接根据被害人谅解，并经司法机关审查符合对侵害人依法从宽处理的轻微刑事案件，经当事人申请或检察机关移送进行调解。检调对接工作将民事部分工作纳入人民调解之中，实现了止讼息诉，促进社会和谐。行调对接就公民、法人和其他组织之间发生的与国家行政机关管理职权有关的民事纠纷，在进入相关机构裁定前，依当事人申请或行政机关移送，先行进入人民调解程序。行调对接节约了行政成本，提高了行政效率，优化了行政执法环境。2012年春节期间，山东公路建设（集团）有限公司与薛某施工队（平潭）因工程分包产生矛盾纠纷，要求解除分包合同，但施工方以理由不成立，不愿解除合同，并在施工现场聚众人员。随后山东公路建设公司向北京市海淀区人民法院提起诉讼，海淀区人民法院受理后致函上杭县人民政府要求县调解组织协助调解，县委、县政府接函后高度重视，并转函县人民调解中心组织调解。县人民调解中心接转办件后，与有关部门通力协作，主持当事双方前后五轮协商，终于在2012年5月21日，双方达成一致协议。三是发挥重大、疑难纠纷联合调解中心作用。中心联合各行政执法部门、鉴定评估机构及专业技术人员、有关调解组织，对重大疑难、跨行业、跨区域纠纷进行综合研判，联合调解。2012年1月26日，县蛟洋工业集中某公司发生工人上班期间气体中毒事件，三名当班工人意外身亡。事故发生后，县人民调解中心及时落实上级指示，与相关部门分组入户耐心细致做好死者家属工作，多次组织协商工亡补偿事宜，促成双方达成补偿协议，一起群体性事件得以妥善解决。四是发挥化解矛盾法律服务中心作用。中心根据当事人法律需求开展普法宣传教育，对符合法律援助的弱势群体做到应援必援，对重、特大纠纷为当事人提供律师，帮助厘清法律关系，提出解决方案，对涉及纠纷中的重要证据为当事人提供公证证据保全，从而实现法律服务全方位服务当事人，促进纠纷及时有效化解。五是发挥调解业务指导中心作用。中心每年分期分批对乡、村调解主任进行业务培训、组织重大纠纷调解观摩、调解技能比赛等活动，不断提高业务素质和调解技能。尤其对新任调解人员，必须在中心接受3个月的培训并取得中心评议合格后，方可进入工作岗位。

深化改革　创新人民调解工作机制

县人民调解中心，通过深化改革，不断创新人民调解工作机制，一方面集中资源优势，组建专、兼、聘及志愿者多元化调解队伍，建立法律、医学及其他鉴定评估专家库，汇集各方人缘、地缘调解资源，统一调度人员，集中力量办理疑难复杂纠纷；另一方面严格规范调解工作程序和调解工作制度，制定并规范了一套当事人来访咨询登记、工作人员受理审查、中心负责人交办、调解员组织调解、调解回访履行、网报录入建档、负责人审核归档等工作流程，实现了调解流程规范化、信息化管理。

在调解案件中做到“三结合三服务”，调解前结合普法教育，服务纠纷当事人，开展“化解矛盾、普法先行”，让当事人成为法律的明白人；调解中结合法律援助，服务弱势群体，使合法权益得到最大保护；调解后，结合司法确认，服务履行困难的当事人，使双方意念得到最大落实。日常工作始终坚持对待来访当事人热心接待、倾心听取、耐心解答、真心帮助、爱心奉献，不断优化服务环境、改进工作作风。

2012 年 9 月 20 日，县司法局在县人民调解中心设立法律援助工作站，通过法律援助工作站为当事双方提供面对面的法律服务，如提供法律咨询、代拟法律文书、出具法律意见书，受理纠纷当事人的法律援助申请，办理案情简单的非诉讼案件的法律援助事项。一些案件的当事人原本想通过诉讼方式解决矛盾，通过法律援助工作站的工作，积极引导当事人选择非诉讼方式解决纠纷，并促使双方当事人很快达成和解协议。

科学发展　争创一流

2008 年 10 月成立至今，县人民调解中心接受当事人直接申请、上级指派、司法、行政机关和行业、区域调解组织移送、委托、联合，调解民事权益纠纷，共受理纠纷 1432 件，调解成功 1379 件，调解成功率达 96.80%。其中诉调对接 263 件，行调对接 871 件，检调对接 16 件，当事人申请、行业和区域调解组织移送 229 件。司法确认 708 件，确认率 51.3%。防止群体性上访 23 件 411 人，防止群体性械斗 56 件 827 人，防止民转刑 19 件 25 人，防止非正常死亡 11 件 25 人，避免和挽回经济损失 5869.2 万元。

党的十八大报告指出，“深入贯彻落实科学发展观，把科学发展观贯彻到我国现代化建设全过程、体现到党的建设各方面”“正确处理人民内部矛盾，建立健全党和政府主导的维护群众权益机制，完善信访制度，完善人民调解、行政调解、司法调解联动的工作体系，畅通和规范群众诉求表达、利益协调、权益保障渠道”。县人民调解中心在调解过程中深入贯彻科学发展观，始终做到以人为本，关注民生、关爱弱势群体。下一步将更加深入贯彻党的十八大会议精神，深入开展“为民、务实、清廉”的群众工作路线，争创行业文明窗口，在创建中提高队伍素质，在创新中提升工作品位，在服务中展示窗口文明形象。

（中国上杭普法网　2012 年 11 月 23 日）

上杭县司法局古田司法所法律援助工作先进集体事迹

上杭县司法局古田司法所始建于1979年，2003年由县司法局收编管理，现有工作人员5人，其中所长1人、指导员1人、司法助理员1人、司法协理员1人、专职人民调解员1人。古田司法所成立以来，始终坚持继承和发扬古田会议精神，以严明纪律为纲，以为民服务为本，先后荣立市级集体三等功，福建省人民调解先进集体等多项荣誉。在法律援助工作中，古田司法所秉承“维护法律、热情服务、扶弱济贫、匡扶正义”的法律援助基本原则，努力做好基层法律服务，让法律的声音从集镇中心传达到最边远的山村，有效地推动了古田镇的整体法治化进程。

一、学习红色精神，加强队伍建设

为加强地方法律援助工作的为民服务精神和便民服务渠道，古田司法所从古田会议中学习“强军精神”，认真思考如何进行法律援助队伍建设。一方面，古田司法所充分做好硬件设施设备建设，配备古田镇公共法律服务工作站，配备电脑、打印机等办公用品，确保法律援助工作正常运行。另一方面，古田司法所明确律师在基层法律服务工作中起到的重要作用，全面落实“一村一法律顾问，一社区一法律诊所”工作。我镇21个村（居）与福建政华律师事务所两位律师签订了法律顾问合同，并通过建立各村法律顾问微信群，搭建法律服务工作者与群众沟通平台，实现线上法律服务全天候、零距离，拓宽了村民寻求法律援助的渠道。

2019年，古田司法所联合村级法律顾问，进村开展现场法律咨询活动16次，通过现场提问、微信询问等形式提供法律咨询服务263人次，努力满足了村民的法律需求。

二、发扬红色传统，优化村级力量

古田司法所牢记党的路线、方针、政策，牢记党对农村力量的整合，努力发挥农村基层组织“第一道防线”的作用。古田司法所通过组织村级法律顾问定期举办普法知识培训班，向村干部普及法律知识，从而推动村干部学法用法，将村干部从原先“不懂法律的被动联络人”转化为“了解法律的主动发现者”，帮助了更多需要法律支持的人。如2019年急需法律援助的官某泉。

官某泉居住在古田镇最偏远的村庄之一，距离集镇一个多小时车程，村庄较为闭塞，人均受教育程度也不高。2019年年初，官某泉搭官某龙的车从龙岩返回家中，此时两人都喝醉了酒。途中发生了车祸，并引发了火灾，官某泉在这场火灾中被重度烧伤。事故发生后，因官某泉家庭贫困，而官某龙又无力偿还，官某泉的父亲曾发表过极端言论，扬言要报复社会，并认为只有干出点“大事”才能解决自己家里遇到的问题。此事被村干部知晓后，及时联系了官某泉的家人，引导其前往古田司法所申请法律援助，让官某泉的父亲积极通过法律途径解决问题。现在官某泉的案件正在受理当中。在村干部的帮助下，一个可能出现的恶性事件在无声中化解，一个可能破碎的家庭又燃起了希望。

三、传承红色基因，坚守公仆初心

古田司法所始终牢记苏区干部好作风的优良传统，秉承着“急群众之所急，想群众之所想”的纯朴初心，做到“群众需要在哪里，为民服务就跟进到哪里”。近三年来，古田司法所坚持为民服务的工作理念，办理法律援助案件 172 件，帮助了许多弱势群体。

为做好法律援助工作，切实地帮助困难群众，古田司法所一是严格法律援助准入原则。为确保法律援助工作的纯洁性，古田司法所严格按照法律援助受理案件的范围及援助对象要求提交案件材料，帮助确实需要帮助的人。二是便民利民，做好多部门沟通协调工作。有的村民因不识字、腿脚不便等原因，申请法律援助时会遇到困难。如 2018 年前来申请法律援助的苎园村张某金，张某金是贫困户，在 2017 年在工地干活时身患残疾，左脚截肢。2018 年她与丈夫离婚时因孩子的抚养权和财产分割而心力交瘁，古田司法所了解情况后，帮助张某金做好了所有材料，因为她腿脚不便，司法所主动帮助她将资料提交到上杭县司法局法律援助中心。三是“援调结合”，在法律援助工作中加入人民调解工作。有些前来申请法律援助的事件可以通过人民调解解决的，古田司法所会在充分尊重双方意愿的前提下组织调解会，如被拖欠工资的女民工邹某，与工友陈某等人共同来到古田司法所寻求帮助。在了解情况后，古田司法所发现拖欠工资数额较小，且老板王某尚有沟通余地，为此古田司法所召开了调解会，并成功地化解了矛盾，签订协议，为邹某等人讨回了被拖欠的工资。

在以后的工作中，古田司法所将继续发扬古田的红色传统，从红色文化中汲取精神力量，积极做好法律援助工作，为更多需要帮助的弱势群体提供法律支持，让古田的法治化进程步上新的台阶。

（中国上杭普法网　2019 年 10 月 28 日）

一封特殊的“表扬信”

——上杭县法律援助中心开展“法律援助便民服务”活动侧记

2010年1月的一天，在司法局法律援助中心看到：一对怀抱幼子的夫妇，手持一封“表扬信”，男子还亲自将“表扬信”贴在了县司法局的政务公开栏内，顿时引来许多过往群众驻足围观。信中表扬了“上杭县法律援助中心工作人员蓝国旺同志保持了中国共产党党员的先进性，发挥工作上的主动性，感谢上杭县司法局对干部职工的岗位教育和思想道德熏陶的重要性，并称上杭县法律援助中心是上杭人民的骄傲”。对此，法援中心人员很谦虚地对这一对夫妻说：“这是我们的工作，执法为民是司法行政机关的天职；文明执法，优质法律援助服务是法律援助中心的义务。在今后的工作中，我们将一如既往地开展法律援助这一为民办实事的工作，确保办案质量，提高工作效率和质量。让更多群众了解并实际应用法律援助来维护自身合法权益。发挥法律援助工作在保障公平、化解社会矛盾和纷争，维护社会稳定，构建和谐社会的重要作用。”

原来，该夫妇是上杭县稔田镇祝田村村民。2009年2月7日下午，游某金和丈夫吴某发骑两轮摩托车带年幼的儿子去稔田集镇诊所看病。在途中，与无证驾驶并超载的刘某全的无牌两轮摩托车发生碰剐，导致夫妻俩伤势严重。多次治疗让这原本经济困难的家庭难以承受，而事故主要责任方刘某全对支付医疗费用的请求不予理睬。于是，2010年1月6日，游某金来到上杭县法律援助中心寻求帮助。虽然已经到下班时间，但法援中心蓝国旺同志仍耐心听取当事人的诉说，并安抚当事人的情绪。当得知他们均没有固定收入，经济较为困难，符合法律援助的条件时，蓝国旺同志当即表示会通过法律援助尽快妥善帮助解决。次日，蓝国旺同志亲自同当事人到县行政服务中心受理此案件，当场审查、批准，并指派好承办人员。在法律援助中心蓝国旺同志和受指派的法律服务工作者卢子华律师的共同努力下，游某宝夫妇的交通事故人身损害赔偿得到了圆满解决。因此出现了文中开头的一幕。

这是上杭县法律援助中心在2009年组织开展“法律援助、便民服务”主题活动的一个缩影。在主题活动期间，共发放法律援助便民指南11000余份，办理各类法律援助案件303件，其中民事案件276件，刑事案件27件，受援人涉及残疾人41人，老年人71人，未成年人76人，妇女102人，农民工44人，各类贫困者155人，避免和挽回当事人经济损失860万元。

上杭县司法局人民调解优秀案例

齿龄鉴定巧断“争牛案”

2014 年 7 月 31 日上午，两位老人拉拉扯扯来到旧县司法所。

“所长，你可得为我做主啊，这老马私自把我的牛圈养起来，还说是他的，你可得评评理啊”“你这老翁好没道理，这牛明明是我放养的，现在圈养起来，怎么说是你的?”“你侵占了我的财产还反咬一口，简直蛮不讲理!”

原来迳美村村民马腾谷与翁荣发都在山上放养了一头母牛，已经好几年，牛的外形很相似，而且由于没有长期跟踪看管，因此不能准确判断牛归谁所有。前几天马腾谷把牛赶回了牛棚，翁荣发在山上找不到自己的牛了，认为马腾谷关的牛正是自己的牛，双方为了牛的归属几经争执，村调委会主任围着牛转了几天了就是苦于无破解良方，遂建议当事双方找司法所调解。何发明所长在听完他们的讲述后，当下心中已有了主意，留下了双方的联系方式后，便先让他们回去，决定第二天到现场看牛调解。

8 月 1 日上午，由何发明所长与包村干部、邀请的资深鉴牛专家，在村干部的带领下来到迳美村，就马腾谷与翁荣发的母牛所有权争议纠纷进行调解。

“马大伯，你的牛有什么特征?”

“我的牛是 2009 年从谷坑村买的母牛，当时还带着牛犊子，会耕地，2012 年我把母牛鼻具卸下放养山中，之后一直没有赶回牛棚。”

“翁大叔，你的牛又有哪些特征?”

“我的牛是 2009 年从梅溪村买的母牛犊，没耕过地，一直放养山中，上过鼻具，而且常常会自己去梅溪村南岗山上过夜。”

关键时刻，有着丰富农村工作经验的何发明所长显出面对复杂纠纷时的沉着冷静，在一问一答中似乎得出了答案。

“根据你们对自己牛的描述，你们牛的区别主要在于年龄，两者之间应该相差至少三岁，马腾谷的牛老一些，应该有 8 岁左右，翁荣发的嫩一些，应该是 5 岁左右。今天我请了我们镇上有着 30 年养牛贩牛经验的赖师傅，他对牛的年龄鉴定可谓是一绝，他可以根据牛的牙齿进行年龄鉴定，谁家的母牛年龄与赖师傅所鉴定年龄最接近，牛就是谁的，你们同不同意?”“那就这么定了，不过赖师傅你可得公正啊。”双方对何所长所提出的方案一致表示赞同。

“放心，我跟你们谁都不认识，我是受司法所临时委托而来，一定凭着我的良心，认真做好牛龄鉴定，如果不相信我可以下次再找个专家再次确认，我还可以留下联系方式给你们为证。”赖师傅拍胸脯保证道。

“我们相信你，开始吧。”随后马腾谷从牛舍牵来了黄牛，赖师傅熟练地撬开了牛嘴巴，对牛的牙齿进行鉴定。在鉴定的同时还就如何根据牛的牙齿形状、位置、数量判断牛的年龄进行解说，力争使双方心服口服。牛牙齿的生长、更换、磨损程度是有一定的规律性的，鉴定牛的年龄可以根据牛的门齿变化给予判定，即根据乳齿的发生或乳齿更换成永久齿以及永久齿的磨损程度来给予判定。

牛的乳齿（出生以后的牙齿）形小而洁白，有明显的齿颈，齿间隙较大；永久齿（由乳齿脱落后更换的新齿）大而厚，色微黄，排列整齐，彼此紧密相靠。一般犊牛生后半月左右1对乳白齿长出，4—5月龄时4对乳门齿长齐以后，逐渐磨损变短。水牛3岁左右，黄牛1.5—2岁第1对乳门齿脱落，长出第1对永久齿，即“对牙”，以后每年脱落更新1对，逐渐由“四牙”“六牙”到“八牙”（“齐口”），一般水牛齐口6岁左右，黄牛齐口4.5—5岁。

“你们看这牛的牙齿，牙齿都已更新，但牙齿较新，磨损不明显，第8对永久齿是刚长成的，显然刚齐口，现在我宣布这是一头嫩牛，牛龄在5岁左右，也就是这牛是翁荣发的”，赖师傅当场高声宣布鉴定结果。

“对这样的断法，我没有意见，对不起你了，老翁，以前语气重了一些还请原谅。”“没关系，搞清楚是谁的牛就好了，我要感谢你这段时间对我的牛的照管，要不我依法付点管理费给你，行不?”“老翁，你见外了，不用了，不用了。”

“大家都是邻居有什么事情要好好说，吵过闹过就算了，以前的事情不要计较，今后有什么纠纷要首先想到政府，要先找我们镇村调委会，要依法依规处理，记住了吗?”何发明所长把两人的手握在了一起。

至此，这起复杂的“争牛”案得到了巧妙、圆满地解决，牛找到了主人，双方也握手言和，调解员露出了欣慰的笑容。

点评：本案是典型的农村因饲养动物所有权引发的财产性纠纷。财产性纠纷是指由于财产的确认、归属、损害等问题所发生的纠纷。本案调解员介入及时，性格沉稳老成，经验丰富，对局势判断迅速全面，能够把握住案件中牛龄的焦点，紧抓牛牙这个切入点，引入第三方，体现了公平，并且充分尊重双方当事人的意愿，通过情理法的结合，既不伤和气又化解了纠纷，巧妙而彻底地完成了调解。

本案调解技巧亮点：

（1）调解员熟悉和掌握《中华人民共和国民法通则》《中华人民共和国物权法》等相关法律和政策，对财产的所有权、侵占等法律规定了然于胸，依法调解是不可忽视的重要原则和方法。

（2）在调解工作中，认真查明事实真相，通过实地勘查等方法，找到纠纷发生的真正原因，并以此为突破口和基础化解当事人之间的矛盾。调查调解现场井然有序，调解

员收放自如，在简洁的对话中抓住牛牙这个案件钥匙，并对争议财产现场实地查看鉴定，双方心服口服。

(3) 及时引入有资质的第三方（鉴牛专家）介入案情，并且在鉴定前征得双方同意，体现了调解自愿、公平的原则。

(4) 由于农村这种纠纷常常发生在亲属或乡邻之间，在调解时应发挥感情因素和道德教化的作用，促进人与人之间团结、和谐的关系，实现了案了情不了，实现了真真正正的情理法结合。

相关法条文链接——

《中华人民共和国民法通则》

第七十一条　财产所有权是指所有人依法对自己的财产享有占有、使用、收益和处分的权利。

第七十九条第二款　拾得遗失物、漂流物或者失散的饲养动物，应当归还失主，因此而支出的费用由失主偿还。

《中华人民共和国物权法》

第三十二条　物权受到侵害的，权利人可以通过和解、调解、仲裁、诉讼等途径解决。

第三十三条　因物权的归属、内容发生争议的，利害关系人可以请求确认权利。

第三十四条　无权占有不动产或者动产的，权利人可以请求返还原物。

第六十六条　私人的合法财产受法律保护，禁止任何单位和个人侵占、哄抢、破坏。

（上杭司法局　陈家煌）

编后记

2012年12月，上杭县司法局召开由全体机关干部和有关编纂人员参加的《上杭县司法行政志》编纂工作会议，部署《上杭县司法行政志》编纂工作。与此同时，落实专人参考兄弟县（市、区）已出版的司法行政志，结合本县实际，着手拟订编写纲目。编写纲目初稿形成后，送呈原县方志委领导和有关专业人员审查修改。经反复推敲讨论、统一看法，确定编写纲目，于2013年3月召开编纂工作人员会议，安排任务、明确分工，并要求各股室指定协编员协助搜集、提供资料，正式开始编纂工作。

由于编纂《上杭县司法行政志》是一项全新的、专业性较强的工作，既无前志可鉴，又缺乏足够的历史档案，使编志可用的资料严重不足，特别是本单位缺乏擅长史志编写的专业力量，故编纂工作举步维艰。虽修纂人员不畏艰难、无怨无悔、倾心尽力、艰辛工作，但花去两年多时间于2015年年底写成的初稿，根据各方反馈回来的意见，修改任务仍比较繁重，仅靠原有的写作力量去加工完善，难度较大，而一时又难以物色到其他合适人选接替，致使本志修纂被搁置下来。

2020年春，修改出版《上杭县司法行政志》工作被重新提上司法局议事日程，并聘请到原县委党史研究室一名退休干部帮忙完成这一任务。经过近半年时间，除对原稿从头到尾逐字逐句进行修改外，还充实了从原稿下限时间起至2019年年底的相关内容。

本次修改稿形成后，除征求有关人员意见外，还于2020年10月13日召开审稿会议，请有关方面人员集体评议，提出修改意见。审稿会议后，根据各方提出来的修改意见，执笔人员对书稿再次进行加工。

本志在编修过程中，得到县有关部门，特别是原县方志委、现县委党史与方志研究室领导和专业干部的指导、支持。各级、各部门单位领导，本局各科室、部分老同志和社会各界人士也对本志的编纂出版，给予了大力支持和热情帮助。值此书出版之际，谨致衷心感谢！

如前所述，《上杭县司法行政志》的编纂出版，虽主编单位谨慎对待，遍历周折，在实施过程中倾尽努力、一丝不苟，但由于受许多主客观条件限制，书中错误和疏漏仍在所难免，欢迎读者批评指正。

《上杭县司法行政志》编纂工作领导小组

2023年3月